Este es el tipo de periodismo que necesita el nuevo siglo: agudo, audaz y fiel a la realidad. Quienes toman las decisiones con respecto a la frontera deben leer este libro.

Sandra Cisneros, autora de *Caramelo*

De una intensidad inquebrantable, *Cruzando la frontera* es un gran testimonio a la vida en este continente bendito, complejo y turbulento. Los que vivimos en la frontera esperamos libros como este, igual que el desierto espera la lluvia.

Denise Chávez, autora de *Loving Pedro Infante*

Al darle un rostro humano a la experiencia de la inmigración, Martínez nos ofrece un retrato minucioso y apasionante de dos países, dos culturas y una familia en medio de ellos. De una investigación meticulosa y escrito con ímpetu, *Cruzando la frontera* se convertirá en una obra seminal en la experiencia de inmigración mexicana y en la frontera en la que las dos Américas, norte y sur, aún se están descubriendo la una a la otra.

Julia Álvarez, autora de *In the Time of Butterflies*

Este es un libro que George Orwell hubiera escrito. Lo que comienza como un trabajo periodístico sobre las personas en las fronteras de nuestras vidas, termina forzándonos, como todo trabajo literario, a preguntarnos por nosotros mismos.

Richard Rodríguez, autor de
*Days of Obligation: An Argument
with my Mexican Father*

Cruzando la frontera nos invita, como observadores y lectores, a ponernos en los zapatos del inmigrante. Bien podría ser la descripción más amplia hasta la fecha sobre lo que se siente estar atrapado en esa zona transnacional conocida como "la frontera".

Scott Saul, *Boston Review*

Este es un retrato comprensivo de personas que arriesgan sus vidas, soportan largas separaciones de sus familias y eventualmente cambian la personalidad de sus pueblos cuando regresan llevando dinero, nuevos valores y nuevas costumbres.

Geri Smith, *Business Week*

Este libro es una celebración profunda del heroísmo cotidiano de las familias inmigrantes. También es una brillante reflexión sobre la lucha por conservar la solidaridad en medio del caos de la globalización.

Mike Davis, autor de *Ecology of Fear*

Cruzando la
frontera

Rubén Martínez

Traducido del inglés por Gabriela Rothschild Plaut

Cruzando la frontera

La crónica implacable de una familia
mexicana que emigra a Estados Unidos

Planeta

Título original: *Crossing Over*
Traducido del inglés por: Gabriela Rothschild Plaut
Diseño de la portada: Ana Paula Dávila
Fotografía de la portada: Joseph Rodríguez

DERECHOS EXCLUSIVOS EN ESPAÑOL PARA MÉXICO, AMÉRICA
CENTRAL, ESTADOS UNIDOS DE AMÉRICA Y PUERTO RICO

Publicado mediante acuerdo con
Susan Bergholz Literary Services
New York, NY, U.S.A.

© 2001, Rubén Martínez
© 2003, Editorial Planeta Mexicana, S.A. de C.V.
Avenida Insurgentes Sur núm. 1898, piso 11
Colonia Florida, 01030 México, D.F.

Primera edición (México): mayo del 2003
ISBN: 970-690-584-7

Impreso en los talleres de Litográfica Ingramex, S.A. de C.V.
Centeno núm. 162, colonia Granjas Esmeralda, México, D.F.
Impreso y hecho en México—*Printed and made in Mexico*

www.editorialplaneta.com.mx

En memoria de Benjamín, Jaime y Salvador Chávez

A María Elena Chávez, a su hija Rosa, y a sus nietas
Anayeli y Emily-Elizabeth: el futuro es suyo

A mis padres, porque sus viajes inspiraron los míos

Y a Joseph Rodríguez, porque sus ojos me ayudaron a ver

Los mercados negros florecen donde sea que existan restricciones. Como vasos comunicantes, nivelan la presión entre la oferta y la demanda sin consideración de las leyes, regulaciones y normas éticas. Ya que en el mundo real no hay sistemas completamente cerrados, las transacciones ilegales pueden ser obstaculizadas por medio del control, pero nunca pueden ser del todo impedidas. Las fuerzas del mercado buscan y encuentran el más pequeño hueco, la fisura más delgada, y eventualmente se cuelan por cualquier barrera.

—Hans Magnus Enzenberger, *Civil Wars*

Miré al interior de los rostros de cientos de miles texanos, mexicanos, chinos, japoneses, e incluso de muchos neoyorquinos... y me interesé tanto en el arte y la ciencia de la migración que me gradué en ella: en una escuela tan grande que ni siquiera puede uno salir de ella.

—Woody Gurthie

Han de ir por todos los fines de la tierra, a la mano derecha, y a la mano izquierda, y de todo en todo irán hasta la ribera del mar, y pasarán adelante.

—*Relación de Michoacán, ca.* 1540.

agradecimientos

ESTOY PROFUNDAMENTE AGRADECIDO CON MUCHOS DE LOS RESI-
dentes de Cherán, Michoacán quienes, en su pueblo natal y
en sus segundos hogares diseminados a través de Norteamérica, abrieron sus puertas y sus vidas a este forastero.

Ofelia Cuevas me acompañó durante este viaje, algunas
veces a mi lado, siempre en mi corazón.

Mis queridos amigos David Reid y Jayne Walker de Berkeley, quienes siempre me recibieron amablemente con imaginación y Chardonnay; sin ellos el camino habría sido mucho
más solitario.

Mis editores en Metropolitan, Sara Bershtel y Riva Hocher-
man, quienes dieron su toque mágico al texto. Ya fuese al
otro lado de una línea telefónica o sentada frente a mí delante
de una mesa, Sara me ayudó a tener fe en que yo podría escribir este libro a pesar de todo.

Mi representante, Susan Bergholz, me apoyó sin reservas
a pesar de mis tropiezos.

Sandy Close del Pacific News Service me ayudó a configu-
rar la idea original, y sin su apoyo, este libro nunca habría
sido escrito.

Pedro Meyer, Trisha ZIF y el equipo de Zonezero me con-
vencieron para que me sentase a escribir.

Bruja Mona Yehya y Margarita Velasco me mostraron bondadosamente las señales que había sobre mi camino, aún cuando no siempre las podía ver.

Elia Arce, Ted Quinn, John Pirozzi y los Habitantes del Desierto, me ofrecieron cobijo cuando me perdía en el camino.

Roberto Lovato en el norte y José Luis Paredes-Pacheco en el sur, fueron y continúan siendo, el epítome de la amistad.

Mi mas sincero agradecimiento a Rogelio Villarreal, Elisa Bernard, José Wolffier, Cristina Miranda, Marco Barrera, Cuauhtémoc García, Willy Fadanelli, Pablo Hernández, Víctor del Real, Guillermo Gómez-Peña, Roger Barra, Naief Yehya, César Martínez, Tania Berberán, Vicki Fox, Beatriz Nava, Joel Simon, Rolando Ortega y Sam Quinones, por su generosidad (y paciencia) durante mi estancia en la ciudad de México.

Jesús Velo, Willie Herrón III, Joe García, y Johnette Napolitano ayudaron en la composición del soundtrack que tocaba en mi mente mientras escribía.

Jack McGarvey, periodista de la frontera, se me apareció un día en el espacio cibernético, y su pasión me recordó lo que estaba en juego.

Yael Flusberg, Quique Avilés, Hillary Binder-Avilés y los D.C. Kids me brindaron arte, política, amistad y diversión.

También deseo expresar mi agradecimiento por su amistad, hospitalidad, inspiración y apoyo en el camino del migrante a Marcus Kuiland-Nazario, Mandalit del Barco, Betto Arcos, Marco Vinicio González, Benjamín Adair, Todd Melnick, Ernie Chávez, Isaac Mizrahi, Randy Williams, Chuck Moshantz, Colin Campbell, José Delgado, Diane Rodríguez, Joe Loya (Sr y Jr.), Elaine Katzenberger, Gustavo López-Castro, Gilbert Rosas, Mary Ana Carsillo, Luis J. Rodríguez, James Diego Vigil, Raúl Hinojosa, Juan Felipe Herrera, Rubén Guevara, Richard Blair, Joy Russell, Andy Wood, Kit Rachlis, Marcelo Rodríguez, Sue Horton, Ellen Weiss, John Brenkman, Gary Spiecker, Kim Ridley, Joe Davidow, Julie Reynolds, Kathy Dobie, Rebecca Taichman, Alisa Solomon, Joel y Betsy Bard, María Beatriz Alvarez, Michael Bettencourt, Steve Williams, Jonathon Friedlander, Fred Dewey, Raúl Villa, Mario

García, George Lipsitz, Michael Riley, Bonnie Snortum, Martha Barajas, Carlos Martín, Richard Rodríguez, Lydia Chávez, Edward Soja, Mike Davis, Miguel Algarín, Mark Torres, Josie Aguilar, Abelardo de la Peña, y al final, más no por eso no de menor importancia, a Bear, quien siempre estuvo echado a mis pies mientras escribía.

prólogo: la pasión

Me encuentro cerca de la línea.

La línea, casi siempre invisible, que se extiende a lo largo de dos mil millas de frontera, cruzando arena, tierra amarilla, salpicada de matorrales, y las turbias aguas del Río Grande. Invisible, con la excepción de algunos trechos cercanos a San Diego, Nogales y El Paso, donde la noción de una frontera entre Estados Unidos y México se transforma en un objeto tangible que se expresa por medio del acero, alambradas, alambre de púas, concreto y lámparas que iluminan por la noche el árido terreno. En estos tres cruces fronterizos (San Diego es el puerto de entrada más transitado del mundo) la patrulla fronteriza ha despejado el terreno en muchas millas a la redonda, por lo que cualquier figura humana que trate de cruzar la línea resalta en descarnado relieve, proyectando su sombra. La patrulla fronteriza se traga todas las sombras que puede.

Es el final del verano en California y las colinas que flanquean la carretera I-15, en el condado de Riverside, están matizadas de un color café óxido; queda tan sólo un vago recuerdo del verde brillante de la hierba del verano. Este es uno de los trechos de carretera californiana que más detesto, un corredor interminable, en un valle casi completamente árido.

La I-15 es la ruta obligada de los viajeros y camioneros que transitan regularmente entre el imperio interior y San Diego. También es la ruta preferida por los "coyotes", los contrabandistas de cargamento humano, quienes cobran mil dólares o más por persona para evadir la patrulla fronteriza y encaminar a sus clientes hasta alcanzar el sueño americano.

Me encuentro en las nocivas tierras de California del Sur, camino a cumplir con una cita con los muertos. Voy hacia Tenecula, un pueblo del condado de Riverside. La tierra aquí es árida, se encuentra en el extremo occidental del vasto desierto que se extiende desde las playas de California hasta la costa del golfo de México en Texas.

Para los americanos que emigraron hacia el oeste en sus carromatos, California fue alguna vez "el otro lado", tal y como lo es actualmente para los migrantes que van hacia el norte. Del fino polvo amarillo de estas colinas, brotan árboles importados: de laurel, palmera, sicomoro, aguacate, sauce, adelfa, eucalipto. Hasta es posible encontrar huertos de manzanos y cítricos. Pero aquí y allá aparecen vestigios del viejo desierto, un recordatorio de la California mexicana y hasta indígena, reflejados en un solitario nopal.

Tomo la salida que lleva a la calle Rancho California. Temecula es un pueblo pintoresco, decorado al estilo del viejo oeste. La clase acomodada vive en las colinas que rodean al pueblo, en casas amplias, de construcción reciente, de estilo *faux* California Mission: techos de teja roja, paredes de estuco beige y hierro forjado. En los amplios jardines hay lechos de rosas y una que otra fuente artificial. Uno de los corredores de bienes raíces se llama Sunshine Properties.

Me dirijo hacia el oeste, a lo largo de un sinuoso camino de dos vías que asciende hacia las montañas de Santa Rosa, una cadena montañosa que se extiende hacia el sur, cruzando eventualmente la línea internacional. Las montañas de Santa Rosa son hermosas y singulares; colinas ondulantes de color verde que repentinamente se convierten en picos escapados, cubiertos de peñascos y en profundos abismos. Del lado mexicano, el paisaje es escabroso y de mala reputación. Ahí corre un trecho de la carretera federal mexicana conocida como La

Rumorosa (debido a los perturbadores vientos que soplan a través de sus cañones) la cual ha sido testigo de cientos de accidentes mortales a lo largo de las décadas.

Mi destino es la intersección de la calle Capistrano con la avenida Del Oro. De los nombres, que por supuesto están en español, se han apropiado los blancos para enfatizar su idilio con una pizca de la vieja California. Los señalamientos de las calles están grabados en madera estilo rústico. La mayoría de los blancos que viven aquí fueron migrantes alguna vez, parte de las subsecuentes oleadas de vagabundos norteamericanos; generaciones pertenecientes a la era de la depresión y a la posguerra que arrancaron sus raíces del oeste medio norteamericano y de la costa este, para vivir el resto de sus vidas en el templado paraíso. Esta tierra fue, para ellos, el destino final, la consumación de su sueño californiano. No se abandona el paraíso una vez que se ha encontrado.

Pero para los migrantes mexicanos, Temecula es únicamente un alto en el camino, no un destino final. Por supuesto, hay jardineros mexicanos cuidando los rosales, limpiando las albercas, lavando y doblando ropa ajena, cocinando; mujeres de tez morena cantan canciones de cuna en español a bebés blancos. Sin embargo, los mexicanos sólo permanecen aquí el tiempo indispensable. En su mayoría, son jóvenes y no piensan en jubilarse; no sólo porque no tienen dinero para hacerlo, sino porque todavía no pueden imaginarse que algún día serán viejos. La mayoría de los mexicanos de Temecula están literalmente de paso, apretujados en camionetas de carga y vagonetas conducidas por los coyotes. Temecula es uno de los cientos de lugares por donde pasarán camino a St. Louis, Los Ángeles, Houston, Nueva York, Chicago, Decatour. Pero aún estas ciudades no son su destino final. Los migrantes seguirán senderos determinados por la economía laboral norteamericana; continuarán en movimiento, de una costa a otra, pasarán de recoger la cosecha de los campos a trabajar en hoteles y restaurantes, de ciudades urbanas a pueblos rurales.

Temecula fue durante mucho tiempo un pueblo tranquilo. Pero para consternación de los jubilados, se ha convertido en el escenario de la batalla de la frontera en la que se enfrentan dos ejércitos, casi siempre al amparo de la oscuridad. Es una batalla en la que, algunas veces se derrama sangre, aunque generalmente pertenece únicamente a uno de los antagonistas.

Doy la vuelta a la derecha sobre la avenida Del Oro y acelero por una pendiente empinada. El camino se convierte en una larga curva que pasa entre colinas salpicadas de mansiones rurales y huertos de aguacate. Al final de una hondonada, en la intersección con la calle Capistrano, detengo el automóvil. El sol se ha ocultado tras las colinas del oeste, pero todavía ilumina los trechos elevados con su exuberante luz dorada. Brotan hilos plateados de los aspersores en los sembradíos.

Aquí fue donde sucedió. Donde Benjamín, Jaime y Salvador Chávez y otros cinco, todos migrantes mexicanos indocumentados, "ilegales", murieron hace cuatro años y medio, apretujados dentro de una camioneta que corría a toda velocidad por esta carretera rural.

Me deslizo hasta una zanja a la orilla del camino. Tierra amarillenta y hierbas enfermizas. Encuentro la cubierta de la ventanilla del camper de la camioneta, así como un pedazo de plástico azul de la cabina misma, de aproximadamente un pie de largo por seis pulgadas de ancho. También encuentro otro pedazo de plástico, un fragmento del estribo de la camioneta. Levanto y examino un tubo de pasta dental Colgate abollado y descolorido, cuyo contenido está descrito en español. A un lado está un vaso mediano de Coca-Cola de McDonald's, igualmente descolorido y roto.

Al borde de la zanja, un artesano anónimo ha construido un pequeño altar, con un tronco de roble californiano cortado a la mitad y con siete cruces pequeñas talladas, cubiertas de pintura azul claro. (Debería haber ocho cruces; el artesano aparentemente no se enteró del fallecimiento de la última víctima, en un hospital cercano, varios días después del accidente.) Es un monumento sencillo y hermoso.

Camino hacia arriba por la colina, sobre hojas secas de aguacate que crujen bajo mis pies. Hay muy poco tráfico y no hay ruido, excepto el susurro de las hojas de aguacate, mecidas por el caluroso viento. De pronto, de manera inquietante, escucho voces masculinas: hombres hablando en español. Parece que están cerca, arriba en una colina al sur de donde me encuentro, pero tardo en verlos. Son campesinos mexicanos, conversando tranquilamente mientras cosechan aguacates. Están aproximadamente a media milla de donde estoy, pero el viento ha llevado sus voces hasta hacerlas parecer muy cercanas. Estos hombres recorrieron la misma carretera que Benjamín y sus hermanos. Ahora son trabajadores del campo. Benjamín, Salvador y Jaime Chávez no lo eran. Aquí fue donde su camino llegó al final.

Son las cinco de la mañana del sábado 6 de abril de 1996, dos semanas antes de la Pascua. Quedan dos semanas de Cuaresma antes de que comience la Pasión. El sol saldrá pronto, iluminando el valle de Temecula. La luna está en cuarto creciente, ocultándose entre las nubes al suroeste. La luz de las estrellas se va apagando al aproximarse la salida del sol. Únicamente se puede ver a Júpiter, que está a punto de caer dentro de las hojas de un puesto de aguacates, colocado al lado sur de la avenida Del Oro. Es una mañana despejada y seca, y aún cuando apenas empieza la primavera, la temperatura ya alcanza los setenta grados Fahrenheit; para el medio día llegará a los noventa.

La avenida Del Oro es un camino rural de dos vías que va de este a oeste. Es de asfalto negro como la noche y tiene una ininterrumpida línea divisoria color amarillo brillante. El cruce con la intersección de la calle Capistrano mide aproximadamente treinta metros. Aquí, la avenida Del Oro se desploma hacia una profunda cañada a lo largo de una curva muy cerrada, de esas que aparecen de pronto y te obligan a pisar instintivamente el freno. La calle Capistrano es un camino más angosto que se dirige al norte, hacia algunas residencias y huertos. El punto donde se unen ambas calles es precisamente la curva de la avenida Del Oro.

Hacia el este, en lo alto de una colina, brillan las luces color ámbar de la terraza de una casa de campo. No se siente brisa alguna. Ocasionalmente se escucha el sonido de un aguacate que cae, resbalando primero por las ramas para luego caer con un sonido sordo sobre la espesa capa de hojas secas.

A las cinco quince de la mañana el cielo oriental se ilumina de amarillo pálido. Se elevan sombras color rosa, convirtiéndose en color azul verdoso y terminando en un azul profundo al llegar al cenit por el este. Una camioneta General Motors 1998, azul con molduras color plata, equipada con un camper con ventanas de vidrios polarizados, se dirige a gran velocidad hacia el oeste por la avenida del Oro. Dentro hay veintisiete personas, veinticinco de ellas dentro del camper y dos en el asiento delantero. Todos ellos son migrantes mexicanos indocumentados.

El coyote ha tomado este aislado camino rural debido a que la patrulla fronteriza ha inaugurado un nuevo programa fronterizo de disuasión denominado operación Guardián. En 1994, se construyó un nuevo muro de acero a lo largo de varias millas de frontera, yendo hacia el este desde la playa de Tijuana. Después de que la patrulla fronteriza proclamó el éxito de su operación Guardián, se tomaron por medidas similares en Nogales, Arizona (operación Salvaguardia), en El Paso, Texas (operación Protección a la Línea), y en McAllen, Texas (operación Río Grande). Por consiguiente, los coyotes mexicanos, quienes no iban a permitir que la tecnología gringa les ganara, buscaron rutas más tortuosas a través del escabroso terreno al este. Estas nueva rutas son terriblemente peligrosas. Docenas de migrantes han muerto desde 1994 por exposición al lacerante calor y frío glacial del desierto del Colorado. Hay cientos de cruces en el camino que se encuentran entre las playas del sur de California y la costa del golfo de Texas. El juego del gato y el ratón entre los coyotes y la patrulla fronteriza es un juego interminable.

Una camioneta de la patrulla fronteriza descubrió a la camioneta General Motors varias millas al sur de la intersección de la avenida Del Oro con la calle Capistrano. Lo que ven los agentes de la patrulla fronteriza es un vehículo que claramente lleva una carga excesiva, su defensa prácticamente va rozando contra las llantas. A partir de este momento, existen diversas versiones de lo que ocurrió. La patrulla fronteriza afirma que su personal siguió al vehículo conservando una discreta distancia, manteniendo apagadas sus luces de emergencia. Los abogados que representan a las víctimas dicen que la patrulla fronteriza puso en peligro de manera imprudente e innecesaria la vida de los migrantes al iniciar una persecución a alta velocidad.

Durante la mayor parte del viaje de una hora desde la frontera, Benjamín, Jaime y Salvador Chávez, al igual que sus demás compatriotas dentro del camper de la camioneta no pueden ver nada, ni siquiera sus propios rostros, a causa de la escasa luz del amanecer que entra por los vidrios polarizados de la camioneta.

Cuando el coyote se percata de la presencia de la patrulla fronteriza, reflejada en sus espejos laterales (no pudo haber visto gran cosa en el espejo retrovisor debido a los vidrios polarizados y los veinticinco cuerpos apilados como ovillos en la parte de atrás), acelera haciendo rechinar las llantas al tomar las curvas.

Dentro del camper el pánico va incrementándose. Aquellos que están más cerca de la ventanilla que mira hacia el interior de la camioneta, la golpean y gritan pidiéndole al coyote que se detenga. Varios sobrevivientes recuerdan que Benjamín Chávez fue el que gritó mas fuerte, un grito que le salió de lo más profundo de su ser. El coyote ha estado bebiendo. Ha estado aspirando cocaína. Está encorvado sobre el volante, ajeno a todo excepto la camioneta de la patrulla fronteriza que lo sigue y el sinuoso y oscuro camino frente a él.

Cada vez más desesperados, los migrantes botan la ventanilla trasera del camper. Arrojan en dirección del vehículo de la patrulla fronteriza sus pequeñas maletas, sus botellas de agua y hasta el gato hidráulico, pero todo cae inofensivamente a un lado del camino. Hacen gestos dramáticos con las manos, implorándoles a los agentes que abandonen la persecución, no porque quieran evitar ser aprehendidos, sino porque quieren que su chofer disminuya la velocidad. Temen por sus vidas.

Los hermanos Chávez, apretujados unos contra otros dentro de la cabina del camper, pueden ver muy poco, aún después de haber abierto la ventanilla. Están al fondo de la cabina, aprisionados entre veintitrés otros cuerpos humanos. Únicamente sienten las sacudidas de la camioneta y escuchan los quejidos de los hombres que se estrellan contra los lados, en las curvas.

La camioneta General Motors se precipita por la avenida Del Oro a ciento diez kilómetros por hora. Aproximadamente a noventa metros de la calle Capistrano, el coyote cae en la cuenta de que no puede sortear la curva y frena violentamente. Demasiado tarde.

La camioneta derrapa y gira ciento ochenta grados.

Por una fracción de segundo no se escucha ruido alguno, mientras la camioneta sale volando del camino y se voltea en el aire.

Y ahora se escuchan miles de sonidos a la vez, el contraerse, el romperse, el triturar y el crujir de vidrio, metal, plástico y huesos. La camioneta cae dentro de la zanja con el techo hacia abajo. La mayoría de los cuerpos que se encuentran dentro del camper se desparraman. No todos son arrojados hacia afuera. Algunos quedan triturados bajo el destrozado chasis de la camioneta. Una nube de humo se eleva después del impacto.

El sol está a punto de aparecer por el este. Es posible que una de las últimas cosas que hayan visto algunos de los migrantes, tan sólo por una fracción de segundo, haya sido la brillante luz amarilla en el horizonte. O tal vez, algunos de ellos vieron el polvo que se levantó después del accidente, y escucharon cómo retornó el silencio del desierto al irse apagando los quejidos de los moribundos.

Benjamín, Jaime y Salvador quedaron prensados bajo la camioneta. Habían abandonado unos días antes su hogar en Cherán, un pueblo indígena en la sierra de Michoacán, y se dirigían a Watsonville, California, a desempeñar su acostumbrado trabajo estacional, cosechando fresas en las fértiles colinas al este de Santa Cruz. El accidente se publicó en las primeras páginas de los diarios estadunidenses debido a lo terrible de la tragedia (ocho personas muertas, diecinueve heridas, muchas de ellas de gravedad) y además, porque tan solo unos días antes, otro accidente involucrando a inmigrantes mexicanos había despertado la atención de los medios de comunicación. Una videograbación que recordaba la de Rodney King, salió al aire en los programas vespertinos de noticias, mostrando a los asistentes del alguacil de Riverside golpeando a migrantes mexicanos desarmados, ninguno de los cuales oponía resistencia aparente, a la orilla de una carretera del sur de California, a la hora de mayor tráfico.

Desde la década pasada, el número de víctimas en la frontera entre Estados Unidos y México ha comenzado a parecer la contabilidad de un conflicto de baja intensidad, que ocurre en un extremo del mundo en vías de desarrollo. Un estudio llevado a cabo por la universidad de Houston contabilizó alrededor de tres mil muertes durante la segunda mitad de los años noventa, una cifra conservadora. Los investigadores llegaron a la conclusión que muchos cuerpos nunca serán encontrados. Las osamentas de estos migrantes están ocultas en el fango del Río Grande y desparramadas por el desierto.

Y aún así los migrantes continúan cruzando, porque el ideal de alcanzar el paraíso no muere, particularmente para los mexicanos, quienes durante varias décadas han considerado al Río Grande más como un río de vida que como un río de muerte, a pesar de accidentes como el de Temecula. Continúan cruzando, a pesar de las tragedias y a pesar de la operación Guardián, porque las probabilidades continúan estando a su favor. Para que realmente puedan "custodiar la línea", como dicen los políticos norteamericanos, Estados Unidos tendría que gastar cientos de billones de dólares (actualmente está gastando alrededor de cuatro billones al año) para construir la gran muralla americana o concentrar a lo largo de la línea, como se hace en la frontera entre Corea del Norte y del Sur o en la antigua división entre Berlín del Este y del Oeste, cientos de tropas y toda clase de obstáculos físicos, armamento y tecnología. A pesar del creciente sentimiento antiinmigrante norteamericano, no existen propuestas factibles para poder hacerlo por el momento. A pesar de toda la retórica, la línea continúa siendo más una idea que una realidad. La mayor parte de la frontera entre Estados Unidos y México está representada, no por las barreras de acero de tres metros y medio de altura de la operación Guardián, sino por bardas de alambre de púas, muchas veces con una altura de unos cuantos metros. En cientos de lugares el alambre ha sido cortado. Uno puede pararse sobre la línea a lo largo de la mayor parte de California, Arizona, Nuevo México y Texas y brincar de un lado al otro, gritando a todo lo que dan los pulmones, y nadie te verá, excepto una tortuga del desierto o un coyote de verdad.

En las campañas de publicidad que intentan disuadir a los presuntos migrantes, la patrulla fronteriza ha intentado utilizar a los muertos como un símbolo preventivo, hasta como un suceso ejemplar. Pero aun cuando los migrantes están conscientes de la falta de escrúpulos de los coyotes y de la determinación de la patrulla fronteriza por detener el flujo de migrantes, nada constituye un factor lo suficientemente disuasivo. La razón es muy sencilla. En 1994 México se vio paralizado por una profunda y prolongada crisis económica que impulsó un torrente de refugiados hacia el norte. Estados Unidos, por su parte, tuvo un auge económico histórico durante los últimos años de la década de los noventa en casi todos los componentes de su economía. Entre los de más rápido crecimiento se contaba el sector de servicios. Sus empleos, generalmente en hoteles y restaurantes, aunados a los cientos de miles de empleos agrícolas eventuales, eran desempeñados en su mayoría por trabajadores ilegales y no especializados. Es un arreglo que generalmente mantiene satisfechos a los patrones norteamericanos, a los migrantes y al gobierno mexicano.

Esta condición de dependencia mutua existió durante la mayor parte del siglo XX, pero el negocio de los migrantes no siempre se ha conducido de esta manera. Después de la revolución mexicana en 1910, alrededor de 700,000 migrantes fueron recibidos legalmente en Estados Unidos. Durante la década de 1940 un programa de "braceros" o trabajadores huésped, patrocinado por el gobierno federal, importó cientos de miles de mexicanos, de nuevo ilegalmente, para aliviar la escasez temporal de mano de obra causada por la guerra. Después, en 1965, Estados Unidos incrementó las cuotas para latinoamericanos, y en 1986 el Immigration Reform and Control Act otorgó amnistía a millones de migrantes indocumentados, permitiéndoles legalizar su situación y traer a sus familiares al norte.

La única política binacional sensata que reconoce la presencia de trabajadores mexicanos es el programa de identificación de residentes fronterizos, implementado por el servicio de inmigración y naturalización de Estados Unidos, el cual otorga a un número limitado de mexicanos que viven en las ciudades fronterizas una mica de salvo conducto para entrar a territorio norteamericano por razones de trabajo, hasta una cierta distancia de la frontera (dependiendo de la región, puede ser hasta ochenta kilómetros). El programa reconoce que, sin el comercio fronterizo, las ciudades del lado norteamericano irían desapareciendo. Actualmente, cientos de ciudades y pueblos en el interior del territorio norteamericano probablemente desaparecerían si no contaran con la presencia de los industriosos trabajadores ilegales. Pero la idea de una integración entre Estados Unidos y México, como se ha presentado en la propuesta liberal radical, la cual sencillamente abriría la frontera y permitiría que las fuerzas de mercado regulasen el flujo migratorio, ocasionaría demasiado conflicto en ambos lados de la línea.

Únicamente unas cuantas comunidades religiosas y organizaciones de derechos humanos han cuestionado las políticas migratorias actuales de Estados Unidos, a pesar del creciente número de muertes ocurridas a lo largo de la frontera durante la década de los noventa. A pesar de todo, Estados Unidos continúa atrayendo, con su poderoso imán de trabajo, su porosa frontera y su selectiva imposición del código migratorio. Todo migrante y casi todos los principales empleadores de ilegales en el país, te dirán que el servicio de inmigración y naturalización INS generalmente actúa con severidad únicamente después de que las cosechas han sido levantadas y van rumbo a los mercados. Durante décadas el mensaje ha sido: "Tenemos un trabajo para ti". Actualmente el mensaje es: "Tenemos un trabajo para ti pero será más difícil cruzar la línea".

Desde la perspectiva del migrante, los hermanos Chávez y los miles de otros migrantes que han muerto durante la última década ahogados, en accidentes automovilísticos, o por exposición a los elementos naturales, se han convertido en mártires de una causa: tener libertad de movimiento o por lo menos, poder escapar de pueblos provincianos como Cherán, cuyas economías basadas en la explotación de la madera están en ruinas; han huido del polvoriento abismo mexicano.

Para moverse, para ganar un poco de dinero; para comprar unas cadenas de oro; o un Plymouth 1984 con 230 mil kilómetros recorridos, pero un interior bonito; o un procesador de alimentos Osterizer para que su "madrecita", en México no tenga que picar las verduras cada noche; o unas llamativas botas de piel de víbora o, que caray, tan sólo regresar a casa con un fajo de billetes verdes en su cartera, lo suficiente para tomar unos cuantos dólares y prenderlos en la estatua del santo patrono y comprar una docena de botellas de ron Bacardí, suficientes para emborrachar a toda la manzana, al menos durante una noche.

Y luego, después del descanso invernal, regresar a California… a Arkansas… a Wisconsin… a Carolina del Norte…

Esta brecha de migrantes es un espiral no sólo en el espacio sino también en el tiempo. El futuro se encuentra en Norteamérica, el pasado en México. El pasado únicamente es tolerable durante algún tiempo, particularmente en las empobrecidas tierras del sur. Pero el futuro también puede ser doloroso para un migrante en Estados Unidos; la distancia que lo separa de sus seres queridos a quienes dejó atrás, en la patria, puede llegar a ser intolerable.

Todo resulta perfecto para el migrante que va y viene entre los dos países. Es mejor seguir en el camino, continuar moviéndose.

☞

La cuaresma del año 1996 de nuestro Señor fue, para los mexicanos, la hora más obscura antes del amanecer. Por supuesto que deseaban que fuese la hora más obscura. La idea de que su país pudiese pasar aún por más sufrimiento era soportar demasiado; los mexicanos siempre prefieren invocar la resurrección.

Esta fue la tercera cuaresma consecutiva guardada en tiempos de crisis. Desde el año nuevo de 1994, el mercado de valores se había hundido a la par del peso, la tasa de desempleo había crecido desmesuradamente y el mercado negro se había disparado. Los ricos se apretaban el cinturón, la clase media luchaba bajo el peso de una deuda masiva. Para el trabajador o campesino mexicano, este era un escollo más para su supervivencia. Las calles de la ciudad de México estaban atestadas más que nunca de vendedores ambulantes, prostitutas, ladrones y bandas de adolescentes que copiaban la manera de actuar de sus contemporáneos en Compton y East Los Ángeles. Para finalizar, estaban los más pobres de los pobres, los indígenas que vivían en la provincia, muchos de los cuales estaban convencidos de que, frente a una adversidad de tal magnitud, el único recurso que quedaba era hacer una revolución. Eso o cruzar la frontera.

En los estados fronterizos se libraba una guerra feroz entre narcotraficantes. En las calles, a plena luz del día, se llevaban a cabo ejecuciones masivas ordenadas por la mafia. Una gran porción del espacio aéreo mexicano estaba controlado por un hombre cuyo apodo era "el señor de los cielos", Amado Carrillo Fuentes, el padrino de un poderoso cartel que transportaba toneladas de cargamento en aviones fletados.

A pesar de las predicciones de mejores tiempos por venir (la administración Clinton incluso había contribuido con cincuenta billones de dólares en crédito para apuntalar a su socio del tratado de libre comercio) la obscuridad persistía. Asesinatos, corrupción, crimen en las calles. En su plática cotidiana, los mexicanos se referían a este fenómeno sencillamente como "la crisis". Decían esta frase casi con una familiaridad sentimental, como si se estuviesen refiriendo a un familiar perdido que repentinamente hubiese aparecido en la puerta. Decían que la crisis era la culpable de todos los males que padecían, por decreto divino era esa la causa, no el efecto. "Debido a la crisis, perdí mi trabajo..." Debido a la crisis, pediste prestados mil dólares y arriesgaste tu vida cruzando a toda velocidad la frontera entre Estados Unidos y México.

Pasé una gran parte de la Cuaresma adaptándome a la forma de vida de la ciudad de México, la mayor metrópolis de mundo, a donde acababa de mudarme. Perdí incontables horas haciendo colas burocráticas (en la compañía de teléfonos, de agua, de electricidad, de migración) las cuales más parecían ser colas para obtener comida. Durante las noches, permanecía en mi apartamento escribiendo ante un escritorio colocado al lado de una ventana manchada de hollín, que miraba hacia calles extrañamente desiertas: extrañamente porque a mi alrededor vivían por lo menos veinte millones de personas.

Y sin embargo, la ciudad de México, capital de una nación en ruinas, veía acercarse la Pascua con una expectación extasiada; esta gran ciudad del altiplano era sagrada, los dioses le hacían cosquillas en el ombligo para recordarle que a pesar de ser tan pobre, tan abarrotada, tan contaminada o tan violenta, de todas formas sólo distaba una pulgada del cielo. Si se miraba fijamente por algún tiempo el manto negro que pendía sobre el valle, se podía apreciar la presencia de formas celestes, contorsionándose en el contaminado éter.

Pero los cielos actuales eran otra cosa. Desde el miércoles de ceniza se habían presentado varias contingencias ambientales. Las palomas caían de los árboles, muriendo de asfixia. La cabeza me pulsaba mientras vagaba por el laberinto, aspirando las emanaciones de los Volkswagen y fumando cigarrillos Marlboro mexicanos, al igual que uno de los últimos ejércitos de fumadores empedernidos del mundo; a los habitantes de la ciudad de México les encanta presumir su destreza con el tabaco a pesar de que, o tal vez precisamente a causa de que, viven en la ciudad más contaminada del orbe. Eché un escupitajo negro dentro de mi pañuelo.

La crisis estaba por encima de cualquier otra cosa, era un evento público. Sí, existía obsesión y violencia dentro de los hogares, en el seno de las familias: los periódicos amarillistas publicaban las típicas historias de esposos que descuartizaban a sus esposas y de hijos que asesinaban a sus padres. En este país de valores familiares tan arraigados, se podía estar

28

seguro de que si a alguien lo asesinaban, la última cara que vería sería la de un amigo o pariente.

Pero la presión de la crisis era demasiado pesada para soportarla en privado. Cada segunda semana llegaba la quincena, y todos nos volcábamos en las calles, íbamos a las cantinas, a los salones de baile y a los antros de *striptease*. Sólo Dios sabe de dónde salía el dinero. Pero yo ya había visto esto antes, este exceso que antecede al fin del mundo, en los barrios de San Salvador durante los días más obscuros de la guerra civil; en Managua, durante lo peor del embargo norteamericano contra el régimen sandinista, en La Habana, cuando Castro prohibió que se mencionara la palabra *glasnost* y puso a la isla en cuarentena, aislándola de cualquier contacto con el mundo exterior. Cuando el Apocalipsis está cercano ya no hay nada que perder y desaparecen las inhibiciones. Tal vez no había suficiente dinero para pagar la renta, comprar ropa, ni aún para comer adecuadamente; pero, por Dios, había lo suficiente para una ronda de tragos. Solidaridad.

De esta manera los mexicanos huían de la crisis, a través de un espectáculo de ritual público. Nunca nadie hacía algo a solas. Si alguien tenía una cita con el doctor, llamaba a su mejor amigo; éste se tomaba el día libre en el trabajo para acompañarlo y estar junto a él durante el embarazoso examen médico. Lo mismo ocurría para ir al banco, para ir a la peluquería, para comprar alimentos. Siempre se podía escuchar una animada conversación entre las personas que formaban una cola para cumplir con sus obligaciones.

El máximo ritual público mexicano, la fiesta, deriva su formidable energía de la tensión entre lo espiritual y lo carnal, entre lo indígena y lo ibérico, entre el cristianismo y el paganismo; en una palabra, de la sangre mestiza mexicana y su cultura. La crisis únicamente atizó el fuego. En 1995, el 12 de diciembre, día de la fiesta de la virgen de Guadalupe, el 24 y el 31 de diciembre, fueron días de paroxismo nacional. El día de San Valentín, casi todos los hoteles del país, desde los hoteles de cinco estrellas hasta los hoteluchos de barriada, ostentaban letreros que proclamaban "no hay vacantes" y podían escucharse gritos extáticos a lo largo de los pasillos, fue un día de coito nacional. La provincia festejó tan intensamente como la capital; cada pueblo tiene su santo patrono y los días de fiesta únicamente fueron una excusa para organizar bacanales que duraban una semana entera a semejanza de las de la Roma decadente. En los territorios indígenas, se celebraban como nunca antes antiguos rituales agrícolas paganos tenuemente disfrazados de fiestas católicas. Lo que todas estas fiestas tenían en común era que celebrábamos el espíritu a través de la carne. Alternábamos entre los extremos de una piedad de mortificación y el abandono desenfrenado.

Y llegó la Pascua. Durante la Cuaresma, los mexicanos cumplieron con las tradiciones católicas de abstinencia y ayuno, representando físicamente el colapso económico por medio de sus propios cuerpos. Las fuerzas que mueven la economía, son finalmente invisibles, excepto por el efecto que tienen sobre nuestra forma física: dónde vivimos, qué comemos, qué ropa nos ponemos, cómo bailamos. Al acercarse el final de la Cuaresma, México se preparó para crucificarse.

Un viento gris sopla en Iztapalapa. Aún faltan meses para que lleguen las lluvias del verano y el polvo de la antigua y estéril tierra se levanta en sofocantes nubes. Ubicado en un barbechado llano al sur del centro de la ciudad de México, el distrito de Iztapalapa, al parecer, fue un barrio pendenciero mucho antes de la llegada de los españoles. Tiene el color de pobreza añeja: tez morena oscura, color chocolate, casi sin mezcla con otras razas. La población indígena de Iztapalapa ya era pobre en tiempos de la conquista, y continúa siéndolo.

Salí de las entrañas del metro, llegando a una plaza adornada con murales de *graffiti*, de ese que está oficialmente sancionado. Son mensajes ecológicos, tributos a los muertos del terrible terremoto de 1985. Y un monumento a la crisis: "Estamos en las manos de Dios", que se puede leer en una bandera que flota sobre dos manos del ser supremo, que mecen el paisaje de una ciudad cuyos rascacielos han sido transformados de manera apocalíptica en lápidas, con un brillo color sangre que ilumina el crepúsculo.

Iztapalapa es famosa por dos cosas: un índice de criminalidad que se incrementa vertiginosamente debido a la crisis (lo cual impulsó a las autoridades a desplegar temporalmente a miembros del ejército en sus calles) y la mejor representación de la Pasión en todo México. Lo espectacular del evento está a la par de una película de Cecil B. DeMille; prácticamente cada uno de los habitantes del barrio representa un papel. En estos momentos, en Estados Unidos el público está viendo por televisión *Los diez mandamientos* o *Rey de reyes*, preparándose para pasar una pascua cristiana o pascua judía en tranquilas reuniones familiares y ceremonias religiosas. Pero en México, la mitad de la población, desde la capital hasta la provincia indígena, tiene un papel estelar en su propia versión de la Pasión.

Es la representación número ciento cincuenta y dos en Iztapalapa (existe una región en Guerrero donde el ritual se remonta a cuatrocientos años), y los habitantes locales hablan de la tradición con mística reverencia. El peso se puede haber derrumbado, no podemos comprar jamón para Pascua, mi hijo fue asaltado anoche, pero ¡conservamos viva la tradición! El que haya un Price Club en cada ciudad grande no significa que México haya perdido su esencia. ¿Si México no dejó de ser una nación indígena hace quinientos años (la identidad mestiza después de todo es por lo menos mitad precolombina) porqué debiera serlo ahora? Sin embargo, Iztapalapa es un lugar contaminado por el virus del descontento. Los indígenas migraron desde el interior del país en busca de una mejor vida en la ciudad; muchas veces, después de una o dos generaciones de pobreza urbana, se movilizaron nuevamente para probar suerte en Estados Unidos.

El barrio está decorado para celebrar la Pasión: por las calles caminan soldados romanos con todo el esplendor de sus uniformes, mujeres samaritanas, fariseos. Comen antojitos y fuman. Pero son los nazarenos, quienes están omnipresentes, pandillas ambulantes de muchachos adolescentes que han fabricado sus propias cruces y cuyas madres han hilvana-

31

do sencillas túnicas blancas con bandas color púrpura, para poder representar a Jesús, como penitencia. Aproximadamente cinco mil nazarenos recorren penosamente las calles de Iztapalapa este año, esforzándose en cargar las cruces que llegan a pesar hasta noventa kilos. Muchos de los chicos han estado entrenando durante meses.

Hay docenas de representaciones simultáneas. Un mega espectáculo se presenta en la plaza, en un escenario que mide aproximadamente cincuenta metros de largo, iluminado por lámparas de halógeno y rodeado por un conjunto de camionetas de Televisa que transmiten el evento en vivo a todo el país.

Se lleva a cabo la representación de la última cena. En la plaza, frente al escenario, se han reunido por lo menos cien mil personas y su concentración en lo que está ocurriendo es absoluta; el único sonido que se escucha, además del diálogo, es el zumbido producido por las camionetas de televisión. Judas se levanta de la mesa. Sus movimientos son intranquilos, retuerce las manos. Camina incesantemente hacia adelante y hacia atrás, mirando angustiosamente a Jesús, a los discípulos, a nosotros. Los papeles son caracterizados tan seriamente por los residentes de Iztapalapa, que los valientes seres que representan a Judas algunas veces son esquivados por sus vecinos, como si, al representar a Judas, estuviesen realmente traicionando a Jesús en persona.

Los tramoyistas se llevan la última cena; en su lugar son colocadas rocas de hule espuma y árboles en macetas, para ambientar la escena del Getsemané. El habitante de Iztapalapa que ha representado a Jesús durante los últimos seis años suplica, en una actuación a la vieja escuela de arte dramático: "Aleja de mis labios esta amarga copa", mientras que los discípulos duermen a unos pasos de distancia.

Luego viene el caos: los fariseos y los amanuenses entran precipitadamente, Judas ofrece su último beso, se desenvaina una espada, se corta una oreja, los discípulos se dispersan y finalmente se escucha a Pilatos: "¿A cual de estos dos desean que libere?" Y toda la plaza, cada hombre, mujer y niño, tal y como lo indica la tradición, grita: "¡Barrabás!"

Después la multitud comienza a dispersarse, pero miles de personas permanecen en la plaza durante toda la noche, recostándose sobre mantas y pasándose unos a otros tarros con champurrado y atole, bebidas que ya existían antes de la conquista. Estos fervientes católicos indígenas pasarán la noche en vela con el Salvador, la noche más larga de su vida, la noche previa a su muerte. También conseguirán los mejores lugares para presenciar su crucifixión.

～

El viernes santo comienza siendo un día asombrosamente diáfano; de alguna manera, nos han dado un respiro de la contaminación. Legiones de visitantes, se calcula que cerca de dos millones, invaden Iztapalapa. El ejército de vendedores ambulantes hace un buen negocio entre la multitud, mientras la espera para la crucifixión se hace mas larga y calurosa (la Cruz Roja atiende a cientos de víctimas por insolación). Los vendedores ofrecen crucifijos, lentes oscuros, viseras de cartón, gorras, mangos, papaya y botellas de Coca-Cola, Sprite y Fanta que colocan, para que se enfríen, sobre bloques de hielo que gotean formando charcos en el polvo gris.

Me uno a los nazarenos siguiendo su ondulante camino a través de los barrios. Cinco mil Cristos, acompañados por el crujido de la madera de cinco mil cruces que son arrastradas sobre el asfalto. La edad de los jóvenes oscila entre los menores de trece años quienes cargan cruces de más de un metro de largo, hasta mayores de veinte años, que cuentan con varios años experiencia participando en la representación, quienes cargan casi un árbol completo sobre sus espaldas. Algunas de las cruces están pintadas de negro, otras de rojo. Algunas están grabadas con diseños florales, otras están tan bien barnizadas que parecen estar cubiertas de vidrio.

La peregrinación comienza a las siete de la mañana y serpentea a través de casi todo el pueblo de Iztapalapa hasta llegar al Gólgota al atardecer. Los nazarenos inician su penitencia con gran animación; son un poco culpables, tal vez, del pecado de orgullo. Pero para el mediodía, la Cruz Roja ya está transportando muchachos en camillas. Son los pies los que más sufren. Muchos de los Cristos están descalzos; caminando sobre el ardiente asfalto salpicado de pedazos de vidrio roto. Algunos llevan vendajes que pronto se ensucian y desenredan. Otros llevan huaraches corrientes que también se deshacen después de recorrer unos cuantos kilómetros. Los chicos saltan sobre pedazos de cartón, colocados en la calle por los dueños de las tiendas que bordean la ruta y después, haciendo gestos, brincan nuevamente sobre el asfalto.

Algunas veces la procesión es menos numerosa cuando los chicos, abrumados por el sol, se salen de la fila, pero los organizadores se acercan precipitadamente, gritando y chiflando como los romanos. Me quedo parado a la sombra de una miscelánea en una esquina, bebiendo Pepsi y fumando cigarros Marlboro, junto con la multitud de observadores, y de pronto aparece frente a nosotros una samaritana de lo más inverosímil, vestida con una capa de terciopelo rojo que le llega hasta los pies, pero con un amplio escote y la cara maquillada como si fuera travestida. Tal vez hasta sea travesti, ¿quien puede saberlo? El espectáculo de esta samaritana sexy, con el delineador escurriéndole por las mejillas, dando pasos tambaleantes sobre delgados tacones de cinco pulgadas, es demasiado para el conjunto de madres y abuelas que me rodean. "¡Trae tacones!", exclama una de ellas con regocijo. "¡Esto sí es amor al arte!"

Sorprendentemente, la gran mayoría de los participantes en la procesión llegarán hasta el Gólgota, el cerro de la muerte. Un joven de catorce años que lleva una cruz, la cual, según afirma, pesa setenta kilos, dice: "Mi padre lo hizo, mis hermanos mayores lo hicieron, ahora es mi turno de cumplir con la tradición". Un joven de dieciocho años que lleva una corona de espinas de verdad, con gotas de sangre seca en la sien, exclama: "No existe dolor que no pueda soportar gracias a mi fe en el Señor". Cada chico va seguido de una porra de apoyo formada por jóvenes de su edad, sus padres y abuelos, apremiándolo para continuar, llevando botellas de agua, así como algodón y alcohol para limpiar los doloridos y ampollados pies.

Una y otra vez surge el tema de "la crisis" durante una conversación casual. Parece que hay más nazarenos desde que se desplomó el peso. Parece que hay menos vendedores ambulantes pero más tradición, más devoción. Una abuela de barrio lo resume todo: "Es la crisis la que hace que las personas se acerquen a Dios. Más pecadores, más penitentes. El problema son los grandes pecadores, los políticos hijos de la chingada, ellos nunca hacen penitencia. Somos nosotros los que la acabamos haciendo por ellos".

Finalmente, cerca de las tres de la tarde, los nazarenos, romanos y samaritanas hacen su andrajosa entrada triunfal hacia el cerro de la muerte. Los chicos suben corriendo los últimos metros del cerro, dejan caer sus cruces al suelo, se desploman, se quitan las túnicas y playeras. Rápidamente el cerro queda cubierto de cinco mil cruces, así como de los jadeantes cuerpos medio desnudos de cinco mil Cristos morenos. Tres grandes cruces coronan la cúspide del Gólgota, con cinco mil cruces de nazarenos esparcidas sin ton ni son a sus pies.

Alrededor del cerro, están dos millones de espectadores, mantenidos a distancia por una barda de malla de acero. El mar de personas que está en todas direcciones parece un enorme organismo unificado, una gran medusa, que trata de acercarse cada vez más a la representación, empujando contra la valla y el ejército de policías; jóvenes indígenas armados con antiguas pistolas del ejército.

Se escucha el sonido de trompetas. Los romanos, montando caballos blancos, cabalgan hacia la cima del monte. El pregonero proclama: "Y habiendo cometido estos y muchos otros crímenes... lo condenamos y sentenciamos a ser conducido por las calles de la santa ciudad de Jerusalén, coronado de espinas, con una cadena alrededor del cuello, llevando su propia cruz a cuestas y acompañado por dos criminales, Dimas y Gestas, hasta el Gólgota, donde será crucificado entre estos dos criminales, y de donde penderá hasta su muerte".

Es clavado a la cruz, la cruz de noventa kilos que él mismo construyó, la que ha arrastrado a lo largo de la procesión a través de Iztapalapa todos los días desde el domingo de ramos. El sonido del martillo retumba a través de los innumerables altavoces. De sus manos y pies brota sangre artificial. Una jirafa mecánica, sosteniendo una cámara, se acerca para efectuar una toma abrumadora, que parece una escena dirigida por Scorsese.

Cristo, Dimas y Gestas se retuercen en sus cruces y todos los hijos de México se están viendo a ellos mismos. Sobre el Gólgota pende cada sueño no cumplido en este país: los tres crucificados bien podrían llamarse Benjamín, Jaime y Salvador Chávez.

Durante los últimos momentos de la Pasión, el viento gris de Iztapalapa se levanta formando grandes nubes que se elevan sobre la inmensa multitud. Es el polvo gris de la ciudad, no únicamente el polvo árido de la tierra que cubre el cerro, sino partículas de ceniza de los billones de cigarros de los fumadores empedernidos de la ciudad, desecho de los tiraderos de basura que existen en cada esquina de cada calle de los barrios, humo negro proveniente del escape de las camionetas, taxis y automóviles particulares de los ricos y pobres, en particular los de los pobres en sus destartalados Chevys de ocho cilindros, el polvo de la pobreza, el polvo de la corrupción, el polvo del infierno sobre la Tierra.

Nos llevamos pañuelos a la cara para tallarnos los ojos. Todo lo que había sido blanco se torna gris: las túnicas de los nazarenos, los bloques de hielo en las tinajas de los vendedores, las páginas de mi libreta.

En este viernes santo, el país sagrado y postrado ha acudido para verse morir. Y vivir.

Se ha consumado.

⁀

Antes y después de la Pascua, durante muchos años antes de la crisis y cada año a partir de ella, una procesión de penitentes mexicanos ha salido de barrios como el de Iztapalapa y de pueblos de provincia a través de toda la república. Migrantes que se dirigen hacia el norte, huyendo de Egipto hacia Canaan al otro lado del Río Grande, un millón de almas en busca de redención y resurrección, un "destino mexicano manifiesto" a ser logrado sobre calles pavimentadas de oro, calles norteamericanas.

Durante mas de dos años estuve en movimiento siguiendo a las familias migrantes mexicanas. No vivía lo que los migrantes se veían obligados a sufrir, pero vi un poco de los que ellos vieron. Observé cómo el listón del pavimento de la carretera daba vueltas y vueltas hacia el horizonte. Vi mucho trabajo pesado y mucho amor y muchas peleas entre borrachos y muchas separaciones muy prolongadas entre enamorados, entre madres e hijas y padres e hijos.

Y vi a la muerte. Recorrí aproximadamente ocho mil kilómetros en mi Chevy Blazer, la mayor parte de ellas a lo largo del país. Supongo que cuando uno está todo el tiempo en el camino, se incrementa la posibilidad de encontrarse con una tragedia.

He visto diamantes de vidrio roto centelleando sobre el asfalto y vacas muertas con las patas hacia arriba.

Vi a un mexicano sentado sobre los restos destrozados de un viejo Datsun. Unicamente estaba sentado ahí, tan relajado, en el asiento delantero, como si estuviera dormitando durante un largo viaje por la costa del este. Pero ya nunca regresaría a casa.

Vi a un joven chicano que había salido volando de su camioneta sobre la carretera I-10. Él y su medio de transporte quedaron separados el uno del otro por cuatro vías de carretera cuando el macabro ballet llegó a su fin. Se quedó mirando su pierna, maravillado porque su rodilla se había volteado hacia atrás, mientras que yo estaba maravillado de que todavía estuviese vivo.

Comencé mi viaje junto con los migrantes de Cherán, Michoacán, la población indígena de donde provenían Benjamín, Jaime y Salvador. Seguí sus pasos fantasmagóricos cruzando la frontera. Y después, sus pasos recorriendo Estados Unidos.

uno
punto de partida

hogar

EL VIAJE DE SEIS HORAS EN AUTOBÚS DESDE LA CIUDAD DE MÉXICO
hasta Zamora, Michoacán, comienza a la medianoche, en la
central del norte, una gigantesca terminal de autobuses ubicada
en la zona industrial que se encuentra en las afueras del
monstruo. Es un lugar siniestro, una tétrica versión mexicana
de la Penn Station de Nueva York. Siempre está llena de
bullicio, no importa si son las tres de la tarde o las tres de la
mañana; reina la anarquía de los vendedores y la paranoia de
los viajeros. Mientras voy abriéndome paso entre la muchedumbre de cuerpos exhaustos, exasperados, cautelosos, con
cabello alborotado, ojos ardientes, bocas secas y ropas arrugadas, me acosa una pordiosera poco común, una mujer de
mediana edad, bien vestida, que más parece pertenecer a una
reunión social en Coyoacán, el distrito capitalino donde habita
el "dinero viejo". "Por favor ayúdeme", dice mostrándome
su bolso de mano vacío, cortado limpiamente por una navaja.

Durante los próximos meses me acostumbraré a la ruta
ciudad de México-Zamora. El único lujo que se pueden dar
en estos días los viajeros de la clase trabajadora, es viajar en
flamantes autobuses. Para los mexicanos ya no existen las
destartaladas matracas. Brillantes autobuses armados por la
Mercedes Benz, con monitores de video caseteras que cuel-

gan del techo y suficiente espacio hasta para las largas piernas de Michael Jordan, son la norma hoy en día, tanto para la primera como para la segunda clase. Al abordar, una belleza bronceada en minifalda y saco azul perteneciente a la compañía, te entrega un emparedado de queso y una lata de Coca. Una vez que los pasajeros se han acomodado en sus asientos, ella te da la bienvenida y te asegura que el conductor cumple con todos los reglamentos de tráfico mexicanos. Señala hacia una luz roja al frente del autobús. Si se enciende, te dice, el autobús está yendo a más de noventa kilómetros por hora, la velocidad máxima permitida en cualquier carretera federal mexicana. Tenemos el derecho de quejarnos con el conductor si esto ocurre. La luz roja estará encendida todo el camino hasta Zamora. Nadie se queja.

El chasis de mi autobús es lo suficientemente ancho para devorar la angosta vía del periférico amenazando a los automóviles de pasajeros, la división central de concreto y nuestras vidas. Corremos a gran velocidad a través de la niebla nocturna, dejando atrás edificios de apartamentos coronados de enmarañadas antenas; mil puestos de tacos brillantemente iluminados por focos que cuelgan de alambres raídos, pirateando la energía eléctrica de los postes de la compañía de Luz y Fuerza.

Me dirijo fuera de la ciudad, hacia provincia, fuera del centro, hacia las afueras. Desde que me mudé a la ciudad de México y experimenté su excéntrica identidad mestiza (una antigua ciudad indígena convertida al europeo barroco) he llegado a creer que el futuro se encuentra en la provincia, y no en la capital, exactamente lo opuesto a lo que piensan los "chilangos". La flor y nata de los habitantes de la ciudad de México, con la vista fija en Nueva York y París, particularmente París, recordando el breve imperio mexicano de Maximiliano y Carlota, siempre ha pensado que la ciudad es una isla europea en medio de un mar indígena. El futuro que surge del triste estiércol de la historia y se adelanta a saltos frente a la provincia: inmutable, pobre y bucólica. Pero actualmente es la ciudad de México la que parece pertenecer al pasado. Sus restaurantes son atendidos por meseros con corbatas de moño. Su colonia más famosa, Coyoacán, un pintoresco rincón bohemio (que alguna vez fue el hogar de Diego Rivera y Frida Kahlo), ha perdido desde hace mucho tiempo su vitalidad. Sus "activistas", en su mayoría los aburridos hijos de aristócratas insípidos, glorifican la rebelión zapatista en Chiapas, ignorando a los millones de indígenas que viven bajo sus propias narices, en muchos casos como sus sirvientes.

En los grandes bulevares de la ciudad, sus monumentos que datan de su época de oro, semejan el Arco del Triunfo y otros monumentos parisinos. Empolvados, viejos. Hasta el intento de evitar el advenimiento de McDonald's en sus calles céntricas es un remilgo francés. Los pueblos migrantes de la provincia vieron el futuro hace mucho tiempo y negociaron talentosamente los términos y condiciones de su rendición. McDonald's no los conquistó; más bien, fueron los indígenas quienes convirtieron a McDonald's a su semejanza.

¡Por lo tanto, adiós al pasado! ¡Adiós al volcán Popocatépetl que retumba y arroja lluvia de ceniza, amenazando a una nueva Pompeya! ¡Adiós, Adiós!

☞

Los monitores de video están proyectando una película de *ninjas*, doblada al español, y los pasajeros están cautivados por las patadas y los giros. Miras por la ventana al monstruo iluminado por la luna, sus tentáculos brillando sobre los polvorientos cerros hasta cuarenta kilómetros al norte del centro de la ciudad. Seguimos hacia adelante, cruzando las planicies, pasando por la colonial ciudad de Querétaro, las cúpulas de sus iglesias brillan espectralmente bajo la luna del altiplano; y seguimos adelante, atravesando la deprimente ciudad industrial de Irapuato, llegando a la ciudad rastro de Pénjamo, en donde el aire huele a mierda y a sangre de cerdo.

Miro fijamente por la ventana y me convierto en mi padre a principios de la década de los cincuenta, con los ojos muy abiertos, un adolescente regordete con el cabello relamido, peinado hacia atrás, quien devora el paisaje nocturno desde la apretada cabina de una camioneta Ford 48 de doble eje. El fondo cubierto de lona de la parte trasera de la camioneta estaba atestado de chucherías norteamericanas que serían vendidas a los mexicanos: medias para dama, juegos de trenecitos Lionel, pantalones de mezclilla, además de mercancía surtida que mi abuelo había comprado en el centro de Los Ángeles entre las calles segunda y quinta, donde regateaba con los intermediarios, tipos judíos con acento del viejo continente, tan marcado como el de él. Los viajes incluían manejar toda la noche desde Los Ángeles hasta El Paso, el abuelo sacaba su cartera para pagar mordida a los corruptos agentes mexicanos tan pronto como la camioneta cruzaba el Río Grande.

Continuaban su viaje a través del desierto, donde las siluetas de los cactus saguaro se proyectaban frente a los brillantes atardeceres, y de allí a la obscuridad impenetrable a lo largo de la carretera de dos vías. El viejo estaba encorvado sobre el volante, la vieja dormitaba, la carretera nocturna era interminable. El abuelo, siempre irascible e impaciente, insistía en hacer estos viajes nocturnos, a pesar de correr el riesgo de encontrarse con bandidos. La noche mexicana era hermosa en su misterio, y llena de aterrorizantes recuerdos. En la década de los cincuenta, las atrocidades cometidas durante la revolución y la guerra cristera aún estaban muy recientes, lo suficiente para que mi padre conjurara la imagen de cuerpos colgando de postes telefónicos, con la piel reseca y arrugada como cuero viejo secándose al sol.

Chihuahua al amanecer… Durango al anochecer… Un desolado motel donde el corpulento propietario advierte a mi familia que se cuide de los espíritus que vagan por las habitaciones… Desagradables personajes en las paradas de autobús… Una vaca que queda enmarcada repentinamente por los faros delanteros, un fuerte impacto de la defensa contra la panza vacuna y una gran descarga de mierda de vaca sobre el toldo y el parabrisas. Y una noche, en las primeras horas de la madrugada, la obscuridad fue interrumpida repentinamente por un gran destello blanco en un cielo sin nubes. Mi padre recuerda haberse cubierto los ojos con la mano. No había ningún otro automóvil en la carretera. ¿Fue un meteoro, una prueba nuclear llevada a cabo en el desierto norteamericano, un relámpago seco? Quedó aterrorizado.

México era una gran aventura para mi padre. Habiendo crecido en Los Ángeles, era un muchacho más norteamericano que mexicano por lo que el camino debe haber sido emocionante. Para mis abuelos, el viaje era mucho más triste, lleno de sueños moribundos y recuerdos ambivalentes de la vieja patria que abandonaron, regresando a ella una y otra vez, sin olvidarla nunca por completo y sin embargo, si volver para quedarse a vivir en ella.

Los monitores de video muestran nieve y todos los pasajeros están dormidos, mientras el autobús se dirige hacia el sur-suroeste, hacia los fértiles valles de Michoacán, las luces de Zamora brillan como un amanecer de estrellas cuando llegamos a la cima de las montañas que rodean la ciudad. La visión de mi padre se va desvaneciendo y sólo me queda la idea de que voy por el mismo camino por el que viajó, un camino abandonado al paso del tiempo a causa de la familia y de una hipoteca, semanas de noventa horas, alcoholismo y recuperación, y ahora, la jubilación. Recuerdo que me contaba lo que su padre le había contado a él, el antiguo proverbio mexicano acerca de los peligros del camino: "Si caminas sobre el fuego, acabarás quemándote".

⌒

Son las cinco y media de la mañana, y estoy sentado en la estación de autobuses de Zamora, donde tengo que transbordar para llegar a Cherán. Debo hablar claramente de Zamora, y que me perdonen los zamoranos: es espantosa.

Es verdad, la ciudad está acurrucada dentro de un fértil valle de plantíos de fresa, rodeado por verdes colinas que se elevan suavemente. Pero Zamora es una de esas ciudades, como tantas ciudades mexicanas de provincia de hoy en día, que está creciendo demasiado rápido para su propio bien. Alguna vez fue una ciudad somnolienta y hermosa. Pero actualmente está congestionada, con tráfico de automóviles a los que les faltan los tubos de escape, circulando por calles antiguas y angostas, y una pálida nube de esmog naciente que pende sobre la ciudad, opacando las estrellas por la noche.

La crisis económica mexicana ha dividido a Zamora en dos. Los barrios pobres construidos con adobe que se está desmoronando, están gobernados por bandas de cholos desesperados, pandillas al estilo norteamericano cuyos miembros pasan las interminables horas rurales en busca de la combinación perfecta entre mezcal y pegamento. Los vecindarios ricos se caracterizan por extravagantes construcciones de dos pisos fabricadas de estuco, con antenas para televisión por satélite y rodeadas de elevadas bardas rematadas con cercas electrificadas. No hay un término medio, únicamente un abismo cada vez mayor entre estos dos mundos.

Zamora es una típica capital provinciana mexicana con una población de cien mil habitantes. El soporte principal de la economía es la agroindustria. Nadie en Zamora cree que existe un futuro aquí, ni los grandes terratenientes ni los cholos. Existe un pasado: fue ahí donde nacieron tus antepasados, donde las calles huelen como en la infancia y las fiestas tradicionales aún se celebran más o menos igual que antes de la conquista. Pero, ¿un futuro? Entre más consciente está Zamora del mundo que existe más allá del pequeño valle verde (por medio de sus antenas satelitales, por medio de la música y la ropa y las exageradas historias que llegan con cada migrante que regresa de las grandes ciudades mexicanas o norteamericanas) más intenso es el deseo de Zamora de cambiar de piel.

De manera que, a prácticamente todos los habitantes de Zamora, y a todos los demás habitantes del estado de Michoacán les urge salir de aquí, o bien regresar después de que se les haya olvidado cómo es la realidad. El movimiento es circular: te encuentras con el futuro saliendo de aquí, rindes tributo al pasado al regresar a casa a visitar y gastar tus dólares americanos, ganados con el sudor de tu frente.

Si quieres salir de Zamora, vienes a la estación de autobuses, la central. Si quieres llegar a Zamora, vienes a la central. Aún cuando poseas tu propio automóvil o camioneta o trailer doble, la carretera te lleva por las afueras de la ciudad, ya que

Zamora únicamente cuenta con una entrada y una salida; la carretera federal 35 que va hacia el norte en dirección a Guadalajara, y hacia el sur hacia los altiplanos donde se encuentra Cherán, continuando a través del valle de Paracho hasta llegar a Uruápan. Aquí se reúnen todo tipo de zamoranos y fuereños. Vendedores indígenas camino a la ciudad, cargados de canastos de mimbre que van atiborrados de tamales, pan dulce, pescado seco o manteles bordados a mano. Un ejército de hombres jóvenes que se dirige hacia el norte, hacia Estados Unidos o camino de regreso, portando el uniforme del soldado migrante listo para la batalla con la "migra" gringa y los patrones: gorra de béisbol, camisa de poliéster, descoloridos pantalones de mezclilla. Y, como en cualquier estación de autobuses de cualquier lugar del mundo, una curiosa colección de locos y vagabundos, pordioseros y nuevos ricos, narcos y cholos, y putas y putos, inocentes que inician su primer viaje lejos de la familia, y aquellos que cayeron hace mucho de la gracia divina, corriendo perpetuamente para escapar de su destino y de la ley. En su mayoría son adolescentes. Caminan con resolución, pavoneándose como si atravesaran Times Square, balanceando los brazos, levantando la barbilla. Hombre, hay un lugar determinado a donde llegar. Y finalmente, "el salvaje", un tipo que no puede faltar en cualquier central de autobuses. Su chamarra de cuero se arruga ruidosamente, una arracada de pirata cuelga de su oreja izquierda, y su cabello, corto y grasiento, está parado en forma de púas. Truena la boca al caminar, ignorando a los campesinos que lo rodean.

Es un monótono mausoleo color ocre. Hay una cafetería regida por un obeso adolescente cholo con una capa de rimel en las pestañas y una tonelada de engreimiento. Una pantalla de televisión cuelga del techo y la mirada de todos los clientes está clavada en una repetición doblada al español "Adam-12". Hay una farmacia con un letrero que dice "abierto las 24 horas", pero está cerrada. Hay una inmensa máquina digitalizada de Coca, pintada con heladas montañas azules y adornada con pequeñas banderas de colores y una bandera grande que anuncia las olimpiadas de invierno de 1994, proclamando que Coca-Cola es la compañera olímpica perfecta: "¡Refresca tu espíritu olímpico con Coca-Cola!" Hay un quiosco de revistas con números atrasados de *Vanidades* y *Time* en español, muchas fotonovelas que muestran villanos mugrientos manoseando los voluptuosos senos de rubias de cabello teñido, y tipos parecidos a Clark Kent que matan a los rufianes antes de que ellos mismos manoseen los senos.

Hay una dulcería, La Zamorana, que ofrece bocadillos para los largos viajes que se está a punto de emprender: bolsas de Doritos y Ruffles, una pirámide de agua purificada Santa María, y detrás del mostrador, una montaña de burritos y tortas y tacos y hamburguesas, vasos de plástico llenos de gelatina azul, amarilla o roja, y una fuente de sodas con Coca-Cola, Sprite y Fanta. Hay una empleada de mostrador: una mujer de baja estatura, rechoncha, morena, de ojos asiáticos y cabello negro. Una indígena purépecha de pura sangre extraída de la historia de Michoacán, sirviéndote tortas rellenas de ingredientes precolombinos: aguacate, tomate, cebolla...

Son las cinco cincuenta y cinco. La estación se llena repentinamente de actividad. Todos corren hacia el sanitario. Con manos temblorosas, una abuelita está amarrando de nuevo las deshilachadas cuerdas que atan una caja de cartón llena a su máxima capacidad. El "salvaje" está comprando agua, más chicles, Doritos y cigarrillos. Un roquero vestido de negro está recogiendo el estuche de su guitarra con la gracia del personaje principal de la película *El Mariachi* de Robert Rodríguez. Conductores de autobús con la cara enrojecida y panzas de Buda corren hacia la sala principal, chiflando, gritando: "¡Morelia! ¡Salida a Morelia!" y "¡México!" y "¡Guadalajara!" y "¡Tijuana, vámonos!" Por todas partes la gente echa mochilas sobre sus hombros, levanta canastas para colocarlas sobre sus cabezas, se despide, abrazando con los ojos llenos de lágrimas, de hijos e hijas y padres y madres.

Entonces la veo. Se abre paso entre la multitud como el padrino de una mafia. Una mujer indígena arisca, de baja estatura, con el tradicional rebozo negro azulado de los indígenas purépechas. El paso del tiempo ha comenzado a marcar su rostro, pero su cabello todavía es negro azabache y tiene esa mirada que dice "no te metas conmigo" igual a la de un "salvaje" adolescente. La siguen aproximadamente quince indígenas indigentes, todos ellos llevan pequeñas maletas de plástico. Parecen cansados y espantados, hacen todo lo posible por no llamar la atención, pero todo mundo se da cuenta de todas maneras. Son pollos (*chickens)* o espaldas mojadas (*wetbacks)*. En Estados Unidos la palabra *wetback* es un insulto racista, pero los migrantes utilizan a menudo y con orgullo, la palabra en español para describirse a sí mismos; después de todo, están desafiando al río y todos los demás obstáculos que encuentran en su camino para cruzar al otro lado. En cuánto a la mujer indígena, ella es su coyote, un apodo que se refiere a los taimados métodos utilizados por los contrabandistas.

Es una mujer de negocios. Otro viaje al norte. Se abre paso entre una multitud de clientes que se encuentran frente a uno de los mostradores, efectúa una rápida transacción. Sus "pollos" están sentados nerviosamente en varias hileras de asientos, sin decir palabra.

Exactamente a las seis de la mañana, el rugir de autobuses que aceleran y el rechinido de velocidades y el bombeo de frenos de aire, ahoga la monótona voz de la mujer que anuncia la última llamada por el altoparlante, informando de la partida de una docena de autobuses. Es como si un convoy estuviese saliendo de Zamora, un batallón o una expedición, una multitud de peregrinos, que huyen o de exiliados o evacuados que también lo hacen.

Los pollos se suben a un autobús arrendado para ellos. La coyota se acomoda el rebozo antes de subir los escalones, cubriéndose la cabeza y envolviendo sus hombros con él. Es la última en abordar.

Nuestra bestia de tercera clase sube hacia los desnudos cerros, que han sido deforestados por los indígenas para vender la madera y la resina de pino. Caminos de terracería que conducen a aldeas remotas se desvían hacia la izquierda y derecha de la carretera de asfalto, cubierta de baches. Paramos en pueblos que se encuentran en medio de la nada, donde las mujeres indígenas se arremolinan hablando en sus antiguas lenguas nativas, ofreciendo agresivamente pescado seco, refrescos, goma de mascar, y sandwiches de mayonesa. Subimos aún más; nuestro conductor, un adolescente con lentes oscuros de aviador, toca a todo volumen himnos de narcocorridos (odas a fallecidos capos de la droga) y toma las cerradas curvas a gran velocidad.

Subimos aún más; la refrescante brisa esta perfumada por los árboles que aún quedan (todos están sangrando resina dentro de contenedores de hojalata), y entonces veo los volcanes, graciosos volcanes bebés color gris plomo que anuncian que estoy a unos cuántos minutos de Cherán, que está circundada por media docena de conos dormidos. El paisaje volcánico le dio a la región un poco de fama en la década de los cuarenta. Aproximadamente a sesenta y cinco kilómetros al sur de Cherán está el Paricutín, el mas reciente de los volcancitos, que desde aquí se ve como una mancha en el horizonte. El Paricutín hizo erupción en 1943. Surgió repentinamente de la tierra en el maizal de un pobre campesino. Salió publicado en la portada del *National Geographic* y sirvió de espectacular fondo para la película *Un capitán de Castilla*, con César Romero y Tyrone Power en los papeles estelares de los conquistadores.

Después de una serie de cerradas curvas en forma de S, el autobús salva la curva final y repentinamente el pueblo de Cherán aparece ante mí.

Cherán está ubicado aproximadamente a doscientas millas al este de la ciudad de México, en la parte noroeste del estado de Michoacán, en el altiplano conocido como "la meseta purépecha" (así llamado por la tribu indígena que habitaba en la región desde muchos años antes de la conquista) el cual forma parte de una gran altiplanicie central que comprende la tercera parte central de México. Con una altitud de 2,430 metros y una población aproximada de treinta mil habitantes, Cherán está precariamente situada. Su nombre, que en purépecha significa "lugar del temor", se refiere directamente al doloroso paisaje compuesto de picos y abismos abruptos e irregulares. Un paso en la dirección equivocada y te precipitas al vacío. El único trecho "plano" es la empinada carretera, que hace las veces de calle principal y se conoce sencillamente como la carretera. La región es casi toda tropical, pero debido a su gran altitud, el clima es más frío de lo que es en los lugares bajos de la costa y en las selvas del sur. La aspereza del paisaje y la relativa tranquilidad del clima crean en Cherán una peculiar tensión geográfica. No es el Edén, pero se vislumbra un indicio del paraíso.

Me bajo del autobús e inmediatamente salto y hago piruetas para evitar caer en los baches llenos de agua putrefacta y cabezas de pescado flotantes procedentes del mercado. Sin saber a dóde dirigirme (no conozco a nadie aquí) instintivamente cruzo la carretera en dirección a la iglesia, la cual, como en cualquier otro pueblo de México, es el centro del paisaje. Apenas doy dos pasos sobre el cicatrizado asfalto cuando casi me atropella un semitrailer que transporta madera. Y ahí me quedo parado, durante los próximos minutos, esperando una abertura en el tráfico que definitivamente no respeta a los peatones: más semis, y autobuses, y tractores, y Mexmobil (destartalados Datsuns de mediados de los setenta y contaminantes Chevys), y una flotilla de pickups último modelo con placas de Wisconsin, Kansas, Connecticut, Mississippi, Nebraska, Arkansas y, por supuesto, California, algunos de los cuales van tocando a todo volumen *gangsta rap* o la mezcla musical más moderna de la costa oeste de Estados Unidos.

Cada semi y autobús que pasa ocasiona temblores de por lo menos 3.1 grados Richter que se sienten a lo largo de una cuadra al este y una cuadra al oeste de la carretera: estoy parado a un lado de la carretera que se estremece y veo pasar el desfile.

Es día de mercado en Cherán. Mujeres indígenas nonagenarias están sentadas frente a los ruinosos pórticos de adobe y adolescentes indígenas deambulan por las calles con sus rompevientos de los Chicago Bulls y auténticos zapatos tenis marca Air Jordan. Las paredes de las casas están cubiertas de *graffiti* estilo chicano, en tergiversado *espanglish* (¡*fack you*, puto!). A lo largo de la calle, a un lado de la iglesia, donde los vendedores ofrecen su mercancía, se pueden ver personas que portan sombreros de *cowboy* y gorras de los Oakland Raiders con las viseras hacia atrás. Hay burros llevando cargas hacia el mercado y galerías con video juegos donde los jóvenes indígenas se convierten en guerreros *ninja*. Steven Seagal mira con el ceño fruncido desde el aparador del Videocentro local, a un lado está el rostro moreno de *cowboy* mexicano de Vicente Fernández, el venerable ranchero trovador de la provincia.

Me siento en una banca de la plaza. Tres edificios dominan el zócalo empedrado: la iglesia, una modesta construcción del siglo dieciocho; la presidencia municipal, vigilada por unos cuantos policías vestidos de azul que apenas se están recuperando de la cruda del día anterior; y el negocio que no puede faltar en ningún pueblo de migrantes: la casa de cambio. Es el primer lugar que visitas cuando regresas de Estados Unidos. Aquí cambias tus dólares como se cambian las fichas al final del día de parranda en una ciudad del pecado.

Me levanto de mi banca en la plaza y giro trescientos sesenta grados. Sobre los cerros que me rodean hay unos cientos de chozas de adobe y varias docenas de casas de ensueño michoacano no tan modestas, construidas por aquellos migrantes que se enfrentaron a la frontera gringa y regresaron a casa para jugar a ser millonarios. El dólar norteamericano, al momento de escribir este libro, vale casi diez pesos, lo que significa que los mexicanos que regresan con ahorros de unos cuantos miles de dólares son, básicamente, ricos. (El habitante promedio de Cherán gana aproximadamente tres dólares al día). Los habitantes de las chozas de adobe son generalmente aquellos que aún no han migrado o que apenas comienzan a hacerlo. Luego están las casas intermedias: construcciones modestas de un piso con pilares de hierro que se asoman por las azoteas; después de unos cuantos años más de cosechar coliflor, lavar platos o encorvarse sobre el torno, podría haber el suficiente dinero para construir ese segundo piso. En muchos de esos hogares hay crucifijos de madera colocados dentro de los pilares de hierro. Que Dios, Jesús, la Virgen, y todos los santos bendigan esta labor, que el futuro sea nuestro, que la tercera y cuarta recámara aparezcan rápidamente, que nuestra antena parabólica sea bautizada y nuestro hogar bendito con CNN y MTV.

Esta no es la clase de aldea indígena que atrae a los norteamericanos o, para el caso, a los mexicanos no indígenas de clase media, quienes ni siquiera se la pueden imaginar. No hay turismo en Cherán (los gringos y los mexicanos ricos se dirigen a Pátzcuaro, un hermoso lago que se encuentra ubicado en el centro de Michoacán, para admirar su pintoresca celebración premoderna del día de muertos). Después de todo, nos gusta nuestro indígena. Descalzo, vestido con traje folclórico, quemando incienso en rituales a los dioses de la lluvia, del viento y del fuego, preservado como en un diorama en el Museo Nacional de Antropología e Historia de la ciudad de México. Quieres estar en una aldea en donde puedas tomar fotografías de ti mismo sobresaliendo entre nativos sonrientes o de un revolucionario con pasamontañas que esgrime un rifle en la selva de Chiapas.

Pero siento una sensación de familiaridad. Cherán es, de alguna manera, una versión más radical de la forma en que crecí en Los Ángeles, algo que está entre el viejo mundo (las veladoras de la virgen de Guadalupe siempre brillaban en casa de mis abuelos) y el nuevo mundo (la televisión deslumbrando con la serie *The Brady Bunch* en casa de mis padres.) Ese torbellino cultural es lo que siempre he considerado como la definición viviente del "chicano", aún cuando muchos que reclaman el apodo prefieren una conexión con el místico pasado indígena, como en las visiones de Carlos Castaneda inducidas por el peyote, o incitan a una rebelión justa contra el hombre blanco. Cherán, con su rápida transformación, está golpeando el estereotipo del indígena, y Cherán representa a lo que la mayor parte del México provinciano se está convirtiendo, porque es el indígena quien durante varias décadas ha sido el principal migrante procedente de México, y cada migrante que va hacia el norte y regresa acumula una capa "americana" más. Esto no quiere decir que Cherán no sea una aldea indígena.

Todas las cosas que asociamos con el pasado indígena (la lengua purépecha, los antiguos rituales tales como las hierbas medicinales y la brujería) se encuentran aquí, coexistiendo con MTV. Cherán es una aldea indígena con un pie en la época precolombina y el otro que salta hacia el siglo veintiuno, abarcando en su paso los quinientos años que hay de por medio; quinientos años de mestizaje, un término que se refiere a la mezcla de la sangre europea con la indígena, como resultado de la conquista y de la negociación en busca de una identidad cultural que continúa hasta nuestros días.

Aquí, en el centro de Cherán, pienso en mi propia conexión con el México indígena, si es que tengo alguna. Mi abuelo parecía un indígena; nariz ancha, piel bronceada, de estatura baja. Pero mi abuelo también cantaba opera y manejaba un Cadillac en Los Ángeles a finales de los cincuenta. ¿Era mi abuelo todavía un indígena? ¿Y yo? Mi nariz es angosta, tipo castellana y tengo el cabello de un moro. Muchas veces en los restaurantes persas me hablan primero en Farsi. Pero tal vez es en esta mezcla donde se encuentra la conexión, así como en el hecho de que también yo estoy en el camino. En todo México los purépechas son conocidos por su tenacidad como mojados. Las autoridades locales calculan que aproximadamente una tercera parte de la población de Cherán viaja hacia el norte cada primavera y regresa alrededor de la fiesta de San Francisco, en octubre, trayendo no únicamente dólares sino también lo mejor y lo peor de la cultura *pop* de Estados Unidos.

De hecho, de acuerdo con las cifras oficiales, unos tres millones de michoacanos están viviendo y trabajando actualmente en Estados Unidos, aún cuando la cifra varía de acuerdo con las estaciones. Hay aldeas en los altiplanos cuya población disminuye de un sesenta a un setenta por ciento durante los meses de primavera y verano, cuando la mayoría de los hombres en condiciones de trabajar (y un número importante de mujeres) entre los diecisiete y cuarenta y cinco años de edad van hacia el norte. Muchos miles regresan al final de cada año. Solamente un puñado de trabajadores estacionales del campo son contratados legalmente para desempeñar trabajo contractual de acuerdo a las previsiones de la ley H2-A del gobiernos de Estados Unidos, al amparo del programa de visas para trabajadores temporales; la mayoría de los mexicanos que recogen las cosechas norteamericanas son indocumentados.

Los granjeros norteamericanos necesitan a los mexicanos y el México rural necesita los trabajos. Los trabajadores legales e ilegales en conjunto traen o envían a casa aproximadamente cinco billones de dólares anuales a Michoacán, cuyo presupuesto estatal total en 1999 fue de tan sólo una tercera parte de esa cantidad. Además, los gobiernos estatales reportaron en 1998 que casi nueve mil trabajadores (entre estos se contarían los legales) se habían jubilado oficialmente en Estados Unidos y regresaban a vivir el resto de sus días en Michoacán, recibiendo, colectivamente, unos dos millones setecientos sesenta y cinco mil dólares mensuales del "tío Sam" por concepto de seguro social y beneficios de pensión.

Este estado de interdependencia no es algo nuevo en la región, aún cuando la crisis mexicana ha exacerbado la situación. Los purépechas han viajado a través de la "brecha del mojado" desde principios de siglo veinte. La misma palabra purépecha significa, en una interpretación vagamente literal, "un pueblo que viaja", un tributo precolombino a la nación indígena que, mucho antes de la llegada de los europeos, ya poseían lo que los mexicanos llaman "pata de perro". Fue desde el hogar de esta población ambulante de donde partieron Benjamín, Jaime y Salvador Chávez para iniciar su fatídico viaje.

❧

Han pasado tres semanas desde que ocurrió el accidente en el cual perdieron la vida los hermanos Chávez. Soy el único periodista que se encuentra en Cherán. Es mi trabajo, mi repulsivo, terrible trabajo, entrevistar a la afligida familia Chávez.

El hogar de la familia Chávez está al final de la calle Galeana, en las afueras de la aldea. Más parece un canal de desagüe que una calle; cuando llueve se convierte en un río de lodo, y en Cherán llueve aproximadamente nueve meses al año. Galeana es una trillada calle de terracería que puede ocasionar la ruptura del eje de un automóvil si el conductor intenta ir a una velocidad mayor a ocho kilómetros por hora. Al igual que casi todas las viviendas en Cherán, la casa esta construida recargada contra un cerro. Hay una habitación rectangular de concreto a nivel de la calle, con una choza de madera en la parte superior que se utiliza como recámara. A un lado de la choza está la cocina, que apenas está rodeada por madera de desecho, y otra choza que hace las veces de una segunda recámara. Como a nueve metros, subiendo por el cerro, está el retrete, equipado con papel periódico para ser utilizado como papel de baño.

Las habitaciones están amuebladas parcamente. Cuatro camas dobles, dos tocadores con cajones. No hay mesas. Frente a una de las chozas están las únicas sillas, pequeños bancos de madera del tamaño apropiado para un niño de tres años, pero tanto los adultos como los niños se sientan en ellos. Los únicos detalles decorativos son las toallas de playa católicas que son un artículo popular en toda la provincia mexicana, así como en los barrios mexicanos en Estados Unidos; versiones en llamativos colores de la última cena, el sagrado corazón de Jesús, la virgen de Guadalupe y demás constelación de santos.

Es domingo y los miembros de la familia Chávez están vestidos con sus mejores ropas pues acaban de regresar de la iglesia para rezar por sus muertos. La madre, doña María Elena Chávez, es una mujer de cincuenta años pero parece acercarse más a los setenta. Está extremadamente delgada, sus muñecas y tobillos parecen ramitas, con la cara morena de una matriarca indígena, profundamente arrugada. Sus ojos brillan con un color verde grisáceo poco común. Estos días, casi siempre están húmedos, llenándose de lágrimas que nunca veo caer. Doña María Elena mide aproximadamente un metro y medio. Como la mayoría de las mujeres purépechas de Michoacán, lleva el tradicional rebozo, el chal bordado con rayas azules y negras, divididas por angostas líneas blancas, sobre un sencillo vestido pueblerino, a cuadros, elaborado en algodón delgado, y calcetas azul oscuro que le llegan hasta las rodillas, que han perdido su elasticidad y se enroscan a mitad de sus pantorrillas. Sus zapatos son de tacón bajo, de fieltro negro corriente, con hebillas doradas de plástico.

Rosa Chávez, la hija de María Elena, tiene veintiún años. Tiene pequeños ojos negros y una cara de niña, un cuerpo regordete y piel morena media. Aun cuando hoy no sonríe, a lo largo de los próximos dos años me familiarizaré bien con su sonrisa; el ligero fruncir de sus labios, un hoyuelo en la mejilla derecha y una risa agradable. La ropa de los domingos es la misma que Rosa usa casi toda la semana, una serie de playeras (que van desde Bruce Springsteen hasta *choose life*) y pantalones de mezclilla (hoy son blancos pero también los usa azules y negros) y un rebozo que envuelve sus hombros. Tiene la apariencia de las mujeres que han vivido en Estados Unidos. Hasta hace muy poco en Cherán, el vestirse de cualquier manera que no fuera un vestido y un rebozo causaba un escándalo. Algunas mujeres hasta caminan por las calles de Cherán sin rebozo ocasionando la consternación de muchos ancianos machistas.

Fernando, el hijo mayor de la familia que aún está con vida, tiene treinta y un años. Lleva puestos una camisa de vestir de poliéster blanco y pantalones negros igualmente modestos. Es más moreno que su madre y su hermana, casi color chocolate. Su rostro indígena es apuesto, con un delgado bigote, una cara que de alguna manera parece dolorida. Su voz suena exactamente como él se ve; de tonos suaves, trémulos, y ocasionalmente, con seriedad. Camina y habla con lentitud. Si Rosa tiende a ser una chica poco femenina en el altiplano purépecha, Fernando rompe con el arquetipo de otra manera: él es todo menos un macho. Si lleva una máscara, es la de un reservado estoicismo.

Hay niños corriendo, pies descalzos y con tenis, pisando la apretada tierra del amplio patio, donde los gallos rascan y cloquean, los pollos pían y las mujeres lavan la ropa en grandes tinas de hojalata. Los hijos son siete en total, Fernando, Rosa y Florentino (el otro hijo sobreviviente que actualmente está en Estados Unidos) y los muertos, Jaime, Benjamín y Salvador. Van desde José Iván, un ruidoso bebé de dieciocho meses quien siempre se está cayendo y llorando durante unos segundos antes de volver a levantarse para jugar nuevamente, hasta César, un muchacho de doce años, moreno, apuesto y sensible, quien ahora es el padre *de facto* o figura masculina de tío para los más jóvenes, puesto que tres padres y tíos se han ido de casa para nunca volver.

Me siento en una de las pequeñas sillas. Temo hacer la entrevista, sostengo una conversación trivial durante el mayor tiempo posible. Fernando habla suavemente de vez en cuando, lo mismo que Rosa. María Elena está callada, ni siquiera me mira a los ojos, al contrario, voltea la cabeza, mirando fijamente en dirección a la carretera que serpentea hacia el oeste, bajando al valle. La mayor parte del tiempo hay silencio. Me escucho a mí mismo tratando de llevar una conversación y luego callando. Un viento frío susurra entre las hojas de un ciruelo que proporciona sombra a la entrada de la segunda recámara y de un gran árbol de cerezas que está un poco más arriba en el cerro. Hasta los niños juegan sin hacer ruido.

Cuando María Elena finalmente habla, no es para exigir una indemnización del gobierno de Estados Unidos. Más bien quiere alertar sobre el peligro que otros hijos e hijas enfrentan en el camino. "Mantengan a sus hijos en casa", aconseja. "No quiero que otra madre tenga que sufrir lo que yo he sufrido."

Fernando, con una voz que comienza suave y lenta y gradualmente se llena de emoción (entre más sonora es su voz, más fijamente me mira a los ojos) dice algo que siente que todo el mundo debería saber acerca de sus hermanos: no murieron porque hayan sido temerarios, desafiando la muerte, no. "Nunca piensas en lo que te puede suceder en el camino", dice. "Cuando haces el viaje estás pensando en tus sueños, en que las cosas van a mejorar, en que vas a poder mantener a tu familia, darle educación a tus hijos." Los hermanos Chávez estaban pensando en el futuro, no en el pasado.

Fernando dice que regresará a Watsonville, donde los cinco hermanos vivieron y trabajaron durante varias estaciones de cosecha de la fresa, antes de que ocurriera el choque. Florentino está allá ahora; aparentemente no está bien, vive en el mismo trailer donde todos comían y dormían, enfrentándose a los fantasmas únicamente con el apoyo del compañerismo de sus amigos y unas cuantas cervezas al final de la jornada.

Me sorprende que Fernando hable de regresar al norte a pesar de la tragedia. Yo suponía que todos los hermanos eran ilegales, al igual que la gran mayoría de los cheranes que va-

58

gan por los caminos del norte, pero Fernando y Florentino pueden viajar sin riesgos: ambos tienen permisos temporales de trabajo para laborar en los plantíos de California. Los tres que murieron no los tenían.

Rosa y su esposo, Wense (diminutivo de Wenceslao, un nombre esloveno, cuya presencia en Cherán no puede ser explicada, ni siquiera por el mismo Wense), son ilegales. Wense ha estado cruzando la línea desde que tenía trece años y conoce la mayor parte del medio oeste norteamericano, habiéndose encariñado con St. Louis. El primer y único viaje de Rosa al norte fue a Missouri con Wense, poco antes del accidente. Por un lado le gustaría regresar al "otro lado" con su esposo, quien no puede imaginar quedarse en Cherán, a pesar de la tragedia. Además, Rosa, invocando el credo del migrante, dice que es la única manera en que puede asegurarse de que su hija, Yeni, tendrá un futuro. Por el otro lado, ella está muy consciente de la angustia que le causaría a su madre si intentara cruzar ilegalmente de nuevo. Los deseos de la matriarca están muy claros para todos: que todo el mundo permanezca en Cherán en lugar de enfrentarse otra vez a los riesgos del camino.

Pero la familia Chávez, a pesar de las muertes, está poseída del espíritu del migrante. De alguna manera los hermanos se han convertido en mártires, haciendo que el viaje se convierta en algo aún mas necesario. Su sacrificio habría sido en vano si la familia se quedara en Cherán, suspendida en el tiempo, congelada dentro de una pobreza sin futuro.

Durante los próximos meses, la inquietud de si deben quedarse o irse será el tema principal de conversación entre la madre y los hijos. Ya puedo advertir, por el mero hecho de que Rosa se encuentra ambivalente hacia el futuro, aún durante esta época de pérdida, que se lanzará nuevamente por el camino. Tan sólo se trata de cuándo, dónde y cómo cruzará la línea.

☙

El funeral de los hermanos Chávez fue un todo un acontecimiento, tal vez el más imponente que jamás se haya visto en Cherán. Todo habitante que podía caminar, desde la desdentada señora que dice tener ciento tres años y coquetea con los transeúntes que pasan por la carretera, hasta los jóvenes de las pandillas quienes deambulan furiosamente por el pueblo con latas de laca, y los migrantes nuevos ricos que regresan de Estados Unidos con gruesas cadenas de oro que cuelgan de sus cuellos, y que parecen más jugadores de béisbol dominicanos que mojados que hubiesen trabajado durante quince años cosechando fruta desde California hasta Florida.

El cementerio se encuentra en la orilla occidental del pueblo, a unos cuantos metros bajo el nivel de la plaza, rodeado por tres lados por la carretera. El paisaje de muerte está dividido en clases, igual que el pueblo. Los ricos tienen elaboradas tumbas de piedra pulida; los pobres, sencillas cruces de madera que casi siempre son de medio de altura, las cuales desaparecen después de unos cuantos años debido al húmedo clima del altiplano.

La familia Chávez no puede ser considerada de manera alguna como una familia rica. Aun cuando los hijos habían estado migrando durante varios años antes del accidente, no se habían graduado aún para pasar de ser trabajadores del campo a desempeñar trabajos mejor remunerados en la ciudad, lo que permite a los cheranes ahorrar considerables sumas de dinero y transformar sus vidas en ambos lados de la frontera.

La tragedia le proporcionará a los hermanos Chávez una forma de vida de clase media, aunque sea en la muerte. Los tres están enterrados en un lugar que generalmente está reservado para las personas ilustres, debajo de un gran cerezo plantado justamente en el centro del atiborrado cementerio, el cual da sombra todos los días del año, la cual es particularmente bienvenida al mediodía, cuando el sol tropical brilla sin misericordia tanto en verano como en invierno. Un cantero de Morelia se enteró de la tragedia y ofreció construir, sin cobrar, tres grandes monumentos en forma de cúpulas de iglesia, el estilo preferido de los que pueden darse ese lujo.

Cuando llego ahí, Ramiro Payeda, un trabajador del cementerio, un hombre canoso que trabaja con la pala como si fuera mucho más joven, está cavando los cimientos para las lápidas, las cuales aún no han llegado. A la entrada del camposanto, mezcla el concreto formando un cono volcánico y vertiendo agua dentro del cráter. El sonido de la pala puede escucharse por todo el lugar. Luego lleva la mezcla hasta las tumbas en una carretilla.

Don Ramiro está molesto por las noticias (en realidad, únicamente es un rumor que le cuento) de que el agiotista local, quien les prestó dinero a los hermanos Chávez para su fatídico viaje, aún está exigiendo a la familia que pague la deuda. Este tipo de préstamos es muy común entre los migrantes: necesitan dinero en efectivo para pagar a los coyotes que los ayudarán a cruzar la línea, reembolsando el préstamo con el dinero que obtienen de su trabajo en Estados Unidos. No hay bancos en Cherán, y esto permite que los agiotistas cobren exorbitantes tasas de interés, muchas veces hasta del veinte por ciento.

"Es un insulto a los muertos", dice Ramiro. "Únicamente está apilando el insulto sobre el agravio de esa pobre familia. No cuentan con mucho dinero. Viven de lo que sus vecinos les han dado durante las últimas semanas. Me duele, no me gusta. Esto es todo, mi amigo."

Ramiro vierte el concreto sobre las tumbas. Predice que la familia no tendrá que reembolsar la deuda. ¿Cómo se puede hacer pagar a un muerto? Recuerda un incidente que ocurrió hace algunos años. Un rico terrateniente quería desalojar de su tierra a un pobre campesino para expandir su propiedad; el terreno del campesino pobre estaba en peligro por incumplimiento de pago a causa de unas cuantas estaciones de malas cosechas. Pero ese campesino había vivido en ese terreno desde siempre. Todo el pueblo se enteró de lo que estaba ocurriendo, y el día en que se presentó la policía para desalojarlo había una multitud de cien personas que apoyaba al campesino. Los únicos desalojados fueron los policías. Hasta la fecha, el campesino continúa viviendo en su terreno. Así es como son las cosas, mi amigo.

Rodrigo aplana el concreto con una paleta en forma experta. "Y así es como será para los muertos, en caso de que el agiotista se obstine", me dice Ramiro.

"Debería haber estado aquí para el funeral. Muchos reporteros como usted. Nunca habrá otro igual. Fue como si estuviéramos enterrando a príncipes purépechas de otros tiempos. Allí estaba el padre Melesio, vestido con su deslumbrante sotana blanca, y el presidente, con sus pantalones nuevos de mezclilla y elegantes botas, y las viudas gimiendo como sólo lo pueden hacer las viudas, y la madre. ¿Puede imaginarse el dolor de una madre que pierde tres hijos al mismo tiempo? Había grandes ramos de flores y hermosas coronas, mil veladoras que parpadeaban con la brisa, y todos los rebozos que formaban un mar azul-negro cuando las madres se balanceaban hacia delante y hacia atrás, gimiendo, y los hombres con sus sombreros en la mano, llorando tanto como las mujeres, porque esos muchachos que habían muerto eran iguales a todos nosotros: eran nosotros. Porque todos hemos tomado ese camino."

"Debería haber visto los cuerpos", dice Ramiro. "Los norteamericanos ni siquiera se tomaron la molestia de limpiar la sangre de sus rostros. ¡Y los puntos de sutura ocasionados por las autopsias! Los norteamericanos deben de haber pensado que nuestros muchachos eran perros."

El sol se está poniendo en el altiplano purépecha, las sombras se alargan sobre los cerros de Cherán. Una repentina ráfaga de viento sacude las ramas del árbol, y una lluvia de cerezas cae sobre las grises lápidas sin nombre. Don Ramiro se hinca y las recoge del concreto, una por una. Después, ambos permanecemos sentados en silencio, mirando en direcciones opuestas, él hacia el norte, yo hacia el sur. Escucho el sonido de un autobús que rechina al meter la primera velocidad, esforzándose por escalar la escarpada pendiente de la carretera. Se dirige hacia el norte.

⌒

María Huaroco es vecina de la familia Chávez. Una mujer indígena de baja estatura y cuerpo fornido, tiene el cabello negro azabache a pesar de sus cincuenta y algo años. Un diente de oro brilla cuando sonríe de vez en cuando. Su hijo, Pedro, creció con los hermanos Chávez y los acompañó en su viaje al norte. El sobrevivió al choque en Temecula pero vio como sus mejores amigos quedaban triturados debajo de la camioneta. Milagrosamente, él salió ileso del accidente, tan sólo con un tobillo dislocado.

María Huaroco está sentada en la fría y oscura sala de su casa, otra choza encaramada en la ladera de la colina. Al igual que en cualquier otro hogar en Cherán, hay un altar en la pared del fondo, donde un muñeco grande y anticuado representando un niño Jesús rubio y de piel clara se encuentra entre veladoras, vasos de agua y flores en sendos floreros. Flota humo del fuego de maderos en la cocina, a unos cuantos pasos de donde nos encontramos. Desde una pequeña ventana que mira hacia abajo del cerro, veo varias tinas de metal llenas de agua jabonosa en el patio de adelante.

María habla un español chapurreado con acento purépecha. Es un lenguaje rápido de vocales recortadas y consonantes chasqueadas, los sonidos del lenguaje indígena transpuestos al español. El énfasis está en los verbos y nombres, los artículos muchas veces son omitidos y los géneros y tiempos, mezclados. El timbre de la voz sube y baja dramáticamente, desde susurros aspirados hasta gritos ahogados, interrumpidos por una risa que algunas veces suena cruelmente sarcástica y otras parece dulce, como un reconocimiento agridulce de lo absurdo.

No la tengo que animar mucho para que hable del accidente. Ha sido el principal tema de conversación en el pueblo desde que sucedió.

Me dijo: "Yo estuve en el velorio, triste, llorando, ¿qué mas puede una hacer sino llorar? Nada sino llorar. Esos muchachos eran amigos de mi hijo. Yo también tengo tres hijos. Esos tres muertos eran los mejores amigos de mi hijo. Todo el mundo sufrió con su muerte".

"Dios es grande, Dios nos da fuerza cuando ocurren cosas como esta, ¿verdad? Porque Dios hizo al mundo y Dios nos dará la fortaleza y únicamente Dios tiene todas las cosas, eso es lo que digo, pero quien sabe, quien sabe si fue un accidente, si fue el coyote o el conductor o la migra, nadie sabe; no sabremos nada. ¡Únicamente sucede, ha! Cuando vinieron a decirnos del accidente, dijeron: 'Señora, ¿conoce usted a los hijos de Chávez?!' Ah, los chinitos, dije, porque así es como los llamamos, los chinitos. 'Bueno, pues están muy lastimados'. ¿Eh? dije. ¿Cómo? 'Porque estuvieron en un accidente en Los Ángeles o en algún lugar cerca de ahí.' ¡Ay!, dije. Y salimos corriendo de la casa, y corrimos y corrimos como locos. Me parecía que la tierra se movía bajo mis pies, parecía como si una montaña se levantara delante de mí, pero ella no estaba, doña María Elena no estaba ahí, estaba dormida en casa de su nuera. Y fuimos hasta la casa, corriendo de nuevo. Y luego me enteré de que mi hijo no estaba muerto, pero sus hijos están muertos, y ella lloró y lloró y tiene razón de llorar porque los tres murieron juntos..."

"Yo tengo un hijo del otro lado. Ni siquiera sé el nombre del lugar donde está. No me llama. No me manda dinero. Seis meses y él no me llama. Tiene dieciocho años. Es el más pequeño. Cuando mis hijos se van, rezo: 'Dios mío, acompaña a mis hijos, Dios mío, quiero que cuides a mis hijos'. No sé si fue por eso que mi hijo se salvó. No sé..."

"Y les digo a mis hijos: 'Pórtense bien y escríbanme, no se olviden de mí, y traten de mandarme dinero para que lo pueda ahorrar para ustedes, no lo gasten en tonterías'."

"¿Ve usted esta pequeña casa? La construí yo misma. ¿Cómo? Lavando ropa ajena. Nunca hice nada más que lavar y lavar y lavar para otras personas. Y la ropa que tengo, toda me la han regalado almas caritativas. Mire cómo estoy vestida. Yo, yo nunca iré al otro lado. ¡Imagínese! No sé leer, no sé escribir. Si voy, ¿qué les voy a decir a los gringos? ¿Cómo puedo pedir un plato de comida? Ni siquiera sé decir: 'Buenos días'. ¡Ha! Todos los hijos e hijas de nuestras familias están regados por el mundo. Separados, ¿de qué sirve? No sirve para nada."

"No sé lo que las personas están pensando. Algunas dicen que de todas maneras se irán, otras dicen que no. Algunas dicen que el rayo no cae en el mismo lugar dos veces y es por eso que se van. Supe que un grupo se fue la noche pasada. Conozco a la madre de uno de ellos, y me dijo: '¿Llegará o morirá?' Y yo le dije: '¿Quien puede saberlo?'."

paisanos

Las campanas de la iglesia tañeron alocadamente llamando a misa, tocadas por un adolescente que desempeña esa tarea 365 días del año, a las siete de la mañana y a las siete de la noche y varias veces durante el día en días de fiesta. La mortaja de bruma que cubría a Cherán durante la noche se va disipando lentamente, permitiendo que haces de pálida luz salpiquen los cerros. Pero el frío continúa. Las casas de Cherán no tienen material aislante; por la noche lo mismo podrían ser refrigeradores. El frío del altiplano te cala hasta los huesos, tensando los músculos hasta que te duelen. El único consuelo es que se trata de aire puro de la montaña, limpio y aromático, con olor a tierra y a hojas secas.

Cherán despierta lentamente. La plaza está vacía, a excepción de los policías, quienes siempre están frente a la presidencia municipal, y unos cuantos vendedores que empiezan a colocar sus pirámides de frutas y legumbres para los clientes tempraneros. Cherán no es un pueblo holgazán, es imposible que un pueblo tan pobre sea holgazán; entre más pobre es el pueblo, más duro tiene que trabajar, pero lucha por desterrar la noche del altiplano. ¡Que profundamente se duerme en Cherán! El frío obliga al alma a hundirse profundamente dentro del cuerpo, lejos del mundo, de la discordante sinfonía de veinticuatro horas procedente de la carretera, de los imponentes cerros y volcanes envueltos en niebla, que como es sabido por todos los habitantes de este lugar, están embrujados por mil espíritus dolientes, tramposos o hasta malévolos.

En el sitio de taxis, a una cuadra de la plaza, los conductores, casi todos bebedores, soplan en sus manos y se frotan los ojos hinchados. Como hormigas, los campesinos llevan cargas en grandes canastos sujetados sobre sus espaldas por una banda que enrollan alrededor de sus frentes y que parecen pesar lo doble que ellos. Bueyes que tiran de carretas con madera van caminando lentamente por la carretera, exasperando a los vehículos del siglo veinte.

Las paredes interiores de la iglesia de San Francisco de Asís todavía no están cubiertas con yeso; el concreto gris hace que la luz de la oscura caverna parezca aún más mortecina. Pero en este momento un gran rayo de luz se derrama a través de las ventanas que dan hacia el este, iluminando una hilera de mujeres purépechas hincadas; todas ellas llevan rebozos y hacen repicar sus rosarios. Es una escena que parece tomada directamente de la época colonial o de los misioneros en el México antiguo. Esta es la imagen de México con la que crecí viendo las películas de Hollywood, una imagen arraigada aún más por los recuerdos que tenía mi padre del pueblo natal de mi abuela, Jerez, Zacatecas, el cual visitó algunas veces cuando era niño.

Los gorriones gorjean fuertemente, rivalizando con las voces de las mujeres. Hay docenas de nidos alrededor del altar, donde San Francisco, el santo patrono de Cherán, está parado vestido con su hábito de fraile, con un halo verde neón brillando sobre su cabeza y el resto del cuerpo anillado ostentosamente por tubos de luz amarilla, azul y naranja.

Las bancas comienzan a llenarse con fieles, todos ellos campesinos, los más pobres de los pobres de Cherán, hombres con sombreros de paja manchados de sudor y sucias chamarras de lana, arrastran sobre el suelo sus sandalias y botas cubiertas de lodo, y las mujeres con el cabello lleno de hollín proveniente del fuego de las cocinas, sus rebozos deshilachados.

El padre Melesio camina hacia el altar dando grandes zancadas. Es un hombre imponente con grandes quijadas, el cuerpo de un boxeador de peso completo, y luminosos ojos verdes; un color que contrasta extrañamente con su piel bronceada y que es una de las características físicas mas obvias del mestizaje en la provincia mexicana. Durante siglos, el conquistador español ha sido representado en las fiestas indígenas por una máscara de cabello rubio y ojos verdes. Tres semanas después del accidente, el sermón del padre Melesio interpreta alegóricamente la tragedia.

"El pastor encuentra a la oveja perdida, atrapada y malherida", dice con su voz retumbando en la cavernosa catedral. "El buen pastor siempre va en busca de aquellos que más lo necesitan, de la misma manera en que nosotros no podemos quedarnos satisfechos en permanecer únicamente entre aquellos que están sanos y fuertes. ¿Qué sucede con aquellos que están perdidos y lastimados, lejos de nosotros? Tenemos que ir en busca de las ovejas perdidas."

Durante la celebración de la eucaristía, el padre Melesio casi efectúa in rito pagano.

"Por la vida", entona, "por el sol, la tierra, la lluvia y el viento, te cantamos dándote las gracias". Levanta la hostia hacia el cielo, y los indígenas se arrodillan: en ese momento, parece como si la puerta del tiempo se abriera ante mí, y siento cómo la historia de Cherán va retrocediendo hacia tiempos inmemoriales pero también se precipita hacia adelante: la continuidad del pasado indígena, si bien en atuendo católico. Miles de oraciones han sido ofrecidas en Cherán a favor de los hermanos Chávez. Aún cuando ellos tres nunca estarán parados a un lado de San Francisco o San Antonio o las vírgenes morenas, su recuerdo impregna la iglesia, impregna todo el pueblo.

"Fue un golpe increíble para esta comunidad", me dice el padre Melesio después de la misa. "Después del entierro, todos regresaron a sus vidas cotidianas, pero no hay duda de que las muertes han dejado una profunda herida y han ayudado a que las personas estén más conscientes de su situación."

El padre Melesio, quien pertenece evidentemente a la teología de la liberación, la cual fusionó el marxismo y el catolicismo entre los pobres de toda América Latina en las décadas de los setenta y ochenta, analiza la historia de Cherán con precisión materialista. "Las personas saben porque murieron esos muchachos", me dice. "No fue a causa de la irresponsabilidad de un coyote, aun cuando esto ciertamente contribuyó a que ocurriera el accidente, y tampoco fue porque los estuviera persiguiendo la migra. Ellos murieron porque sus vidas estaban regidas por una economía global. Por una economía que ata el bienestar de Cherán a Estados Unidos."

"Todas las partes comparten la responsabilidad por estas muertes", dice el Padre Melesio. "Es como una cadena. Los coyotes ganan dinero a costa de las personas que cruzan, y los campesinos norteamericanos también ganan dinero a costa de ellos y, por supuesto, las familias y el gobierno en México también son remunerados. Es una cadena enlazada sobre muchos engranajes. No podemos decir que comienza en Cherán o en Estados Unidos. Está en todas partes al mismo tiempo."

La cadena siempre ha ocasionado tragedias. Después de la misa, visito al presidente de Cherán, Salvador Sánchez Campanur. Su oficina tiene vista hacia la plaza. Hay una máquina de fax y unas cuantas máquinas de escribir mecánicas, pero no hay computadoras. En la pared hay una ampliación de una fotografía aérea en blanco y negro de Cherán y sus inmediaciones. El pueblo parece muy pequeño en comparación con el imponente paisaje, los cráteres de los volcanes haciendo guiños a los cielos. Parecería que Cherán fue blanco de un ataque con misiles crucero y milagrosamente salió ileso.

"No es la primera vez que hemos recibido a muertos que vienen del otro lado", dice Sánchez, un tipo populista con gafas y dientes de oro, que lleva puestos pantalones de mezclilla y una chamarra también de mezclilla con un grueso cuello de piel de oveja. "Cada año los cuerpos regresan del norte. Algunos mueren en accidentes de trabajo, otros de enfermedad. Algunos son víctimas de la frontera, muriendo de deshidratación o hipotermia, en accidentes automovilísticos o cayendo en profundas cañadas, por el bandolerismo."

Sánchez señala los pocos espacios abiertos y planos en la fotografía aérea. "Esta tierra no es apta para la agricultura;

virtualmente no hay exportaciones. Los productos principales, maíz y frijol, son para nuestra propia subsistencia. Tampoco existe en Cherán alguna industria de la que se pueda hablar, con excepción de la producción de una modesta cantidad de muebles, la mayor parte de la cual es vendida en la región. Pero hasta este medio de vida pronto será una cosa del pasado si la provisión de madera continúa disminuyendo a la velocidad actual."

Estas son las opciones de los cheranes de hoy: vender algo de comida o mercancía en el mercado, sangrar los pinos para obtener resina, construir mesas o sillas de madera. Puedes tratar de abrir una pequeña miscelánea, pero prepárate para enfrentar la competencia: hay tiendas en cada cuadra de Cherán, algunas veces hasta dos o tres. O puedes conducir un taxi (hay una flotilla de doce, y la mayor parte del día están parados en la plaza sin hacer nada). O ir al norte.

Pero mientras Cherán es pobre, no es por mucho el pueblo más pobre del altiplano purépecha, ni está entre los más pobres de la provincia mexicana. Comparado con las aldeas indígenas del sur de México, las selvas de Chiapas, por ejemplo, Cherán es relativamente próspero. Aún cuando aquí existe la desnutrición, no verás chiquillos desnudos corriendo por ahí con estómagos inflados.

La presidencia municipal llevó a cabo una encuesta en 1996. Entre la población de Cherán de aproximadamente treinta mil habitantes, las autoridades sanitarias reportaron únicamente seis casos de desnutrición, aún cuando encontraron un alto índice (943 casos) de infecciones respiratorias serias y un porcentaje relativamente alto de enfermedades gastrointestinales, debidas en gran parte a malos hábitos de higiene. Casi todos tienen electricidad, pero el agua corriente es escasa (tal vez la mitad de la población utiliza las llaves de agua comunales que existen en cada vecindario) y el agua caliente es algo todavía menos común. Los teléfonos son para los migrantes aristócratas: únicamente existen ciento treinta líneas privadas. La mayoría de las personas utilizan la media docena de casetas de larga distancia para comunicarse con familiares que viven en Estados Unidos, y las llamadas generalmente son pagadas por esos familiares. Tal vez la señal más clara de la pobreza general, y un peligro obvio y omnipresente para la salud de Cherán, es la falta de drenaje en la mayor parte del pueblo (se ha iniciado la construcción de un sistema de drenaje hace sólo poco tiempo). La mayoría de las familias todavía tienen retretes. Aguas "grises" sin tratar, tanto de uso industrial como doméstico, corren al aire libre a lo largo de las calles.

Existe pues la pobreza, pero no el hambre. Las personas no morirán si se quedan en Cherán. Sin embargo, Cherán sobrevive como un pueblo cuasi moderno por la única razón que sus habitantes migran y regresan más ricos; la economía local está basada casi totalmente sobre el trabajo que se efectúa en el norte. Los dólares americanos, que son traídos a Cherán cada año, representan una cantidad igual a todo el presupuesto municipal multiplicado por docenas de veces.

Y más allá del dinero, los cheranes son atraídos al norte por ideas. Por ejemplo, por la educación. No hay manera de que los padres rurales puedan proporcionar a sus hijos una educación más allá de la escuela primaria; se considera que los niños deben trabajar tan pronto como sean lo suficientemente fuertes, y las mujeres deben casarse y tener hijos al inicio de la pubertad.

En el norte "liberal", las mujeres no tienen que usar rebozos, a nadie le importa gran cosa si te juntas con tu amante sin haberte casado primero, y en cualquier noche de la semana los adolescentes se pueden quedar fuera de casa hasta después de la medianoche sin tener que enfrentar una severa paliza propinada con el cinturón de papá. En el norte, las mujeres mexicanas pueden conducir automóviles, y sus esposos hasta podrían ayudar a lavar los platos y cuidar de los hijos. En el norte, los trabajadores se jubilan, un concepto que no existe en México.

Irónicamente, hay bastantes migrantes veteranos que finalmente optan por regresar a Cherán para siempre, quejándose de que el norte liberal no es tan liberal después de todo. Se quejan de que "existen demasiadas leyes", que no puedes tocar a todo volumen una cumbia en tu estéreo a cualquier hora del día o de la noche, que no puedes tomar una cerveza en la banqueta, frente a tu casa, que no puedes castigar a tu hijo por miedo a que te arresten, acusándote de abuso infantil.

Pero la atracción mayor es el mundo, y lo que está sucediendo más allá de los altiplanos purépechas. Desde la perspectiva de Cherán, todo el mundo está en movimiento: el comercio, la cultura, las personas. Los cheranes quieren formar parte de este movimiento. Si no fuera por los migrantes, Cherán se quedaría atrapada para siempre en el pasado. Moverse es vivir. Moverse es dirigirse hacia el futuro. Trabajar en Estados Unidos no sólo eleva el nivel económico de Cherán, sino que también lo conecta, culturalmente, con el torbellino de la globalización.

Cuando le pregunto a Sánchez si él ha ido al norte, sonríe y responde, igual que cualquier buen político mexicano de izquierda, utilizando el pronombre colectivo. "Si, hemos ido a Estados Unidos", dice, "cuando fuimos jóvenes. Y nos encontramos con que es", hace una pausa, buscando la palabra, "bastante emocionante".

⌒

Delfino es un conductor de taxi cuya pasión es tocar la guitarra en un trío local, llevando serenatas a parejas jóvenes y viejas. Durante el día, está sentado a un lado de su Plymouth de fines de los setenta, esperando que se presente un pasajero, al igual que otra docena de conductores. Algunas veces tienen que esperar por horas hasta conseguir una "dejada", la cual pocas veces es mayor a unos cuantos pesos. La flotilla de taxis de Cherán se puede identificar, no sólo por el nombre del pueblo que está escrito en antigua letra cursiva, pintada en color rojo sobre las portezuelas blancas de los automóviles. También están marcados con el emblema no oficial de Cherán: la silueta de una bruja, con su sombrero puntiagudo y montada sobre una escoba. "Aquí, todos somos brujos", dice Delfino con una sonrisa.

Me llama la atención una joven de piel clara, que apenas ha entrado en la adolescencia y obviamente está embarazada, que vende fruta sobre la banqueta, a un lado de la iglesia.

Delfino me dice que ella es norteamericana. Apenas habla español. Cuentan que es la hija de un migrante de Cherán quien se casó en Estados Unidos con una mujer anglosajona. La madre murió y el padre regresó a Cherán acompañado por su hija nacida en Norteamérica. Y aquí fue seducida por un muchacho indígena, formando un círculo completo. El bebé será mestizo por todos lados.

Los conductores de taxi en Cherán, al igual que en mundo entero, siempre conocen los chismes locales. Hoy se habla del grupo más reciente de mojados que se dirigieron hacia el norte. Cuarenta y cinco hombres se fueron la noche anterior en un camión. Todo Cherán estará pendiente de las noticias (recogidas de CNN en español, por los dueños de antenas parabólicas, y transmitidas de boca en boca al resto del pueblo), esperando recibir reportes desde la frontera.

José Luis Macías Murillón, un maestro de la escuela local, me ve caminando sin rumbo a través del pueblo, con mi grabadora colgada del hombro. Macías ha estado esperando este momento para decir exactamente lo que piensa del mundo.

Primero, quiere decir que piensa que la paliza propinada a sus paisanos en Riverside, California (el ignominioso incidente videograbado que ocurrió unos cuantos días antes del accidente de Temecula), es una afrenta a todos los ciudadanos del mundo que respetan los derechos humanos. Y piensa que podría existir una conexión entre la paliza de Riverside y el accidente en Temecula (¿quién sabe?) tal vez una política secreta de intimidación. Macías explica que los agentes de la patrulla fronteriza son conocidos por su barbarie, como aquella vez en que balearon a ese muchacho en Texas (un incidente debatible en el que un Marine norteamericano mató con una M-16 a un pastor adolescente mexicano armado con una pistola calibre .22).

Pero lo que más le interesa decirle al mundo es que la situación realmente toca un punto vulnerable, porque muchos habitantes locales han peleado junto con los norteamericanos en sus guerras. Ahí estaba Álvaro García Álamos, durante la segunda guerra mundial, uno de los muchachos pertenecientes al Escuadrón 201 (un modesto contingente mexicano que luchó en Europa junto a los aliados), quien regresó con vida, aunque un poco afectado psicológicamente. El hermano de Macías, Sebastián Macías, peleó en Vietnam junto al ejército norteamericano, y también regresó con vida. Los norteamericanos lo llamaron varias veces; Macías supone que era para darle una pensión o algo parecido, pero Sebastián nunca les devolvió la llamada; nunca comentó con nadie acerca de lo que vio en las selvas. Otro muchacho local, Vicente Sánchez Muñoz, prestó sus servicios durante la guerra del golfo Pérsico, como instructor en el ejército norteamericano.

Todos estos hombres de Cherán apoyaron a los norteamericanos y, bueno, Macías siente que los cheranes han cumplido con su parte en relación con el vecino del norte, en los campos de cultivo y en los campos de la muerte.

"Los habitantes de Cherán continuarán yendo a Estados Unidos", dice Macías. "No hay nada que se pueda hacer para detenerlos." Y sólo quiere decir que está muy preocupado por esta situación.

"Y otra cosa. Muchos norteamericanos han venido a Cherán. Hace años, muchos norteamericanos vinieron, trayendo su religión. Había uno de nombre Max Lenthrop, quien compró un terreno y construyó esta gran casa y se quedó por muchos, muchos años, y estudió el idioma purépecha, y todo el mundo lo trataba muy bien. Cuando se fue, Cherán lo despidió con mucho cariño."

De esta manera los cheranes han sido amables anfitriones de los norteamericanos de este lado de la línea, y sin embargo son recibidos del otro lado con poca amabilidad. Esto no tiene sentido para Macías. ¿Será porque tal vez alguien ha hablado mal de los cheranes en Estados Unidos?

Macías me cuenta que su esposa e hijos están en Wisconsin. Ahora que la escuela estará cerrada por el verano, él intentará conseguir un pasaporte y una visa para ir a estar con ellos. Si no logra obtener su visa, bueno, pues entonces tendrá que ir ilegalmente. Y piensa que los habitantes de Estados Unidos deberían comprender esto, que debería existir algún tipo de negociación diplomática. Tal vez un programa de braceros, como en los viejos tiempos. Usted sabe, las personas yendo y viniendo según sus necesidades y, por supuesto, según las necesidades de sus jefes en Estados Unidos. Algo sencillo y justo.

Finalmente, quiere decir que el otro día estaba conversando con el presidente acerca de la posibilidad de crear un registro en la presidencia donde los migrantes anoten su nombre, su lugar de destino en Estados Unidos, y el nombre y dirección de sus familiares aquí, de manera que Cherán pueda llevar un registro de su gente. Porque hay muchas personas que no han regresado, ve usted. Se van y nadie vuelve a saber algo de ellos. Se pierden allá arriba.

El piensa que tal vez los cheranes mueren y los norteamericanos los tiran dentro de una fosa común, sin nombre. Usted sabe, tal y como lo hacen durante una guerra.

☙

¡Pinche perro! Pedro Fabián Huaroco espanta al travieso cachorrito negro. Se sienta sobre un pequeño banco en el patio del frente de su casa, tiene los ojos hinchados a las ocho de la mañana. Se comporta con cautela; creo saber la razón.

Pedro estaba con los hermanos Chávez cuando murieron, pero él sobrevivió al accidente y fue asediado por los medios de comunicación. Ahora todo el pueblo comenta que Pedro ha cambiado su historia. Según algunos habitantes locales, fue visto en la televisión justo después del choque, contando a la audiencia mexicana que había escuchado dos fuertes explosiones justo antes de que la camioneta se volteara para luego caer dentro de la zanja. El reportero le preguntó a Pedro si creía que habían sido disparos (presuntamente provenientes de la patrulla fronteriza, contra el vehículo que huía, tal vez reventando una llanta y ocasionando el accidente). Pedro dijo que no sabía. Sus comentarios, sin embargo, hicieron surgir la posibilidad, por lo menos entre los medios de comunicación mexicanos, que había sucedido algo mucho peor que un simple accidente mortal. Insinuaba la existencia de una patrulla fronteriza sanguinaria que caza mojados como si fueran animales.

A su regreso a Cherán, Pedro pareció dar marcha atrás. Ahora dice que no puede recordar nada claramente o si hubo explosiones o no. Esto ha ocasionado una desavenencia en Cherán. Los Chávez piensan que Pedro está mintiendo y las familias no han cruzado palabra desde el funeral. Corre el rumor, nadie sabe quien lo inició, de que Pedro recibió dinero de la patrulla fronteriza. De manera que, no importa cuantas preguntas le hago, Pedro únicamente describe superficialmente lo ocurrido en la frontera.

Sin embargo, sí me cuenta con voz temblorosa, acerca de su viaje de regreso a casa, después del accidente. Lo revisaron en el hospital de Temecula por su tobillo dislocado y después fue entrevistado por los agentes de la patrulla fronteriza (durante la cual, o no mencionó el haber escuchado las explosiones, o aparecen en la transcripción de la entrevista o, si aceptamos la teoría de la conspiración, la patrulla fronteriza le pagó para que nunca las mencionara de nuevo). La patrulla fronteriza lo llevó en automóvil hasta la línea, donde le dieron cinco dólares para pagar un taxi que lo condujera hasta la Casa del Migrante, una estación de paso caritativa ubicada en Tijuana, donde le sirvieron una comida caliente y lo llevaron hasta la estación de autobuses.

A partir de ahí, de las nueve de la mañana del lunes hasta que llegó a Cherán a las dos de la madrugada del miércoles, Pedro estuvo solo, en la parte trasera del autobús mientras este se despeñaba por la peligrosa ruta de La Rumorosa. Durante esas interminables horas pasadas en el autobús, las escenas se proyectaban una y otra vez en la mente de Pedro: la oscuridad dentro de la cabina del camper, el olor de los cuerpos sudorosos que golpeaban unos contra otros, el brusco viraje al salirse la camioneta de la carretera, y la fracción de segundo durante la que volaron por el aire, ocasionándole una sensación en el estómago que le recordó las pocas ocasiones en que su padre, un malvado borracho ya fallecido, lo aventaba al aire jugando y lo atrapaba en sus brazos. Luego, el impacto de la camioneta, cayendo con fuerza sobre la dura tierra cubierta de piedras de la zanja, como un yunque golpeando una lata de aluminio, y la repentina luz del día, el polvo suspendido en el aire, los gritos de los heridos.

Vio los pies de Salvador Chávez (reconoció los zapatos) asomando debajo de los restos del camper. Se retorcieron unas cuantas veces y luego se quedaron muy quietos.

Esto es lo que recuerdo, dice Pedro. Por favor no me haga más preguntas. Por favor, no me pregunte nada más.

La oficina del doctor Adalberto Muñoz está a una cuadra de la iglesia. Todo el mundo lo conoce como el doctor Tito, el diminutivo de su nombre de pila. El fue presidente de Cherán y continúa siendo una importante fuerza política, un resuelto miembro local del Partido de la Revolución Democrática (PRD) de Cuauhtémoc Cárdenas, partido que ha gobernado el pueblo durante varios años por consenso casi unánime. Cuando tu hijo tiene diarrea, cuando no te puedes curar de la bronquitis, cuando tienes una cruda infernal, cuando únicamente quieres desahogarte, te sientas en la elegante sala de espera del doctor Tito, con sus ventanas estilo colonial y postigos de madera grabada con diseños florales y sus bancas y mesas magnífica- mente talladas, que casi siempre están ocupadas por un grupo de mujeres indígenas que están amamantando a sus hijos.

Aún cuando existen trece consultorios médicos y catorce doctores (sin contar varias docenas de curanderos indígenas, y las brujas) para los treinta mil habitantes de Cherán, el doc- tor Tito ha reclamado el título de doctor del pueblo, sin nin- guna competencia. Esto es porque él es purépecha de cabo a rabo. Sí, su color moreno claro revela un fuerte mestizaje que corre por su sangre y tiene una docena de primos en Estados Unidos pero, a diferencia de la mayoría de los demás doc- tores, quienes son descendientes de familias mestizas que han perdido todo contacto con las raíces indígenas del pueblo, el doctor Tito habla el purépecha con fluidez. Esto lo enlaza con los indígenas de tal manera que su competidor más cercano, un doctor testigo de Jehova que reparte copias de *The Watch- tower* al mismo tiempo que penicilina, únicamente puede pedir en sus oraciones parecerse un poco al doctor Tito.

Un alma caritativa con un excelente trato de médico de cabecera, el doctor Tito tiene una sonrisa encantadora, una reconfortante panza en su pequeña estructura, y una hermosa esposa purépecha que mide unas pulgadas más que él. Cuando él habla español, todavía lo hace con el sonido recortado y chasqueado del idioma materno. También resulta ser uno de los historiadores amateur del pueblo, un guardián de artefactos y leyendas precolombinas.

Y tiene muchas historias que contar. Me recibe en su consultorio con vitrinas repletas de antibióticos, jeringas y la mesa ginecológica colocada en un rincón. Está sentado frente a su grande y viejo escritorio de madera. Bajo la cubierta de vidrio hay fotografías de él con sus amigos y pacientes, y tarjetas postales que ha recibido de unos veinticinco estados norteamericanos. Me ofrece un vaso de limonada y habla, sin prisa (a pesar de las muchas mujeres y niños que se encuentran en la sala de espera), con gran entusiasmo, del pasado, del presente, del futuro.

El doctor dice que durante los últimos días ha examinado a una docena de hombres, cuya edad oscila entre los quince y cuarenta y cinco años; todos solicitan un examen médico general de rutina y un certificado de buena salud, documentos necesarios para tramitar una visa norteamericana H2-A, que les permitirá cruzar legalmente para efectuar trabajos contractuales en el campo. También ha escuchado que otro autobús lleno de ilegales partió anoche de Cherán. (También lo visitan antes de emprender el viaje, migrantes sin visas; le piden medicinas contra la diarrea y cosas por el estilo, en caso de que se enfermen mientras están trabajando en Estados Unidos).

Desde que era niño, el doctor Tito ha visto cómo legiones de hombres y, en estos días, cada vez más mujeres, van hacia el norte y regresan para contar sus aventuras. Él mismo puede contarse entre los pocos elegidos del pueblo que nunca han hecho el viaje. "Este es mi hogar", dice sencillamente. "Yo nunca sentí la necesidad de irme."

El pasado es lo que el doctor Tito en realidad adora. Arriba, cerca del ojo de agua, un salto de agua natural y un estanque a unas millas al noreste de la carretera, arriba del barrio de Paricutín (afectuosamente apodado París por los habitantes locales), encontró unos restos arqueológicos entre la roca de basalto. Estos parecen constituir evidencia de trabajos de minería de la época en que los purépechas trabajaban la plata, el cobre y el oro que alguna vez abundaron en las montañas, riquezas que acabaron en España o el Vaticano.

Saca un pesado libro forrado de tela y lo abre cuidadosamente, como si fuera a examinar el original de los pergaminos del mar Muerto. Esta es la *Relación de las ceremonias y ritos y población y gobierno de los indios de la provincia de Michoacán*, que, gracias a Dios, es conocida sencillamente como la *Relación de Michoacán* la narrativa histórica más completa de la región, un texto clásico de la época de los misioneros. Aún cuando el libro es anónimo, su autor emerge claramente de la prosa. Obviamente está fascinado con la historia de la región; también se siente culpable por el trato inhumano de los conquistadores hacia los purépechas, lo que hace pensar que fue un misionero franciscano.

El doctor Tito hojea las amarillentas páginas, que cuentan del Michoacán antiguo, un imperio rico y poderoso. Esto no es únicamente alardear de un ilustre pasado mítico, como lo hacen todos los mexicanos, aún los descendientes de las tribus más pobres, más decadente y más violentas. *La Relación*, aún cuando es una historia subjetiva (al igual que las otras relaciones, está basada en entrevistas de primera mano efectuadas por el autor con los ancianos, de manera que muchas veces es difícil separar la realidad del mito), parece ser meticulosa al detallar la cultura precolombina de Michoacán.

Los mexicas (conocidos comúnmente como los aztecas), quienes habían dominado durante siglos la mayor parte del centro de México hasta la llegada de los españoles, utilizando los más terribles medios imperiales, nunca pudieron conquistar a los temibles purépechas, los descendientes de las tribus nómadas chichimecas. Estos antiguos pueblos se establecieron en y alrededor de la región del lago de Pátzcuaro, en el centro de Michoacán (posiblemente huyendo de la sequía del norte) y con su destreza para la caza, la pesca, la agricultura y la guerra, eventualmente llegaron a dominar una región cada vez mayor en el suroeste de México.

Las culturas mexica y purépecha se desarrollaron independientemente una de la otra. Las similitudes más cercanas al lenguaje purépecha se pueden encontrar a miles de kilómetros de distancia entre los quechúa de los Andes peruanos, y extrañamente, entre los zuñi del suroeste norteamericano, lo que suscita la posibilidad de complejos eslabones migratorios entre los hemisferios del norte del sur.

Quien haya escrito *La Relación* fue el James Agee de su época. Describe en gran detalle los alimentos, la ropa, las fiestas, las bodas y las ceremonias funerarias de los purépechas, conjuntamente con la historia política y militar de varios cientos de años, hasta la conquista e incluyendo ese periodo. La voz del narrador suena igual que un purépecha hablando español. Muchas veces, en vez de afirmaciones, el diálogo está anclado en interrogaciones. Por ejemplo, un príncipe purépecha en lugar de exclamar: "No le tememos a nadie", dice retóricamente: "¿A quién le tememos?" El autor detectó este tic lingüístico y pensó que era lo suficientemente importante para conservarlo. "Y aconsejo a mis lectores que acepten las interrogaciones en este texto... y lo adapten a la manera de hablar (de los michoacanos)... porque la mayoría de ellos habla haciendo preguntas."

Esta es la forma en que hablan hoy los purépechas, no importa si es en su lengua materna, en español, o en inglés, y el estilo de lenguaje que, como señala el narrador de *La Relación*, afirma una idea muchas veces con ironía y retórica, algunas veces con amargo sarcasmo, a través de la negativa. ("La migra no tenía por qué perseguir a los muchachos de esa manera, ¿o sí?") Es la forma en que habla un pueblo que al mismo tiempo es orgulloso y está humillado. Es un lenguaje subversivo.

Durante varios cientos de años, los mexicas y los purépechas se ocuparon de sus propios asuntos, mirándose con desconfianza. Al final, fueron los mexicas los que fueron humillados por los purépechas después de la vergonzosa derrota de Moctezuma ante las desarrapadas fuerzas españolas de Cortés, en Tenochtitlan, el nombre de la ciudad de México antes de la conquista. Los mexicas le rogaron a los purépechas que se les unieran en un último esfuerzo por derrotar a los españoles y las tribus que se habían unido con los conquistadores en contra de los odiados mexicas.

La Relación cuenta una historia de conquista tan irónicamente triste como cualquier otra en el continente. Primero vinieron las señales. Unos años antes de la llegada de los españoles, los sacerdotes se perturbaron por la repentina aparición de fisuras en las paredes de los grandes templos ("cerraron las fisuras pero volvían a aparecer") y por dos cometas que centelleaban cruzando el cielo nocturno. Los sacerdotes pensaron que estos acontecimientos equivalían a señales infalibles de una inminente destrucción y eran mensajes de los dioses apremiando a los purépechas a conquistar la tribu vecina. Pero después, tanto los sacerdotes como los hombres comunes comenzaron a soñar con hombres extraños montados sobre terribles bestias, quienes entraban a las ciudades sagradas y hacían de los templos sus casas. El miedo se apoderó del imperio.

Una última visión apocalíptica se le apareció a la concubina de un señor purépecha. Una noche Cueravaperi, la madre de todos los dioses, se le apareció a la joven mujer y la llevó hasta un camino en las afueras del pueblo. La diosa le dijo que siguiera caminando hasta que se encontrara con alguien que le entregaría una profecía que debería llevar a su gente. Y de pronto frente a ella, en forma de un águila, estaba nadie menos que Curicaveri, hijo de Cueravaperi, el dios del fuego y deidad suprema de los purépechas. La joven se encaramó sobre sus alas. Juntos volaron cruzando las montañas hasta una gran mansión situada sobre un imponente pico. Allí estaban esperando todos los dioses, con coronas de flores y listones de colores en su cabello, y delante de ellos estaba servido un festín de vino y miel y ciruelas y otras golosinas. Curicaveri le pidió que se sentara y escuchara.

"Han aparecido hombres nuevos y vendrán a nuestras tierras", le dijeron los dioses. Dijeron que los dioses de Michoacán ya no vendrían a la mansión trayendo sus vinos, que no se construirían templos nuevos y que los antiguos quedarían en ruinas. No habría más sacrificios u ofrendas, no habrían más fuegos ceremoniales ni incienso que se elevara para agradar a los cielos.

"Todo estará desierto", dijeron. "Porque ahora vienen a nuestras tierras otros hombres... y la canción será una sola, no habrán muchas canciones como las había antes."

De hecho, la conquista de Michoacán realmente comenzó a principios de 1500, antes de que un solo español pusiera un pie en el reino, con la llegada del sarampión y la viruela, importados de la tierra mexica, a donde ya habían llegado las fuerzas expedicionarias. Ni los sacerdotes ni los curanderos ni los dioses de los purépechas pudieron curarlos de las enfermedades. "Una infinidad de personas murieron y muchos sacerdotes", nos cuenta el narrador. La conquista política no tomó mucho tiempo mas.

Las huestes españolas, al mando de Cristóbal Olid, llegaron a Michoacán en 1522, un año después de la rendición de los mexica en Tenochtitlan. El *cazonci* o rey purépecha, el inepto y vacilante Tzintzicha, hijo del gran Zuanga, quien había perecido durante la plaga, cometió el mismo error que Moctezuma, el rey mexica, confundiendo a los conquistadores con dioses. Aconsejado por un lado por los sacerdotes fanáticos y por el otro por aquellos que codiciaban su trono, inicialmente reunió un numeroso ejército para enfrentarse al enemigo. Y luego cometió una serie de errores. Le pidió al ejército que retirase, temeroso de la ira de los dioses de piel blanca, cuya inminente llegada, según se convenció a sí mismo, era el cumplimiento de las profecías apocalípticas; amenazó con suicidarse junto con todos sus comandantes y luego cambió de opinión: cuando llegaron los españoles, abandonó su capital y finalmente, obligado a regresar como prisionero virtual, llevó voluntariamente a los conquistadores a todos los palacios ocultos del imperio, entregando por último las riquezas de su corona y de su pueblo.

De esta manera, sin tener que disparar un solo tiro, sin haber perdido un solo hombre, los magros y andrajosos soldados de la corona española incendiaron los templos purépechas, con el mismo fuego que los purépechas habían creído era propiedad de su propio dios, Curicaveri.

Los misioneros franciscanos llegaron en 1533, fundando una iglesia y designando, por supuesto, a San Francisco como su santo patrono. Han pasado casi quinientos años desde que Michoacán fue derrotada. "Derrotada", dice el doctor Tito, "no conquistada".

El doctor argumenta que, si hubiese sido una conquista, ¿habría en la actualidad una población aproximada de doscientos mil purépechas, una cuarta parte de los cuales hablan únicamente nuestra lengua ancestral y hay muchos más que son bilingües y un creciente número que son casi trilingües, habiendo agregado a su vocabulario el inglés básico del migrante? Pregunta al doctor Tito, pregunta a quien sea en Cherán cómo se identifican a sí mismos, y te dirán que como purépechas antes de que te digan como mexicanos.

Su identidad no es cosa de idioma, ni siquiera hablando estrictamente de sangre; el mestizaje abunda aquí. Al final, se trata de quién creen los habitantes de Cherán que son. Y es así como Cherán, de acuerdo con Cherán, es un pueblo purépecha. Aun cuando sea un pueblo purépecha por el que circulan camionetas pickup último modelo tocando *hip-hop* a todo volumen, un pueblo indígena cuyas casas están coronadas por antenas parabólicas, un pueblo indígena que observa los resultados del boxeo de la NBA tan de cerca como observa el impacto del clima en los maizales.

Vaya a la iglesia del padre Melesio y vea rezar a las mujeres con sus rebozos. Recitan el rosario en el lenguaje ibérico adoptado. Después llevan canastos de frutas tropicales frescas hasta el altar, murmurando oraciones en purépecha, como si la iglesia de los conquistadores fuese únicamente una fachada, como si la iglesia continuara siendo el antiguo templo regido por Curicaveri.

Sin embargo, el doctor Tito está preocupado. Una gran parte de la generación actual, los hijos e hijas de la gran migración, han perdido la lengua materna casi por completo.

"Camine por la calle y verá chiquillos con sus colas de caballo y sus pantalones de mezclilla anchos", se lamenta. Y las mujeres que han desechado sus rebozos. Y el *graffiti*. Hasta la casa de la madre del doctor Tito ha sido marcada por chicos que han garabateado el nombre de su banda (Bunker 15) sobre una capa reciente y bonita de pintura naranja quemado.

El doctor Tito dice que lo que es diferente hoy en día es lo rápido que está cambiando la cultura, en proporción directa al número de personas que se van y el tiempo que se quedan del otro lado. Cada migrante que va al norte trae a casa un poco de Norteamérica. Nadie en Cherán está a salvo de esta revolución cultural. Toma por ejemplo a la propia familia del doctor Tito. Su madre, nacida en Cherán, migró durante los turbulentos años que siguieron a la revolución de 1910. Su tío Abraham y su tía María nacieron en el norte. El doctor Tito tiene dos hermanas que viven en Los Ángeles y una que vive en Yuma, y está casada con un norteamericano evangélico.

El doctor Tito recuerda que su abuelo decía que en la década de los veinte, la frontera era el puerto de entrada, no el muro que es hoy en día. Hay muchos viejos en Cherán que recuerdan haber llegado a la frontera y a quienes únicamente les pedían que mostraran las manos, en lugar de ser sometidos a cuidadosos y muchas veces insultantes interrogatorios como los que tiene que soportar actualmente cualquier persona que "se ve como mexicano". Si el presunto migrante tenía los diez dedos y ninguna deformidad obvia, se le permitía entrar.

Antes de despedirme del doctor Tito, le hago una última pregunta. "¿Que hay con los curanderos indígenas?" Le digo que he escuchado que Cherán es un pueblo de brujas.

"Son mis competidores", dice el doctor con una risita ahogada. En realidad, hubo un tiempo en el que no existía gran amistad entre las brujas y el doctor, ambos aconsejaban a sus clientes que dejaran al otro y su "mala medicina". Pero hoy en día se llevan muy bien.

"Hay suficientes enfermedades aquí para todos nosotros", dice el doctor Tito.

☞

Cuando quiero matar el tiempo en Cherán, camino por todo lo largo de la carretera que cruza el pueblo, alrededor de un kilómetro. Comienzo por el extremo norte, cerca de la mansión que pertenece a los coyotes millonarios locales, la cual está coronada por un inmenso anuncio espectacular verde de

Sprite. Luego paso por la terminal de autobuses y los atestados puestos del mercado, sigo hasta la caseta telefónica de larga distancia donde una bonita y solitaria madre soltera de nombre Nena, quien nunca ha ido al norte, me pide que le describa los lugares de donde la llaman (Memphis, New Orleans, Chicago, Madison, Portland) y sugiere que la lleve conmigo a una de esas fulgurantes ciudades. Al otro lado de la calle platico con los conductores de taxi, quienes siempre me están diciendo que debería hablar con tal o cual persona, como el tipo que acaba de regresar de North Platte, Nebraska, en un deslumbrante Chevy S10.

Media cuadra hacia abajo, en El Tizol, el único restaurante decente de Cherán, saludaré a Salvador Romero, que transpira sobre su parrilla de pollos; siguiendo por la calle, un poco más abajo, su hermano, el veterinario, me cuenta que el buey que atendió esta mañana puede o no sobrevivir y se pregunta cómo se las arreglará su dueño si no tiene a la bestia para acarrear la madera desde las montañas. A continuación camino por un trecho bordeado por elegantes casas con ventanas polarizadas y bonitos azulejos y hierro forjado; muchas de ellas están vacías durante la mayor parte del año. Sus dueños son norteños (el nombre que los habitantes de Cherán dan a los que viven en Estados Unidos), quienes las utilizan como *chalets* para vacacionar. Y el taller de reparación de automóviles, donde un grupo de cholos pasa el tiempo todas las tardes y noches ya que el dueño, un joven migrante sofisticado, vende gorras de la NFL y chamarras de la NBA. Y el puesto de frutas que está frente a la casa de Marcos, el conductor de taxi, aún cuando en estos días muchas veces está cerrado porque su esposa está en el hospital con su bebita, que nació extremadamente baja de peso. El hospital está a cincuenta millas de aquí, en Uruápan, la ciudad mas cercana que cuenta con servicios médicos aceptables.

Y en cada cuadra hay por lo menos una tienda, algunas veces hasta dos o tres. Todas venden exactamente la misma mercancía: cigarrillos Marlboro, cerveza Modelo, dulces de camote en tubos de plástico cubiertos de moscas, huevos y pan Bimbo.

Al final del pueblo, yendo hacia el sur, está la estación de Pemex. Aquí la carretera da vuelta y ofrece una vista panorámica del valle que se encuentra al fondo. Directamente hacia el oeste está Juanconi, el pequeño volcán, un cono perfectamente formado con la excepción de su cima plana; todavía es lo suficientemente joven para que no crezca ningún tipo de vegetación por sus laderas grises. Más allá de Juanconi está una planicie que durante la primavera queda cubierta por una hermosa alfombra de flores silvestres blancas.

La ciudad de Paracho, el único destino turístico del altiplano, afamada por sus expertos artesanos fabricantes de guitarras, se vislumbra a la distancia. En la curva, la carretera se cruza con tres calles que llevan al sur hacia la secundaria, a dos de los barrios pobres y a la plaza de toros. Sobre el horizonte se perfila la imponente montaña de San Marcos, un severo centinela que domina los maizales que se encuentran bajo sus macizos pliegues densamente arbolados, una de las últimas áreas vírgenes de la región purépecha, protegida de los cazadores furtivos por guardias armados.

En la estación de Pemex visito a Sergio Velázquez, el despachador, quien me saluda resoplando jovialmente mientras atiende a un flujo interminable de automovilistas. Desde aquí se puede ver a todo Cherán. Todo el que llega o se va del pueblo para en la estación de gasolina.

Sergio tiene veintitrés años y ha sobrevivido el camino del migrante. Tiene tatuajes caseros, estilo chicano, que lo comprueban, incluyendo "I Luv Irma" atravesando sus ocho nudillos. Este año no irá al norte. Después de varios años de trabajar en Texas, Mississippi y Louisiana, pudo construir una casa para su familia (está casado y tiene un hijo pequeño). Confiesa que, sin embargo, extraña la vida del norte. Especula que en esta época están cosechando tomates en Arkansas. En las Carolinas, las hojas de tabaco ya están tupidas y acetosas, casi de la altura de un hombre, y en Kentucky, las sandías pronto estarán maduras. Sergio dice que la mitad de los habitantes de Cherán está allí pero todos volverán pronto. A mediados del verano, los migrantes ya sueñan con el mes de octubre, cuando Cherán celebra su fiesta anual en honor de San Francisco la cual, afortunadamente para los migrantes, coincide con el final de la estación de cosecha en Estados Unidos.

Sergio me dice que la razón por la cual pasó todos esos años en Estados Unidos se reduce a una bicicleta. Cuando era niño, lo que más deseaba en la vida era un modelo de montaña de brillante aluminio, con frenos de mano, igual al que tenía un niño del vecindario. Aún cuando su padre trabajaba con empeño recogiendo la cosecha del otro lado, nunca trajo a casa el suficiente dinero para lujos como ese. Sergio tenía diecinueve años durante el tercer año que pasó trabajando en Estados Unidos, hasta que pudo comprarse su primera bicicleta.

"Puede sonar un poco raro", me dice casi a gritos para hacerse escuchar sobre del ruido de media docena de motores andando y de camionetas y autobuses que se esfuerzan por tomar la curva, "pero arriesgué mi vida por esa bicicleta".

Solían rentar bicicletas en Cherán cuando él era niño. Pero eso no lo hubiera dejado satisfecho. Y tampoco estaría contento con sólo rentar su casa.

"Tienes únicamente una oportunidad en la vida, y si lo logras, entonces tienes algo que recordar", dice.

Lo cual es otra manera de decir que creas un futuro para poder tener un pasado, un pasado que refleja tu propia fuerza de voluntad en vez de un pasado impuesto por la historia, uno que destruye el ideal mismo de la independencia. Este es un ideal norteamericano, por supuesto, y Sergio no es el único que cree en él en estos días. Está prosperando por todo el altiplano de Michoacán.

familia

Ahora estamos en el mes de junio, las lluvias han llegado al altiplano, las torrenciales tormentas de la montaña. Regreso a Cherán para iniciar el segundo tramo de lo que resultará ser un peregrinaje de un año y medio. El único hotel del pueblo es ahora mi segunda casa, una dilapidada estructura de dos pisos que está a un lado de la carretera. Las habitaciones son provincianas y espartanas, con colchones mohosos llenos de paja y paredes manchadas de humedad. El humo acre del escape de las camionetas flota día y noche a través de los vidrios rotos de las ventanas. El alojamiento, que únicamente es utilizado por cansados conductores de autobús y vendedores ambulantes que ofrecen pociones mágicas, está presidido por una arisca matrona y su hijo adulto, más hosco todavía. Todos los días me sirven de mala gana tortillas duras y frijoles fríos para el desayuno.

Los días de verano en Cherán comienzan con un frío brumoso. Salgo del hotel en las mañanas con una chamarra sobre una camisa y una camiseta, pero tengo que quitarme dos capas de ropa cuando llega el medio día, cuando el sol está ardiendo. Las nubes comienzan a aparecer durante las primeras horas de la tarde, abultándose rápidamente frente a uno como una fotografía en cámara lenta. Descollan entre los montes y los volcanes, como si procedieran de los cráteres mismos. A media tarde, cuando el blanco sol y el cielo azul profundo del altiplano desaparecen, se comienzan a escuchar los truenos abofeteando las laderas de los montes, reverberando desde una media docena de direcciones. Uno comienza a tiritar ante el repentino viento que sopla.

Las campanas tocan las cuatro de la tarde y los vendedores de la plaza se apresuran a cubrir sus mercaderías, mientras que un grupo de niños juega frente al quiosco. Ahora el viento se deja venir con toda su furia, levantando el polvo de los caminos de tierra (únicamente existen unas cuantas calles pavimentadas en Cherán, y estas son de empedrado; el único trecho de asfalto es la carretera). La gente inclina la cabeza y se cubre los ojos. Gruesas gotas comienzan a salpicar sobre las piedras de la plaza. El rayo está cada vez más cercano, lo suficiente para que el resplandor y el trueno sean casi simultáneos. Esto deleita a los niños, quienes gritan fingiendo asustarse. Los vendedores corren a protegerse bajo las tejas de las construcciones que circundan la plaza o hacia la iglesia. Pero los niños permanecen en su lugar, mirando con expectación el turbulento gris del cielo. Y entonces llega otro aguacero de verano en Cherán. Pueden verlo precipitarse por la calle desde la montaña de San Marcos, que parece un águila gigantesca protegiendo o amenazando al pueblo, dependiendo de la hora del día y la calidad de la luz. En este momento, el águila está descendiendo sobre Cherán.

Cuando la lluvia azota la plaza con toda su intensidad, los niños giran y brincan en los charcos, salpicando con sus zapatos. Los vendedores los miran a través de una cortina de agua que cae de los techos. Están parados con los brazos cruzados, cansados y pensativos (más negocio perdido), con excepción de una persona, la mujer desdentada que dice tener ciento tres años, quien nunca se mueve de la entrada de su casa, arrodillada día y noche al lado de una canasta de nueces que nadie parece comprar, gritando lascivamente a los que pasan y murmurando acerca de la revolución y de todo Cherán en llamas. Ella sonríe con una mueca desdentada con dejos de locura. Comienza a aplaudir, aún cuando el sonido es opacado por la lluvia, y sin moverse de su lugar, está allí en la plaza baloteando feliz, tal y como hiciera hace un siglo. Ahora se está riendo, tan estridentemente que los vendedores la pueden escuchar, y en algunas de esas caras derrotadas comienzan a aparecer leves sonrisas.

El esposo de Rosa Chávez, Wense Cortés, es el miembro más impredecible del doliente clan. Mientras que los hermanos de Rosa que aún están vivos, doña María Elena, los familiares políticos y las viudas manifiestan una dolorosa confusión a causa del impacto ocasionado por la muerte de los tres hermanos, Wense, quien acaba de celebrar su cumpleaños número diecinueve, es el más volátil y variable. Él podría emborracharse esta noche o podría iniciar una temporada de varios días o semanas sin tomar ni una sola gota. Su comportamiento es muchas veces taciturno, algunas veces irritable, pero de pronto echará su cabeza hacia atrás y reirá. Después hay momentos en que actúa con una madurez superior a la de su edad, pensando no en sí mismo, sino en su esposa e hija y su futuro en Estados Unidos.

Rosa ha decidido quedarse en Cherán por un periodo indefinido de tiempo mientras su madre se recupera de la pérdida. Pero Wense está inquieto. Está tratando de decidir si debe regresar a St. Louis sin Rosa. Conoce bien la brecha del mojado, tanto su lado brillante como su lado oscuro. Está la ruta madura, responsable, y luego está la ruta del "desmadre". La ruta del desmadre significa ir sólo por el camino, uniéndose con otros muchachos no supervisados, viviendo aventuras de fantasías prohibidas.

Según voy conociendo mejor a la familia, Wense comienza a actuar como si fuera un hermano mayor y un consejero. Asume que, puesto que vengo del norte, debo conocer íntimamente la frontera y las tácticas más recientes de la migra. Hago lo mejor que puedo, sintiéndome inadecuado, no solo porque no soy un experto en rutas de migrantes, sino también porque, a mis treinta y seis años, no estoy casado ni soy padre. A los diecinueve, Wense está enfrentándose a una responsabilidad mucho mayor que la que yo tuve jamas. Los dos somos nómadas, pero hay un gran abismo entre nosotros. Mi camino es esencialmente de clase media; yo viajo porque puedo hacerlo. Wense y sus hermanos y hermanas migrantes, viajan porque tienen que hacerlo.

Un día, Wense me pregunta si podemos hablar a solas; es la primera vez que lo hace. Nos dirigimos hacia El Tizol, lugar donde únicamente sirven un tipo de comida, un plato de pollo rostizado que muchos migrantes comparan favorablemente con el que sirven en el Pollo Loco en Estados Unidos. No hay muchas opciones para comer fuera de casa en Cherán además de El Tizol; hay dos puestos de tacos sobre la carretera cerca de la parada de autobuses y unas cuantas cantinas donde sirven aperitivos.

Deambulando por el camino de terracería en dirección a la plaza, pasamos unos bueyes que acarrean madera y bandas de chiquillos portando adornos *hip-hop*. Wense lleva los pantalones blancos y amplios que son su toque personal, una playera negra talla extra grande y una gorra de beisbol adornada con la cara de Jesús vuelta hacia arriba, que parece decir: "Dios mío, ¿porqué me has abandonado?". Debajo de la cara de Jesús está la cara de Wense, sorprendente por su color moreno oscuro e intensos ojos negros.

Cuando se quita la gorra, Wense deja ver su cabello con un corte a la última moda urbana norteamericana. Esto, aunado a su uniforme *hip-hop*, inspirado por la juventud afroamericana de St. Louis, su hogar en el norte, subraya su dureza urbana. Esta es la apariencia que necesita para poder defenderse, no sólo en el norte sino también aquí, en Cherán.

Wense es el más moreno del clan, con excepción de su hija Yeni, quien a sus dos escasos años ya se da cuenta de las divisiones ocasionadas por el color. En St. Louis, me dice Wense, ella se siente confortable con sus compañeros de juego afroamericanos. Pero en las pocas ocasiones en que ve alguna piel blanca, grita llena de terror. La jerarquía del color está omnipresente en México, casi es una dinámica tan poderosa como lo es en Estados Unidos. Los tipos están muy definidos: los ojos más azules y la piel más blanca significan dinero en el banco, no importa si en realidad eres rico o pobre. Aún en Cherán, donde casi todo el mundo es pobre, los que tienen la piel más clara siempre son considerados los más guapos. Ocurre lo mismo en toda América Latina. En El Salvador de mi madre, cuando nació un primo de piel clara, toda la familia se maravilló de la hermosura de su piel color porcelana. Dios favoreció a la familia con un niño cuya piel era del mismo color que la de Jesús y cuyos ojos brillaban como los de un Paul Newman joven.

Los de piel blanca están, por supuesto, sobre representados entre la flor y nata de México; estos son los descendientes de los criollos, la nobleza española que nunca que mezcló con los nativos. Ellos representan únicamente un pequeño porcentaje de la población. El segmento mas grande esta formado por mestizos (en términos de clase, los mestizos van desde un fragmento de la clase alta hasta la mayoría de la clase trabajadora). Los indígenas puros están en la parte más baja de la escala, los más pobres de los pobres. Un treinta por ciento de los mexicanos de hoy en día está dentro de esta categoría.

Los españoles clasificaron unas cincuenta y dos castas diferentes durante la época colonial, combinaciones de sangre europea, indígena y negra africana. Pero la idea que imperó siempre fue que los blancos eran gente de razón, mientras que los que tenían piel oscura eran percibidos como primitivos; entre más oscura, más primitivos. Hasta hoy en día, "pinche indio" continúa siendo un insulto en México. Un reducido número de mexicanos negros habitan en las costas de Veracruz y Guerrero. Ellos sufren una segregación *de facto* y son el blanco de chistes racistas, los cuales en México aún no son considerados como incorrectos políticamente.

Y sin embargo, desde la independencia, y particularmente desde la revolución, los ideólogos criollos han intentado promover un sentimiento de unidad nacional, sosteniendo que el mestizaje es la cultura nacional, el eslabón común entre el indígena, el europeo y el africano. Este mito es invocado de la misma manera como el "crisol de razas" norteamericano (dentro del que se han vertido únicamente ingredientes blancos, dejando fuera a los negros, latinos y asiáticos). Hoy en día, después de varios años de la crisis, la división por clase y color es cada vez mas aparente.

Como indígena de piel muy morena, Wense es doblemente desdeñado. Aquí, en Cherán, y en la ruta del migrante, nunca embona por completo. Aún entre sus hermanos, él es el más moreno, el más indígena de los indígenas, y pareciera que cumple con las pocas expectativas que se tienen de él jugando rudo en el camino y pagando el precio. Camina cojeando, su pierna izquierda está crónicamente tiesa después de una paliza que le proporcionaron durante una pelea de bar en Missouri, con una banda rival de mojados de Zacatecas. Ha estado en más de un accidente automovilístico a causa de embriaguez. Juega a ser Caín para los Abeles, representados por sus hermanos menos morenos y sus parientes políticos y los demás cheranes, observantes de la ley, quienes toman el camino hacia el norte y fielmente envían a casa sus remesas, órdenes de pago a sus familias en Michoacán. Wense apenas si puede ocultar su envidia de los migrantes más ricos. Confrontado con actitudes condescendientes, incluso hostiles a donde quiera que se dirige, lo ha hecho todo para confirmar el miedo de la gente.

Pero frente a mí, en este momento no se encuentra el Wense forajido. Nos sentamos en El Tizol y llenamos de grasa nuestras manos y labios con los pollos flacos pero sabrosos de Salvador Romero. Este es el dilema que Wense me plantea: quiere regresa a St. Louis, pero Rosa aún no está lista para abandonar a su apesadumbrada madre, y él está consciente de la dolorosa ansiedad que le ocasionaría a la familia si se aventurase a emprender el viaje ilegal sólo. Cada vez que un grupo de mojados se sube a un camión local para emprender el primer tramo del viaje hasta Zamora, Cherán contiene colectivamente la respiración en espera de recibir noticias de un cruce exitoso o de una tragedia. Las probabilidades están del lado del migrante, por supuesto, a pesar del incremento de elementos de la patrulla fronteriza; miles aún cruzan cada día la frontera y llegan hasta su destino. Pero el destino de los hermanos Chávez, aún dos meses y medio después del accidente, todavía resuena con fuerza.

"Sí, tengo miedo", me dice Wense suavemente, una concesión poco común para cualquier hombre mexicano, mucho menos para Wense, quién ha hecho todo lo posible por cultivar una personalidad valiente. "Tendré miedo durante todo el camino hasta la frontera, tendré miedo al llegar a la línea. Tendré miedo durante todo el camino hasta St. Louis."

Wense me pregunta, retóricamente, porque me doy cuenta de que ya ha tomado la decisión, si creo que el dolor que le ocasionará a su familia es un precio aceptable que hay que pagar para obtener un futuro mejor. El futuro es una educación norteamericana para su hija Yeni, un bonito apartamento en St. Louis y tal vez en Chicago, un automóvil nuevo para él y una parcela de tierra aquí en Cherán. Casi todos los habitantes de Cherán tienen este sueño, una parcela de tierra aquí donde poder construir una casa de dos pisos con agua corriente caliente y fría, una estufa de gas y una gran antena parabólica en la azotea.

Durante la mayor parte de la conversación he estado mirando fijamente el doliente rostro de Jesús plasmado en la gorra de Wense, puesto que él ha estado hablando con la cabeza baja, mirando su plato de comida, pero ahora levanta la cabeza y me mira, esperando mi respuesta.

Principalmente pienso en María Elena, la doliente madre. Rosa es lo suficientemente fuerte para enfrentarse a cualquier cosa. Pero si Wense se va, también lo hará Rosa, tal vez hasta se vaya junto con él. Así es que le sugiero que piense un poco más en doña María Elena antes de tomar su decisión, insinuando, no muy sutilmente, que debería esperar. Asiente y se queda callado.

Ordenamos otra ronda de cervezas para alargar la tarde. A través de la nube de humo de la parrilla vemos pasar el tráfico frente a El Tizol. Los campesinos caminan cansadamente, llevando pilas de espigas de maíz sobre sus espaldas. Una banda local lleva trompetas, tubas y tambores; van camino a una boda. Un burro arrastra sus patas lentamente; la piel de la pobre bestia ha sido marcada, no por un hierro, sino por cholos locales, que lo han marcado con pintura en aerosol, escribiendo un apelativo ilegible. Camina hacia nosotros un trío de norteños, a quienes Wense mira con cautela.

El grupo entra en El Tizol, y Salvador Romero, el astuto posadero, los saluda con la misma cordialidad con que saluda todo el mundo; sus clientes van desde migrantes nuevos ricos, hasta familias que reúnen las ganancias de toda una semana para gastarlas en comer fuera de casa una vez. Los norteños pertenecen a la primera clase, veteranos del otro lado, hombres jóvenes de veinte años quienes, de acuerdo con la apariencia de su ropa, es muy probable que tengan permisos legales de trabajo, los cuales consisten no en levantar las cosechas en los campos, sino en empleos en las ciudades. Llevan camisas y pantalones de mezclilla de Gap, obviamente nuevos, y proyectan una actitud que los cheranes no inmigrantes han llegado a despreciar, un tipo de arrogancia y generosidad *yuppie*. Wense pierde el hilo de sus pensamientos. Se rompe nuestro vínculo.

Los norteños ordenan dos cervezas cada uno y Salvador se apresura a atenderlos, preguntándoles cómo está el clima en California. Luego, uno de ellos se vuelve hacia nuestra mesa e, ignorándome, le dirige la palabra a Wense: "Mira que famoso te has vuelto, hasta los reporteros viene para entrevistarte".

Wense no responde, pero puedo ver que está furioso. Salvador está en el bar, observando cuidadosamente la escena, preguntándose probablemente si se verá obligado a intervenir. Siempre conciliador, intento hablar de banalidades con estos ojetes para que dejen en paz a Wense, pero Wense me gana la jugada. "¿Quién se creen ustedes que son, presentándose aquí con sus aires norteños?", dice, casi sin levantar la voz, sus manos ya no están sobre la mesa sino que cuelgan a los lados.

Durante unos segundos hay un silencio forzado, mientras cada cual considera sus opciones para salvar o romperse la cara. El enfrentamiento pone en relieve el abismo en que se ha convertido la diferencia de clases en Cherán. De un lado están los tres prósperos migrantes, quienes por su habilidad, o unos años más de escolaridad, o sencillamente por mejor suerte, encontraron el filón de oro en Estados Unidos y regresaron a Cherán para presumir sus logros. Del otro lado está un migrante pobre, quien tal vez por ser más moreno, o haber cursado menos años escolares, o tan sólo por haber tenido mala suerte, apenas si puede darle de comer a su familia. Tres jóvenes en ropa Gap *preppy* y uno vestido con galas de guerrero *hip-hop*. Todos son indígenas.

Uno de los norteños habla a continuación y, para mi sorpresa, elige desdecirse. "Ey, sólo nos estabamos divirtiendo, tú sigue comiendo con tu amigo", dice, y voltea a ver a sus compañeros. Tal vez los norteños lo hicieron por consideración a mí, un forastero a quien nadie en el pueblo quiere causar una mala impresión. Wense, intuyendo la victoria, murmura unos cuantos epítetos finales y hasta comienza a ponerse de pie amenazadoramente. Pero Salvador viene hacia nosotros inmediatamente, y coloca con jovialidad un nuevo tarro de cerveza frente a él. Yo le digo que no vale la pena. La tensión se disipa.

Esta noche, Wense no se emborrachará; esto es bueno, tomando en cuenta que algunas veces, cuando comienza a tomar ya no para. Sin decir palabra, caminamos de regreso a la casa de los Chávez, donde duerme con Rosa en la choza de madera que está junto al ciruelo. Sé que está tomando en cuenta mi consejo. Pero para cuando llegamos a la casa, todo está decidido. Únicamente se trata, ya no de si lo hará, sino de cuando se irá Wense.

⌒

No hay un altar en la casa de los Chávez, lo que constituye una anomalía en Cherán. Después del accidente la familia cumplió con la costumbre católica de rezar rosarios y novenas, pero han asistido a la iglesia únicamente lo mínimo que requiere la tradición.

"Oh, Dios mío, ya no creo en ti", dice María Elena Chávez. Está parada detrás del mostrador de la tienda familiar, junto a sus hijos sobrevivientes y sus nietos. La mercancía fue gratis, un gesto caritativo de los funcionarios gubernamentales de Morelia, la capital del estado. El impacto que tuvo el accidente sobre los purépechas no pasó desapercibido por el Partido Revolucionario Institucional (PRI), que gobernaba en Michoacán.

Esta es la típica marca del partido, muy espléndido en cuanto a benevolencia condescendiente, pero parco en utilidad práctica. Lo que la familia necesita es dinero en efectivo o, lo que sería aún mejor, visas para viajar legalmente a Estados Unidos, en lugar de latas de atún y paquetes de cigarrillos.

Sin embargo la familia está cifrando sus esperanzas en la tienda, ya que la única otra entrada por el momento proviene de Florentino, quien está trabajando recogiendo la cosecha en California, manteniendo a una familia de quince personas, enviando a casa trescientos dólares al mes en órdenes de pago. Han ubicado la tienda en la habitación que está al nivel de la calle, donde solía dormir Salvador, el más joven de los hijos muertos. Hasta hoy, la tienda únicamente ha producido muy poco. Una de las razones es que la mercancía enviada desde Morelia sería la adecuada para una tienda en Morelia, que es una ciudad grande, pero no lo es para un pueblo del altiplano. Hay varios tarros de Nescafé, aún cuando casi nadie en Cherán toma café instantáneo; la gente prefiere moler los granos comprados en el mercado y hervirlos con canela y una tonelada de azúcar en grandes cazuelas de barro, para obtener café de olla. Nadie en Cherán está acostumbrado a utilizar extravagantes barras de jabón facial. La idea de usar mole enlatado es un insulto para cualquier madre digna en Cherán. Y los cigarrillos desgraciadamente son de marcas mexicanas como Farolitos y Delicados, la clase de cigarrillos que compran los borrachos por la noche, cuando se les está terminando el dinero; la mayoría de los cheranes son hombres Marlboro, un remilgo de migrante (el único artículo que sí se ha vendido, es la versión mexicana de los ositos de goma). La ubicación de la casa de los Chávez presenta otro problema: es la última casa de Galeana, una calle que lleva hacia la plaza de toros a un extremo del pueblo. Los clientes que viven más cerca del centro compran en las tiendas que están en la misma cuadra. Los Chávez tienen suerte si atienden a cinco clientes por día.

En verdad, la familia nunca tuvo un gran motivo para creer en Dios. El accidente fue la segunda gran tragedia, la primera fue el alcoholismo del padre y el maltrato físico. Al igual que Pedro Páramo en la novela de Juan Rulfo, Efraín

Chávez casi acabó con todas las cosas y todas las personas que lo rodeaban. Es una historia bastante común en los altiplanos. María Huaroco, la vecina, también tuvo un esposo alcohólico. Ambos hombres ya fallecieron.

El mismo Efraín Chávez no quería saber de Dios. "Solía decir: ¿Por qué van a rezarle a esos monos de madera?", recuerda doña María. También decía que la verdadera razón por la que la gente iba a la iglesia era para ver si su mejor ropa dominguera era tan buena como la de los demás. Rosa recuerda que decía: "Es mejor ir a confesarse ante un árbol que ante un sacerdote".

Doña María, por su parte, alguna vez tuvo tanta fe que asistía a misa regularmente. Después de todo, Jesús era el único hombre que ella conocía que no se emborrachaba hasta aletargarse ni golpeaba a las mujeres. Aún cuando este pensamiento la hacía sentirse terriblemente culpable, muchas veces se hincaba ante San Francisco rezando para que su esposo muriera.

María conoció a Efraín cuando tenía dieciocho años. De acuerdo con las costumbres de Cherán, ella prácticamente ya era un solterona y su madre estaba ansiosa por que se casara rápidamente. Él ya era un borracho, un desmadroso. Una noche María iba caminando a casa cuando Efraín y un amigo aparecieron, los dos completamente borrachos. Como ella se rehusaba a las insinuaciones de Efraín, entre ambos la arrastraron por la calle de los brazos y piernas y cabello hasta que intervinieron unos buenos samaritanos. Pero en esos días, dice doña María, una mujer no tenía muchos recursos para defenderse de insinuaciones no deseadas.

"Nunca lo quise", dice María Elena. Intentó convencer a su madre que él era un hombre malo, pero su madre no la quiso escuchar y se casaron contra la voluntad de María.

Él tomaba todos los días y tenían peleas constantes que terminaban en bofetadas, y ocasionalmente en puñetazos. Una vez hasta intentó estrangular a Benjamín, el hijo mayor; la cara del muchacho se puso morada y hubo necesidad de utilizar la fuerza combinada de María Elena y sus otros hijos para hacer que Efraín lo dejara ir.

Efraín Chávez era, sencillamente, un dictador demente. Durante un ataque de ira quitaba del tendedero la ropa de los muchachos y la tiraba en el fuego de la cocina. Despertaba a los muchachos a las dos de la mañana y los mandaba al bosque para sangrar los pinos, mientras él se quedaba en casa emborrachándose, durmiendo la cruda y bebiendo nuevamente, pagando su hábito con dinero obtenido de la resina que los muchachos recolectaban y vendían. Durante estas parrandas desaparecía por varios días.

Cuando doña María ya no podía soportar más, ella y los niños se refugiaban en la casa de su madre. Pero a la larga, él se presentaba, tirando piedras contra las ventanas, aullando como un loco, derramando amargas lágrimas y rogándole que regresara. Más de una vez la madre y los hijos se ocultaron entre la maleza de los profundos desfiladeros que rodean a Cherán, mientras él merodeaba por el pueblo buscándolos.

Ella le rogaba que dejara de tomar, si no por los hijos, quienes ya lo odiaban y probablemente lo harían siempre, entonces por lo menos por los hijos de sus hijos. Pero era demasiado tarde. La sangre que corría por sus venas estaba enloquecida por el veneno.

"Todo esto es cierto", me dice doña María, "es una historia apropiada para una película".

Uno de los pocos placeres que le proporcionó el matrimonio fue cocinar. Abasteció su cocina de ollas y sartenes, platos, vajilla, cubiertos. Pero al paso de los años Efraín hizo añicos a casi todo. Hoy en día, la familia come en platos de plástico y utiliza tortillas en lugar de cucharas y tenedores, al igual que los más pobres entre los cheranes. Los hijos de María le suplicaron que lo abandonara, que comprara su propia parcela y construyera su propia casa. Esta fue la razón inicial por la que los hijos mayores, Benjamín y Fernando, comenzaron a migrar a Estados Unidos: soñaban con ahorrar dinero para comprar la parcela y construir una casa para ella.

Y María Elena está orgullosa de sus muchachos, de los muertos al igual que de los vivos, por no parecerse a su padre. Era como si los chicos hicieran un gran esfuerzo por evitar que alguien sufriera como lo habían hecho ellos. Sin embargo, los muchachos estaban marcados por la reputación de su padre. No era fácil para ellos encontrar novias, mucho menos esposas. Las mujeres solteras de Cherán eran advertidas por sus padres acerca de los hermanos Chávez: cuídate, probablemente terminarán igual que su padre.

Él murió en 1989, a los cuarenta años, una edad bastante común para morir entre los hombres de Cherán, particularmente si son alcohólicos. Ella había logrado salirse de la casa y quedarse con su madre durante los últimos dos años de vida de él. De vez en cuando lo veía tropezándose por la calle, su cara estaba siempre sonrojada y brillante de sudor, como si el alcohol lo quemara por dentro. Se desplomó con una botella en la mano, a las cinco de la madrugada, en uno de los bares locales. María Elena no derramó ni una sola lágrima.

Gradualmente, la suerte de la familia fue mejorando. Benjamín, Fernando y Jaime habían estado trabajando en California desde 1985, y ahora que el viejo no se gastaba el dinero en beber, ahorraron concienzudamente y compraron una propiedad en Cherán en la que cada uno pudo construir una modesta casa. Más tarde, Florentino se unió a los mayores en sus peregrinaciones anuales a los campos de cultivo, y finalmente en 1994, Salvador también lo hizo. Los cinco hermanos viajaron juntos al norte esa primavera y la siguiente. Rosa se casó con Wense en 1995, y la pareja vivió y trabajó en St. Louis hasta que ocurrió el accidente.

En 1996, los hermanos estaban listos para emprender un tercer viaje, para continuar reconstruyendo el futuro que Efraín Chávez había destruido. Los cinco trabajarían juntos por siete dólares la hora, seis días a la semana, desde abril hasta septiembre, regresando a Cherán con aproximadamente 25 mil dólares entre todos. A esto se agregaría la cantidad ahorrada por Wense y Rosa en St. Louis. Le construirían a doña María Elena una casa nueva. Le comprarían zapatos a todos los nietos.

Y luego ocurrió el accidente. Es por eso que doña María Elena duda de la existencia de Dios.

"¿Qué he hecho para merecer esto?", pregunta. ¿Porqué el castigo? ¿Porqué tres de sus hijos? Podría entenderlo si hubiera sido solamente uno. ¿Pero qué madre puede soportar el dolor de perder tres hijos al mismo tiempo?

Ahora su voz se hace más tenue al final de cada oración. Mientras hablaba de su esposo, por lo menos tenía la energía de su enojo.

Puesto que no hay razón para permanecer dentro de la tienda sin clientela y puesto que el sol ya se está poniendo, la familia sale a la calle como lo hacen la mayoría de los habitantes de Cherán a esta hora. Los mayores se sientan en los escalones o en troncos de árbol, los niños corren alocadamente por la calle; todos miran hacia el oeste. El hijo de Florentino, José Iván, que tiene dieciocho meses, se ha encariñado conmigo y se la pasa jalando mis pantalones de mezclilla. Quiere que lo levante para poder ver el dramático panorama del valle donde resalta la silueta del volcán Juanconi, con una brillante corona de oro que flota por encima de él en un cielo sin nubes. Levanto a José Iván y observa a la distancia, con los ojos muy abiertos, sin decir palabra. Después de unos momentos, murmura algo ininteligible, señalando con su dedo un lugar en el horizonte.

☙

María Elena Chávez ha iniciado un juicio en contra del gobierno federal de Estados Unidos, así como en contra del distrito de servicios a la comunidad de Santa Rosa (que está a cargo de la carretera donde murieron sus hijos), por lo que su abogado llama "negligencia" de la patrulla fronteriza durante su persecución a alta velocidad de la camioneta donde viajaban sus hijos en esa mañana de abril. La cultura de presentar demandas ha llegado a México. María Elena fue persuadida por Austin Johnson, un abogado norteamericano que vivía en la ciudad de México, para que presentara una demanda. A María Elena le preocupan sus hijos y nietos. La primera cosa que piensa hacer si recibe el pago es mantener unida a la familia. Aún no está segura dónde. Podría utilizar el dinero para obtener una visa (para lo cual, el requisito más importante es una buena cantidad de dinero en el banco), cruzar la frontera legalmente y dirigirse a St. Louis para vivir con Rosa y Wense, si regresan a esa ciudad. O podría viajar a California para reunirse en Watsonville con sus hijos sobrevivientes. O podría traer a todos sus hijos a casa y construir nuevas casas para ellos, así como para las nueras viudas.

Los Chávez necesitan desesperadamente de un futuro en el cual creer. Desde que ocurrió el accidente, la depresión ha causado víctimas. Fernando sufre de problemas estomacales, aparentemente psicosomáticos, que le impiden viajar al norte. La espalda de María la molesta cada vez más. Yolanda, la viuda de Benjamín, es quien está más visiblemente afectada. Conjuntamente con Josefina, la viuda de Jaime, ha descubierto que un poco de alcohol produce algo de consuelo. Al anochecer, caminan hacia la cantina que está en el centro, compran unas cervezas, y regresan para tomarlas calladamente en la casa que Benjamín construyó con sus propias manos.

Irónicamente, la situación económica actual de la familia es aún más precaria debido al rumor que corre en el pueblo de que han lucrado del accidente. Cuando las mujeres van al mercado, algunas veces perciben miradas hoscas de desconocidos. Este es un caso típico de envidia. Esta es una palabra utilizada muchas veces en México, donde la gran mayoría tiene razón de envidiar a los pocos que lo tienen todo. Se cuenta que los Chávez recibieron miles de dólares del gobierno en Morelia, cuando la única ayuda que les han proporcionado es la inútil mercancía de la tienda. Pero este rumor puede ser la causa de la insistencia del agiotista de que la familia pague la deuda de los muertos, el dinero que les prestó para el fatídico viaje.

Inmediatamente después del accidente, los Chávez sí recibieron verdadera caridad, en forma de alimentos y bebidas proporcionadas principalmente por sus vecinos. El único dinero que recibieron fueron unos cuantos cientos de dólares reunidos entre los cheranes de Los Angeles por los primos de Salvador Romero, que tienen una tapicería y a quienes les ha ido bastante bien. Aparte de eso, la mayoría de las promesas no han sido cumplidas. Casi cinco meses después del accidente, el cantero de Morelia todavía no ha entregado los monumentos que prometió para que fueran colocados sobre las tumbas de los hermanos. Debajo del cerezo, en el cementerio, están las losas de concreto que puso Don Ramiro a finales de abril. Ni siquiera los muertos pueden descansar todavía.

Y también se han presentado una serie estafadores, quienes han visitado a la familias recientemente. Los primeros en llegar fueron los "húngaros" (nombre con que se identifica a los gitanos en la mayor parte de América Latina) con sus cuentas de cristal y sus cartas de tarot, fingiendo compasión por los deudos. Le dijeron a María Elena que se acostara y le frotaron lentamente un huevo a lo largo de todo el cuerpo. Luego lo rompieron sobre un vaso. El huevo estaba blanco, manchado con materia pestilente, lo cual evidenciaba claramente que la familia había sido objeto que algún tipo de magia negra por parte de los envidiosos, y por lo tanto necesitaban de una limpia, una purificación espiritual.

Los húngaros preguntaron a la familia acerca de su situación financiera. Bastante mala, les dijo María Elena. Los gitanos dijeron que podían cambiar esa situación inmediatamente. Todo lo que necesitaban era el dinero de los Chávez, lo que tuvieran, y ellos lo harían trabajar para la familia. La manera en que los gitanos hacen dinero es un simple juego de habilidad manual por medio del cual se guardaron el efectivo, unos cientos de pesos, casi todo lo que los Chávez poseían en ese momento, al mismo tiempo que pretendían mezclarlo con tierra y una poción especial, triturándolo hasta convertirlo en una espesa pasta que a continuación colocaron dentro de un morral que enterraron en el patio. Les dijeron a los Chávez que desenterraran el morral dos semanas después y admiraran el milagro de la alquimia.

Fernando no estaba en casa cuando vinieron los gitanos. Él se dio cuenta inmediatamente del engaño. Desenterró el morral y le mostró a su madre que no había nada adentro mas que lodo, pero para entonces los gitanos ya eran más ricos y estaban en camino a engañar a su próxima víctima en otro pueblo indígena.

Pero aún Fernando, un migrante veterano y mas conocedor de mundo que el resto de la familia, cayó en el segundo truco. Una tarde, un chico mestizo bastante guapo vino a presentar sus condolencias. Dijo ser Eric Morales, un conocido boxeador, comparado con el Chico de Oro, Oscar de la Hoya de East L.A. Era joven, carismático, estaba bien vestido, con el impresionante cuerpo flexible de un boxeador de peso ligero. Las mujeres de la familia estaban encantadas con su galanteo y Fernando y Wense quedaron impresionados con su gallardía de macho. Hasta sacó una fotografía de 8 x 10 y la autografió: "Con cariño y afecto de Eric Morales".

Eric dijo que había venido porque había leído en los periódicos acerca de la tragedia. Dijo que estaba tan conmovido que sencillamente tenía que hacer algo. Después de todo, él también había sido pobre y crecido en la provincia, en un pueblo muy parecido a Cherán, y tuvo que emprender el largo viaje para alcanzar la fama desde la pobreza, un viaje que los mismos hermanos Chávez hubiesen podido hacer si la migra no hubiese acabado con sus vidas. Bueno, pues él sentía que era su deber el ayudar a personas como los Chávez, porque sabía que esa era la razón por la cual Dios lo había colmado de tanta fortuna, para que pudiera compartirla con otros que necesitaran ayuda. Por supuesto, él sabía que el dinero no podía compensar nunca la pérdida que habían sufrido, pero les proporcionaría un poco de consuelo en de su dolor. Les dijo que pronto daría una conferencia de prensa para anunciar que donaría a la familia diez mil dólares de la bolsa de su próxima pelea. Dijo que ya había hablado con el gobernador de Morelia acerca de esto. Que quería que la pelea se llevara a cabo aquí en Michoacán, en honor de los hermanos caídos. También dijo que se había puesto en contacto con la gente de Oscar de la Hoya, quienes habían ofrecido contribuir también con otros varios miles de dólares.

Eric Morales jugó con los niños, comió el contenido de algunas latas de atún (convirtiéndose así en el primer cliente de la tienda que lo hacía), y se ganó la buena voluntad de todos. Pero en este momento, tenía que pedirles un favor. Dijo que su automóvil se había descompuesto en un pueblo cercano y que no tenía dinero en efectivo para pagarle al mecánico (en este momento sacó su billetera, mostrando una impresionante colección de tarjetas de crédito) y, aún cuando le apenaba pedirlo, preguntó si les importaría prestarle un poco de dinero, únicamente por unas cuantas horas, para poderle pagar al mecánico, después de lo cual iría en su coche hasta el banco más cercano y regresaría para devolverles el dinero prestado.

La familia Chávez no dudó ni por un momento de su sinceridad y le preguntaron cuánto necesitaba. "Lo que tengan", les dijo. Después de todo, su automóvil era caro, un Ford último modelo, y se había presentado un problema con el empaque de la flecha y seguramente sería costosa la reparación. La familia reunió mil pesos (en tiempos en que un dólar era equivalente aproximadamente a ciento veinticinco pesos).

"Eric Morales nunca regresó. Ni siquiera pagó por las latas de atún. Dejó una dirección y un número de teléfono celular en Tijuana, donde dijo que estaba ubicada la oficina de su empresario. Un día marqué el número; estaba desconectado. Para estar completamente seguro, también llamé a un escritor de deportes, amigo mío, en Los Ángeles y, finalmente, al verdadero empresario de Eric Morales. Eric Morales nunca ha estado en Michoacán", me dijo Fernando.

María Elena no sólo ya no cree en Dios, sino que tampoco cree que haya bondad en el corazón de personas desconocidas. Ni siquiera entre los habitantes de su propio pueblo, quienes se ocupan en diseminar rumores acerca de la supuesta buena suerte inesperada de la familia.

Le menciono estos incidentes al padre Melesio y le pregunto qué cree que es peor: una ingenuidad perdurable, que se divide en partes iguales en ignorancia y una fe inocente en el mundo, o un cinismo penetrante que impide creer hasta en la posibilidad de que haya bondad en el alma de extraños. El padre Melesio reflexiona y luego cita las sagradas escrituras: "Jesús dijo que tenemos que ser inocentes como las palomas y sabios como las serpientes".

～

Wense decide consultar a una bruja para saber si cruzar la frontera es una buena idea o no. Yolanda, quien es una ferviente creyente en las tradiciones místicas purépechas (su difunto esposo se le aparece en sueños muchas veces, para aconsejarla o sencillamente para tranquilizarla) le recomienda una mujer llamada Ana quien vive abajo de una gran colina llamada Kucumpakua, en la orilla este del pueblo. Ana es pariente lejana de Yolanda; una prueba más, parece, de que en Cherán, como dice el dicho, cada quien tiene una bruja, o por lo menos tiene un pariente que lo es. De cualquier manera, las relaciones familiares de alguna forma tranquilizan a Wense de que no será blanco de charlatanes como los gitanos o "Eric Morales".

Ana y su familia viven aún más pobremente que los Chávez, en una endeble hilera de chozas que no tiene paneles en las ventanas y con papel periódico que hace las veces de material aislante para proteger del intenso frío de la noche en Cherán. Entre sus únicos lujos está un aparato estereofónico que toca a todo volumen la canción "Amor prohibido" de Selena. Es tan ruidoso, que cuando llegamos escuchamos cómo las bocinas distorsionan el sonido.

Ana es una mujer diminuta, de aproximadamente treinta años, con una sonrisa que muestra dientes de oro, y una cabellera de pelo castaño claro recogida apretadamente en una cola de caballo, revelando una cara redonda y pecosa. Toda en ella habla de pobreza con la excepción de unas elegantes arracadas de oro. Ana no puede leer ni escribir español, pero puede leer el tarot. Recién convertida al esoterismo, nos cuenta que la vida para ella siempre fue una batalla cuesta arriba, llena de fracasos financieros y románticos, así como de enfermedades crónicas, hasta que se dio cuenta que había sido víctima de un hechizo de envidia que le habían lanzado treinta años atrás. Fue informada de esto por un brujo a quien consultó en la ciudad de México hace años, después de haber sufrido una embolia y quedado paralizada parcialmente y con la vista severamente lesionada. Los médicos locales no habían encontrado cual era el problema, fue por eso que realizó el viaje para consultar al famoso brujo, quien descubrió el malévolo hechizo. El viejo sabio también le dijo que ella misma tenía los poderes secretos para convertirse en una bruja, un regalo que si era ignorado por ella podría ocasionarle aún más sufrimiento. Después de seguir al pie de la letra las instrucciones espirituales del maestro (varias limpias y oraciones especiales a los poderes oscuros, servicios por los que pagó varios cientos de pesos) recuperó su salud e inició su propia consulta en Cherán.

Wense entra al consultorio de Ana, un cuartucho adicional, pegado a la choza principal. Hay velas prendidas por todas partes, se puede sentir su calor en la habitación. El incienso se eleva en grandes nubes desde un par de conchas de mar. Sobre el suelo y las repisas se encuentran docenas de santos, una variada colección ecléctica que incluye a un sonriente Buda elaborado en cerámica negra, san Francisco, el niño Jesús, y la santísima muerte (uno de los diversos poderes oscuros con los que trabajan los curanderos esotéricos de América Latina). También hay una gran pirámide que mide aproximadamente medio metro de altura, fabricada de resina transparente, dentro de la cual flotan diminutas herraduras, dientes de ajo, pesos, crucifijos y diversas estampitas con las imágenes de una constelación de santos, tanto de la variedad católica oficial como de la subterránea.

Va tomando cartas de la baraja y las coloca frente a Wense, tocando cada una con su dedo índice derecho. "Let's Talk about Sex, Baby" es la canción que ahora ha reemplazado a Selena en el estéreo, controlado por las hijas adolescentes que están en la habitación de junto.

"Necesitas el trabajo", le dice a Wense. "Tú y tu familia tienen muy poco, pero tú puedes mejorar la situación. Quieres ir al norte, pero no estás seguro, tienes miedo. Tienes que hacerte una limpia antes de que te vayas. Necesitas limpiar tu casa también. Hay una pila de rocas que alguien ha colocado cerca de ti que contiene un hechizo que les han hecho a ti y a tu familia; lo veo en una habitación donde no duerme nadie. Toma un poco de Clorox, viértelo sobre las rocas, y tíralas. ¡Ah! ¡Y tu correspondencia llega tarde por culpa de esas rocas también! A una especie de animal le gusta merodear por las noches arriba del árbol de cerezo, ¿no es así? Ahí también hay mala energía. Lo mismo sucede cuando cocina tu suegra. Limpia todos esos lugares. Si hay botellas abiertas, tápalas o deséchalas, a los malos espíritus les gusta reunirse ahí, ¿sabes? Ahora, tienes que entender que Rosa algunas veces se pone nerviosa. Siempre debes recordar que son sus nervios los que la hacen enojarse contigo, no es que estés haciendo algo malo. Y tu madre, la puedo ver soñando con tu hermano, que está en algún lugar lejano, porque hay algo que todavía no ha resuelto en su vida. Tú y los tuyos lo van a lograr, no te desesperes. Ya verás qué diferente te vas a sentir después de la limpia".

Wense, quien no es exactamente un gran creyente en lo esotérico, sale de ahí estupefacto. "Nunca le conté a nadie excepto a ti, como me sentía acerca de irme", dice. También está contento de que Ana le haya dado luz verde para su viaje al norte, una vez que se haya hecho la limpia. Realmente hay una pila de rocas en una habitación de una casa abandonada a un lado de la casa de los Chávez, y un búho se para frecuentemente por las noches en el árbol de cerezo. Estas cosas, por supuesto, son algo que Ana misma pudiera haber visto durante cualquiera de sus visitas a la casa de sus parientes. Y Wense, aún cuando no está acostumbrado a confesar sus inseguridades ni a Rosa ni a sus parientes políticos, puede ser interpretado, emocionalmente hablando, tan fácilmente como un anuncio espectacular.

Pero eso no es lo que importa aquí. Las brujas de Cherán le dicen a sus clientes aquello que quieren o tienen necesidad de escuchar, confirmando la existencia de obstáculos en sus vidas, y les proporcionan una formula llena de rituales para hacerlos desaparecer. Ana le ha dado a Wense una receta cuyo valor terapéutico puede ser dudoso, pero ella lo ha tranquilizado en cuanto a que su temporada de sufrimiento será recompensada con un futuro más brillante. Lo que Wense necesita en este momento es la seguridad para enfrentarse nuevamente al camino, y Ana se la ha proporcionado.

Yo también me encuentro en estos días necesitado de seguridad en el camino, porque francamente no tengo idea de a dónde me dirijo en este viaje al lado de los migrantes. Es tiempo de que visite a las brujas.

La guerra entre el doctor Tito y las brujas de Cherán terminó con un tratado intermediado por doña Elisa Herrera, la tesorera del capítulo local de la Asociación nacional de doctores indígenas tradicionales. Alguna vez, las brujas advertían a sus clientes que no visitaran a ese fraude del doctor Tito y él devolvía el favor informando a sus pacientes que las brujas eran unas charlatanas. Era tan grande la enemistad entre las partes, que todos estaban de acuerdo en que algo se tenía que hacer. Doña Elisa y el doctor Tito se encontraron frente a frente, y después de algunas recriminaciones iniciales, encontraron un tema de interés mutuo. Compartieron casos y tratamientos, hasta que cada uno comenzó a darse cuenta de que sus respectivas tradiciones se complementaban.

La reconciliación fue posible debido a la creencia de las brujas de que hay dos categorías de enfermedades, "buenas" y "malas", las buenas son fenómenos puramente patológicos y las malas son el resultado de la magia negra. Se llegó a un acuerdo: si las brujas se encontraban con enfermedades "buenas" que ellas no podían tratar con remedios sencillos a base de hierbas, le recomendarían al paciente que viera al doctor, y el doctor, a su vez, le recomendaría a su paciente que visitara a las brujas en aquellos casos en los que no encontrara alguna evidencia de una patología física. El arreglo funcionó bastante bien para ambos lados, y es el doctor Tito quien me ayuda a encontrarme con doña Elisa. Nos sentamos en la sala de su casa, la cual, al igual que el consultorio del doctor, está amueblada con grandes sofás y sillas rústicas. Cuando veo a doña Elisa por primera vez, siento como si mi abuela hubiera regresado del cielo. Todo en doña Elisa es redondo: sus ojos, su cara, su cuerpo. Usa un suéter azul claro que se extiende sobre su amplio pecho, una falda a cuadros rojos y medias azules. Su cabello está trenzado a la manera tradicional de las mujeres indígenas. Es tranquila y afable, sin mostrar señales de la típica desconfianza indígena frente a los extranjeros. Habla un español chapurreado, diciendo muchas veces una palabra primero en purépecha, buscando luego la traducción.

"El nombre que nos damos a nosotros mismos es *shurikis*", me dice, utilizando la palabra purépecha que significa curandero, "y utilizamos *hitzakecha*, hierbas, para curar".

Durante treinta años he estado trabajado "en esta cosa", dice en español. Durante los primeros quince, muchas veces se preocupaba si tenía el conocimiento suficiente para enfrentarse a los retos de su profesión. Hombres que estaban obviamente a punto de golpear o matar a sus esposas. Adolescentes a punto de suicidarse a causa de su primer amor. Criminales quienes le confesaban sus fechorías. Hombres de edad ya madura cuyos cuerpos ya no les respondían y cuyo orgullo había desaparecido al mismo tiempo que su fuerza. Familias que habían perdido toda su cosecha a causa de una repentina plaga, preguntándose qué les iba a deparar el destino.

"Ya no tengo miedo", me dice sonriendo. "Siento que puedo enfrentarme a cualquier cosa. Siento mi poder."

Doña Elisa me invita a que vayamos a su consultorio, que queda tan sólo a una cuadra y media del consultorio del doctor Tito. Es día de mercado en Cherán, la calle está abarrotada de puestos improvisados y camionetas pickup que acarrean cargas de frutas y legumbres, pero es como si la gente sintiera la presencia de doña Elisa: divide la muchedumbre igual como lo hizo Moisés con el mar Rojo. Me dice que se abastece de sus hierbas y santos en el mundialmente famoso mercado de los brujos, el mercado de Sonora en la ciudad de México. Ya que conozco algunos practicantes mexicanos de la religión mística afrocaribeña de la santería que trabajan en el mercado, le pregunto su opinión acerca de sus poderes curativos. "Uy, únicamente hay uno o dos que son buenos", dice con aire de realeza bruja.

Su oficina está contigua a su espaciosa casa estilo hacienda, donde pollos y gallos se pavonean en un amplio patio de tierra. Abre la puerta hacia un cuarto bastante grande en el que domina un altar con una estatua de tamaño casi natural de san José, cuya barba blanca cae sobre su amarilla vestimenta. En la pared está un gran reloj con la última cena, al cual obviamente se le ha acabado la pila y, sobre una serie de repisas, se encuentran docenas de botellas y ramilletes de hierbas: verbena, jara, manzanilla, albahaca, maguey, yuca, menta, romero. Hay pequeños contenedores de plástico llenos de pomadas y jabones de resina de pino, los cuales prepara ella misma en una enorme tina en el patio. Cada uno tiene una etiqueta escrita a mano describiendo la enfermedad que cura: asma, cálculos en los riñones, bronquitis, gastritis, nervios.

Al igual que con el doctor Tito y las brujas, ha ocurrido un ajuste entre las tradiciones indígenas y católicas. La futilidad del esfuerzo de la iglesia por cristianizar completamente a los indios se hizo aparente unos años después de la conquista. La primera diosa mestiza de América, la virgen de Guadalupe (dividida en partes iguales en María y en una antigua diosa de la fertilidad) nació apenas una década después de la caída de Tenochlitlan, y las autoridades eclesiásticas no pudieron hacer gran cosa acerca de este acontecimiento; finalmente se le permitió entrar en el panteón de la iglesia oficial y desde entonces ha realizado la mayoría de los milagros de las Américas.

Quinientos años después del doloroso encuentro inicial entre el viejo y el nuevo mundo, los rituales de la iglesia y los de los indígenas cohabitan de manera natural. Cuando le pregunto al padre Melesio acerca de las brujas, él me dice que las ve con mucho respeto. Además, opina que su comportamiento es cristiano en esencia: "Están cuidando de sus vecinos". Es únicamente la "magia negra", la que invoca a los poderes oscuros (incluyendo a Satanás en persona) la que, según piensa el padre, hace presa deliberada y cínicamente de la ignorancia de las personas. Sería demasiado pedir que el padre Melesio tolerara que se encendiera una vela ante la santísima muerte.

Doña Elisa me dice que estos son tiempos difíciles tanto para los curanderos como para sus clientes, mientras me invita a sentarme ante una pequeña mesa de madera donde ha leído miles de veces las cartas del tarot. El número de personas que le piden consejo ha aumentado dramáticamente, pero su posibilidad para pagar ha disminuido en la misma proporción. Hace mucho que ya no cobra una cuota estándar; las personas pagan lo que pueden.

El trabajo también es agotador, porque en la actualidad no se trata únicamente de atender a los locales. Los norteños también la consultan por medio de cartas enviadas por correos especiales y líneas de larga distancia de AT&T. Varias veces a la semana la llaman para que acuda a las casetas telefónicas que se encuentran cerca de la estación de autobuses. Una preocupada madre originaria de Cherán, quien ha vivido en Chicago durante los últimos diez años, le explica que la tos de su pequeña hija no se quita; los doctores gringos le han recetado sus antibióticos pero no pasa nada. Doña Elisa le pedirá a la madre que envíe una fotografía de la niña; a menudo, un familiar que vive en Cherán tendrá una. A continuación, esta venerable bruja encenderá una vela ante la fotografía, proyectando en su mente todo lo que sabe acerca de la familia: dónde y cómo vivían en Cherán, si el esposo es alcohólico, qué enemigos pudieran tener, las cosas que ella ha escuchado contar a otros migrantes acerca de Chicago y cómo es el clima en ese lugar durante esta estación de año. A continuación baraja las cartas. Según su alineación sabrá si se trata de un problema médico o "si nos pertenece a nosotros, los *shurikis*".

Si se trata de una enfermedad "mala", ella recomendará el té de manzanilla con miel y limón para la tos, pero también utilizará su magia blanca en contra de la negra que se ha posesionado de la niña. Esto se lleva a cabo de noche, cuando doña Elisa está dormida, esto es, cuando el cuerpo de doña Elisa está dormido, cuando su espíritu puede abandonar su cuerpo. Ella buscará una amistosa águila o búho en quien apoyarse para volar; una especie de transubstanciación durante la cual su energía pasa, de criatura a criatura, llevada por el viento, todo el camino hasta llegar a Chicago, directamente a la recámara de la niña, donde ella reaparecerá en su forma de abuela, colocando la palma de su mano sobre la frente de la niña para alejar la oscuridad.

La historia de la doña me recuerda una historia que escuché con anterioridad, contada por un par de muchachos adolescentes con quienes hablé acerca de la preponderancia de las antenas parabólicas en Cherán. Ellos me dijeron que una mañana, mientras caminaban a través de la bruma azul en Cherán al amanecer, rumbo a su maizal, vieron algo que se movía en una de las parabólicas en la azotea de una casa perteneciente a un renombrado brujo, muy famoso también por sus borracheras. Y por increíble que parezca, era fulano de tal, acurrucado dentro de la gran antena, completamente desnudo, tiritando, cubriéndose para tratar de protegerse del viento frío. Los muchachos lo llamaron y se despertó espantado. "¿Qué estás haciendo allá arriba?", le gritaron, pudiendo apenas contener la risa. El brujo miró a su alrededor, viendo después su propio cuerpo desnudo. "No se preocupen, muchachos", dijo encaramándose para salir de la antena y enderezarse. Bostezó, se estiró, se rascó. "Estoy bien. Creo que no pude llegar hasta la cama después de la visita médica que hice en Detroit." Bajó de la azotea y se arrastró, entrando a la casa por la ventana de la recamara.

Doña Elisa nunca ha estado en Estados Unidos. Sin embargo, está completamente consciente del mundo al que está conectado Cherán a través de la increíblemente compleja red de migración, las líneas de comunicación que no únicamente transmiten dólares y repeticiones de Baywatch, sino también nuevas leyendas (*gangsters hip-hop*), nuevas enfermedades ("EH-stress" es un concepto bien desarrollado en México en la actualidad) y una nueva sensación del dolor. Doña Elisa sufre cuando su hijo camina por el lado salvaje con los migrantes fuera de la ley, bebiendo y metiéndose en problemas. Ha hecho todo lo posible por él. "Hay algunas cosas que los *shurikis* no pueden curar", dice. "Si una persona no quiere ser curada, no hay nada que yo pueda hacer." Es muy poco lo que doña Elisa no sabe, a pesar del hecho que la mayoría de las personas la considerarían, en el mejor de los casos, un personaje pintoresco de una novela de Carlos Castaneda, y en el peor de los casos, uno más de los pobres indígenas que se han quedado atrapados en el pasado.

La envidia está hoy en día difundida por todas partes en Cherán, dice doña Elisa. "Es la crisis. Debido a que tantas personas han perdido todo lo que tienen, se apoyan en el mal para obtener lo que desean. Pero al hacerlo, lastiman a otros y a sí mismos. Tú también te encuentras frente a una crisis", me dice fijando sobre mí su intensa mirada.

Me pide barajar su gastada baraja de tarot y distribuye los naipes, poniendo frente a mí las cartas en cuatro hileras de diez cartas cada una. Estudia las imágenes que aparecen: la torre, los amantes, la reina de pentáculo, un dos de copas invertido, el bufón, la reina de espadas, un as de varillas invertido. Ahora soy yo el que se encuentra entre los enfermos, los abandonados, los dolientes, los migrantes sin suerte, los alcohólicos y los forajidos, los pobres: todos aquellos que vienen a ver a doña Elisa para pedir ayuda. Tal vez ya se había presentado alguna sugerencia subconsciente que desnudó mis heridas ante doña Elisa. Ella lleva el nombre de una mujer de quien me enamoré en la ciudad de México durante el verano de 1994, el año en que se desencadenó el infierno en la capital y a través de todo México. El año en que los rebeldes indígenas de Chiapas salieron en primera plana en el *New York Times* y ocasionaron nerviosismo en Wall Street, el año en que la crisis entró al diccionario popular para describir al peso devaluado, un millón de negocios quebrados, desempleo rampante, hambre en la provincia, y una masa de refugiados que se apilaba en la frontera.

Ese fue el año en que el Popocatépetl comenzó a arrojar ceniza. Yo brindé por ella con un trago de tequila desde la azotea de un hotel en el zócalo, observando las rítmicas exhalaciones color gris ondulante. Los capos del narcotráfico luchaban sanguinariamente en los estados del norte y compraban a los inspectores del INS para que sus embarques pudieran cruzar la frontera junto con los ilegales. Las primeras bandas al estilo chicano se formaron en los desolados barrios de la capital y la virgen de Guadalupe apareció aquí, allá y en todas partes, porque siempre viene cuando los mexicanos más la necesitan.

Durante el verano de 1994, un verano de tormentas eléctricas apocalípticas, de agujeros tan grandes como Cadillacs y algunas veces del tamaño de una casa, que aparecían en el asfalto, los habitantes de la ciudad de México comprendieron que el dolor de la provincia había llegado hasta las puertas de la capital. Ese verano conocí a Elisa y, aún cuando no voy a contar toda la triste historia, si escribiré lo que doña Elisa me dijo esa tarde en su consultorio ubicado a ciento ochenta kilómetros de la ciudad de México y varios meses después de haberme separado de mi amante.

Ella golpea las cartas ligeramente con una uña rota, y en su español chapurreado habla en tono suave pero serio: "Aquí está una mujer a quien amas por sobre todas las cosas. Pero ella se encuentra muy lejos. Y está casada. Está casada con un norteamericano, lejos de aquí. Y esta mujer a quien amas más que a nadie, está casada lejos de aquí, y estará por siempre lejos de aquí. La sigues a través del país, y ella corre, siempre ha corrido. Y cuando ella viene hacia ti, ¡eres tú el que corre! Pero ella nunca te querrá bien, nunca te querrá de la misma manera como tú la quieres a ella. Encuentra a otro. (Ella confunde el género en español y me está diciendo que encuentre a otro hombre). Y aquí (doña Elisa ha contado siete cartas, llegando hasta la imagen de la princesa que sostiene un cáliz sobre el que flota una mariposa) aquí está otra. Ella te quiere bien, y aún así ¡tú sales corriendo! Esto es algo muy triste. Cuenta otras siete cartas. Y ahora aquí está el hombre con quien se casó la primera mujer, el norteamericano que está muy lejos. Esta carta...", y se detiene, dejando escapar un suspiro teatral, "te está advirtiendo. Este es el hombre, el norteamericano y puede tener la enfermedad que llamamos sida. ¡Esta enfermedad es de la chingada! Nosotros los *shurikis* hemos probado muchas hierbas, muchas, muchas hierbas hemos probado. Y oraciones a todos los santos, y hemos soñado con métodos curativos, pero nada detiene a esta enfermedad, que es muy, muy poderosa. Más poderosa que yo, y yo soy muy poderosa. Es un aviso: él podría tener sida. Y si él tuviese sida, la mujer a quien más amas podría tener sida, y si tu estás con esa mujer, y más adelante con la otra mujer quien más te ama a ti, ¡entonces todos tendrán sida! Pero todavía estás a tiempo. Aléjate de ellas. Vete muy lejos de las dos. Esto es algo muy difícil, lo más difícil de todo. Pero mira." Doña Elisa cuenta otras siete cartas. "Aquí está tu trabajo, aquí están las palabras que escribirás. Las palabras que escribirás acerca de mí. Da un golpecito, se ríe. Habrá dinero, y estarás solo, esto es bueno. Tu trabajas bien cuando estás solo, ¿no es así?"

En su español chapurreado salpicado con palabras de aquella lengua que está desapareciendo, sin que se lo insinúe, sin hacer mención alguna de los triángulos o relaciones a larga distancia, esa bruja de setenta años de los cerros de Michoacán me advierte del peligro de tener sexo sin protección y amor sin seguridad.

Ahora, esta mujer con la cara profundamente delineada y ojos de obsidiana, me hace ponerme de pie, en el centro de su habitación donde está el altar y, con dos pequeñas pistolas de agua, de plástico azul, una llena con agua de romero, la otra con agua de albahaca, me rocía el cuerpo con vapores aromáticos; mi ingle, mis piernas, mi espalda, la parte posterior de mi cuello, la parte posterior de mis rodillas, mis pies, murmurando constantemente oraciones en su lengua nativa.

Afuera se está acercando una tormenta, las nubes se acumulan, los relámpagos rebotan en los cerros y precipicios de Cherán, la lluvia comienza a golpear el asfalto de la carretera y no parece tener principio ni final. Las camionetas y autobuses se desbocan, los tubos de escape retumban, frenan estrepitosamente, sobre el resbaladizo y oscuro camino. También puedo escuchar a los perros callejeros del pueblo, que ladran y muerden, esquivando aquellas llantas que nunca dejan de girar.

esperando

"¡DAMAS Y CABALLEROS, POR FIN HA LLEGADO EL MOMENTO QUE estaban esperando!" La voz, sorprendentemente intensa, resonando con reverberaciones cavernosas, surge de un gran número de altavoces. "¡Aquí están para ustedes, estos jóvenes galantes, estos jóvenes simpáticos y románticos, quienes les ofrecerán una serenata con sus hermosas, profundas, apasionadas, inspiradas composiciones, las maravillas del mundo de la balada... Los soldados del amor!"

Wense, Rosa y yo estamos sentados ante una mesa, en un lote vacío, a una cuadra del mercado; lote que hace las veces de sala de conciertos de Cherán. Ha estado lloviendo intermitentemente durante todo el día, y el concierto fue retrasado por una hora por temor a la electrocución, pero finalmente los Soldados aparecen, con ropa de cadetes, sus cabelleras peinadas con pistola, esforzándose por que el cabello continúe parado en picos a pesar del aire húmedo. Explotan los cohetes, y los rayos laser emergen detrás del tambor, mientras el DJ toca una especie de himno similar a la guerra de las galaxias para anunciar la entrada del grupo.

Es uno de los conciertos mas importantes del año en Cherán, el cual, en su calidad de cabeza de municipio, recibe un buen número de representaciones de renombre. La alta sociedad migrante del pueblo (la minoría de clase media que puede pagar la exorbitante cantidad de treinta pesos por boleto de entrada) se encuentra presente en su totalidad. Rosa y Wense han insistido en invitarme, aún cuando es obvio que el precio de los boletos y la mesa (la cual se paga por separado) así como la cerveza, está muy por arriba de su presupuesto. Cuando Wense se acerca a la improvisada caseta de cobro, una destartalada camioneta pickup en la que el vidrio de la ventana del lado del pasajero está roto, únicamente lo suficientemente para permitir que se lleve a cabo la transacción, regatea sin cesar, pero en vano, con el vendedor.

Esta noche los cheranes están vestidos con sus mejores prendas. Los hombres jóvenes tienen el cabello recién rasurado a la última moda, y portan brillantes y abultadas chamarras de nailon, adornadas con los nombres de varios equipos de la NBA y algunos de la NFL (Charlotte Hornets, Portland Trailblazers, St. Louis Rams) pero lo que predomina es el logotipo negro y rojo, los colores de la revolución mexicana, así como de los Chicago Bulls. Estas chamarras de los equipos, que pueden llegar a costar hasta cien dólares, son portadas con gran orgullo por los cheranes.

Históricamente en México, al igual que en la mayor parte de América Latina, el basquetbol siempre ha ido a la saga del fútbol soccer y el béisbol, pero últimamente se ha posesionado de la imaginación de los purépechas. El basquetbol es ahora, sin competencia alguna, el deporte favorito del pueblo. A la vuelta de la "sala de conciertos" está una cancha de concreto donde los chicos se reúnen cada tarde y noche. No es coincidencia que los Bulls sean el equipo más popular entre los adolescentes y jóvenes de Cherán. Actualmente, varios cientos de purépechas viven y trabajan en Chicago, así como en una docena de otras ciudades de Illinois. Durante la década de los noventa los Bulls reinaban en la "ciudad de los vientos", Michael Jordan era el rey, y Scotty Pippen y Dennis Rodman, los príncipes. Sus características ejemplifican, para los purépechas, el modo de vida de la urbana Norteamérica: rápido, llamativo, rudo. Después de todo, los cheranes que trabajan en las grandes ciudades de Estados Unidos viven invariablemente en barrios pobres, predominantemente negros. Y, siendo provinciales, se sienten atraídos naturalmente por el estilo de vida mas "rudo" porque les ayuda a integrarse a las peligrosas calles norteamericanas; por lo menos eso es lo que ellos creen. Aún los migrantes que trabajan en las granjas prefieren el estilo urbano, porque nadie quiere regresar a Cherán contando historias de cómo cosecharon frutas y verduras. Quieren contar acerca de cómo conquistaron las ciudades, y una chamarra de nailon de los Bulls les ayuda a que su historia sea más creíble. Es más, el básquetbol, al igual que el *hip-hop*, es una metáfora perfecta de la vida migrante. El escape rápido está mucho más cercano a su ritmo que los golpes más lentos y líricos del fútbol soccer o béisbol.

Esta noche, Wense está vestido con unos pantalones amplios de un color anaranjado increíblemente brillante. Tiene puesta su camisa azul oscuro, talla extra grande, sin fajar, que casi le llega a las rodillas. También lleva puestos tenis Nikes blancos de botín. Pero los pantalones están manchados con algo que parece pintura, el material de su camisa está visiblemente raído, y los tenis están muy maltratados. No puede competir con los muchachos migrantes ricos, con sus flamantes tenis nuevos y sus ultra modernas gorras (que también ostentan los nombres de equipos deportivos norteamericanos) y casi les cubren los ojos. O con los aficionados a las bandas musicales, quienes parecen *cowboys* norteamericanos, con inmaculados sombreros Stetson color beige, con bandas de piel de víbora y plumas de colores, camisas de *cowboy* con botones aperlados, y botas puntiagudas y brillantes. Las bandas son un clásico fenómeno *pop* migrante. A primera vista, su popularidad parecería ser una especie de reacción nacionalista en contra de la "norteamericanización", puesto que las raíces de las bandas se pueden encontrar en las bandas musicales del siglo diecinueve, formadas por instrumentos de viento, originarias del estado de Sinaloa. Pero la versión actual, que porta el sello de la cultura migrante, es tan urbana como el *hip-hop* o el rock; los sintetizadores y guitarras eléctricas, junto con un ritmo mucho más acelerado, han transformado el antiguo formato folclórico.

Rosa ha recogido su cabello en una cola de caballo. Lleva puesta una sencilla blusa blanca, un suéter gris para protegerse del frío de la noche, amplios pantalones negros de algodón y zapatos cafés de fieltro que me recuerdan unos Hush Puppies pasados de moda. No lleva maquillaje: no tiene. Está vestida lo suficientemente bien para no ser completamente despreciada por las elegantes mujeres migrantes, pero no puede competir con las muchachas vestidas como Selena, con blusas transparentes anudadas a la cintura y zapatos blancos de tacones altos y anchos. Tampoco puede competir con las elegantes mujeres vestidas a la manera tradicional, que presumen sus más finos rebozos. El rebozo de la mujer pobre está tejido en lana gruesa, cuyo roce se siente toscamente sobre la piel. Pero estas mujeres llevan rebozos de tejido suave y fino en color gris o beige claro (irónicamente se ven igual que las actrices que representan a mujeres mexicanas pobres en las telenovelas). De todas maneras, Rosa ha expresado su rebelión al no usar un rebozo y llevar pantalones. Ella y Wense están vestidos de acuerdo con su ambición de migrantes.

Yo estoy sentado junto a Rosa durante la mayor parte de la noche, conversando con ella cada vez que Wense se para a comprar un trago, lo cual es muy a menudo. Rosa dice que, aún cuando está segura que algún día regresará al norte, también está segura que debería quedarse al lado de su doliente madre durante algún tiempo. Pero Wense no parece estar de humor para esperar, y esto ha ocasionado una gran tensión entre ambos.

"No creo que él vaya a esperar", dice Rosa gritando para hacerse escuchar sobre el estrépito de las baladas de amor de los Soldados. "Se está empezando a aburrir."

No se trata de que Wense no pueda conseguir trabajo en Cherán. Podría trabajar en una granja grande o tal vez en uno de los pocos aserraderos. Pero Wense considera que estos trabajos no están a su altura, por lo menos en Cherán. En Estados Unidos esta es precisamente la clase de trabajo que desempeña; aún no ha progresado lo suficiente para pasar de un trabajo en el campo a un trabajo en la ciudad, la meta final del migrante. Sin embargo, Wense recibe un salario veinte veces superior por realizar trabajos en el campo en Estados Unidos. El aceptar ese tipo de trabajos aquí significaría dar un paso hacia atrás y un golpe a su orgullo.

Rosa, enfrentándose a la posibilidad de pasar meses o años en Michoacán, está pensando cómo puede ganarse la vida con o sin Wense. El que Rosa esté pensando en algo que equivale a ser una madre soltera, es una medida de cuánto ha influenciado la devastada economía mexicana y el experimentar la forma de vida en el norte, menos patriarcal, al papel que desempeñan las mujeres aquí. Después de todo, Wense podría no cruzar a salvo la frontera, o encontrar un trabajo fijo en el norte, y podría emborracharse hasta acabarse el dinero. Rosa tiene que estar dispuesta a defenderse sola. Hay docenas de historias de cheranes quienes le prometen una mejor vida a sus esposas, pero de quienes nunca se vuelve a saber algo. Su proyecto más reciente es bordar manteles y llevarlos a vender al mercado en Guadalajara. Es un albur, pero si va a permanecer aquí, el hacer un trabajo de este tipo es su única esperanza para obtener algo parecido a un ingreso.

Rosa ha terminado la secundaria, lo cual es más de lo que han estudiado la mayoría de las mujeres y muchos de los hombres de Cherán, pero esto no significa una gran diferencia en el mercado laboral local. Podría lavar ropa ajena para las familias acomodadas, como la vecina de los Chávez, doña María Huaroco, pero eso sería igual que si Wense aceptara desempeñar un trabajo en el campo en Cherán. Tanto Wense como Rosa han quedado profundamente marcados por sus viajes al norte. En los meses que precedieron al accidente, ganaron auténticos dólares norteamericanos y vivieron en un genuino apartamento norteamericano con agua corriente, caliente y fría, y una estufa eléctrica. Experimentaron por primera vez la movilidad social y ahora quieren más. En todos aspectos todavía son sumamente pobres, pero están comenzando a pensar como la clase media. Han empezado a moverse y no quieren detenerse.

"No sé si tendré éxito o no", dice Rosa. "Lo único que sé es que mis hermanos fallecieron tratando de mejorar sus vidas, y yo voy a continuar intentándolo, ya sea aquí, o allá arriba, esté o no Wense conmigo."

Con los sintetizadores tocando a todo volumen y las guitarras vibrando, Los Soldados interpretan una balada tras otra, contando de amores perdidos y amores traicionados y la chica rica que rompe el corazón del muchacho pobre. Durante las primeras canciones nadie se levanta para bailar, pero lentamente las parejas se dirigen hacia el lodoso espacio que se encuentra entre las mesas y el escenario. La pareja que más llama la atención es el hombre que todos conocen por el apodo de el Músico y su amiga más reciente. El Músico (llamado así su por su larga cabellera) y su madre, la Licuadora (porque se dice que te cortará en pedacitos como si fueras fruta dentro de una licuadora, si la contradices y la haces enojar), son la pareja de coyotes más exitosos de Cherán. El Músico es también uno de los hombres mas altos de Cherán: mide aproximadamente dos metros, tiene un poderoso torso y una cara indígena ruda y bronceada. Su espesa cabellera castaño claro cae mas allá de sus hombros. Sus botas de piel de víbora son las más elegantes sobre la pista de baile, sus apretados pantalones de mezclilla son de un color blanco brillante. Su camisa de rayón, color malva, tiene varios botones desabrochados sobre su pecho, mostrando un gran crucifijo de oro que brilla entre sus musculosos y lampiños pectorales. Su compañera es una bonita mujer local que lleva un vestido blanco y un elegante rebozo que le envuelve los hombros.

El Músico y la Licuadora son los personajes de quienes más se habla en Cherán. Se cuentan entre las familias más ricas del pueblo, y su vida privada es escudriñada interminablemente por los habitantes locales. Cuentan los rumores que el Músico ya no vive con su esposa y que su acompañante de esta noche también está casada y separada de su pareja; de ser cierto, esto es un verdadero escándalo. Y para completar la telenovela, la esposa del Músico supuestamente está saliendo con el esposo de la nueva amiga de él. Los ancianos señalan estos acontecimientos como una clara evidencia de que la inmoralidad gringa está invadiendo Cherán.

Los cheranes que asisten al concierto observan a la pareja ilícita de manera no muy furtiva, con miradas de admiración y envidia, como si el Músico y su nueva amiga fuesen Charles y Diana en su mejor época.

Wense regresa con otro tarro de cerveza en la mano y se sienta junto a Rosa sin decir ni una palabra. Ambos miran hacia el frente, juntos pero separados, observando a Los Soldados y las parejas que bailan. Wense no le pedirá a Rosa que baile con él. No es exactamente del tipo romántico. Tal vez siente que no pertenece a este lugar, con la realeza de Cherán, girando sobre la pista de baile.

Me muevo un poco hacia atrás para observar las siluetas de Rosa y Wense delineándose contra la intensa luz del escenario. Todavía se aman, de esto no hay duda. Es un amor callado, tenso y, comparado con muchas otras relaciones verdaderamente abusivas que existen en este pueblo, el suyo es un matrimonio relativamente sano. Aún cuando Wense se ha metido en problemas propios del macho, nunca ha lastimado físicamente a Rosa. Sabe que Rosa se ha jurado a sí misma que nunca soportaría o permitiría que sus hijos soportaran lo que sufrió su familia mientras vivió su padre. Rosa se iría sin mirar hacia atrás, si Wense alguna vez cruzara esa línea.

Pero Wense tiene un toque de maldad, y Rosa, a pesar de su creciente comportamiento enérgico, aún se encuentra en estado de shock a causa del accidente. Sus vidas serán cambiadas, ya están siendo cambiadas como resultado de lo que ocurrió en Temecula. Permanecerán unidos o se separarán violentamente. Ya sea que sueñen con sueños cada vez mayores o que su dolor y temor destruya su esperanza. Tendrán buena suerte en la frontera (el rayo no cae dos veces en el mismo lugar. ¿o sí?) o se encontrarán con más dificultades en el camino. Al final, su amor, su futuro como familia es, después de todo, tan sólo un acto de voluntad personal parcial. El resto está en manos de la historia.

Rosa y Wense tienen serios compromisos que los atraen en direcciones opuestas. Su familia los retiene en Cherán, la economía de Cherán los empuja a irse; la economía de Estados Unidos los llama, los agentes de la patrulla fronteriza están frente a la línea, protegiéndola con sus escudos. Rosa y Wense viven directamente sobre la línea entre el mundo antiguo y el nuevo, entre Cherán y St. Louis, Missouri.

Después de media docena de baladas, los Soldados repentinamente estallan en algo que suena como una versión mexicana, *punk*, *honky-tonk*, de *Appalachian Spring*. La pista de baile se llena de energía cuando los cheranes intentan bailar el nuevo paso. Le pregunto a Rosa qué demonios es eso que están tocando Los Soldados. "*¿Cohn-tree?*", me responde vacilante.

Según va avanzando la noche, la niebla fría desciende de la montaña San Marcos, las luces de escenario brillan tenuemente en colores azul y rojo, tratando de penetrar la niebla. Veo a un caballo inmóvil, que mira en dirección a nosotros, parado sobre un cerro cercano al pueblo. No parece real, es como si fuera un animal de peluche. Sobre las azoteas que rodean la "sala de conciertos", se acurrucan los más pobres de los pobres de Cherán, viendo cómo gira el nebuloso arco iris dentro del foso. Sus caras brillan con los haces de luz.

~

"Porque deseo ver las noticias", responde Moisés Acuapa Carrillo, cuando le pregunto porqué ha pagado 106.66 dólares, el primer abono de un total de tres mil doscientos dólares a pagar en treinta mensualidades, por una espléndida antena parabólica nueva, la cual está siendo colocada sobre la azotea de su modesta choza de adobe de un piso, por dos muchachos jóvenes de Uruapan. Es una antena tipo antiguo, con un diámetro aproximado de seis pies, con un pesado contrapeso y pedestal, de las que están desapareciendo rápidamente en Estados Unidos, de la misma manera en que han ido desapareciendo los casetes de 8 *tracks*. Hasta en Cherán ya hay algunas familias que cuentan con antenas para DirectTV, las cuales no son mucho más grandes que los platos de cerámica que utilizan para comer.

La familia Carrillo logra sobrevivir gracias a un pequeño sembradío de maíz en el que trabajan los hombres, y a los textiles fabricados por las mujeres. Los pagos de los abonos probablemente van a distender sus finanzas hasta el límite; no son migrantes, y no tienen planeado alejarse jamás del altiplano purépecha, pero de todas maneras, quieren ver las noticias. "Quiero saber lo que está sucediendo en el mundo", dice Carrillo.

Con el plan de suscripción básica, recibirá CNN en español, lo que lo conectará con Atlanta, y MTV latina, que lo conectará con Miami, además del gigante de los medios televisivos mexicanos, Televisa, que lo conectará con la ciudad de México. Y por supuesto estará conectado con Hollywood. Cada domingo por la noche, aproximadamente a la misma hora, miles de hogares en todo Estados Unidos sintonizan los *X-Files*, y lo mismo hará Moisés Carrillo, aún cuando estará escuchando a Scully y Mulder debatir sobre la existencia de extraterrestres y fantasmas, doblados a un español que no corresponde al movimiento de sus labios.

Nos paramos sobre su azotea, viendo cómo los trabadores orientan la antena hacia el cielo, mientras los más pequeños del clan de los Chávez gritan y corren. Alguien trae una cámara desechable y me pide que capture este evento histórico. La familia se reúne frente a la parabólica para la fotografía, todos están posando orgullosamente. A sus pies se encuentran viejas latas de chiles jalapeños, en las que florean alegremente los geranios. Los volcanes descollan a la distancia. Y la parabólica, un inmenso pavorreal monocromático que extiende su plumaje, corona sus cabezas con un halo postindustrial.

＿

¡Cómo les gusta a los cheranes contar sus historias de conquista de la frontera norte! Me he enterado que José Jiménez, el representante local de un contratista en Morelia, quien a su vez representa un contratista en Texas, quien a su vez provee de trabajadores a las granjas de Estados Unidos y el Caribe, ha colocado un anuncio solicitando trabajadores migrantes. Este es el lado "legal" de la historia migrante de Cherán. Estos trabajadores recibirán visas temporales especiales para trabajar durante una estación, cumpliendo cabalmente con las leyes del país del que se trata; en este caso, las Bahamas.

"Nuestros hermanos no deberían verse obligados a arriesgar sus vidas para poder ganar un salario justo", dice Jiménez, destapando generosamente cervezas Modelo para todo aquel que se detiene en su casa para preguntar acerca del trabajo. Él explica los detalles del mismo, así como la documentación necesaria. Estarán trabajando en huertas de cítricos. Deberán ir a ver al doctor Tito para que les extienda un certificado de buena salud y también a la presidencia, en caso de que no tengan su acta de nacimiento.

Una vez que se han enterado de los requisitos, es momento de tomar unas cuantas cervezas más, y contar algunas historias de "mojados".

José, el hijo de Mario, comienza la conversación. Ya casi un adulto, es un chico alto, delgado y muy sociable. Está sentado sobre el tronco de un árbol, frente a los presuntos trabajadores, cuyas edades fluctúan desde nerviosos adolescentes primerizos hasta enjutos veteranos. Mario lleva puesta una gorra de los Charlotte Hornets, sostiene un cigarrillo Farolito barato en una mano y en la otra, una lata de cerveza Modelo. Cuenta de aquella vez en que trabajó en Carolina del Norte, tierra tabacalera, y un lugar favorito de los cheranes, especialmente de los migrantes jóvenes que sienten el gusanillo por la aventura. Todas las personas común y corrientes van a lugares como California, Texas e Illinois. ¡Pero Carolina del Norte! Hasta su nombre (en español suena muy poético: Carolina del Norte) suena como si fuese otro país, una sabana de altos pastizales que se mueven en la brisa, como el cabello de alguna despampanante rubia en un comercial gringo para champú.

En septiembre pasado, con la ayuda de su padre, Mario recibió un contrato legal de trabajo para laborar en un sembradío de pepinos cercano a un polvoriento pueblo llamado Pikersville (al sureste de Raleigh), cuyo dueño era un norteamericano de origen alemán con un apellido como Schmidt. Las condiciones de trabajo eran típicas, del tipo que borra rápidamente cualquier idea romántica que los migrantes pudiesen tener acerca de la tierra de Jese Helms.

"Casi todo lo que ganas terminas por gastarlo", dice Mario, al tiempo que los hombres que lo rodean asienten con la cabeza y murmuran su acuerdo. El chico ganó setecientos dólares al mes, pero tan sólo el costo del autobús entre Pikersville y la finca de Schmidt era de cien dólares mensuales. "Y el alemán se aprovechaba de nosotros, vendiéndonos latas de Coca a dos dólares", dice y hace una pausa, permitiendo que su auditorio absorba esta increíble injusticia. "Un día estamos en el campo y yo le digo: 'Ey, patrón, creo que yo le estoy pagando más a usted de lo que usted me paga a mí.'"

Dice esta última frase con gran jactancia. Los ojos de los hombres más jóvenes casi se salen de sus órbitas, tan sólo con pensar en tan abierta rebeldía. Los hombres más viejos se ríen con conocimiento. Ellos conocen esa clase de patrón ojete; han trabajado para él. El apellido puede haber sido distinto a Schmidt, y el plantío puede haber estado en Georgia, o Nebraska, o el San Joaquín Valley de California, pero lo recuerdan, claro que lo recuerdan. También saben que el muchacho está a punto de comenzar a contar una historia exagerada, pero en realidad esto hace que sea más amena. Se ha convertido en una película, un nuevo mito de Cherán está por nacer, la fantasía de todos es representar a un héroe enfrentándose a un villano.

Mario continúa: "Y entonces el patrón me dice..., dice algo grosero que no voy a repetir aquí, y luego me grita, ordenándome regresar al campo".

El patrón se yergue sobre los trabajadores y sobre nuestro héroe adolescente de Cherán. El trabajo ha cesado en el campo, hasta las cigarras han dejado de cantar. Todos los ojos están fijos sobre los combatientes. El sol está caliente e inmóvil y todos están sudando, las gotas de sudor ruedan por sus frentes, haciendo arder sus ojos. Y nuestro héroe dice: "¡Ni madres!"

Mario camina a zancadas hacia la camioneta del patrón, la cual se utiliza para llevar y traer a los trabajadores a la parada del camión, que está a unos cuantos kilómetros subiendo por el camino. "Lléveme a la estación de autobuses", exige el chico.

El patrón se queda estupefacto. ¡Ningún mexicano le ha contestado jamás! Necesita de unos cuantos instantes para recuperarse. "Por supuesto que te llevaré", dice, mientras una sonrisa enfermiza se dibuja en sus labios. "Por doscientos dólares."

"Está bien", dice Mario, "caminaré".

Pero Mario no se va caminando. No. Camina hacia Schmidt y arroja a los pies del alemán su canasta con pepinos (tienes que cosechar alrededor de doscientas canastas de ese maldito vegetal cada día, únicamente para salir parejo, sin ganar ni perder) y le dice que cada mexicano en este campo tiene el derecho de recibir un salario digno, de contar con condiciones de trabajo decentes, de no ser robado por la tienda de la compañía, y además, cada mexicano en este campo tiene el derecho de protestar si no se cumple con estas condiciones básicas, porque esto es Norteamérica, y ¡aquí sí hay leyes, no como en México, no como en Alemania! Esta es una democracia, y Schmidt tratará a sus trabajadores de-mo-crá-ti-ca-men-te (pronuncia cada sílaba), o si no, Mario grita que él tiene sus derechos, aún cuando éste no sea su país. (El origen de este último epigrama es en realidad una popular canción de Los Tigres del Norte.)

"Tu no tienes derechos", dice el patrón, pero su voz ha perdido un poco de su arrogancia. Se da cuenta, por primera vez, que se encuentra rodeado por cincuenta trabajadores que lo están horadando con su furia, mirándolo directamente a los ojos, no hacia el suelo, que es hacia donde miran generalmente los campesinos cuando se encuentran ante la presencia del patrón.

Mario decide mostrarle a Schmidt sus derechos. Después de una larga y teatral pausa, el chico cierra su mano izquierda en forma de puño. Le dice al patrón que esta mano, esta mano que cosecha esos hediondos pepinos, ¡ahora se estrellará directamente en el culo del alemán! El puñetazo de Mario se estrella con fuerza contra la quijada de Schmidt. El sombrero del patrón sale volando, y Mario comienza a correr porque está seguro de que los policías llegaran en cualquier momento, y mira sobre su hombro para ver lo que está ocurriendo.

¡Oh, y lo que ve en ese pequeño campo polvoriento y caliente! Todos los paisanos están aplaudiendo y riendo, el patrón está levantándose del suelo. Por fin ha sido humillado, tal y como él ha humillado a los mexicanos durante todos estos meses.

⇌

Aún cuando Wense está haciendo un gran esfuerzo por seguir el camino legal y recto, todavía hay una parte de él que quiere ser igual a José Izquierdo.

Dependiendo de con quién se habla, Izquierdo es, o un héroe mojado o un tipo que espanta a los locales con su estilo cholo. Izquierdo sobresale. Aún cuando todavía se encuentre a trescientos metros por la carretera, te das cuenta de su cabello largo, relamido, negro azabache, los anteojos oscuros de espejo, el gran crucifijo de oro que rebota sobre su pecho, su camisa de mezclilla de manga corta, completamente abotonada, los pantalones amplios negros y los tenis blancos de botín. Pero su manera de caminar es lo que realmente lo hace ser diferente. El deambular tan lento y tan moderno. Ha logrado perfeccionar esta forma de caminar inclinando su cuerpo hacia atrás, mientras da un paso hacia adelante, haciendo que parezca que son únicamente sus pies los que se están moviendo hacia delante, mientras que el resto de su cuerpo amenaza con caerse hacia atrás. Es el clásico balanceo *cool* del cholo, el paso originado por la juventud chicana vestida de petimetre en la década de los cuarenta, lo máximo de lo máximo de los estilos México-norteamericano, conservado hasta nuestros días, con algunas modificaciones, en las calles de East Los Ángeles. Mientras nazcan niños de padres inmigrantes quienes buscan desesperadamente su identidad, en las ciudades y pueblos de Estados Unidos, por medio de un estilo que niegue tanto la cultura mexicana como la norteamericana, de una manera tan feroz que termina por exagerar ambas, creando durante ese proceso un híbrido surrealista: en esencia, la cultura chicana.

Pero en este momento, José Izquierdo no es el cholo a quien nada le importa. Camina tambaleándose por las oscuras calles de Cherán, y Wense y yo lo estamos siguiendo. Su cabello está enmarañado, la saliva le escurre por las comisuras de los labios. Murmura palabras ininteligibles, con la excepción de uno que otro quejido con nombre de mujer: Laura. Han desaparecido las zancadas de macho. Amenaza con desplomarse con cada paso tambaleante e inseguro.

Este no es el José Izquierdo a quien conocí hace unas horas. Wense y yo habíamos estado caminando por le pueblo cuando nos encontramos con él, y los dos hombres se saludaron afectuosamente. Habían crecido juntos en Cherán y habían compartido aventuras en la ruta del migrante, en St. Louis y Chicago. Me di cuenta inmediatamente que Wense no lo veía con la misma envidia rabiosa que muestra cuando está con migrantes de la clase media, quienes pasean ostentosamente por el pueblo en sus brillantes camionetas Chevy. Wense miró a José con la inocente admiración de un niño que se encuentra ante la presencia de su héroe.

José se había comportado de manera extraña. Apenas empezaba a emborracharse y se sentía muy generoso. Nos dirigimos hacia la casa de cambio, y durante todo el camino fuimos el blanco de miradas de admiración o de reproche. Él tenía tres billetes gringos (falsificados originales, me aseguró) que le quemaban el bolsillo. Me contó que acababa de llegar de Chicago unos días antes. Dijo que había regresado para visitar a su anciana madrecita, para ver a su prometida, la novia con la que se casará el día en que finalmente decida establecerse en un sólo lugar y, por supuesto, festejar en grande. En la casa de cambio, José ejecutó un magistral acto de flirteo norteño con la empleada adolescente. Ella no revisó los billetes.

Luego nos dirigimos a Ven a México, el único bar elegante de Cherán, donde te sirven buenos aperitivos con tu cerveza, ron y tequila. El dueño y anfitrión es una "loca ardiente", un hombre homosexual increíblemente afeminado llamado Salvador, quien ganó buen dinero trabajando como *maitre d'* en el norte. Se metió en problemas (un oscuro secreto que nadie jamás ha podido hacer que cuente) y regresó a Cherán, llevando consigo únicamente el dinero suficiente para poder abrir el bar: un bar, favor de tomar nota, no una cantina.

Era muy obvio que Salvador moría por José. Algunos locales que se encontraban en el bar suspendieron su juego de dominó para mirarlo duramente, otros estaban claramente impresionados por su personalidad de forajido. Aprovechando el auditorio, José nos contó de lo que realmente se trata Norteamérica.

Hablando un español sumamente urbanizado, nos dijo que había estado por todo Estados Unidos, desde California hasta las Carolinas, pero que la parte central de Norteamérica era lo que mas le había gustado, las ciudades que se encontraban al borde de un lago o de un río: Chicago, St. Louis, Memphis, Little Rock. Como todos los migrantes de Cherán, él había comenzado trabajando en los campos. Pero ansiaba la vida de la ciudad: el tráfico, el vidrio y metal pulido de los rascacielos y los centros comerciales, las chicas blancas con sus minifaldas, el sol que se ponía en un horizonte rojizo lleno de contaminación. Pero únicamente existe una forma para ganar buen dinero cuando se es un obrero no especializado en una gran ciudad.

Comenzó como ladrón de poca monta, pasando bolsas insignificantes de marihuana para un traficante portorriqueño de Chicago. Hombres de negocios gringos, vestidos con traje, venían al barrio en sus automóviles Blazer y 4Runner para recibir servicio en su auto. La sabiduría con la que José había crecido (entre mas trabajes, menos dinero recibirás) se invirtió repentinamente. Ahora trabajaba menos y recibía mas dinero. Se graduó, pasando de la hierba a la cocaína, el *crack*, y el cristal. Bolsas de un cuarto y de medio se convirtieron en bolsas de un gramo y un octavo de onza. Muy pronto, ya no trabajaba en la calle. Habiendo probado su integridad, su jefe lo eligió para desempeñar el trabajo mas importante de todos: transportar grandes cantidades a través de fronteras estatales y, eventualmente, a través de fronteras internacionales.

La forma en que bebíamos se incrementaba en proporción directa a las ambiciones que José describía en su historia. Se compró un buen coche, un Camaro noventa y algo. Compró el crucifijo de oro de catorce quilates que lleva puesto hoy. Paseaba por la avenida Milwakee con chicas blancas colgadas de sus brazos. Conducía camiones y camionetas a través del desierto tejano y a todo lo largo del valle del río Mississippi, efectuando entregas nocturnas, deteniéndose en el camino para beber y festejar.

Gradualmente, según contaba su historia, el comportamiento de José iba cambiando. Había comenzando con las amplias gesticulaciones de un bravucón. Pero cuando llegó el momento de contar cómo transportaba libras y libras de droga, comenzó a hablar confusamente y cada vez mas rápidamente. Comenzó a sudar.

Y de pronto estaba en la cárcel. Se subió la manga izquierda para mostrarnos su tatuaje, la versión popular del tatuaje cholo, las máscaras que representan la tragedia y la comedia, con el dicho "la vida loca" en letras inglesas antiguas. Fue una aventura muy corta; el abogado de su jefe lo sacó después de unas cuantas semanas. Pero yo no estaba tan seguro, no estaba seguro de que José Izquierdo estuviera diciendo la verdad. Tal vez había vivido realmente la vida loca, o tal vez únicamente había visto las clásicas películas de bandas chicanas, *Bound by Honor* y *American Me*, las cuales se pueden rentar en el Videocentro de Cherán.

Comenzó a tomar un trago de tequila tras otro, intercalando tarros de cerveza con imprudente frecuencia. Esto ya no era una fiesta, sino un desesperado intento por ganarle a los fantasmas que lo estaban acosando. Hay un instante en la vida de cada forajido cuando el *karma* lo alcanza y hay que pagar lo que se debe. José se estaba acercando con rapidez a ese momento.

Salió del antro con un tatuaje nuevo, y aparentemente, con algún trauma inexpresable. "Aquello parecía el infierno", fue todo lo que dijo, saludando ebriamente a su tarro de cerveza. Y finalmente, explotó. "Él no puede controlar mi vida," gritó, haciendo que todos los parroquianos en el bar guardaran silencio por unos segundos, antes de que las fichas de dominó empezaran a chasquear nuevamente sobre las mesas. Hablaba de su jefe, el tipo con el que tenía una deuda por haberlo sacado de la cárcel. José proclamó que se había dado a la fuga dos veces: tenía un citatorio pendiente para presentarse ante la corte de Chicago por una infracción de tránsito, y su jefe tenía trabajo para él. La clase de trabajo que no te puedes negar a desempeñar.

Y con esto, salió violentamente del bar. Durante las dos horas siguientes, Wense y yo seguimos a José en un recorrido infernal por las oscuras calles de Cherán. Visitamos varias cantinas de mala muerte donde alcohólicos decadentes lloran, vomitan y se enfrentan en riñas sin sentido. Más tarde, intentó parar un taxi en la plaza para ir hasta Paracho y el burdel más cercano. Wense me cuenta que alguna vez Cherán tuvo uno pero las esposas y novias del pueblo hicieron huir a las prostitutas. Los taxistas no le hacen caso a Izquierdo, no importa cuántos dólares les pasa frente a la cara. José se encuentra ahora en esa etapa donde únicamente puede suceder una de dos cosas: o pierde el sentido pacíficamente o será arrestado por violar alguna ley.

El dilema de José es similar al de Wense, únicamente es más extremoso. ¿Debe quedarse o debe irse? No quiere envolverse más profundamente con ese negocio. Perder la vida, y ¿para qué? ¿Para que algún gringo pueda polvearse la nariz, para que algún pobre chico negro pueda aspirar el humo de una pipa de *crack*? ¿Para que una prostituta enjuta se pegue a ti por tus drogas y dinero? Pero tampoco se puede quedar en Cherán, envejeciendo y mirando cómo crecen y se secan las milpas según pasan las estaciones y cómo van talando el bosque hasta que desaparezca, escuchando el eco de los truenos resonar en los cerros pelones. Cherán, ¿a quién diablos le importa Cherán, quedarse "aquí", cuándo ya has visto las luces de Memphis titilar sobre las aguas del Mississippi a las cuatro de la mañana?

José se dirige hacia la única agencia de viajes de Cherán donde puedes reservar un vuelo para cualquier sitio en Estados Unidos. Golpea las ventanas cerradas. Nadie responde. Entonces seguimos hacia la caseta de larga distancia, hasta donde llegan llamadas desde docenas de ciudades y pueblos de todo Estados Unidos. Llamará a su jefe, después de todo. Habrá un bulto esperándolo en Brownsville, o en Harlingen, o Laredo. Se llevará a cabo un encuentro en alguna casa decrépita ubicada en la peor parte de la ciudad. Todo el camino hasta Chicago se estará cuidando las espaldas.

Pero es demasiado tarde. Las parpadeantes luces del anuncio que se encuentra colocado arriba de la puerta de la caseta están apagadas. Entonces seguimos hasta la plaza, donde nos sentamos y escuchamos a José divagar y a las campanas de la iglesia que tocan cada cuarto de hora. Únicamente son las nueve de la noche, pero no existe la vida nocturna en Cherán. Un par de perros ladra y escuchamos el sonido de algunos aparatos estereofónicos que tocan baladas. Estamos sentados sobre frías bancas de concreto cuyo deteriorado exterior se está decolorando y desportillando. Nos quedamos sentados y escuchamos como aúlla José.

"Laura", llama José con un ronco bramido. Laura, su apodo para la chica con quien ha planeado casarse cuando finalmente sea el momento de echar raíces. Pero no se casará con Laura. No es porque no quiera echar raíces, sino porque cuando regresó de Chicago hace un par de días, fue a su casa y su madre se lo dijo todo, le dijo que Laura se había casado con un hombre de Uruapan. La madre le explicó que Laura lo había esperado durante todos esos años en los que él estuvo vagando por el norte, pero ahora ya tenía diecinueve años y no podía esperar más. "Lo siento, José", dijo la madre de Laura. "Tú sabes cuánto quería que te casaras con mi hija."

Para la media noche, José ha decidido, ya cuatro veces, lo que va a hacer. Dos veces tomó la decisión de regresar a trabajar para su jefe, dos veces tomó la decisión de quedarse en Cherán, matar al hijo de puta que le había robado a Laura y ganársela de nuevo, envejecer junto a su amada y ver a las milpas crecer y secarse. Se rehusa a aceptar cualquier intento por llevarlo a casa. Finalmente, Wense y yo lo dejamos solo, trastabillando a lo largo de la carretera, riñendo con sus fantasmas, llamando a su Laura y maldiciendo a Norteamérica.

≈

Casi es imposible escuchar a el Músico por encima del estruendo del tráfico que se precipita por la carretera. Estamos parados justo frente a la puerta de entrada de su casa, separados de la carretera que se dirige hacia norte únicamente por unos cuantos metros de tierra. No me está invitando a entrar. Wense está a mi lado, tenso y callado como siempre. Yo estoy aquí para ver si yo también me puedo convertir en un mojado.

No hay manera de convencer a Wense para que se quede en Cherán. Quiere irse tan pronto como consiga el dinero suficiente. Me he convencido a mí mismo que acompañarlo es lo que debería hacer un escritor. Sin embargo, por mi cerebro cruzan escenarios de pesadilla. Un accidente en la frontera: Wense muere, yo sobrevivo. Traigo el cuerpo de regreso, explico cómo sucedió, pero los Chávez me culpan de lo sucedido. "Únicamente se fue porque creía que tú lo podías ayudar..."

También me doy cuenta que estoy pensando que es Wense quien debería hacerse responsable por mi bienestar. No tengo experiencia alguna en el contrabando; ni siquiera soy un buen nadador. Pero para Wense, soy el hermano mayor, el hermano mayor gringo, el que debería conocer todo acerca de la frontera y sus riesgos y cómo cruzarla sin perder la vida porque, después de todo, las fortificaciones sobre la línea han sido creadas por mi país, no el suyo.

Este es mi segundo intento por convencer a los coyotes más importantes de Cherán para que me permitan acompañarlos. Mi primer intento resultó en un fracaso rotundo. En esa ocasión, la Licuadora abrió la puerta. Pregunté por el Músico (en México siempre preguntas por el hombre de la casa cuando quieres efectuar algún negocio) pero me dijo que no estaba, clavando sus ojos en mí con una mirada dura que parecía decir: "¿Quien demonios te crees que eres y qué es lo que quieres de mi hijo?" La Licuadora es una mujer imponente. Algunas veces las mujeres purépechas son utilizadas en la publicidad turística mexicana como el ejemplo de una belleza exótica, una belleza tranquila, dócil. Pero en Cherán, las mujeres muchas veces se consideran a sí mismas como machos, rudas. Aun cuando en Cherán todavía no existen mujeres que hayan sido electas para desempeñar un cargo público, muchas participan en la política, votando a menudo en bloque.

La Licuadora tiene ojos asiáticos, y una cara morena oscura, reseca, marcada con arrugas. Es de estatura baja, pero no frágil. Tiene hombros anchos y piernas fornidas. La mayoría de los locales están de acuerdo en que su edad fluctúa alrededor de los cincuenta años, pero no tiene una sola cana en su larga cabellera negra. Yo sólo representaba "fruta para la licuadora". Intercambió unas palabras en purépecha con Wense. Hablaron durante algunos minutos, Wense hablaba en un tono de voz demasiado cordial, que la debió hacer sospechar aún mas de mí y mi propuesta. Wense sumisamente traducía para mí. "Este tipo no es un reportero", dijo la Licuadora, "pertenece a la migra". Wense podría viajar pagando el precio acostumbrado, pero no así el "reportero".

Al final cedió un poco. Después de haberlo negado rotundamente, hasta llegó a admitir que realmente su negocio era el contrabando. Pero que ella desempeñaba únicamente un papel insignificante en la operación, solamente anotaba los nombres de los migrantes que querían ir al norte, hasta que se hubiese reunido un número suficiente para que valiera la pena emprender un nuevo viaje a través de la frontera. Esto, también, era una mentira: ella estaba involucrada en todos los aspectos del negocio familiar, pero yo no estaba en condiciones para discutir.

Así es que hoy estoy tratando de convencer al hijo de una de las mujeres más duras de Cherán de que estoy listo y dispuesto. El Músico conversa agradablemente, no permite que se note que tiene sospechas. Por supuesto, está en el negocio del coyotaje, dice. Sí que es un buen negocio. Señala el automóvil que está estacionado a un lado de la casa, un Dodge sedan último modelo, color dorado, con placas de Illinois. El dinero para comprar el automóvil y hacer mejoras en la casa (toda la fachada está cubierta con azulejos nuevos, del tipo que generalmente se utiliza en los baños y cocinas, pero que en Cherán representa un estilo norteño popular) ha sido el resultado de las cuotas recibidas por el contrabando. Actualmente, la tarifa que se cobra por un viaje de puerta a puerta es de mil dólares, preferiblemente en billetes norteamericanos. Muchas veces lleva más de treinta, algunas veces hasta ochenta habitantes locales al mismo tiempo. En este negocio tenemos gastos generales muy elevados: mordidas para la policía federal en varias casetas de control a lo largo del camino hacia la frontera, honorarios para los administradores de las "casas de seguridad" en ambos lados de la línea, la adquisición de vehículos para viajar dentro de Estados Unidos, gasolina, alimentos, etc. Sin embargo, aún cuando el Músico explica que podría gastar hasta un setenta y cinco por ciento de lo que recibe para llevar su trabajo a buen fin, yo calculo que su ganancia podría sobrepasar los diez mil dólares por viaje.

Cuando ya creo que todo lo que me queda por hacer es negociar la cuota para pagar mi primer viaje ilegal a través de la frontera, comienza a hablar de los policías gringos. Seguramente yo sé que la policía norteamericana constituye el mayor problema para los coyotes. ¿La migra? ¡Ha! Ellos no significan nada para el Músico. Pero los policías, ésa es otra historia. Porque, sabes, los policías y la migra trabajan de la mano. Si te levantan una infracción de tráfico en Lincoln, Nebraska, todos los puntos de revisión de la migra tendrán tu nombre en las computadoras. Es obvio que el Músico me está enviando un mensaje velado. No se trata de que si realmente cree que soy un policía. Lo que no quiere es que su nombre aparezca en los papeles. Probablemente, ni siquiera quiere que su apodo esté en los papeles. No quiere que lo metan a la cárcel a cumplir con trabajos forzados. No está exagerando en este punto. Actualmente, los lineamientos federales para castigar a los contrabandistas exigen un mínimo de diez años de prisión por introducir al país a seres humanos de contrabando. Supongo que hasta ahora ha evitado ser capturado de la misma manera que lo hacen la mayoría de los coyotes, haciéndose pasar por tan sólo otro mojado, cuando es detenido. La migra generalmente interroga a todos, tratando de averiguar la identidad del líder. Pero a todos los ilegales ya les han dicho, antes de iniciar el recorrido, que deben responder que son un grupo de personas que viajan sin el apoyo de un coyote. Es extremadamente difícil, si no se lleva a cabo un intenso trabajo de investigación, el atrapar a un coyote.

El Músico termina diciendo que está de vacaciones, no llevará a cabo ningún acto de contrabando en algún futuro cercano. Me retiro, derrotado. Unos cuantos días después, me enteraré que el Músico y la Licuadora se están preparando para cruzar la línea una vez más.

⌒

Salvador Estrada es uno de eso cheranes que defienden ferozmente la tradición purépecha, es un indígena que no abandonará su patria o su historia. Al mismo tiempo es el propietario de una de las dos casetas de larga distancia que hay en el pueblo, la cual está instalada en lo que sería su sala.

Es un hombre alto, gordo, que transpira profusamente cuando habla sentenciosamente acerca de un tema que le preocupa, y se preocupa acerca de cualquier tema que se presente. Por la mañana, temprano, abre las puertas de su negocio y las mantiene abiertas hasta entrada la noche cuando la caseta, iluminada por intensas luces fluorescentes, se convierte en un faro, a un lado de la carretera, a unas cuantas cuadras de la plaza.

Estrada, su esposa y sus hijos, se turnan para atender el conmutador. Hay cinco líneas telefónicas, cada una con una anticuada casilla privada, elegante, fabricada de madera y vidrio. Siempre hay algunas personas en la caseta, algunas, haciendo llamadas, pero la gran mayoría las están recibiendo. Los dólares norteamericanos rinden mucho más para pagar cargos por larga distancia y, de cualquier forma, las llamadas son más baratas si se hacen desde Estados Unidos. Puesto que la mayoría de los cheranes migrantes trabajan seis días a la semana, el domingo es el día de mayor movimiento en la caseta. Puede volverse bastante agitado. El procedimiento siempre es el mismo. Digamos que Florentino Chávez en Watsonville llama pidiendo hablar con su madre, doña María Elena. Inmediatamente le dicen que vuelva a llamar dentro de media hora. Uno de los hijos de Estrada es enviado a la casa de los Chávez (un recorrido de diez minutos) para llevar el mensaje de que Florentino ha llamado. María Elena cuenta con unos cuantos minutos para arreglarse el cabello y ponerse algo bonito; el ir a la caseta es como pasear por la plaza, un paseo muy público para un asunto muy privado. Las personas siempre se ponen sus mejores prendas para las citas de los domingos en la caseta.

Doña María Elena invariablemente llegará unos minutos tarde, pero no importa, porque Florentino sabe que está envejeciendo y ya no es tan rápida como antes. Si es un domingo por la mañana, María Elena se encontrará con otros veinte cheranes que están esperando las llamadas de sus seres queridos. Florentino volverá a llamar unos cuarenta minutos después de haber hecho la primera llamada y lo más probable es que le dirán que vuelva a llamar dentro de otros quince minutos. Hasta podría tener que llamar una o dos veces más antes de que esté libre una casilla. He visto a muchos cheranes pasar más de media hora hablando con sus parientes, conectándose de la única manera posible, con la excepción de tarjetas postales y cartas, las cuales no son muy comunes, ya que mientras muchos de los migrantes jóvenes saben leer y escribir, sus padres y abuelos probablemente son analfabetas.

Salvador Estrada recuerda la llamada del consulado mexicano en Los Ángeles informando de la muerte de los hermanos Chávez. Fue un sábado por la noche. El cónsul le pidió que informara al juez del pueblo, a quién llamó en su casa. Luego mandó traer a los miembros de la familia. Fue allí, en la caseta, donde el juez le informó a María Elena que sus hijos habían muerto y a María Huaroco, que su hijo había sobrevivido. Por lo tanto, cada vez que uno de los muchachos Estrada se presenta en la casa de los Chávez, todos recuerdan aquella noche de la que nunca se olvidarán.

No era la primera vez que Estrada daba esta clase de noticias. "Cada uno o dos meses, recibimos otra llamada informándonos de otra muerte allá arriba", dice.

Estrada me acompaña a hacer un gran recorrido. Hasta hace apenas un año, únicamente contaba con tres teléfonos independientes, de esos muy viejos, pesados, negros, con cordones de tela, deshilachados. Originalmente no podía marcar ni recibir llamadas directamente y tenía que ser conectado por una operadora en Uruápan. Ahora, por supuesto, únicamente tiene que marcar el código de acceso para larga distancia y recibe directamente las llamadas entrantes. Su número telefónico está anotado en docenas, tal vez cientos de pedazos de papel guardados en carteras y bolsas y pantalones de mezclilla de migrantes a lo largo de todo Estados Unidos. Dentro de poco, tiene planeado instalar cinco líneas más: mientras las personas sigan cruzando la frontera, el negocio seguirá prosperando. Las llamadas llegan desde Illinois, California, Pennsylvania, Missouri, Arkansas, Carolina del Norte, Texas, Oregon y la ciudad que últimamente está de moda, Nueva York. "Sí, los cheranes han llegado a Manhattan", me dice Estrada con orgullo.

Después de haber saciado mi curiosidad, Estrada me hace una pregunta. Él escuchó que entrevisté a doña Elisa, la venerable bruja, y solamente quiere saber si esto es cierto. Después me conduce a su oficina, atravesando el patio interior de su casa. Allí hay docenas de botellas de vidrio sobre las repisas, cada una contiene esencias de plantas y animales nativos.

"No tengo un altar ni nada parecido", dice Estrada, tomando una botella de sábila. "Pero también conservo las tradiciones". Me doy cuenta que estoy hablando con otro brujo, aún cuando éste sea bastante secular. Pertenece a la misma asociación de brujos que doña Elisa: de hecho, es miembro fundador de la organización local. El hombre que es dueño de la caseta de larga distancia más productiva del pueblo (recibe una comisión por cada llamada entrante), un hombre que obtiene una buena utilidad porque sus paisanos están dispersados a lo largo de la ruta del migrante, recogiendo lo mejor y lo peor de "americana": este hombre es un curandero purépecha, un curandero tradicional.

"Hemos permitido que otras culturas ejerzan su influencia sobre nosotros, a expensas de la nuestra", dice. "Como mexicanos, debemos seguir las tradiciones de nuestros antepasados."

Estrada me explica que su estilo para curar evita las distinciones de magia "blanca" y "negra" que prefieren hacer muchos de sus colegas purépechas. Sus pociones, preparadas con colas de escorpión, plumas de paloma, cuernos de venado, y su favorita, el jugo de la sábila, pueden, según insiste, tratar prácticamente cualquier enfermedad conocida. Con la excepción, por supuesto, del sida, el cual, enfatiza, "no es la furia de Dios, como dicen algunos. Sencillamente es otra enfermedad, una enfermedad que nos causamos nosotros mismos y una enfermedad para la cual nosotros mismos encontraremos eventualmente un remedio".

Estrada obviamente ha leído algunos libros norteamericanos de auto ayuda, los cuales se han vuelto cada vez más populares en México durante la década pasada. Por lo tanto, al mismo tiempo que con sus extractos de hierbas, él trata a sus clientes "psicológicamente", para que "puedan hacer algo por ellos mismos y alcanzar una vida emocional sana".

Menciono la retinitis aguda que padezco desde hace años, y antes de que pueda terminar de detallar mis síntomas, Estrada se embarca en un diagnóstico que parece haber sido tomado de un tratado de medicina china. Me dice que mis ojos están demasiado "calientes" (lo cual es verdad, en esencia; mis doctores norteamericanos me han dicho que los pequeños vasos sanguíneos en mis retinas están bombeando demasiada sangre, ocasionando fugas que nublan mi vista). La receta: cada mañana debo despertarme antes del amanecer y salir al exterior. Debo relajar mi cuerpo, respirando profundamente, debo acostarme boca abajo, con mi cabeza apuntando hacia el sol naciente, de preferencia sobre la tierra árida, pero si esto es imposible, será suficiente hacerlo sobre una superficie de concreto. Debo poner la frente sobre la fresca tierra, con mis brazos estirados a los lados, las palmas de las manos hacia abajo, y debo permanecer en esa posición durante diez minutos. De esta manera, comenzare mi día con las retinas frías. Siempre que sufra un ataque agudo, debo encontrar una superficie fría y ejecutar el mismo ritual.

Las primeras horas de la mañana son las favoritas de Estrada. ¿Sabía yo que el rocío que cae sobre las hojas de las plantas es el agua más dulce que hay sobre la tierra? "Es fresco", me dice, "y suave como el aire, y está sazonado con la esencia de Dios, porque Dios es todas las cosas y habita hasta en las hojas de las plantas".

"Yo no quiero que todo esto se pierda", me dice Salvador Estrada cuando nos despedimos afuera de su caseta, donde los padres y abuelos aguardan su turno para escuchar las voces de sus seres queridos que se encuentran lejos. "Tal vez en lugar de escribir un libro", me dice, "debería hacer una película acerca de las tradiciones de Cherán".

El verano está llegando a su final. Las espigas de maíz comienzan a secarse y marchitarse. Desde los picos de los cerros, el pueblo parece estar rodeado por un susurrante e ininterrumpido mar de color amarillo-verde. Todavía se acumulan cada tarde las abultadas nubes, pero ahora ya no llueve todos los días. La luz del sol brilla sobre nosotros oblicuamente desde el sur del meridiano. Las noches son claras y llenas de estrellas (la Vía Láctea parece un intenso brochazo de luz que divide al cielo en dos partes) y también son más frías porque la niebla ya no baja de la montaña de San Marcos.

En la casa de los Chávez, la gran noticia es que Wense se ha ido para probar su suerte en la frontera. Emprendió el viaje, junto con uno de sus hermanos menores la mañana del 17 de septiembre, un día después de la celebración del día de la independencia mexicana. Ahora, ya ha pasado una semana sin que se sepa nada de él, y la espera se hace aún más perturbadora porque las noticias que llegan de la línea son poco menos que aterradoras. Agosto, septiembre y principios de octubre son días de perro en el sureste norteamericano. El riesgo mayor ahora ya no es a causa de las engañosas corrientes y repentinas resacas del Río Grande, sino por la deshidratación. Mientras Cherán comienza a enfriarse, Texas y Arizona alcanzan el máximo calor del verano. La temperatura puede llegar hasta ciento venite grados Fahrenheit en la sombra.

No han habido muchos cambios en el hogar de los Chávez. La tienda sigue llena de artículos inútiles, y todavía no hay clientes. Muchas veces, cuando llego, tampoco hay alguien que esté atendiendo en la tienda. Doña María Elena, las viudas y los niños están en la parte de arriba, haciendo sus quehaceres. Pero hay un par de nuevos miembros en la familia, mascotas para los niños, un perrito juguetón y un borreguito bebé, un animal extraviado que doña Elena no resistió adoptar. Le da leche con una mamila para bebé. El único lujo que se ha permitido doña Elena es un par de zapatos nuevos, de fieltro negro, tacón bajo, con hebillas doradas, parecidos al par que tenía anteriormente.

Esperando. Esperando recibir noticias de Wense, y esperando, seis meses después de haber enterrado a Benjamín, Jaime y Salvador, que el cantero de Morelia cumpla su promesa de entregar las lápidas para los muertos. El mayor Salvador Sánchez Campanur ha hecho llamadas a favor de la familia. La respuesta siempre es la misma: "Ya están en camino".

Una tarde, durante una de mis visitas, la esposa de Florentino Chávez, Eudelia, una mujer de estatura baja, de cuerpo redondo, que a menudo oculta su sonrisa detrás de su rebozo, trae un álbum de fotografías. En su mayoría son fotos de su esposo, fotografías que le ha enviado desde el otro lado, donde aún se encuentra. Aquí está, con sus pantalones de mezclilla metidos en botas negras de trabajo que le llegan hasta las rodillas, casi se pierde entre la inmensidad de un plantío tabacalero en Carolina. Las plantas están casi de su tamaño, Sus gruesas hojas verdes están marcadas por grandes venas amarillas. Y luego aparecen los muertos, Benjamín y Salvador, en una fotografía desenfocada, tomada en un supermercado en California, violando esos reglamentos extraños pero estrictos que tienen las cadenas de tiendas, que prohiben que se tomen fotografías dentro de sus propiedades. Es el segundo viaje que Salvador hace al norte. Sonríe entre las hileras de productos empacados, mientras que Benjamín, representando el papel de hermano mayor, está parado muy serio, poniendo un brazo tieso sobre el hombro de Salvador.

Eudelia, María (la esposa de Fernando, casi enjuta, pero con una cara llena de atractivas pecas) y Yolanda, la viuda de Benjamín, regordeta y de cara redonda, tiemblan a pesar de sus rebozos mientras la tarde se va convirtiendo en crepúsculo y una fría brisa se eleva desde el valle del Paracho. Fernando está en su casa, de manera que son únicamente las mujeres quienes están sentadas en la oscura tienda, mirando hacia el horizonte color azul-gris. El ánimo de las mujeres es lúgubre, contrastando con la hiperactividad de los chiquillos que corren y gritan sobre el camino. Mientras conversan calladamente, me doy cuenta que ya no es únicamente el dolor ocasionado por su pérdida lo que las deprime. El hojear el álbum de fotografías también les ha recordado que ellas siempre se han quedado atrás, cuando sus esposos se van hacia el norte.

María es quien lo dice primero. "Yo hubiera ido, si no fuera porque los hombres no nos dejaban ir".

Irónicamente fue Rosa, la esposa de Wense, el hombre que aparentaba ser el más macho del clan, quien fue la primera a quien se le permitió acompañar a su esposo. Más bien, fue ella quien obligó a su marido a que la llevara. Fernando y Florentino, quienes generalmente son más sensibles ante las necesidades de sus esposas, todavía no han cedido.

María no es la única que se está cansando de permanecer sentada esperando en casa, en Cherán. Eudelia rompe su acostumbrado silencio para asentir. "Si me preguntan, todos estaríamos mejor allá."

Yolanda no tiene nada que perder, pero la aterroriza la idea de cruzar la línea. "No puedo decir cómo son las cosas allá arriba, porque nunca he estado ahí, pero pienso en las personas que han muerto allá. Y esas únicamente son las que conocemos. Probablemente hay miles más, pero sus cuerpos nunca fueron encontrados en el desierto." Después se contradice. "Pero supongo que a la mayoría de las personas les va bien, sino fuera así, ¿cuál es la razón por la que siguen yendo?"

Doña María Elena está sentada en una esquina de la tienda con la cara llena de amargura. Me imagino que les va a suplicar a sus hijas y nueras que se mantengan enfocadas en los riesgos; la frontera ya se ha apoderado de tres miembros de la familia Chávez, ni lo quiera Dios que sus nietos queden huérfanos a causa de la migra, o el río, o el desierto. Pero cuando las mujeres jóvenes se voltean para mirarla, nos deja sorprendidos a todos. Una repentina sonrisa aparece entre sus tensas arrugas.

"Si Dios quiere, todos estaremos allá algún día", dice. "Pero yo no soy tan joven como mis nueras, tal vez no pueda escapar de la migra." Todos nos reímos. Esta es una de las pocas ocasiones en que la he escuchado decir una broma.

≈

La flotilla de taxis de Cherán está conformada totalmente por viejos Plymouths, pero los taxistas se enorgullecen de mantener en magnífico estado los interiores de vinil. Los taxis de aquí son utilizados únicamente por matronas ricas que regresan a casa después de haber hecho sus compras en el mercado o, ya pasando la media noche, por norteños borrachos con dólares norteamericanos que les queman los bolsillos. Los pobres utilizan el transporte público del pueblo (destartaladas camionetas Volkswagen) o caminan. Puesto que Cherán únicamente consiste de unos cuantos kilómetros cuadrados, los viajes pocas veces duran más de unas cuantas cuadras.

La mayor parte del tiempo, los taxistas de Cherán están esperando. Ahí está Delfino, quien pasa las horas de ocio tocando su guitarra en el asiento trasero de su auto. Y el Chaparro, un tipo fornido, corto de estatura, que mide menos de un metro y medio pero quien, sin embargo, es reconocido como uno de los mejores luchadores en los bares del altiplano. Del otro lado está el Indio, de tez obscura, casi color chocolate, uno de los hombres mas altos de Cherán, pero quien jamás iniciaría una pelea contra alguien; le encanta contar historias de antaño, particularmente historias de brujas. El Poeta ha recibido su apodo por su habilidad para insultar a tu madre mediante un número infinito de adjetivos.

Y luego está Marcos, el único taxista veterano de la ruta del migrante, con quien he creado un vínculo que va más allá del jovial intercambio de bromas, como el que comparto con los demás. Es de mediana altura, muy guapo, con cabello negro un poco largo y rizado y un elegante bigote con barba de candado. Generalmente lleva puestos una sudadera blanca y pantalones de mezclilla, que se ajustan bien a su silueta musculosa. Puede parecer rudo, pero es uno de los hombres más sensibles que he conocido en Cherán.

A menudo nos sentamos en su taxi, estacionado a un lado de la banqueta, esperando a que llegue algún cliente. Intercambiamos historias o nos quedamos escuchando la radio que toca la única estación del pueblo, XEPUR, "la voz de los purépechas", la cual toca las melancólicas baladas del altiplano conocidas como *pirekuas*; lamentos cantados en lengua purépecha, acompañados por sencillos arreglos de guitarra en duetos armónicos que rompen el corazón.

Es el atardecer hay pocos clientes, muy espaciados entre uno y otro, porque todo el mundo ya se encuentra en sus casas o abarrotados en las cantinas. Fumamos cigarrillos Marlboro uno tras otro, a pesar de que las ventanillas únicamente están un poco abiertas para protegernos del frío aire otoñal. Frente a nosotros ya están formados cuatro taxis, los choferes están acurrucados dentro de sus segundos hogares. Cada vez que el primer taxi de la fila recoge un pasajero, los demás se mueven unos metros hacia delante. Marcos no se molesta en echar a andar el motor para moverse hacia delante. Simplemente libera el freno y la fuerza de gravedad nos impulsa por el ligero declive de la calle.

Ha sido un año terrible para Marcos, para Cherán, para México. Su esposa y pequeña hija han estado gravemente enfermas desde el nacimiento prematuro, hace unos meses, del bebé. Los doctores en Uruapan le dijeron que las probabilidades de vida eran de cincuenta-cincuenta para el bebé y no mucho mejores para su esposa. La niña nació a los seis meses y medio, con sus pequeños pulmones llenos de líquido, y su esposa sufrió una embolia después de dar a luz. Marcos permaneció en el hospital, sin pegar un ojo, durante varios días con sus noches. Finalmente ocurrió un milagro: sus dos seres queridos sobrevivieron, aún cuando su hija continúa sufriendo recaídas que obligan a la familia a correr hacia el hospital varias veces al mes.

Marcos siente cómo la presión va en aumento. Las enfermedades. La terrible deuda que ha acumulado en el hospital. Sus escasos ingresos y la tensión de su trabajo. Me dice que se siente atrapado, lo siente en su propio cuerpo, tiene dolores en el pecho y la espalda, así como dolores estomacales. Admite que algunas veces se pasa de la raya cuando toma alcohol. Hasta ahora, ha podido detenerse antes de caer en el abismo, pero en estos días el abismo lo atrae constantemente. Quiere beber en este instante. Pero nunca ha estado borracho mientras trabaja.

En Cherán no tiene otra alternativa que conducir un taxi. Los turnos de catorce, quince y algunas veces hasta dieciocho horas, son su única esperanza. Con suerte, puede obtener la mayor parte del salario de una semana con un sólo viaje, digamos, por ejemplo, un viaje a Zamora, a la medianoche, o el premio gordo, el viaje de ciento veinte kilómetros hasta Guadalajara, por el cual puede cobrar varios cientos de pesos. Pero esto ocurre, a lo más, unas cuantas veces al año, generalmente durante la fiesta o en semana santa, cuando los norteños están vacacionando en Cherán y tienen mucho dinero para gastar. Y estos dos viajes son sumamente peligrosos. De noche, la ruta estatal 31, el camino de dos carriles que conecta a Cherán con Zamora, es el sueño dorado de cualquier bandido. No hay una sola lámpara a todo lo largo del camino de veintiún kilómetros. No hay policías patrullando el área, y si los hubiese, con la corrupción que existe, las autoridades probablemente ayudarían a los bandidos en lugar de ayudar a sus víctimas. El robo de automóviles no es el único peligro. El camino es peligroso, hasta en plena luz del día, ya que consta de varias curvas aterrorizantes, y los autobuses y semitrailers pasan a toda velocidad. En la obscuridad, el denso follaje que crece a un lado del camino parece tratar de atrapar tu automóvil. Parece como si la noche te fuese a tragar por completo. Pero no existe ninguna alternativa, ese es el camino, el único camino que conecta a Cherán con el resto del mundo, con Zamora, con Guadalajara, y siguiendo por la ruta del Pacífico, con la frontera en Tijuana y con las ciudades y pueblos de Estados Unidos.

Marcos está pensando en tomar ese camino. Admite que equivaldría a abandonar a su familia y su deber como padre. No sería la primera vez que hubiera emprendido el viaje. Tiene historias que contar de la guerra en la frontera. La mejor época fue cuando cruzó por Tijuana con una mica chueca barata, una *green card* falsa que compró en la plaza de Santa Cecilia, el antiguo cuartel de los contrabandistas, a seicientos metros de la línea. Le tomaron una fotografía instantánea ahí mismo, en la calle; alguien detuvo una pañoleta detrás de su cabeza para recrear el requerido fondo claro. Cruzó sin ningún contratiempo. También hubo otras veces que resultaron ser más difíciles, luchando con la migra en su propio terreno, en los cerros y barrancos del sureste del condado de San Diego.

"Pero por cada arma de alta tecnología que emplea la migra", dice Marcos, "hay una respuesta tipo guerrillero por parte de los mojados y los coyotes". Tomemos como ejemplo las trampas de rayos laser, rejillas de rayos que, cuando son interrumpidas, alertan inmediatamente a la migra de que se ha producido algún movimiento. Un grupo de mojados con los que Marcos cruzó estaba equipado con latas de aerosol. Arrojabas la pintura frente a ti en un área donde ya se sabía que se habían presentado problemas en cruces anteriores. Los rayos brillaban en la niebla y rodeabas la rejilla. Los coyotes aseguran que la patrulla fronteriza cambia constantemente de lugar su equipo de rastreo. Pero cada grupo de migrantes que es detenido, en realidad ayuda a que nuevos migrantes logren cruzar. Cada arresto constituye la recopilación de valiosa información.

En Estados Unidos, Marcos parece haber sido el migrante típico, trabajando duro y festejando en grande. Una noche, en Los Ángeles, tambaleándose sobre su bicicleta por lo borracho que estaba (nunca ha poseído un automóvil, hasta el taxi le pertenece a un empresario local) fue detenido por policía de Los Ángeles que tiene tan mala fama. Marcos dice que el alcohol lo animó a armar un gran escándalo acerca de sus derechos como ciudadano del mundo y a imprecarlos en su inglés de migrante. Finalmente lo dejaron ir. ¿Otra exagerada historia de migrantes? Si yo le creyera a alguien, este sería Marcos.

Pero los momentos de frivolidad durante la conversación se evaporan y Marcos regresa a su dilema: quiere largarse de Cherán, pero sabe que debería quedarse con su familia. Aprieta la mandíbula. Sube y baja una rodilla, golpea el tablero con sus dedos. Quiere huir. Esta es una sorprendente admisión para un hombre mexicano. Por supuesto que los hombres mexicanos siempre están huyendo, pero generalmente justifican sus vagabundeos: me voy para poder enviar dinero a mi familia en casa; trabajaré allá por unos cuantos años y luego traeré a mi familia a vivir conmigo. Lo que Marcos está diciendo es que quiere abandonar su vida en Cherán.

Tiene treinta y tres años, la edad de Cristo cuando murió. De hecho, Marcos ya ha sido crucificado, ha representado el papel del salvador tres veces en la representación de la Pasión en Cherán. Tienes que tener la resistencia de un corredor de maratón para representar ese papel, y Marcos es uno de los pocos habitantes del pueblo que la tiene.

Sin embargo, preferiría que esta copa se alejara de sus labios. Hasta ha llegado a empacar sus pertenencias. Su madre le imploró: "Piensa en lo que estás haciendo. No nos abandones, no huyas de tus responsabilidades como hombre, de tus seres queridos, de tu pueblo, de tu estado, de tu país, de tu vida. Recapacita, hijo mío"; por ello desempacó sus pertenencias y todavía está aquí. Pero no está en paz consigo mismo.

El motor del taxi frente al nuestro despierta refunfuñando. Rodamos hacia delante unos cuantos metros. Ahora somos los primeros de la fila, pero no se ve a nadie a todo lo largo de la carretera. Este es uno de los momentos mas tranquilos que he experimentado en Cherán. Una luna cuarto creciente está suspendida en el firmamento, la velada silueta del volcán Juanconi se eleva sobre la oscuridad del valle del Paracho.

Marcos nunca ha estado en paz consigo mismo. Su padre fue asesinado cuando él sólo tenía catorce años, a causa de un altercado relacionado con el orgullo, el alcohol, y una pistola. Marcos, el hijo mayor de la familia, quien todavía estudiaba la secundaria, salió en busca de venganza. En una historia que parece tomada del noticiero vespertino de Los Ángeles, Marcos llegó una mañana a la escuela, llevando una pistola. Camino a casa, al terminar las clases, distinguió al hombre que mató a su padre; el bastardo había evadido la justicia sobornando a las autoridades. Abrió fuego desde una distancia de media cuadra, en plena luz del día, allí mismo, a lo largo de la carretera. Asombrosamente no mató ni al asesino ni a algún inocente transeúnte, pero una de las balas encontró su blanco. Marcos fue arrestado por la policía local, quienes lo golpearon ferozmente en la cárcel, pero finalmente su familia pagó la fianza y fue dejado en libertad. Esta fue la última vez que supo algo de las autoridades. Parece que todos los habitantes del pueblo estaban de acuerdo en que el crimen del muchacho era más que justificable: representaba la justicia misma, la justicia rural. De esta manera, nació una leyenda en Cherán, y las leyendas rurales son algo muy poderoso. Un año más tarde, el asesino de su padre pidió que hicieran las paces. "Pero yo no quería hacer las paces con él", dice. "Nunca, mientras estuviese vivo." Lo cual no quiere de decir que lo matará a balazos. Ya ha madurado.

Aprendió desde muy joven a ser un luchador. Es un boxeador agresivo, y aunque nunca vuelva a levantar un puño, la leyenda lo seguirá hasta la tumba. Nadie se mete con Marcos. Pero no importa qué tan bien se defiende (con una pistola, con sus puños, con sus piernas, corriendo más velozmente que la migra) el destino siempre le propina golpes inesperados contra los que ni la leyenda puede prevalecer. El destino le envía un bebé prematuro que no puede respirar. Ocasiona que su esposa sufra una embolia unas cuantas horas después de dar a luz. Derrumba la economía del país. Lo priva de su dignidad: aún cuando tiene un trabajo digno, este trabajo no le da lo suficiente para ganar lo que merece ni lo que necesita. Lo obliga a iniciar un viaje de miles de kilómetros. Transforma su vida sin aviso alguno.

Marcos todavía sigue esperando que se presente un pasajero. Ofrece llevarme, pero le digo que caminaré. Veo al Plymouth rodar por la carretera, sus parpadeantes luces rojas de estacionamiento perdiéndose en la obscuridad, Marcos va atado al camino.

En un típico día de otoño, uno de los sonidos mas comunes en Cherán es el de martillos metiendo clavos en la madera.

Los martillos son empuñados por norteños que han regresado de Estados Unidos después una temporada de trabajo y están transformando sus dólares americanos en el símbolo material de su éxito migrante: construir un segundo piso para sus hogares. Algunas familias hasta construyen un tercer piso. A lo largo de las calles de terracería, donde hordas de chiquillos descalzos juegan junto a flacos perros vagabundos, se escucha el bullicio de la construcción. Frente a las residencias de los migrantes se estacionan camionetas de carga que depositan su cargamento de madera, varillas de hierro de refuerzo, ladrillos, arena. Todos son partícipes del trabajo. Los adolescentes esgrimen palas, las mujeres y los niños acarrean cubetas de agua, los abuelos levantan pequeñas pilas de madera. El trabajo produce un gran alborozo, porque realmente ni siquiera es trabajo. No hay un patrón gringo que esté supervisando la obra. Y el producto terminado será disfrutado, no por alguna familia blanca de clase media que nunca invitará a los trabajadores migrantes a cenar. Estas habitaciones serán habitadas por los migrantes mismos. Muy pronto los gritos de los niños resonarán a lo largo de pasillos recién pintados. Por las noches se escucharán murmullos y gruñidos y quejidos en las recámaras. Toda la familia se sentará frente a una televisión Samsung con el sonido a todo volumen, a manera que las voces de Scully y Mulder puedan ser escuchadas claramente a mitad de la calle. Y si vas pasando por ahí, verás la luz fantasmagórica de la televisión brillando a través de cortinas fabricadas en casa.

Si observas a Cherán desde los cerros que rodean al pueblo, prácticamente podrás ver cómo crecen las casas, las oxidadas varillas de refuerzo sobresaliendo, los hombres colocando un ladrillo sobre el otro, la nueva azotea coronando la proeza.

≈

Los Enriquez son una familia norteña, la familia de la que más se habla en el pueblo, además de la Licuadora y el Músico, y al igual que los coyotes más importantes, son adorados y odiados, envidiados y calumniados. Me topé por primera vez con el clan de la familia Chávez una tarde mientras estaba sentado en el restaurante de Salvador Romero comiendo mi almuerzo de todos los días, pollo chamuscado. De pronto escuché el inconfundible thud...thud-thud...thud...thud-thud de un bajo de *hip-hop* emanando desde una fuente invisible, sobre la carretera. El estruendo se hizo cada vez más intenso, igual que la llegada a Cherán de una tormenta eléctrica, ahogando por completo el sonido de la música *pirekua* que cruje a través del anticuado radio de transistores de Salvador.

Y entonces aparecieron: una flotilla de cuatro brillantes camionetas Chevy Silverado, paseando lenta, muy lentamente por la carretera. Los vidrios polarizados estaban abiertos únicamente unos cuantos centímetros, por lo que no pude ver a los conductores. Pero sí vi la rejilla posterior de la última camioneta en la que estaba pintada una hermosa representación de Jesús coronado de espinas, sus ojos pensativos mirando hacia el Padre. Debajo de él estaba una placa del estado de Wisconsin. Era un espectáculo que inspiraba respeto, aún en un lugar tan turbulentamente multicultural como Cherán.

"¿Todavía no te han presentado a los Enríquez?", me preguntó Salvador con incredulidad, mientras las camionetas daban vuelta a la izquierda por una calle empedrada, antes de desaparecer. "Todo el mundo los conoce. Acaban de regresar de... ¿Dónde es donde trabajan? Creo que de Wisconsin."

Un poco después, me encuentro en la casa de la familia Enriquez, sentado sobre un pequeño taburete. Todo es actividad a mi alrededor. Los niños están empujando carretillas de un lado a otro. Hay sacos de cemento apilados sobre el piso de la sala, cubierto de azulejos azules. En el patio están funcionando simultáneamente no una, sino dos lavadoras, a un lado de una rechinante mezcladora de cemento. La familia está dando los últimos toques al segundo piso de la segunda casa construida sobre el mismo terreno. Hace unos años, agregaron un segundo piso a la casa original. Ambas estructuras están pintadas de un elegante color pastel, bastante parecido al que se usa en el sureste norteamericano el cual, me dicen con gran orgullo, se denomina "coral". Las ventanas de la casa nueva, que están siendo instaladas por trabajadores locales contratados por la familia Enriquez, son modernas, con marcos de latón y vidrios polarizados. Entre las dos estructuras está una gran cochera y todo está circundado por una barda que mide cuatro metros de altura y tiene vidrios rotos en la parte superior. Este último toque (la estética de la seguridad) hace que la propiedad se vea igual que toda casa típica de clase acomodada en cualquier capital de América Latina. El diseño del segundo piso de la casa que se encuentra en la parte posterior, es más del tipo Missouri lírico que la forma rectangular convencional de la casa del frente. Tres grandes arcos se encuentran delante de un largo corredor al aire libre. Una angosta escalera exterior de hierro caracolea entre los dos pisos. A la mitad de la pared que protege a la propiedad de la calle y los vecinos está colocado un altar, un pequeño nicho ovalado donde se encuentran veladoras encendidas ante la figura de Jesús, cuyas sombras oscilantes se reflejan sobre el patio durante la noche. En el centro de la cochera hay una maceta con una planta de bugambilia cuyas flores se desparraman. Sobre el pasamanos de la escalera y colgando de varias cuerdas amarradas entre los arcos, se está secando la ropa de la familia, incluyendo una docena de pantalones de mezclilla, creando lo que parece un edredón color arco iris, contrastando con el color apagado del estuco. Hay dos lavadoras pero ninguna secadora. Por el momento, todavía no la hay.

"Nos sentimos de maravilla ahora que estamos de regreso en casa", dice Santiago Enríquez, el patriarca, quien lleva puesta una camiseta sin mangas, pantalones verde brillante y sandalias de hule. A pesar del tumulto que lo rodea, él parece estar completamente relajado. En su muñeca derecha lleva una gruesa pulsera de oro, y en la izquierda, un reloj también de oro. Tiene una inmensa barriga, pero al mismo tiempo, tiene los musculosos brazos de un carnicero. Él, su esposa María, sus cinco hijos, y sus cuatro nueras trabajan en una empacadora de productos cárnicos en Norwalk, Winsconsin. Yo nunca había escuchado hablar de este sitio pero parece que ha sido un buen lugar para la familia Enríquez.

El hijo mayor, Santiago, deja de enyesar y se sienta al lado de su padre. Me lanza una mirada penetrante, aparentemente está tratando de discernir qué clase de peligro representa este extranjero para su padre y todo el clan. Es más alto que su padre, y tiene menos barriga, pero es aún más musculoso. Siguiendo la típica moda norteña, ha adoptado el estilo norteamericano de las vecindades sobrepobladas de la ciudad. De su cuello cuelgan gruesas cadenas de oro sobre una camiseta color negro. Lleva una gorra de piel con la visera hacia atrás, a la manera de Ice Cube, el orgullo de Compton, pantalones negros de mezclilla y botas de motociclista de piel color café; se ha dejado crecer una rala barba (algo que no es sencillo para un indígena). De acuerdo con los estándares locales, no parece muy purépecha: de hecho, su constitución lo hace parecer más bien un gangster rapero de Samoa, en Long Beach. Los tres hermanos de Santiago hijo parecen estar cortados del mismo molde. Pobres de los locales que se atrevan a retar a estos hombres a un duelo de forcejeo de brazos o, para el caso, a un duelo de estéreos de automóvil. Pasean, subiendo y bajando por la carretera varias veces a la semana en sus Silverados, únicamente para asegurarse que todo el mundo sabe que están en el pueblo. Cuando caminan por la plaza, lo hacen uno al lado del otro, cómo vaqueros. Su actuación es sumamente convincente. Me dicen que los hermanos nunca se meten en pleitos. Todos les tienen mucho miedo.

Según pasa el tiempo, y Santiago hijo y sus hermanos se dan cuenta de que únicamente deseo escuchar un poco acerca de su camino hacia el éxito migrante, y sus miradas se suavizan. Santigo padre se recarga en el respaldo de su asiento y me cuenta, con orgullos, acerca de las rutas, los trabajos, los años. Arkansas en 1978, cortando árboles de pino. Después en Nacodoches, Texas, cerca de la frontera con Louisiana, también cortando pinos. Más adelante desempeñaron diversos trabajos en Florida, Illinois, Kentucky, Michigan, California: naranjas, chiles, tomates, pepinos, tabaco. Para cuando se proclamó la ley de reforma y control a la inmigración en 1986, la cual permitió a más de dos millones de inmigrantes indocumentados, en su mayoría mexicanos, legalizar su situación, él ya había estado en Estados Unidos el tiempo suficiente para cumplir con los requisitos de la amnistía y obtener la residencia legal y *green cards* para la mayor parte de su familia. Aún así, los niños más pequeños no contaban con los papeles necesarios; ellos había vivido en México mientras sus padres y hermanos mayores trabajaban en Estados Unidos y por lo tanto no había cumplido todavía con los requisitos. En 1987, guiados por la antorcha del optimismo del migrante mexicano, Santiago padre condujo al resto de la familia Enríquez, incluyendo a su hija Marta, quien tenía siete años en ese entonces, para cruzar ilegalmente el Río Grande y los llevó vagando por el desierto durante siete días y siete noches. Fueron siguiendo a las cosechas, cruzando las carreteras en una camioneta cargada con ollas, sartenes y cobertores. Hubo momentos, admite Santiago, cuando todos estaban bien tristes; hasta fue necesario pedir limosna.

"Pero ahora", dice, "ya no tengo que pedir nada".

La primera vez que Santiago padre escuchó hablar de Norwalk, Winconsin, fue a través de las conversaciones de los migrantes, los rumores acerca de trabajos disponibles que corren constantemente a través de la comunidad que vive en Estados Unidos. Se rumoraba que una planta empacadora de cárnicos estaba contratando. Todos los hombres de la familia Chávez, con la excepción de la esposa María, y la hija Marta, firmaron contrato con la planta Valley Pride Meat Plant. Eran siete en total, cada uno ganaba un promedio de diez dólares la hora. Una sencilla operación matemática revela que la familia en su conjunto ganaba setenta dólares la hora, diez horas al día, seis días a la semana, alrededor de cuarenta y cinco semanas al año. El resultado es de ciento ochenta y nueve mil dólares al año, equivalente al salario de una familia de la clase media acomodada. Compraron una casa en Norwalk. Tienen su propiedad en Cherán. Son dueños de sus automóviles. Hoy en día, toda la familia son inmigrantes legales y cruzan la frontera con facilidad. Y sin embargo, no sería correcto clasificar a la familia Enríquez como pertenecientes a la clase media en Norteamérica en el verdadero sentido de la palabra. Antes que nada, la clase media norteamericana nunca los consideraría como sus iguales, socialmente hablando. Además, el éxito de la familia es relativo ya que es el éxito de una economía colectiva. ¿Qué familia blanca de la clase media que viva en los suburbios (padres e hijos adultos) trabaja junta en una fábrica empacadora de cárnicos, viven todos juntos en la misma casa, combinan su dinero y permiten que sea únicamente el padre quien tome las decisiones financieras importantes? La familia Enríquez ha amoldado su sueño americano de acuerdo con las tradiciones purépechas. Por el otro lado, una de las características que definen a la clase media norteamericana es el ideal y la práctica de la movilidad en busca de una casa más grande, un vecindario mas bonito, las vacaciones familiares y un retiro dorado. En este sentido, la familia Enríquez es profundamente norteamericana.

Desde su primer viaje familiar al norte, la familia Enríquez ha cruzado la frontera siempre junta, como una unidad. Les gusta mantener unida su caravana de cinco Silverados: el camino de regreso a Cherán puede ser tan peligroso como el camino que conduce a Estados Unidos.

"Los federales tratan de aprovecharse de nosotros cuando volvemos a casa", dice Santiago hijo.

Los federales, los policías federales mexicanos de tan mala reputación, cobran sumas exorbitantes para otorgar permisos para entrar al país con vehículos norteamericanos, esto sin contar con las mordidas exigidas en las diversas casetas de inspección a lo largo de la ruta a casa. También existe el peligro de ser presa de los bandidos que azotan durante el otoño las principales carreteras de norte a sur, al término de la temporada norteamericana de cosechas, cuando regresan a casa decenas de miles de migrantes. Los bandidos saben que los migrantes traen a casa automóviles nuevos, aparatos eléctricos y dinero en efectivo. Por esta razón, los miembros de la familia Enríquez viajan juntos por las carreteras en su hilera de camionetas, parando únicamente para comer e ir al baño.

Todos los Chevys son modelos 89 y están en perfectas condiciones. El de Roberto es el que tiene el cuadro de Jesús. Visto desde cerca, la cara del salvador está suspendida de manera surrealista sobre una carretera negra, dividida por una raya blanca intermitente. Sobre ese mismo camino pasa una camioneta que es una réplica de la de Roberto, con la única diferencia que tiene la palabra "Michoacán" pintada en la rejilla posterior, en lugar de la imagen de Jesús.

Al igual que sus hermanos, Roberto compró su camioneta sin modificaciones y comenzó a agregarle accesorios con cada cheque que recibía. Ese era el único lujo permitido por el padre; el resto del sueldo se ahorraba concienzudamente. Primero le puso estribos de hule negro, rines norteamericanos de carrera, llantas radiales anchas, y un spoiler sobre la cabina. Luego vino la pintura, color magenta metálico con toques color azul verdoso. Y, por supuesto, el potente toca CD's y los vidrios polarizados.

Santiago padre no podía ser menos que su hijo, por lo que tiene una camioneta roja con blanco, que tiene pintada la última cena en la rejilla posterior. Y también está la camioneta de Jacinto; color plata metálico, y la de Enrique color azul océano, y la de Santiago hijo color blanco perla, con una réplica del pueblo de Cherán. Ahí están todas, formadas en una fila, para que todos los habitantes del pueblo las puedan admirar. No están estacionadas en la cochera recién pavimentada, sino sobre la calle llena de baches, frente a la mansión color coral con vidrios azules polarizados.

Cuando la familia Enríquez termine de trabajar en su propiedad (probablemente el próximo año) las dos casas tendrán un total de nueve recámaras, baños con agua corriente, caliente y fría, comedores y salas en cada una. "Poco a poco, cada año un poquito más", dice Santiago padre. "Pero ha sido muy difícil terminar." Este año ha gastado ochenta mil pesos, más de diez mil dólares. En total, ha necesitado de quince años para desarrollar la propiedad de la familia Enríquez.

"No creo que pasaré muchos años más en el norte", dice. "Tal vez sean diez años más. Después regresaré aquí para gozar de lo que he logrado, si Dios me concede vida."

Jacinto, quien ha vivido la mitad de lo que ha vivido su padre, comparte sus ideales. "Ganaré algo más de dinero", dice, "y regresaré".

Esta idea va en contra de la clásica narrativa norteamericana del migrante. Muchos europeos y asiáticos, inmigrantes de primera generación, soñaban con regresar a casa, pero terminaron muriendo en tierra norteamericana; el futuro norteamericano se tragó su pasado en la madre patria con el incentivo de recibir pensiones y seguro social y las comodidades de la vida en el primer mundo. Pero para un número cada vez mayor de mexicanos, es más atractiva la idea de retirarse en la madre patria, y no únicamente por el nivel social del migrante mexicano en Estados Unidos. "Aquí", dice Santiago padre, "hay una mayor libertad". Puede tocar su música mexicana a todo volumen si así lo desea, a cualquier hora. Puede tomar cerveza enfrente de su casa, sobre la banqueta o, ¿porqué no?, irse de juerga por la plaza a las tres de la mañana. Los policías no te molestarán. Probablemente se unirán a ti.

"Esto es un asunto mas delicado allá arriba. He aprendido como son los norteamericanos", dice, señalando su cabeza con el dedo índice. Parece ser que la democracia al estilo norteamericano no se puede traducir bien, por lo menos culturalmente, para cheranes como Santiago. Por lo tanto, los miembros de la familia Enríquez regresan por unas cuantas semanas cada año, para gozar de su libertad. Regresan para terminar su hogar de ensueño. Y regresan para llenar nuevamente la reserva espiritual de su memoria, para poder enfrentar los largos meses en Norwalk, Wisconsin. La ironía está en que el "hogar" comienza a parecerse cada vez mas a Wisconsin, y esto es algo en lo que la familia Enríquez prefiere no pensar.

hip-hop del altiplano

GÜIRO ESTÁ DE GUARDIA, CUIDANDO SU PANDILLA, MIRANDO HACIA ambos lados de la carretera. Cuando pasa un automóvil por el taller de reparación de automóviles, el cual es el lugar de reunión preferido de su banda de cholos, saca la barbilla, sobre la que ha dejado crecer una barba al estilo del Rey Tut, y clava la vista. Lleva puesta un gorra que casi le cubre los ojos y una playera marca Fila por debajo de su chamarra de los Bulls. Estoy tratando de hablar con él acerca de cuán diferente es la vida en ambos lados de la frontera, pero es difícil competir con el chillido de las canciones viejas (en este momento está escuchando "Donna" de Ritchie Valen) que vibra a través de los audífonos de un discman Sony.

Me dice que no debería estar rondando por la calle después de las nueve de la noche. La policía local le ha impuesto un toque de queda debido al clamor de las personas mayores que demandaban que las autoridades hicieran algo acerca de los cholos que vagaban por el pueblo, buscando pleitos con adolescentes no migrantes y seduciendo, con su moderno estilo norteño, a las adolescentes vírgenes de catorce años de Cherán.

"Me buscan en ambos lados de la frontera", dice Güiro con el orgullo de un forajido. Yo supongo que exagera cuando me dice que la próxima semana tiene una cita ante la corte de Los Angeles. Menciona que estuvo encerrado durante un período de un mes y cuatro días en la prisión correccional de Soledad, California, una historia que realmente suena exagerada. Nadie pasa únicamente un mes en una prisión estatal, a menos de que haya sido por una equivocación burocrática. No sé si Güiro es un migrante legal o ilegal, y tampoco le pregunto. De cualquier manera, habría violado la ley al salir de Estados Unidos dejando pendiente un procedimiento legal.

Un borracho local, no migrante, a juzgar por su apariencia descuidada del altiplano, se acerca a nosotros, tambaleándose. Güiro se pone tieso. "Y tú, ¿quién te crees, puto?" El borracho logra espetar un reto, arrastrando las palabras, "¡Ni sabes con quien hablas, güey!", exclama, entre dientes, Güiro. El borracho se queda parado ahí durante unos segundos, meciéndose hacia adelante y hacia atrás sobre sus talones, tratando de entender. Murmura algo y empieza a caminar por la carretera, pasando a un lado de Güiro y su banda de "mocosos", chicos que tratan de imitarlo en su forma de vestir y de hablar y de cometer delitos menores.

"Soy tu sombra, güey", grita el borracho por encima de su hombro. Es una gran frase, pero no significa una gran amenaza. Esta noche Güiro es el dueño de la carretera.

Estos son los chicos a quienes los mayores de Cherán temen y desprecian, los cholos que están transformando la comunidad rural de Michoacán en una zona urbana, pobre, norteamericana. Los miembros de esta banda se llaman a sí mismos "la raza", y además dicen ser miembros de Sur XIII, la banda que aglutina a todos migrantes mexicanos desde Michoacán hasta Wisconsin. De manera que a los miembros mexicanos de la banda generalmente los llaman "sureños" mientras que a los Mexico-norteamericanos los llaman "norteños", nombre que no debe ser confundido con el término que describe la condición social del migrante en la provincia mexicana; entre ambos, sureños y norteños hay una gran enemistad. Estos muchachos no son de los que llevan un AK-47, ni son traficantes de droga. Hablan rudo, caminan pavonéandose, utilizan la ropa de moda, tienen los tatuajes, pero en Estados Unidos pocas veces se meten en problemas más allá de los ocasionales pleitos de cantina o multas por conducir bajo la influencia del alcohol. En Cherán aparentan ser malos y rudos, deambulando por las polvorientas calles, espantando a los habitantes locales, pero generalmente están de regreso en sus casas cuando las campanas de la iglesia tocan las nueve de la noche, sentados al lado de sus abuelas, conversando en purépecha, chicos modelo de Michoacán. Los miembros de "la raza" disminuyen durante la temporada de trabajo en el norte. Pero ahora, con la proximidad de la fiesta de octubre, su número a crecido lo suficiente para demostrar su fuerza.

Los miembros de "la raza" no aspiran pegamento ni cocaína, y esto se debe a la inocencia generalizada que impera en Cherán en cuanto a todo lo relacionado con drogas. Hasta la mariguana es difícil de encontrar en el altiplano purépecha. La poca que se cultiva aquí es consumida por los gringos o los *hippies* de la ciudad de México y muy rara vez por los indígenas. En cuanto a los tatuajes tan importantes para las bandas, solamente los tienen unos cuantos muchachos, y éstos los ocultan bajo sus camisas y pantalones; esto es, los ocultan para que no los vean sus padres. La pandilla habla de peleas en el norte, en Pico Rivera, el suburbio donde habita la clase trabajadora de Los Ángeles, donde viven, durante la mayor parte del año, dos de los miembros mayores de la banda. Pero la violencia parece pertenecer a otra época. Puños, algunas veces un cuchillo. Un muchacho alardea de haber pateado a alguien en el estómago con una bota con punta de acero. Pero nadie habla de pistolas.

El taller donde los chicos pasan el tiempo pertenece a un tipo llamado Chaco, quien no es un cholo y quien, de hecho, muchas veces se burla de los muchachos y sus modales chicanos. Sin embargo, Chaco es dueño de un precioso Camaro 1986, azul oscuro, con placas de California personalizadas con las siglas AARON 1 (Aarón es su nombre de pila) y por esa razón, los chicos que lo rodean lo adoran. Chaco no pertenece a ninguna banda y se viste moderadamente, en comparación con los muchachos. Los tolera porque lo hacen ganar dinero, vendiéndoles, junto con lubricantes para automóvil y refacciones, zapatos tenis y gorras de béisbol, artículos que adquiere de un proveedor en Zamora. "Hay demanda", dice. "Hasta los muchachos que no han viajado mas allá de Zamora quieren un par de zapatos, una gorra de béisbol con la palabra Raiders. Ignorarlos sería un mal negocio."

A pesar de su fama entre los muchachos norteños, Chaco es un nacionalista purépecha. No habla el idioma purépecha, el idioma de los indígenas de Michoacán, ni siquiera lo entiende. De complexión morena clara, es obviamente mestizo. Escucha una combinación de música casera y de banda, ama los Chevys. Pero, dice Chaco: "Yo soy cien por ciento purépecha". Por lo tanto, alguien quien se define a sí mismo como cien por ciento purépecha, ayuda simultáneamente a los muchachos de Cherán a conservar su conexión estética con East L.A.

Y no termina con la estética. Es cierto, Cherán no es Zamora, la cual, como cualquier otra ciudad mediana de provincia, cuenta con un núcleo rudo de pandilleros. La organización local de Sur XIII en Zamora es un grupo realmente temible de chicos que aspiran pegamento y que han cometido delitos violentos. Pasé una noche entre ellos, un privilegio que tuve que comprar por medio de varias botellas de mezcal. Los muchachos de Zamora claramente estaban al borde de la autodestrucción, constituían una amenaza para ellos mismos y para los demás. Se lamentaban de su posición en la vida, tratando de ser verdaderos cholos en la provincia. "¡Si tan sólo tuviéramos pistolas!", me dijo el jefe de la banda. "¡Si tan sólo tuviéramos pistolas!"

En Cherán, sin embargo, todas las señales están ahí. Un policía me contó que no se siente bien metiendo a adolescentes a la cárcel (él conoce el nombre de los padres de cada muchacho) pero que la situación requería que se tomaran acciones. Si las autoridades locales ya habían establecido un toque de queda para Güido, algo similar estaría muy cercano para todos los miembros de la banda de "la raza", una forma más en la que Cherán se está pareciendo a la ciudades del norte.

Antes de partir, Wense me recomendó que buscara a su amigo Alfredo Román, quien acababa de regresar de Estados Unidos, después de haber pasado varios años en Missouri e Illinois. "Es un norteño, pero es un buen hombre", me dijo Wense. "Yo aprendí mucho de él."

Por lo tanto, una tarde voy a ver a Alfredo, quien es fácil de encontrar porque Wense me dijo que sencillamente buscara un Buick Regal 1983, color gris humo, estacionado frente a una casa, a una cuadra de la carretera. Cuando llego, Alfredo, quien tiene treinta años, está recargado sobre su automóvil, bebiendo unas cuantas cervezas junto con un grupo de cheranes más jóvenes que están admirando el automóvil. Interior gris, rines Krager, vidrios oscuros, polarizados. Me parece que Alfredo es muy similar a José Izquierdo; se cree un forajido migrante. Pero a diferencia de José, Alfredo ha hecho un compromiso con la vida. Se viste como un forajido, maneja un automóvil arreglado como el de un forajido, es parte del clan local de Sur XIII, el cual él ayudó a crear en St. Louis hace diez años, cuando todavía era un jovencito que seguía la ruta del migrante. Pero también es un hombre casado, padre de dos hijos y un capataz en el invernadero donde trabaja. Un cholo responsable. En los lugares fronterizos eso no es un oxímoron.

Los padres de Alfredo se fueron al norte con dos de sus hermanos mayores, cuando él todavía era un niño pequeño, dejándolo al cuidado de su abuela materna. Pasaron los años. Alfredo comenzó a decirle "mamá" a su abuela; ella lo crió hasta el día en que murió. Cuando su verdadera madre llegó para el funeral, le preguntó: "¿Porqué no me dices mamá?" Él le respondió: "Porque ni siquiera conoces a tu propio hijo".

La familia, ya reunida, fue siguiendo las cosechas hasta Murphysboro, Illinois, donde vivían en un trailer y cosechaban manzanas. El joven Alfredo era un chico solitario. "En ese pueblo no habían mas que bolillos", dice, utilizando una expresión en argot para denominar a los gringos, "pan blanco". No existe simpatía entre Alfredo y los gringos. "Nunca he tenido un amigo blanco", me dice. "Son un montón de racistas."

No terminó la secundaria, conoció y se enamoró de una chica migrante quien también era originaria de Cherán. La joven pareja se mudó a St. Louis y trabajó sin descanso. Como vivía en Estados Unidos legalmente, esta es la primera vez, en varios años, que ha regresado a casa.

"Únicamente quería ver cómo estaban las cosas por aquí", dice Alfredo. "Supuse que si no venía este año, ya no regresaría nunca. Así es que, aquí estoy."

Entre los cholos que están adulando a Alfredo, se encuentra un chico apodado Coco, la marca que utiliza para pintar las paredes, tanto de St. Louis como de Cherán. Es diez años más joven que Alfredo, y un ardiente entusiasta de la vida en el otro lado. "Te la puedes pasar muy bien allá arriba", dice. Este año, con el salario que obtuvo por cosechar fruta, se compró un Oldsmobile 82. "Todo el mundo acá abajo sueña con tener un automóvil como ese, pero en Cherán esto no es posible. Aquí, únicamente han visto automóviles como el mío en las películas." Como si estas palabras fueran una señal, dos Silverados pasan lentamente a nuestro lado. Son los hermanos Enriquez.

"Se comportan cómo si fueran la gran cosa", dice Coco. "Pero trabajan en una apestosa planta empacadora de cárnicos. Yo, por lo menos, no despido olor a vaca cuando regreso a casa después del trabajo."

Pero esas palabras ásperas no significan mucho, por lo menos aquí en Cherán. Mientras más adolescentes se reúnen a nuestro alrededor, la conversación cambia hacia el tema de las bandas de forajidos en St. Louis, la tensión entre las pandillas de Michoacán y Zacatecas, los rivales naturales. Coco menciona las pandillas de negros en East St. Louis. Las pistolas, las drogas, los encuentros mortales en las calles.

"Aquí no es así", dice Coco. "Aquí todo es una farsa. Imagínate si fuese real, con tipos del barrio del Paricutín retando a tipos de Amaru. ¡De ninguna manera! Aquí ni siquiera saben como pintar correctamente una pared."

Una anciana indígena que lleva puesto su rebozo, pasa caminando junto a nosotros con paso cansado, cargando sobre el hombro una pequeña mesa de madera. "¿Compra mesa?", susurra, en un español cargado de acento purépecha. Los chicos se quedan callados por unos momentos, mirando cómo da un doloroso paso tras otro, subiendo por la calle empedrada.

Alfredo pregunta si queremos dar un paseo. Siete de nosotros nos amontonamos en interior de vinil, color blanco inmaculado, del Buick. Alfredo conduce el automóvil a lo largo de una cuadra y media hasta llegar a Ven a México, el bar que es propiedad de Salvador. En honor de la fiesta que ya está cercana, Salvador ha decorado el lugar con manteles a cuadros y rosas de plástico en floreros de plástico.

La tarde se convierte en un largo y lánguido atardecer durante el que se bebe continuamente, las botellas de cerveza se acumulan sobre nuestra mesa como pinos de boliche, como si estuviéramos tomando vacaciones en el lago de Pátzcuaro o en la playa. Esta es una vacación, la única vacación que se pueden tomar los migrantes de Cherán, regresar a casa para la fiesta. La conversación en la cantina nunca varía. No hablan únicamente para que lo escuche yo, o porque yo se los pida: el principal tema de conversación es la migración, acerca de las cosas buenas y malas de la vida acá abajo o allá arriba, una conversación durante la cual generalmente se decide a favor de allá arriba.

Pero ahora, Salvador desempeña el papel de abogado del diablo. "Regresen a casa, hijos míos", dice, siseando melodramáticamente. "Únicamente los están explotando. Eso que ustedes llaman el futuro es únicamente una ilusión." Cuenta amargamente acerca de su propia experiencia con los gringos, "su discriminación, sus malas influencias, sus estúpidas libertades y drogas". Los chicos migrantes se mofan de él. "El que haya sido una mala experiencia para ti, no significa que sea mala para nosotros", responde Alfredo.

Más tarde, salimos flotando hacia el aire fresco y volvemos al Buick.

"Es hora de pasear", dice Alfredo, encendiendo el toca CD's, tocando a todo volumen música *rap* de Crucial Conflict. Es únicamente cosa de todos los días en mi vecindario...

Esta noche, el automóvil de Alfredo es el único que va por la carretera. Los hermanos Enriquez no se ven por ningún lado, probablemente están en la plaza, conquistando algunas bellezas locales. Nos paramos en una tienda y compramos una botella de charanda, un poderoso licor regional hecho a base de caña, y una jarra de una bebida de naranja artificial, con un sabor espantoso, para mezclar. Debajo de la mortecina luz color ámbar de dos lámparas que iluminan la carretera de Cherán, de medio kilómetro, Alfredo conduce lentamente al Buick a cinco, quizás diez kilómetros por hora, llegando hasta la iglesia por el norte y la gasolinera por el sur. Este sábado por la noche, en Los Ángeles, Oakland, Chicago, Miami y hasta St. Louis, hay latinos y afroamericanos que están haciendo lo mismo, tocando a todo volumen la música *hip-hop*, tocando las bocinas de sus automóviles para las chicas bonitas, dirigiendo miradas rudas hacia los miembros de bandas rivales.

Alfredo inserta un CD de Tupac Shakur, y de pronto los muchachos están debatiendo, hasta el mínimo detalle, los diversos escenarios posibles relacionados con el asesinato del legendario héroe del *hip-hop*.

"Fue un ajuste de cuentas entre los Bloods y los Crips."

"No, Suge Knight envió a alguien para matarlo."

"Yo escuché que tuvo algo que ver con los miembros de la mafia en Las Vegas."

"¿Podría haber sido la mafia mexicana? ¿No rapeó en su último álbum acerca de que los negros y los mexicanos se estaban uniendo?"

Los "qué tal si". Tupac llevaba consigo un chaleco a prueba de balas, esa noche, ¿por qué no se lo puso? Los "podría haber sido". ¿No había dicho Tupac que quería dejar atrás la vida? ¿No había sostenido una conversación en la prisión, mientras estuvo encarcelado a causa del tonto *rap* sobre asalto sexual? Lo implacable de todo esto: Tupac había sobrevivido un ataque previo en que le habían disparado una bala a la cabeza y siguió con vida durante una semana después de la balacera en Las Vegas. Todos tenían la impresión que se iba a salvar una vez más.

Los muchachos le dan vueltas y más vueltas a lo ocurrido, hipnotizados por la épica historia urbana. Pero Alfredo, recargándose hacia atrás en el asiento delantero y conduciendo únicamente con el dedo índice de su mano derecha, permanece silencioso, sumergido en su propio mundo. Finalmente, habla. "Ustedes, *punks*, no saben nada", dice de manera cortante. "Ustedes simplemente no saben nada."

Y es obvio que Alfredo sí sabe. Sube tanto el volumen del estéreo, que sentimos el contrabajo batiendo como si fuera nuestros propios corazones, y seguimos paseando así durante un largo tiempo, por la carretera, sobre la planicie que se extiende hasta el horizonte, la obscura noche del valle del Paracho es interrumpida únicamente por las tenues luces, como estrellas de la ciudad, que brillan en la distancia; la mayoría de ellas son pueblos pequeños, más pequeños que Cherán, pero iguales a Cherán en todo.

≈

Estoy parado bajo el sol de mediodía, en la intersección de la carretera con el camino de acceso a Jocotepec, un pequeño pueblo, a unos cuarenta y cinco kilómetros al norte de Cherán, el cual únicamente es conocido debido a su cercanía con Ajijic, una popular ciudad de descanso en las playas del pintoresco lago de Chapala. Jocotepec está ubicado en el estado de Jalisco, que colinda hacia el norte con Michoacán. Estos son lugares bajos, y el clima es más templado, más caliente, y más húmedo que en Cherán. Pero el clima social se parece de muchas maneras al de Michoacán. Jalisco, al igual que Michoacán, se cuenta entre los cuatro estados de México que exportan más migrantes.

Estoy esperando, sin éxito, a que alguien me lleve hasta el pueblo, el cual está a medio kilómetro de la carretera. Del otro lado del camino veo a una pareja joven, un muchacho bastante desaliñado, que se desparrama sobre una bonita muchacha de provincia. El cabello de él está lleno de polvo, ella tiene un peinado con spray marca Aqua Net. La camisa de él está por fuera, el vestido de ella le llega hasta los tobillos. Puedo escuchar a lo lejos el sonido del autobús que se acerca, el muchacho se agita cada vez más, según se va acercando. Rechinan los frenos. El autobús me impide ver. El motor cruje nuevamente al entrar la primera velocidad, y el autobús se aleja lentamente.

Ahora él está allí solo, parado como si fuera un Bogart herido, mirando hacia el autobús hasta que desaparece y el ruido del motor se desvanece. Hasta entonces atraviesa la carretera, pasado a metro y medio de donde me encuentro, mirándome por un instante a los ojos, dirigiéndose directamente hacia la tienda que se encuentra a un lado del camino.

Espero durante diez minutos más y me dirijo hacia la tienda, con la intención de comprar una botella de agua para la caminata, que ahora parece inevitable, hasta llegar la pueblo. Allí está él, bebiendo una cerveza Modelo de un vaso de plástico. Es un hombre joven bien parecido, a pesar de la apariencia sucia y el rostro curtido por la intemperie, de alguien que ha estado por el camino durante mucho tiempo. Cabello rubio sedoso, una cicatriz poco marcada sobre su ojo izquierdo, un escaso bigote que se ve aún más rubio que su cabellera larga y brillante. De pronto, inesperadamente, pone su brazo alrededor de mi cuello y me dice que caminaremos juntos hasta el pueblo. Se acaba de cortar el cabello, me cuenta. "Lo tenía tan largo que llegaba hasta debajo de mi culo. Eso no le pareció bien a los habitantes del pueblo. Pero no me lo corté por esos viejos cabrones. Me lo corté porque quise, ¿sabes?"

Se presenta, diciendo que se llama Ambrosio. Ya somos grandes amigos, y caminamos junto a casas abandonada y campos sin cultivar y sonoros árboles que cantan como cigarras, hasta que Ambrosio me jala hasta un lote vacío, lleno de hierbas. Del otro lado está una construcción larga y de poca altura, con un techo de lámina corrugada. Las paredes son de concreto sin pintar. Es el prostíbulo del pueblo. Pero a las cuatro de la tarde del domingo, ninguna prostituta en el mundo está despierta. Nos sentamos sobre el piso, dándole la espalda a la pared de la cantina, esperando que llegue el cantinero para saciar la sed de Ambrosio.

Está muy mal. Tiene veintiocho años, aparentemente es alcohólico, cuenta con tres mil pesos en el banco; dinero prestado, el cual él insinúa que está prestando, a su vez, a altos réditos. Pero las cosas no fueron siempre así. A los quince años Ambrosio hizo su primer viaje al norte, cruzando exitosamente por Tijuana bajo cubierta de la noche. Quería hacer algo, como dicen los migrantes mexicanos. Sus hermanos, ya lo habían hecho. Ambos habían estudiado en la universidad de Guadalajara, uno es maestro y el otro, ingeniero. Siendo el menor, él cargaba con todo el peso de los éxitos de ellos. A los quince años y sin tener a donde ir que no fuera hacia el norte; él no era apto para la escuela. Su padre, un hombre cansado, quien había trabajado la tierra durante toda su vida, le dio su ambigua bendición a Ambrosio. "¿Quién puede saber si tendrás o no buena suerte?", le dijo a su hijo cuando estaban en la parada del autobús.

A esto siguieron días sin alimento ni refugio ni dinero, durmiendo al aire libre. Logró llegar hasta Santa Barbara, donde un pariente lejano le permitió quedarse. Pero no era fácil conseguir trabajo, y las rubias de la playa ni siquiera volteaban a verlo, así es que se dirigió más hacia el norte, quedándose en tiendas 7-Eleven por el camino, mendigando como había visto que lo hacen los gringos.

Llegó a San José, California, buscando un tío. No tenía su número de teléfono ni su dirección, pero su único talento artístico le sirvió de mucho. Dibujó un perfil de su familiar, y lo enseñó por los barrios durante algunos días, hasta que ¡he aquí!, lo encontró. Su tío le enseñó los trucos del duro trabajo del migrante, así como la forma de divertirse del migrante, llevándolo a cantinas y a bares con *table dance*; en uno de esos bares, Ambrosio perdió su virginidad con una mujer afroamericana. Fue así como aprendió que todas las mujeres del mundo son hermosas (las chinas, las árabes, las africanas, las blancas) aún cuando, después de tantos años de andar por el camino, ahora jura que únicamente se casará y tendrá hijos con una chica mexicana. "Tengo que hacer algo por mi raza", dice.

Una vez que abre la cantina, le compro una cerveza. Él compra tres para mí, la cuales tengo que aceptar y beber porque la ley de la cantina es sagrada y rehusar un trago es una invitación para despertar rencores o algo peor. Somos los únicos parroquianos, y nos atiende un muchacho adolescente afeminado que me guiña los ojos. Ambrosio le pregunta al muchacho si "trabaja", y el muchacho, molesto, le dice que no: "Únicamente sirvo tragos".

Ahora Ambrosio me cuenta de un intento de asesinato. "Sí, acuchillé al negro", dice entre tragos de cerveza. "Le encajé el cuchillo en el estómago y llegó hasta sus pulmones."

Pasó dos años y medio en Folsom, después de los cuales fue deportado, lo que incluyó un viaje gratis por avión hasta Guadalajara. Llegó con quinientos dólares en el bolsillo, todo el dinero que tenía en su haber después de cinco años en Estados Unidos.

De pronto aparece un viejo campesino; surge, literalmente, de la nada. Yo no lo vi entrar por la puerta, únicamente está ahí, rondando por nuestra mesa, con el sombrero en las manos, callado, triste. Ambrosio suspira y dice que este hombre es su abuelo.

"No viniste para comer", dice suavemente el viejo.

"Estaré allá, estaré allá." Ambrosio lo despide, sin levantar la vista.

El anciano repite lo que dijo. Y lo mismo hace Ambrosio. Ahora el viejo está temblando. A causa de la edad, a causa de la amargura, a causa a la vergüenza. ¿O será que él también es un viejo alcohólico? Está mirando hacia el suelo y hace caso omiso de mi presencia. El chico afeminado observa desde atrás del bar. El viejo espera un poco más y finalmente se vuelve y muy lentamente, dolorosamente, sale de la cantina.

El sol se está poniendo. Una luz color oro puro brilla a través de las pequeñas ventanas que rodean la cantina, y su belleza convierte momentáneamente a ese lugar en una iglesia con brillantes vidrios emplomados.

"Qué tiene que ver mi vida con ese viejo", gruñe Ambrosio. "Mis aventuras, mi locura, mis manos ensangrentadas, mis pinches patrones gringos, mis chicas negras en San José, ¿qué es lo que cualquiera de estas cosas de mi vida tienen que ver con ese hombre viejo e ignorante? ¿Él y sus animales y sus maizales?"

Un par de cervezas más tarde, Ambrosio cede. "Soy un romántico, porque él fue un romántico antes que yo. Debo viajar por el camino que él abandonó. Regresé a este polvoriento pueblo porque finalmente sus animales, sus maizales, son también míos, y son algo hermoso, ¿no es así? ¿No son algo hermoso, amigo mío? Soy independiente de su generación, y sin embargo, dependo de su generación", dice Ambrosio, con la sabiduría de un hombre maduro. "¿A dónde voy ahora? A Canadá", dice Ambrosio. A Canadá.

Así es que Ambrosio irá nuevamente hacia el norte, pero esta vez no lo echará todo a perder, ya no tiene quince años. Irá hacia el norte y regresará a casa. "La situación es cómica: abandonas tu hogar precisamente porque tienes que regresar. O regresas porque tienes que irte. Algo así. Que me entierren aquí, en mi tierra, México, ¡ay, ay ay!"

❧

Con tanto debate acerca de la amoralidad, desencadenado por la descarriada juventud de Cherán que regresa de Estados Unidos, este probablemente no es el mejor momento para que los rockeros presenten el primer concierto de rock en la historia de Cherán. Hay una gran cantidad de música rock en Michoacán: por las ondas de radio, en las tiendas de discos, en los walkmans que pertenecen a los muchachos que pasean por las calles y hasta a los jóvenes campesinos, esgrimiendo sus machetes en los campos. En la región, también se presentan un buen número de conciertos, particularmente en Zamora, ciudad que frecuentemente está incluida dentro de las giras, y aún en algunas ocasiones se incluye Paracho, el pueblo ubicado al sureste de Cherán. Es curioso que Paracho sea un lugar de rockeros, dada su fama internacional por ser el hogar de los mejores artesanos fabricantes de guitarras acústicas en todo México. Con estas guitarras, jóvenes y viejos del país, tocan ritmos de baladas y boleros para dar serenatas al estilo del viejo mundo.

Hasta cierto punto, la música de banda en Cherán ha colocado los cimientos para el *rock 'n' roll*. Tanto las bandas de vientos, y los grupos de bandas modernas, tocando al ritmo de polca con contrabajo electrónico, guitarras, y sintetizadores, son híbridos del estilo y orquestación del viejo y del nuevo mundo. Estas bandas de vientos tocan versiones instrumentales de éxitos regionales; algunos datan de hace más de un siglo. Van por las calles y acompañan las procesiones diarias de San Francisco, tocando también en las numerosas bodas que se efectúan tradicionalmente en esta época de fiesta. Los grupos contemporáneos de bandas son de origen aún más mestizo que los grupos originales que se apropiaron de la orquestación europea del siglo diecinueve, casándola con sus tonalidades regionales. Hoy en día, la banda está únicamente a un paso del *rock 'n' roll*. Hay un resurgimiento nacional de furor por la banda, particularmente debido a la forma en que se baila, llamada quebradita, la cual es intensamente física e intensamente sexual. Significativamente, este furor inicialmente surgió, no en México, sino en los barrios migrantes de Los Ángeles. Los aficionados a la música de banda pueden estar llenos de orgullo mexicano cuando se ponen sus sombreros de *cowboy*, pero al final, esta música describe el torbellino de la migración y su influencia sobre la cultura.

El *rock 'n' roll* es, sin embargo, otra historia. A pesar de la aceptación general del *pop* de goma de mascar de globo, lo real aún puede causar horror entre las personas mayores de México, al igual que Elvis escandalizó a Estados Unidos de Eisenhower, particularmente en las provincias conservadoras. La gente joven que está presentando el concierto de rock en Cherán dice que no hay nada de qué preocuparse. Uno de los organizadores, Dante Cerano, es un DJ en la estación de radio XEPUR y, hasta donde él sabe, es el único DJ indígena en todo México al que se le permite programar (aún cuando sea únicamente por una hora a la semana) música de rock en una estación indígena subsidiada por el estado. Las estaciones comerciales urbanas presentan el rock con regularidad en su programación, pero en la mayoría de las provincias indígenas, únicamente existe una estación de radio, y está patrocinada, y por lo tanto censurada, por el estado.

Cerano le ha dado a este evento el título de *etnovidiun*, un neologismo que combina las palabras castellanas para "étnico", "vida" y "unidad". Cerano ofrece esta definición: "Que vivan las etnias". En otras palabras, un concierto de rock que proclama la autonomía de los pueblos indígenas.

El concierto se lleva a cabo en el edificio abandonado del antiguo cine (el Videocentro local ha desplazado desde hace años a las antiguas funciones de películas). Cuando entro al lúgubre interior del teatro, los productores y los miembros de la banda está barriendo grandes pilas de basura acumulada durante el último evento, una boda que se festejó hace unos meses. No hay luces en el escenario, únicamente unas débiles lámparas fluorescentes que apenas iluminan el espacio. A continuación se escucha una caótica verificación de sonido, golpes de tambor y el quejido de mal afinadas guitarras, reverberando dolorosamente de las paredes de concreto.

Todos los rockeros de Cherán asisten al espectáculo; alrededor de tres docenas de muchachos en zapatos tenis, pantalones de mezclilla, y camisetas negras para concierto, en las que ostentan los nombres y las mascotas de las bandas "pesadas" más famosas de México: Transmetal, Psicodencia, Atóxico, y un grupo anarquista de Los Angeles, llamado Brujería. El emblema de Brujería incluye el rostro del revolucionario indigenista mexicano, no indígena, el subcomandante Marcos, vocero de los indígenas rebeldes de Chiapas, posando con su mundialmente famoso pasamontañas y fumando su pipa. Brujería tuvo mucho éxito hace algunos años en el movimiento subterráneo, con canciones salvajes que incluían letras acerca de violar y desmembrar al Papa.

Los cantantes de este día son un grupo de muchachos de Uruapan, de piel morena clara, que se llama Mentes Vacías. Todos llevan puestas gorras de béisbol con la visera hacia atrás y tienen voces que retumban, proveyendo así el estruendoso ruido indispensable para bailar de *slam*. Los muchachos rebotan el uno contra el otro con regocijo, en la inmensidad de espacio vacío, mal iluminado y polvoriento. Uno de ellos hace un alto para proclamar el nacimiento del nuevo escenario rockero de Cherán, aún cuando el pueblo todavía no cuenta con su propia banda.

"Las personas mayores los critican porque les gusta esta clase de música", dice David Rojas, quien tiene dieciocho años.

"Piensan que esto automáticamente los convierte en droga-dictos. Es tiempo de olvidarse de esas actitudes estúpidas."

José Velázquez, cuya apariencia es más indígena que la de los demás, piel morena obscura, ojos asiáticos, dice que él tiene quince años, y que "ha sido rockero desde hace seis años". Ama la música porque "las canciones hablan acerca de gobierno corrupto que amenaza peligrosamente al pueblo".

Aún cuando un par de muchachos hablan burlonamente de las baladas acústicas *pirekuas* que han hecho famosos a los purépechas, la mayoría dice que respeta la música de sus mayores. "Es una manera de expresarte a ti mismo sin perder tus raíces", dice Gonzalo Juárez, un veterano de veintiún años. "Nos gusta la música *pirekua* tanto como la música pesada. Tal vez algún día unos muchachos de Cherán puedan crear un sonido *pirekua-rock*."

El concierto sigue adelante sin ningún contratiempo, aún cuando obviamente es un desastre económico para los pro-motores debido a la poca asistencia. Pero, para Dante Cerano y otros rockeros de Cherán que piensan igual que él, esto es únicamente el principio.

Después del la función, comparto un par de cervezas con Cerano en el bar de Salvador Romero. Cerano me cuenta que el rock no es una moda pasajera. Se encuentra en el epicentro de las guerras culturales y políticas de México. Cerano, con su trabajo en XEPUR, está en las primeras líneas del frente de bata-lla. Las estaciones de radio indígenas patrocinadas por el esta-do son bastiones del nacionalismo mexicano, una forma peculiar, despolitizada de nacionalismo, que los críticos de izquierda han condenado como un intento por parte del go-bierno para mantener dócil a la población indígena. Parte del eterno esfuerzo del gobierno por crear una "cultura nacional" oficial, este proyecto se enfoca en tradiciones folclóricas, pre-modernas. Los practicantes de la cultura tradicional (curan-deros, bailarines, artesanos, organizadores de fiestas) que siguen los lineamientos marcados por el gobierno, son recompensados ampliamente por medio de becas, y aquellos que no lo hacen, son marginados. Es una política que el PRI empleó eficazmente durante las siete décadas que estuvo en el poder y cuyo propósito ha sido cuestionado tan sólo recientemente por los zapatistas y otros sectores del naciente movimiento de la sociedad civil, que incluye a las uniones independientes, los grupos estudiantiles, y hasta ciudadanos pertenecientes a la clase media, quienes han sido aplastados por la crisis económica.

El *rock 'n' roll*, una sensación cultural creada principalmente por muchachos pobres con una actitud cínica hacia el gobierno (y con una gran energía rebelde) es visto con gran recelo en los círculos oficiales. Dante Cerano, un joven muy bien parecido, cuyo color de piel se encuentra entre el café chocolate de sus hermanos indígenas y el moreno quemado de los mestizos es, por lo tanto, un pionero en el altiplano purépecha. Un rebelde que debe ser elegido o extinguido. Hasta este momento, las autoridades locales no han podido hacer ninguna de las dos cosas, porque está muy claro que él tiene el apoyo de la juventud purépecha. Las autoridades aún están tratando de averiguar qué es lo que deben de hacer con él. Mientras tanto, continúa tocando la música del diablo.

Cerano es la personificación del choque y la fusión que definen la identidad purépecha del siglo veintiuno. Totalmente bilingüe, habla un purépecha impecable y un español salpicado, no solamente con las acostumbradas expresiones regionales, sino con la forma urbana de hablar de la ciudad de México.

Cerano tiene mucho que decir acerca de la transformación de la antigua cultura purépecha como resultado de la influencia del mestizaje y la migración. Lo que ha sobrevivido es poco más que los rebozos, las danzas, y las recetas; todo esto, finalmente, es una metáfora de (busca la palabra) una filosofía, una manera de ver el mundo, las cualidades y los valores que los purépechas comparten como pueblo. Tales como el colectivismo y la solidaridad, los cuales se pueden ver muy claramente en ciertos rituales como la cosecha, en la que participa todo el pueblo de Cherán, viejos y jóvenes, hombres y mujeres, ricos y pobres. "Es más que un trabajo; es una tradición, es una celebración, un evento de la comunidad." Esta clase de solidaridad puede convertirse en la gracia salvadora de un pueblo, pero también en una vulnerabilidad que ahoga la inspiración individual, al igual que la reprobación de la juventud rebelde, por parte de sus mayores indígenas.

"Siempre existe tensión entre la cultura y la clase", continúa diciendo Cerano. La clase dictamina las condiciones materiales de vida y, bajo las circunstancias mas difíciles, puede dar paso al cinismo, al fatalismo, la apatía o la rebelión. Los purépechas eligieron esto último, y su rebelión es la migración misma. Por medio de la migración, pueden mejorar sus condiciones materiales de vida y de la misma manera, transformar su cultura. A través de la cultura, los pueblos crean su identidad, su sentido de lugar en el mundo; cuentan sus propias historias con la estética de su elección. Según Cerano, un pueblo conquistado puede recuperar su autoestima al rescatar lo que le ha quedado de su historia, antes de la conquista (ya que no todo se perdió, no todo es irremediable) y al tomar conciencia de lo que el conquistador ofrece. Lo que ocurre en el medio ambiente cultural también es inherentemente un acto político, una expresión pública de deseo y voluntad.

La cultura migrante de los purépechas es simbólica de lo que está sucediendo actualmente a través de todo el país, al igual que en muchos lugares del mundo en desarrollo. Cerano parece estar diciendo que los purépechas pueden tener su pastel y comerlo también: pueden participar en (efectivamente, ser protagonistas de) la cultura transnacional o "global", al mismo tiempo que fomentar los vestigios de sus raíces. En este contexto, lo regional es global y viceversa.

"En la historia de México ha habido más de una conquista", dice Cerano. Por los españoles, por los franceses, y por generaciones de descendientes de criollos (quienes hasta la fecha gobiernan la nación, política y económicamente) y, por supuesto, los norteamericanos. Durante un siglo y medio por los norteamericanos, ahora más que nunca. Pero para parafrasear un par de antiguos proverbios latinoamericanos, "no hay mal que dure cien años ni cuerpo que lo resista".

"El *rock 'n' roll* entre los purépechas", dice Cerano, "puede ser una medida de nuestra conquista. Pero también se puede convertir en una medida de nuestra independencia". Después de todo, ¿verdad que el *rock 'n' roll* hizo las veces de una especie de liberación cultural, y parte de una liberación política, surgiendo como una explosión, tal como sucedió durante el surgimiento del movimiento por los derechos civiles en Norteamérica?

Mientras Cerano continúa con su discurso, yo me pongo a pensar en la versión subversiva de Otis Reading sobre la canción "White Christmas".

"Somos un pueblo indígena que conoce su cultura", dice Cerano. "El rock es una forma internacional que se presta a diferentes escenarios culturales. Aquí, en el altiplano, es un tipo de música que habla acerca de las pasiones y anhelos de la gente joven, quienes están viendo los veloces cambios que ocurren en el mundo que los rodea, aún cuando no hayan salido nunca de Michoacán."

En Michoacán, Elvis aún no ha abandonado el edificio.

⌐

Otro funeral en Cherán.

Esta vez es para una venerable matriarca. La muerte siempre conduce a la mayoría de los habitantes de Cherán hasta el cementerio. Las miles de cruces de madera y las piedras que se inclinan hacia todos lados y que producen la sensación de un escenario desordenado y claustrofóbico. Prácticamente ya no queda lugar para los muertos nuevos. Visito las tumbas de los hermanos Chávez. Tal vez los Chávez todavía no tengan sus lápidas de mármol, pero sí tienen la sombra del majestuoso árbol de cerezo y el tono silbante del viento al mover sus hojas. Las tumbas, cubiertas con lápidas de concreto, soportarán mejor el embate de los elementos de lo que lo harán las de los pobres, con sus cruces de pino sin terminar, de treinta centímetros de altura, las cuales pocas veces duran más que unas cuantas temporadas de lluvias.

Cuando las personas que asistieron al funeral comienzan a partir, después de que los primeros terrones de tierra oscura han sido traspaleados dentro de la nueva tumba, observo a un chico a quien alguna vez vi en compañía de José Izquierdo, en una de las cantinas locales. Lleva puestos pantalones de mezclilla increíblemente anchos, una camiseta demasiado grande, y un reciente corte de pelo rasurado a la moda. También tiene puestos lentes obscuros con graduación. Obviamente es un norteño e intento iniciar una conversación en español, pero él me responde en inglés.

"Mi español no es tan bueno", dice el muchacho, quien se presenta como Andy (nacido Andrés) Tapia, un familiar lejano de la fallecida matriarca. Continuamos hablando en inglés, convirtiéndonos en el blanco de miradas inquisitivas por parte de los dolientes campesinos que nos rodean. Andy no habla un inglés norteamericano como los migrantes común y corrientes. Habla el inglés como un nativo con el inconfundible acento lento y melódico de Arkansas.

"Bueno, yo nací en Michoacán", dice, "pero en realidad crecí en Arkansas, sabes".

Un poco después, me encuentro en la casa de la familia Tapia, subiendo por el cerro a unas cuantas cuadras del cementerio. La familia está sentada alrededor de una mesa grande, en la poco alumbrada cocina de paredes azules, las mesas de la cocina siempre son grandes en México; en este país no existe la noción norteamericana de 2.5 hijos por pareja. Comen la típica comida purépecha de churipo, la cual me invitan amablemente a compartir. Muy pronto estoy sudando a causa del caldo de chile rojo, tan intenso como una bomba nuclear, dentro del cual los pedazos de res y calabazas han estado hirviendo durante horas.

Alrededor de la mesa se encuentran el patriarca, Raúl, un hombre indígena robusto, como de cincuenta años, con una cara cicatrizada por el acné y pequeños ojos melancólicos. Su esposa Yolanda, agradablemente regordeta; tiene la confianza en sí misma que tienen las mujeres de Cherán cuando han vivido en el otro lado por mucho tiempo. Hay cinco hijos. La más joven es Maribel, de dieciséis años, una chica bonita, quien siempre tiene una sonrisa a flor de labios y grandes ojos negros, del mismo color que su brillante cabellera. Adán tiene diecinueve años, es el más alto de los muchachos, con un corte de pelo a la última moda, largo en la parte arriba y rapado de los lados. Raúl hijo es rechoncho como Andrés, y tiene un corte de pelo como el de Adán. Jordán es el hijo mayor, de veinticinco años, y actúa como tal, inteligente y un poco distante. Andrés es el más callado de todos, excepto cuando hablo con él a solas, un muchacho sensible que se siente fuera de lugar en Cherán, y me da la impresión que se siente fuera de lugar en cualquier parte del mundo.

Hace apenas unos días que la familia Tapia se disponía a cenar junta en su casa en Warren, Arkansas (6 mil 455 habitantes), un pueblo rodeado por vegetación arbórea y hortalizas de tomates, que se encuentra a once kilómetros al sur sureste de Little Rock. Empacaron sus pertenencias en la camioneta y la condujeron hacia el este, cruzando Texarkana y hacia el sur hasta Laredo, donde cruzaron la frontera, pagaron los acostumbrados sobornos a lo largo de la ruta central, viraron hacia el este al llegar a la ciudad de México, para dirigirse hacia Guadalajara, y nuevamente hacia el sur hasta Zamora para seguir el trecho final hasta llegar al altiplano.

La familia Tapia no hace este viaje cada año. La última vez que vinieron fue en 1994, antes de esa fecha, fue en 1992. Al paso del tiempo, los viajes se han vuelto menos frecuentes. Esta vez, la ocasión especial es el matrimonio de Jordán, quien se va a casar con una joven local a la cual ha estado cortejando a distancia desde hace ya varios años. La ceremonia se llevará a cabo con la pompa y circunstancia tradicionales de Cherán, y después los recién casados se irán hacia el norte, a Arkansas. El único miembro de la familia que permanece en Cherán es la madre de Raúl padre, una mujer de ochenta años que pasa la mayor parte de sus días sola en esta casa. Es un hogar al estilo norteño. Parecido al de la familia Enríquez, Raúl padre comenzó por agregar unas habitaciones adicionales hace algunos años, soñando con un lujoso lugar para su retiro. Pero Raúl ya no está tan seguro de que regresará a Cherán durante sus últimos años. Norteamérica se ha estado tragando lenta, pero seguramente, el futuro de la familia Tapia.

Esto se puede observar muy claramente en los chicos. Maribel, Adán, Raúl hijo, y Andrés sobresalen penosamente en Cherán, con su ropa de marca, sus caras frescas, su español inseguro. Únicamente Jordán, el mayor, habla bien el español. Para los hermanos menores, el visitar Cherán es como una vacación en un paraje exótico, aún cuando en este lugar se encuentre una abuelita a quien entienden con dificultad.

Andrés y Julián son los únicos hijos que nacieron en Michoacán, Jordán pasó aquí sus primeros cinco años, Andrés, sus primeros dos. Su pasado michoacano ya es únicamente el recuerdo de una infancia distante, idealizada por el paso del tiempo y las historias que cuentan sus padres. El Cherán actual no puede de ninguna manera compararse con esas visiones. Cuando pregunto por el baño, Andrés me responde, con vergüenza, que no hay baño; únicamente un retrete que se encuentra fuera de la casa.

Hasta Raúl padre se queja de las condiciones que existen en Cherán. "Extrañamos las comodidades de nuestro otro hogar", dice. "Aquí no está muy limpio. Ahora hasta me enfermo del estómago. ¡Y la gasolina! Es terrible para nuestros automóviles."

La migración de la familia se inició a mediados de la década de los sesenta, cuando un ambicioso Raúl padre, en ese entonces todavía un muchacho, se dirigió hacia el norte para probar suerte. Sus tíos ya trabajaban en el norte; habían existido migrantes en la familia desde los tiempos de su abuelo materno. Cuando era niño, Raúl escuchó las exageradas historias que contaban sus mayores cuando se reunían por las noches a beber cerveza y fumar cigarrillos.

"Estaba este anciano que me contaba acerca de la migra en los viejos tiempos", recuerda Raúl. "Hace mucho tiempo, el cruzar la frontera era como entrar a un rancho, pasando por la puerta. Había dos gringos que te preguntaban a dónde te dirigías y solamente te cobraban diez centavos para dejarte cruzar."

El camino lo llamaba y Raúl lo siguió, llegando primero al valle de San Joaquín y de allí a Los Ángeles, antes de dirigirse hacia el este, cruzando el país, llegando finalmente al sur de Estados Unidos. Raúl padre está claramente contagiado por el optimismo migrante. "Dentro de una década", exclama, "los hispanos serán la minoría más importante en Estados Unidos". Esta estadística, que es mencionada con regularidad en los medios de comunicación norteamericanos, se ha convertido para los migrantes, desde hace varios años, en una verdad tan sagrada como lo que está escrito en la Biblia; no es la primera vez que lo escucho mencionar en el altiplano. La idea es sencilla: el poder está en la cantidad. Durante la mayor parte del siglo veinte, el poder político de los Mexiconorteamericanos fue poco importante y estuvo estancado, debido parcialmente a las deportaciones masivas que impedían a los trabajadores migrantes desarrollar raíces sociales, económicas y políticas en Estados Unidos. Manipulaciones (y relleno de votos falsos) iban en contra de aquellos que lograban hacerlo. Pero la ley de reformación y control de la inmigración de 1986 fue un parteaguas. De un día para el otro, millones de migrantes mexicanos se convirtieron en candidatos para obtener la ciudadanía norteamericana (la familia Tapia fue una de las primeras en aprovechar esta amnistía), y una cierta medida de poder político estuvo a su alcance.

Después de tener una mica verde durante varios años, Raúl padre pronto se convertiría en ciudadano naturalizado norteamericano y votaría por todo, desde el presidente hasta el gobierno local de la ciudad de Warren.

Raúl padre necesitó de veinte años para poder lograr todo esto, veinte años por el camino. Se enteró del trabajo en Arkansas a través de las conversaciones de los migrantes. Cosecha de tomates, aserraderos. Warren estaba muy lejos de las bandas y las drogas de las grandes ciudades, peligros que preocupaban cada vez más a Raúl, conforme sus hijos se acercaban a la adolescencia. Había visto cómo los cholos se metían en problemas en las calles de Los Ángeles; se juró a sí mismo que sus hijos no seguirían por ese camino.

Cuando la familia Tapia llegó a Warren, vivían ahí permanentemente únicamente otras cuatro familias mexicanas. Eso fue hace una década. Actualmente viven ahí aproximadamente sesenta familias mexicanas, muchas son de Cherán.

"Nos sentimos como en casa", dice Raúl, por extraño que parezca escuchar que un indígena mexicano llame hogar a un pueblo tan típicamente norteamericano como Warren. En realidad, Raúl padre ve a Warren como si fuera un Cherán del norte. Un pueblo rural, mucho mas pequeño que Cherán, un lugar verde y tranquilo, con un ritmo bucólico que lentamente está siendo erosionado en Cherán, con la intimidad que nunca tuvieron las grandes ciudades norteamericanas.

Después de la comida, Raúl padre y sus hijos trabajan en el patio de atrás, mientras que las mujeres recogen y lavan los trastos de la comida. Por lo menos todavía son una familia tradicional en este sentido.

"Las raíces siempre me obligan a regresar", dice Jordán. "Pero cuando regreso, únicamente me siento cómodo durante los primeros días, después comienzo a extrañar la vida a la que estoy acostumbrado. Supongo que ahora tengo raíces en ambos lados."

Raúl padre se ha quedado callado. Lleva puesto su brillante sombrero de paja blanca, de *cowboy*, el que únicamente usa en Cherán. Arranca unas cuantas hierbas que crecen en la base del muro de contención, cuya maraña de varillas de refuerzo de hierro que apunta hacia el cielo, sugieren un trabajo que aún no se ha terminado. Mientras volteo para ver las varillas, estas repentinamente comienzan a chocar entre ellas con un sonido metálico. Necesito unos segundos para darme cuenta de lo que está sucediendo. El aire se llena de un sonido hueco que proviene de la tierra que cruje. El temblor dura únicamente unos cuantos segundos, pero me imagino el caos que ocasionará dentro de un minuto en la ciudad de México, a doscientas millas de distancia. (Los terremotos, cuyos epicentros están en las costas de Michoacán y Guerrero, muchas veces son acontecimientos de poca importancia localmente, pero, debido a un peculiaridad sísmica, son amplificados por el cimiento líquido del antiguo lago que yace bajo la ciudad de México). No ha ocurrido ningún daño en Cherán. En los periódicos del día de mañana podré leer acerca del pánico que cundió por las calles de la ciudad de México al ser sacudida por un terremoto de 6.5 grados.

Raúl padre se encoge de hombros. "Esto sucede muy frecuentemente por aquí", dice.

La madre de Raúl llama a su hijo, desde la cocina. Él responde que va para allá.

Se voltea hacia mí, y cuando habla, su voz se quiebra.

"Esta podría ser la última vez que estemos reunidos aquí como una sola familia", dice. "Hasta podría ser la última vez en que veo viva a mi madre. ¿Sabes? Es difícil estar lejos de ella. Cuando estoy en el otro lado, pienso mucho en ella. Pienso en ella todo el tiempo."

El terremoto de la migración ha ocasionado cambios en casi todas las familias de Cherán, para mejorar o empeorar, los cambios que siguen a las líneas de las fallas sísmicas que van desde este pueblo del altiplano hasta llegar a Arkansas y cientos de otros lugares en el norte. Divide a las familias y las reúne nuevamente. Destruye el antiguo lenguaje y crea uno nuevo. Hace que lo que está muy lejos se acerque, y lo que está cercano, se aleje.

fiesta

LAX, EL AEROPUERTO DE LOS ÁNGELES. FRENTE A LOS MOSTRADORES de Mexicana, Aeroméxico, Lacsa, TACA y media docena de otras líneas aéreas que vuelan a América Latina, las sinuosas filas están creciendo; puedes sentir sobre tu cuello la respiración de la persona que está parada atrás de ti. La fila se expande, no únicamente debido a los pasajeros, sino por docenas de cajas de cartón de diversas alturas y anchos, muchas casi tan altas como los viajeros mismos, la mayoría de ellas amarradas con cuerdas deshilachadas o selladas con cinta *masking tape*. El efecto que producen es el de una ciudad en miniatura, de edificios de cartón, repleta de anuncios espectaculares: los logotipos de Samsung, General Electric, RCA, AIWA y otros patrocinadores de migrantes.

Pero esta es una ciudad en movimiento, está siendo tragada por el mostrador de la aerolínea, las cajas desaparecen cuando son colocadas sobre la correa transportadora: esto sucede después de un largo regateo entre los pasajeros y el personal de la aerolínea en relación con el cargo por exceso de equipaje.

En la ruta del migrante, tú creas tu propio mundo y lo llevas contigo. Tu hogar ya no se encuentra en un solo punto geográfico. Los pueblos de los cuales son originarios los migrates se unen con los pueblos del norte, para crear una ciudad espacio en la mente; un migrante vive y trabaja en Estados Unidos y regresa de visita a casa para la Navidad, el año nuevo, Pascua y la fiesta. El migrante ha creado una línea de comunicación entre, y entremezclada con, estos espacios.

Cuando llega la fecha en que se celebra la fiesta y el final de la temporada de cosecha en Estados Unidos, los migrantes empacan el paisaje material de sus ciudades (cajas llenas de videocaseteras y altoparlantes, la siempre popular licuadora y otros aditamentos útiles para la cocina, y ropa y juegos de computadora) y los llevan a casa, a pueblos ubicados en Jalisco o Zacatecas, a San Salvador o Managua. Pero esto es únicamente la mitad de la transacción. Después de la fiesta o el año nuevo, los migrantes llevan otra clase de bienes, los que residen en su cabeza y en el corazón, que consisten en lenguaje y mitos y rituales.

El universo del migrante abarca todo el espacio cultural y material de y entre dos puntos: los campos de cosechas, la iglesia donde fue bautizado, la iglesia donde fueron bautizados tus hijos, el desierto, las regiones subtropicales, las regiones tropicales, la tierra donde llueve durante el verano y la tierra donde el invierno es de sequía, las maquiladoras, o las fábricas que están en la frontera, donde legiones de mujeres mexicanas ensamblan los componentes electrónicos que los migrantes adquieren en el otro lado, tales como aparatos eléctricos terminados, únicamente para regresarlos a su patria. Se me ocurre que no podemos utilizar la palabra patria en la forma en que estamos acostumbrados a hacerlo. La patria ya no existe.

En LAX, este "vuelo tecolote", como lo llaman los latinoamericanos, está completamente lleno. Los vuelos siempre están llenos en esta época del año. Es por esta razón que las aerolíneas cobran más caro durante esta época del año.

La mayor parte de los pasajeros están muy bien vestidos para su viaje a casa. Quieren llegar al pueblo viéndose muy elegantes, para comprobar que les ha ido bien en Estados Unidos. Se respira el inconfundible aroma de los sacos nuevos de piel, los que producen un crujir audible.

El vuelo hasta Guadalajara es, gracias a Dios, un crucero a través de un cielo tranquilo. Todos en la cabina se han tapado con esos cobertores que parecieran pertenecer a una prisión, y están presionando los cojines para meterlos dentro de las rendijas que hay entre los asientos y las ventanas. Pero Humberto, el paisano que está a mi lado, quiere conversar. Este ha sido un día largo para él y sus dos compañeros, quienes están sentados en la fila delante de nosotros. Partieron de Portland, Oregon, después de una temporada en una planta empacadora de cárnicos, donde el cabrón de su patrón gringo les paga únicamente un poco más que el salario mínimo. El vuelo desde Portland se adelantó inexplicablemente una hora, de manera que cuando llegaron a las siete para tomar lo que creían era el vuelo de las siete treinta, el avión ya había partido. Como vivían en un trailer sin teléfono, no les avisaron del cambio de itinerario. Tomaron otro vuelo unas cuantas horas después y llegaron hasta San Francisco, desde donde volaron durante cincuenta minutos más, hasta llegar a Los Ángeles, pero su vuelo original hacia Guadalajara, ya había partido. Así que ahora están aquí, y todavía les falta recorrer tres mil doscientos kilómetros más. Una vez que el avión haya aterrizado en Guadalajara, se darán el lujo de tomar un taxi que los lleve a la estación de autobuses y desde ahí, pasarán unas cuantas horas mas hasta llegar a Los Altos de Jalisco, que están como a doscientos kilómetros al norte de Cherán. Llegarán allá mañana al mediodía.

Humberto no tiene tiempo para tomar clases de inglés, debido a sus turnos de doce horas, pero poniendo todo de su parte para educarse a sí mismo, viendo CNN en inglés por la televisión (cuando sería muy fácil ver CNN en español) y leyendo el periódico *Oregonian* para descifrar los encabezados. Mira la revista que se encuentra en la parte de atrás del asiento que está frente de él. "¿El *Reader's Digest*?", pregunta tentativamente. Yo asiento con la cabeza; lo ha pronunciado bastante bien. "¿Es esta una revista acerca de la digestión?", pregunta. Yo le explico. Él asiente con la cabeza.

Miramos por la ventanilla, hacia la extensión de luces de Guadalajara, brillando antes del amanecer. Antes de aterrizar, intercambiamos historias de viajes. Él ha estado en todos los lugares de Estados Unidos en los que he estado yo y conoce estaciones de autobús y rutas de caminos vecinales que yo no conozco ni conoceré jamás. Él continuará viajando hasta que se estrelle un avión o él ya no pueda levantarse de la cama, me dice. Ya no puede dejar de moverse. Si se detiene sería igual que cerrar la llave de la irrigación en tu rancho. Las plantas de maíz se secarían y marchitarían mucho antes de que madurase la cosecha, las mazorcas de maíz se atrofiarían, ya no tendrían valor.

Humberto es un hombre moderno. Es pobre. Ha emprendido un viaje. Está impresionado por la brillante extensión de las luces de la ciudad que parpadean bajo nosotros. No teme a la turbulencia que se genera antes del aterrizaje. Únicamente está pensando en ver a su familia.

Cherán probablemente esta sufriendo su mayor transformación radical desde la conquista (o por lo menos, desde la revolución mexicana), pero todavía conserva un calendario cuyas raíces provienen de los ritmos de vida y muerte precolombinos. Los días sagrados indígenas corresponden al año litúrgico católico: rituales indígenas en ropaje de religión católica. De esta manera, la Pascua se festeja más o menos en la misma fecha que los antiguos rituales purépechas de la fertilidad, y la fiesta de San Francisco coincide con la cosecha de otoño, cuando los indígenas dan gracias a los dioses de la lluvia y del sol y del maíz.

Durante estos días de fiesta, Cherán se convierte en algo aún más importante según van regresando a casa los migrantes que vienen del norte, vienen de los plantíos de tabaco en las Carolinas y de las huertas de cítricos en California, de cosechar setas en Pennsylvania, de trabajar en invernaderos en Missouri, de los tomates en Arkansas y las manzanas en Washington. Los esposos se reúnen con sus esposas, los padres con sus hijos; los mejores amigos, que fueron separados en la frontera hace siete meses y se habían dado por muertos, ahora se abrazan, con lágrimas en los ojos, medio borrachos. Los muchachos regresan para encontrarse con un abuelo o un tío que ya está en la tumba; un padre ve por primera vez a su hijo recién nacido.

La fiesta marca el final de casi un año de temor y enojo, frustración sexual o infidelidad, ropa apestosa y deportaciones, multas por cruzar las calles donde sea en lugar de por las esquinas y dormir sobre el piso de un apartamento en un barrio que se está desmoronando, en algún lugar de una ciudad norteamericana grande. Casi un año de esperanza muchas veces negada.

Vienen con ropa nueva o todavía con los mismos pantalones sucios de mezclilla que tenían puestos cuando recogieron la última cosecha o lavaron la última pila de platos en un restaurante. Regresan con las carteras repletas de dólares o tan pobres como cuando partieron, tal vez aún más endeudados con los agiotistas locales. Muchas veces vienen en un automóvil que acaban de comprar, pagando en efectivo, porque la mayoría de los migrantes no tienen cuentas de cheques ni tarjetas de crédito y casi nunca solicitan créditos bancarios. Han llenado sus automóviles con gasolina en una parada abierta las veinticuatro horas, iluminada con luz fluorescente, sobre alguna de las carreteras interestatales I-5, I-19, I-25 o I-35, que conducen hasta San Diego, Nogales, El Paso, y Laredo. Estarán amontonados de diez en fondo, entre el equipaje, recordando, de alguna manera las incomodidades del viaje original al norte, con la excepción de que el largo viaje en automóvil para llegar a casa está relativamente libre de tensión. Esta vez no los perseguirá ningún jeep de la patrulla fronteriza. La patrulla fronteriza no vigila las carreteras que van de norte a sur, porque saben que los migrantes van rumbo a sus hogares y por lo tanto la deportación as algo innecesario. Esta es la única política de la patrulla fronteriza que da como resultado indirecto (sin intención) un acto humanitario por parte del gobierno norteamericano: los mexicanos pueden llevar a casa el dinero y las pertenencias que han acumulado. Irónicamente, son los agentes aduanales mexicanos los que representan la mayor amenaza para los migrantes que regresan. Con o sin tratado de libre comercio, los agentes aduanales exigen exorbitantes sobornos y algunas veces hasta llegan a confiscar los artículos que les llaman la atención.

La conversación en el pueblo gira alrededor de la fiesta: cuáles son las bandas que han sido contratadas para tocar, quiénes los toreros que deslumbrarán en el ruedo, quién tendrá el honor de limpiar la estatua de San Francisco, qué familias del pueblo no podrán conseguir dinero suficiente para pagar el diezmo para la fiesta, si le romperán el corazón a la chica que le prometió su mano al muchacho que ha estado en Iowa todo el año.

Hasta la familia Chávez se está animando. Al igual que todos mis conocidos en Cherán, ellos están orgullosos de las costumbres del pueblo, que consideran como algo especial, aún cuando son prácticamente idénticas a las de cualquier otro pequeño pueblo en México. Un día, la familia me invita a ir al vecino pueblo de Nahuatzen, cuya fiesta se celebra unas semanas antes que la de Cherán y sirve, para los cheranes, como una especie de calentamiento. Se parece en todo a la fiesta de Cherán, aun cuando no es tan grande, lo cual es señalado con orgullo por los cheranes. Este es uno de los primeros paseos familiares de los Chávez desde que ocurrió el accidente, y todos, desde doña María Elena hasta el más pequeño de los niños, se han puesto sus mejores prendas para esta ocasión.

Nos amontonamos dentro de la camioneta pickup Ford blanca de Fernando, un abollado vehículo de trabajo de fines de los setenta, cansado pero aguantador. Salimos de Cherán por la carretera de dos carriles, bajo una llovizna extemporánea que cae sobre mí y los chicos que van sentados en la parte trasera de la camioneta, una llovizna que se convierte en chubasco cuando llegamos al pueblo. La lluvia ocasiona estragos. Nahuatzen, que es un pueblo mucho más pobre que Cherán, únicamente tiene unas pocas calles empedradas; el resto son caminos de tierra, que se convierten en canales de desagüe a causa de la lluvia. Los vendedores tienen las acostumbradas cubiertas de plástico azul para tapar sus puestos, pero, en realidad, es una protección contra el sol. Las cubiertas se arquean al llenarse de agua, estallando algunas de ellas sobre las cabezas de los que están tratando de protegerse de la tormenta. Todos estamos empapados hasta que llegamos a la iglesia.

Me acuerdo de la actitud cínica que la familia tiene respecto a la religión, pero al entrar, sus ojos se llenan de asombro. Hay coronas de pino colgando de las paredes, guirnaldas de flores de papel blanco forman arcos sobre nuestras cabezas. Las mujeres llevan azucenas y orquídeas rojas, blancas y naranjas, mientras se acercan lentamente hasta el doliente Cristo, rozando su cuerpo retorcido por el dolor, con los pétalos, con un toque suave y sensual. Se retiran del altar, caminando hacia atrás, mirando a la deidad de la misma manera en que hubiesen adorado a un dios del panteón purépecha, muchos años antes de la llegada de los españoles, quienes trajeron a su Dios-hombre blanco clavado sobre una cruz de madera. Cientos de veladoras arden frente a los altares de los santos, son tantas, que se ha nombrado a un bombero oficial para que impida que las llamas quemen la iglesia y acaben con ella. Meses después, Rosa me dirá que la única razón por la cual la familia va a la iglesia es para orar por sus hermanos: ellos también son mártires.

Los juegos para los niños están parados y goteando bajo la tormenta, pero los niños se deleitan comiendo golosinas. María Elena carga a José Iván, su nieto más pequeño, atravesado sobre su pecho, envuelto en su rebozo. Le cuesta trabajo caminar con sus zapatos nuevos de fieltro negro con hebillas doradas, mientras recorremos la distancia de un kilómetro y medio desde la fiesta hasta el lugar donde estacionamos la camioneta, caminando sobre calles empedradas y piedras sueltas, y concreto roto, dando pasos largos y fatigados para cruzar sobre los torrentes de agua lodosa. Nadie le extiende la mano y ella no lo pide; nunca se tropieza, y me doy cuenta que esas piernas tan delgadas, las que alguna vez consideré frágiles, no lo son, y ella las obliga a ser lo suficientemente fuertes para cargar a su niño a través de la tormenta.

"Estamos siguiendo una tradición de trescientos treinta años", dice el señor Seferino Flores. "Por lo menos, eso es lo que dice la tradición." El canoso anciano fue electo, este año, comisionado del barrio del Parikutín, y ahora está supervisando la preparación de un estandarte para la fiesta, el cual será levantado a un lado de la iglesia de San Francisco. Cada año, a los trece barrios de Cherán les son asignadas diversas responsabilidades que deben ser cumplidas al pie de la letra. Hay cuatro tareas principales: la música, los fuegos artificiales, las corridas de toros, las procesiones, y otras preparaciones religiosas. Cada año, estas responsabilidades se van rotando entre los barrios. El primer año en que oficialmente se llevó a cabo esta celebración pudo haber sido 1636, pero existe una gran cantidad de evidencia de que sus raíces provienen desde antes de la conquista. Para levantar el estandarte, una docena de muchachos quitan las hojas a una pila de mazorcas de maíz azul. A continuación, las mazorcas son amarradas a un marco en forma de herradura, entre ramos de pinos, margaritas, claveles y una serie de luces de colores que será conectada a la energía eléctrica junto al altar; estas luces se prenderán y apagarán día y noche. De esta manera el símbolo precolombino del dios de la cosecha, quien decide si hará que la tierra sea fértil, ocupa su lugar en el altar, a un lado de San Francisco de Asís.

"El maíz es la cosecha principal de este pueblo", dice el señor Seferino. "Nuestro santo patrono cuida el maíz, por lo que lo representamos de esta manera durante la fiesta." Los ritos de la fiesta también son para dar gracias por el éxito de la migración. Seferino mismo es un veterano de las campañas del norte, ha trabajado en Alabama (cosechando sandías, papas, camotes) en Alberta, Canadá (talando madera). "Todos los que vamos al otro lado, pedimos la bendición de San Francisco. Y cuando regresamos, le damos las gracias con misas, procesiones y estandartes."

En Estados Unidos no hay nada que se parezca a la fiesta de Cherán, aún cuando varias generaciones de inmigrantes del sur de Europa han llevado un sabor parecido a las regiones étnicas enclavadas en ciudades y pueblos a través de Estados Unidos. La fiesta (siete días y siete noches de festejos absolutos, excesivos, anárquicos, sublimes, y algunas veces, escandalosos) forma parte elemental de las economías de los pueblos pequeños, tanto en la fortuna como en la adversidad.

Cada hogar paga el diezmo requerido para la fiesta y también gasta una cantidad importante en comida, bebida y chucherías. Los puestos concesionados, colocados en el pueblo, llenan los bolsillos, tanto de los empresarios locales, como de los ambulantes. En este escenario, los ricos se hacen más ricos y los pobres reciben los palos, aún cuando estos últimos, cuando menos durante los días que dura la fiesta, generalmente están contentos con este arreglo. La fiesta también puede ser un tema política. Después de todo, si está mal organizada y, digamos que la cerveza se agota, el presidente municipal tendrá que pagar las consecuencias. Y a la inversa: una buena fiesta, significa buena fortuna política para los caciques del pueblo.

Si le preguntas al padre Melesio acerca de la fiesta, se pondrá romántico hablando del colectivismo del evento, de la solidaridad. ¿Y porqué diablos no había de ser así, después de un año de pruebas y tribulaciones en la ruta del migrante?

"Tomando en cuenta los golpes que reciben", me dice el padre, "ellos también tienen derecho a gozar de la felicidad. No se puede considerar que la fiesta sea un desperdicio de dinero. No es una forma de escape. Es el espíritu mismo de la vida".

Por supuesto, podrá haber demasiado que beber, y algunas peleas podrán volverse desagradables. Pero la parroquia del padre Melesio recibirá la mayor parte de sus donativos en esta época del año, dólares norteños para las arcas de la iglesia, dinero que ayudará a encausar programas sociales que realmente realicen obras buenas. Existen algunos miembros de la izquierda que menosprecian la tradición, aseverando que forma parte de la maquinaria que controla y finalmente impide la rebelión en contra de las fuerzas de la capital. En los territorios chiapanecos controlados por los zapatistas, por ejemplo, las fiestas se celebran ahora sin la presencia del alcohol, porque los líderes indígenas han identificado al alcohol como una forma de represión política y económica.

Pero Cherán no está ni siquiera cerca de una revolución, y esto no es debido al alcohol. En Cherán, la frustración acumulada es dispersada en una gran parte a través de la migración. El día en que los cheranes no puedan imaginarse una forma de vida más allá de Cherán, será el día en que el pueblo explote. Con la patrulla fronteriza o sin ella, falta mucho tiempo para que llegue ese día; ni siquiera se vislumbra en el horizonte. Con lo que nos quedamos es con la bacanal de la fiesta.

Estoy perdido en un mar de cholos y norteños borrachos, bandas de instrumentos de viento, y ajetreados puestos de mercado que huelen a ropa nueva y comida grasosa, el tañer de las campañas y deslumbrantes automóviles que pasean. En medio del caos, un médico testigo de Jehová, quien aparentemente considera que el doctor Tito es un charlatán ateo, me suplica que lo entreviste. Me dice que la fiesta es una gran blasfemia, una perversión idólatra del cristianismo, que él y su familia se enclaustrarán en su hogar (ellos no tienen antena parabólica, pero sí tienen muchas Biblias las suficientes para todo el resto de la semana). Sostendrán sesiones maratónicas de oraciones por todas esas almas perdidas. ¡No, nunca ha pensado en mudarse a vivir en Estados Unidos, muchas gracias!

En cuanto al resto de los habitantes de Cherán, cada día, desde las seis de la mañana hasta las primeras horas del día siguiente, los cohetes se elevan silbando hasta explotar, las detonaciones reverberan en los cerros que rodean al pueblo. Las calles del centro están inundadas de puestos. Rodean la plaza y flanquean ambos lados de la calle a lo largo de kilómetro y medio, todo el camino hasta llegar al espacio descubierto que se encuentra a un lado de la secundaria, donde se han colocado los juegos para los niños, así como la rueda de la fortuna, que no pueden faltar en ninguna fiesta. Los vendedores apilan sus pirámides de frutas y montones de playeras e hileras de zapatos; las rebanadas de carne de cerdo guisada brillan bajo reflectores color ámbar. En los juegos de lotería (parecidos al bingo, pero en lugar de números, hay un extenso surtido de prototípicos símbolos y caracteres en latín), tenderos que repiten monótonamente la instrucción de colocar tus frijoles sobre el soldado, la rana, el catrín, la muerte. En otros puestos, te suplican que truenes los globos con los dardos y les dispares a los patos con pistolas de balines. Están a la venta juguetes fabricados en Taiwán, incluyendo un juego de agente especial con todo y una pistola calibre .38, esposas y un radio comunicador. Hileras de retratos cursis (un simpático perrito blanco peludo con moños azules en su pelambre) con unas palabras inspiradoras ("nuestra amistad es eterna"). Enormes vírgenes de Guadalupe, con centellantes coronas de luces de colores. Botas vaqueras, junto a Nikes de imitación. Gorras y rompevientos: Charlotte Horners, Phoenix Suns, Pittsburgh Steelers, Oakland Raiders, Chicago Bullas, Los Ángeles Dodgers. Palomitas de maíz, algodones de azúcar. Bellos rebozos, desde los que están fabricados en tosca lana color azul, hasta los colores pastel más suaves, ofrecidos por venerables matriarcas que los usan ellas mismas, hasta mujeres más jóvenes que llevan puestos apretados pantalones de mezclilla marca Guess.

Los norteños se pavonean, luciendo sus brillantes hebillas de plata y deslumbrantes cadenas de oro. En la iglesia, las mujeres mayores se dirigen hacia el altar sobre sus sangrantes rodillas, donde San Francisco, después de su arreglo anual, luce apuesto y santificado bajo su halo de luces verdes de neón. Su túnica está adornada con billetes de veinte dólares (de los cuales, la familia Enríquez donó a la iglesia doscientos dólares) un símbolo de la gratitud del migrante. Wense Cortéz, el esposo de Rosa Chávez, no tiene billetes que prender sobre la túnica de San Francisco. Esta vez únicamente logró penetrar unos cuantos kilómetros a Estados Unidos. Probablemente no era el momento oportuno; era de los pocos migrantes que trataban de entrar a Estados Unidos a principios del otoño, cuando la mayoría se dirigía en sentido opuesto. Cuando disminuye el flujo de migrantes que se dirigen hacia el norte, la probabilidad de ser descubierto cruzando la frontera es mucho mayor.

Me encuentro a Wense en su hogar con Rosa, un poco avergonzado. Sin embargo, comienza a contar una historia de cómo cruzó la frontera, y se va entusiasmando, igual que cualquier otro migrante que cuenta cómo ha conquistado los territorios del norte.

"El río no era profundo", dice, tirando de la visera de su polvorienta gorra con la efigie de Cristo crucificado. "El agua me llegaba únicamente hasta el ombligo. El cruzar no fue un problema. Nos reíamos de lo sencillo que era." El coyote también estaba lleno de júbilo ante la facilidad con la que habían cruzado el Río Grande cerca de Matamoros; con esta bendición, les dijo a sus clientes que el resto del viaje seguramente sería igual de sencillo. El hecho de que el coyote había llevado a sus dos hijas adolescentes consigo, también fue considerado por los migrantes como una buena señal.

Pero no sería así. Un helicóptero de la migra los descubrió poco tiempo después de haber cruzado. Repentinamente, dice Wense, el coyote y sus hijas desaparecieron. Esto es típico. Los coyotes tienden a desaparecer cuando más los necesitan. Unos cuantos minutos después apareció una camioneta de la patrulla fronteriza y los llevó de regreso hasta la línea.

Esperaron a que el coyote se presentara nuevamente en el lugar designado del lado mexicano, pero después de que habían pasado un día y medio, Wense y su hermano menor, Melchor, para quien era el primer viaje al norte, decidieron irse por su cuenta con un grupo descabellado de migrantes sin suerte, muchos de los cuales ya habían sido deportados varias veces o asaltados por bandidos fronterizos. Puesto que los hermanos ya casi no tenían dinero, pensaron que no tenían nada que perder.

Esta vez el agua del río les cubría la cabeza; tuvieron que pagarle a dos hombres cuyo único medio de ganarse la vida era el llevar a los migrantes a través de las traicioneras aguas en una lancha improvisada hecha con cámaras de llantas de tractor. Era un viernes por la noche y en la obscuridad el río parecía llevar aceite en lugar de agua, pero lograron cruzar con éxito.

Durante los cuatro días siguientes, vagaron por el desierto. "¿Has estado alguna vez tan sediento que llegaste a pensar en beber tu propia orina?", pregunta Wense. La temperatura era de más de cien grados Fahrenheit, un día típico del sur de Texas a finales del verano. Se tropezaban con la arena y los matorrales, buscando en vano un poco de sombra. Tiraron sus botellas de agua vacías y bebieron de charcos de agua estancada en hondonadas o baches en caminos vecinales. Durante el tercer día se encontraron con un ranchero mexicano quien les ofreció alimento y la oportunidad de bañarse en la regadera de su casa. Wense se había encontrado con muchos ángeles del camino parecidos a éste, durante los ocho años en que había estado cruzando la frontera. Los periódicos nunca hablan acerca de ellos. Las historias siempre son sobre la migra o sus primos, los "vigilantes", los rancheros gringos que siempre llevan una pistola. Wense jura que por cada persona que intenta impedir el paso de los migrantes, hay alguien más que siempre está dispuesto a ayudar al tren de media noche a llegar a su destino.

Desgraciadamente, el buen samaritano no pudo ocultar las huellas que el grupo de migrantes había dejado en el desierto, las cuales fueron seguidas asiduamente por la patrulla fronteriza. Durante el cuarto día, los migrantes estaban nuevamente en tierras agrestes, en donde no había un solo rancho a la vista. Escucharon el familiar sonido de las aspas del helicóptero cortando el aire a través del hirviente y muerto espacio aéreo. No había donde ocultarse con la excepción de unos cuantos grupos aislados de matorrales y uno que otro deslave. De todas maneras, Wense y Melchor hicieron todo lo que pudieron. Cuando llegó la camioneta de la patrulla fronteriza, ellos fueron los últimos a quienes recogieron. Hasta se hubieran podido escapar, si no hubiese sido por el perro pastor alemán que olfateó donde se habían ocultado.

Es hasta este momento cuando Wense admite que había pensado en entregarse a la migra aún antes de que los arrestaran, por el bien de su hermano más que por el suyo propio. El muchacho estaba peligrosamente deshidratado, al borde del delirio. Sus labios estaban blancos y agrietados, como la sonrisa de una calavera del día de muertos. Podría haber ocurrido una verdadera tragedia si la patrulla fronteriza no los hubiera capturado.

Durante toda la historia, Rosa ha estado sentada frente a una vieja máquina de coser marca Singer, manual, cosiendo unos shorts de mezclilla roja para su hija. Ha estado callada durante todo el tiempo, mientras Wense agita los brazos y levanta la voz, colocándose en el papel del héroe. Rosa levanta la vista para verme y me lanza una mirada extraña; medio molesta, medio divertida. Ha cruzado la frontera únicamente una vez, pero debido a la pérdida que ha ocurrido en su familia, no puede pensar en la frontera como si fuera únicamente otra historia de migrantes.

Para Wense, sin embargo, esta es una aventura que se debe agregar a la historia popular del migrante de Cherán. Se burla de los horrores del camino, mientras cuenta la experiencia vivida, como si de alguna manera sintiese que ha burlado a la migra, el camino, o la muerte misma, al haber regresado con vida a casa. Pero el deseo de Wense por irse no se ha quebrantado. Dice que desempeñará diversos trabajos en el pueblo, tal vez un poco de trabajo de construcción en el segundo piso de la casa de algún norteño. Se quedará en el pueblo por algún tiempo. Después de todo, esta es época de fiesta.

"Cuando termine la fiesta, volver a ir al norte", dice Wense. "Esta vez sí podré hacerlo."

Al día siguiente, regreso a la casa de los Chávez y me encuentro con Rosa, quien nuevamente está sentada frente a la máquina de coser Singer. Wense no está por ningún lado. "Es la fiesta", dice Rosa sarcásticamente, "se traga a los hombres. Todos son una bola de borrachos en esta época del año".

Rosa ha estado pensando mucho acerca del futuro. La fiesta es una época natural para mirar hacia el año que ha transcurrido al mismo tiempo que hacia el año próximo. Me quedo impactado al escuchar que Rosa está pensando en irse al norte muy pronto. Han pasado siete meses desde que ocurrió el accidente, y ella ha cumplido con lo que consideró que era su papel: permanecer al lado de su doliente madre. Durante las últimas semanas, la anciana mujer parece haber hecho a un lado una gran parte de su dolor, concentrándose principalmente en sus nietos. Rosa sabe ahora que su madre seguirá adelante por ellos, aunque sólo sea por eso. Ellos constituyen la única esperanza de la familia.

Por lo tanto, Rosa compara imágenes de su vida aquí y allá. Quedarse en casa, remendar ropa, bordar mantelitos que nadie le compra en el mercado. Llenar todos los días con agua jabonosa las tinas que están en el patio. Atender la tienda que no tiene clientes. Esperar las llamadas y giros postales de Wense, esperar a que le cuenten rumores acerca de sus borracheras o infidelidades en St. Louis. Ver como su hija Yeni va creciendo, asistirá a la escuela primaria por unos años, y será violada por algún muchacho local, quien seguramente también huirá al norte. Tal vez algún día, Yeni estará sentada frente a la máquina de coser Singer, igual como lo está Rosa ahora, pensando en irse hacia el norte.

Rosa condujo una vez un tractor, cuando Wense y ella trabajaron en una granja en las afueras de St. Louis. Allí, tienen un apartamento propio, con agua corriente caliente y fría, un baño interior, un sofá, una estufa eléctrica. Allá arriba Wense actúa de manera diferente; hasta le ayuda a lavar los trastos. Probablemente, hasta podría convencerlo para que le enseñara a conducir el Buick blanco que adquirió recientemente y dejó allá, al cuidado de un amigo. Es imposible imaginarse algún movimiento en la escala social estando en Cherán. Pero cuando Rosa piensa en St. Louis, se le presentan toda clase de imágenes: escuela de cosmetología, universidad para Yeni y, algún día, una casa propia. Ahí llevará a vivir a su madre. Ahí vivirán las viudas y las sobrinas y sobrinos de Rosa.

Hasta María Elena ha llegado a pensar en la posibilidad de mudarse para el norte algún día; por ahora se ha resignado a darle su bendición a Rosa para el viaje. María Elena me pregunta si creo que llegará el momento en que el gobierno norteamericano le pida que presente su testimonio ante la corte. Tiene esperanza de que los norteamericanos la pondrán en un avión para que pueda aterrizar en Estados Unidos sin tener que cruzar la línea que asesinó a sus hijos. Después, sin importar lo que ocurra en la corte, ella piensa quedarse en el otro lado, al lado de sus hijos sobrevivientes, con o sin papeles.

Le respondo que no lo sé, aún cuando sospecho que el viaje gratuito en avión hacia Estados Unidos es poco probable; el servicio de inmigración y naturalización quizá llegará a un acuerdo sin pasar por las cortes, para evitar responsabilidades políticas y económicas. Le podría aconsejar a María Elena que espere el pago, lo cual tardará años. Pero sería difícil convencer a la familia Chávez para que abandonen el camino que parecen estar decididos a recorrer, aún después de la tragedia. Pienso en la campaña publicitaria del servicio de inmigración de Estados Unidos: "Quédate fuera, continúa vivo", iniciada después de docenas de fallecimientos que ocurrieron sobre la línea durante este año. El enfoque de los videos y posters era tan sencillo como cruel: utilizar los cuerpos de los muertos como una advertencia para los presuntos migrantes deseosos de cruzar la frontera. Si no disuaden a la familia Chávez, no lo harán con nadie.

Después de la fiesta. Todo sucederá después de la fiesta.

Durante la mayor parte de la fiesta, me quedo en casa de don Francisco Payeda, siguiendo la recomendación del padre Melesio, quien se apiadó de mí después de que le conté que me había estado hospedando en el único "hotel" de Cherán, durante mis frecuentes visitas. Me dio mucho gusto abandonar esos sucios cuartos, que temblaban cada vez que un autobús o camión de carga pasaba por la carretera.

La casa de Francisco también es una construcción endeble, a un lado de la carretera, pero es un hogar feliz. Aquí comparten el espacio cuatro generaciones de Payedas, desde el bisabuelo octagenario, quien fue de los primeros migrantes pioneros (cosechaba fruta en Oregon en la década de los cuarenta) hasta el hijo de Nena, la hija de Francisco, una muchacha de cara triste pero amigable, quien trabaja en la caseta, a un lado del mercado. Lobo es la mascota de la familia, un perro sorprendentemente salvaje pero finalmente adorable, una mezcla de pastor alemán con sabueso de pelambre corto. Siempre deja mis pantalones de mezclilla manchados con las huellas de sus patas llenas de lodo.

El apodo de Francisco es Pancho Villa, porque constituye toda una leyenda en el sindicato local de maestros, un activista vehemente, quien siempre caminó a la cabeza de la manifestación y se enfrentó a los soldados y sus rifles. Pero eso fue hace muchos años. Actualmente está retirado y bebe todo el tiempo. No es un borracho malvado; por el contrario, el alcohol únicamente acentúa la dulzura de su carácter. Pero su cuerpo ya muestra los efectos del veneno. Una mañana, extiende su mano temblorosa. "D.T's.", dice. Ha estado tratando de dejar de tomar pero, ¿cómo puedes evitar beber durante la fiesta?

Un día, cuando regreso a casa de la familia Payeda, me recuesto sobre mi pandeada cama para tomar una siesta, cuando de pronto escucho un terrible alboroto. Alguien toca mi puerta. Es Francisco, agitando una botella e informándome que los toreros han llegado a Cherán y que él tendrá el gran honor de hospedarlos en su casa.

Poco después, conozco a los tres toreros que han sido invitados para la fiesta, según lo estipula la antigua tradición. Son de Jalisco, el lugar de origen de todos los grandes machos mexicanos, los mejores jugadores de fútbol soccer, los bebedores mas empedernidos, y debo agregar que los más apuestos. Debido a una mezcla de sangre francesa e indígena, los mestizos de Jalisco (hombres y mueres por igual) son altos, de piel morena clara, y ojos verdes, con traseros bien formados y, por supuesto, se necesita de un trasero bien formado para ser un torero.

Juan Carlos López y Sigfredo Loza, apodado el Cerillo (por tener el cuerpo tan delgado), tienen aproximadamente veinticinco años, están vestidos en forma casual, igual que un anuncio de Calvin Klein, con suéteres cerrados y pantalones de mezclilla sostenidos por cinturones gruesos de piel con grandes hebillas de plata, su cabello un poco largo y relamido hacia atrás. El líder del grupo, Ricardo del Toro, tiene treinta y nueve años y su cabello entrecano forma entradas sobre su frente. Es menos alto que los demás, y no tan bien parecido, pero lo compensa con su comportamiento sociable.

Los toreros están acompañados por Enrique Carranza, un tipo amable, un poco quejumbroso, perfecto para desempeñar el papel de payaso en un rodeo, y su hermano, Santiago, quien únicamente vino para no perderse del paseo. También está Nora, una voluminosa chica indígena de un pueblo purépecha cercano, que representa el papel de *grouppie*; pocas veces dice algo, y cuando lo dice es en tono sarcástico o burlón. Obviamente es una rebelde, una chica mala que está orgullosa de estar acompañando a los toreros. Nora siempre tiene puestos los audífonos de su *walkman*, y se puede escuchar el tenue chirrido de las lastimosas baladas mexicanas.

Los hombres se comienzan a preparar para la corrida de toros que está anunciada para las cinco de la tarde, en de un par de horas. Se preparan, buscando la siempre esquiva combinación perfecta de alcohol, cocaína y marihuana. Aún cuando pocos habitantes de Cherán lo sepan, le han dado la bienvenida a un trío de toreros tan decadentes y desgastados, que apenas si pueden evitar que los mate el toro en el ruedo.

Entre toques y tragos, los toreros cuentan acerca del largo y sinuoso camino que los ha conducido hasta Cherán. Crecieron en los Altos de Jalisco, el altiplano que está más elevado que Guadalajara. Han estado viajando desde que se convirtieron en niños prodigio de la tauromaquia. Todos los toreros conocen la vida por el camino; este grupo lo conoce como palo de espadas. Torean veinte toros cada par de días, a cambio de una cantidad irrisoria de dinero; son los toreros de los pobres, viajando de pueblo en pueblo, participando generalmente en las fiestas en honor del santo patrono. Viven alejados de sus familias (están casados y con hijos) y de sus pueblos natales durante más de doscientos cincuenta días al año. Han toreado toros con sus capotes gastados y rotos y muletas de madera (pocas veces llegan hasta el "momento de la verdad"; la mayoría de los lugares que visitan no se pueden dar el lujo de que maten al toro) en cada poblado y rancho desde los poblados fronterizos en el desierto, hasta los pueblos que se encuentran en los ardientes trópicos.

"Esta es la única forma de poder soportarlo", dice Ricardo, aspirando intensamente el grueso cigarrillo de mariguana y levantándolo en el aire, como si fuese una pipa sagrada. "¿De qué otra manera podría yo entrar al ruedo ciento cincuenta veces al año con esos cabrones? Nunca los matamos, pero ellos nos podrían matar en cualquier momento."

"Estos son rocanroleros de verdad", pienso para mis adentros. Están tan cercanos al lado obscuro como Jim Morrison o Kurt Cobain, son tan temerarios como Sid Vicious, tan sobre estimulados como Little Richard, y tan diabólicamente sensuales como Elvis. Se ganan la vida enfrentándose a la muerte sobre el ruedo y fuera de él, cortejándola, bailando con ella y, de vez en cuando, estando muy cerca de consumar la relación.

Es hora de ponerse los trajes. Se quitan su ropa a un ritmo lento y drogado, sin pizca de modestia, puesto que el toreo es un deporte y todos los deportes están relacionados con el cuerpo, pero este deporte en lo particular cuenta la historia del cuerpo de manera exagerada, con cicatrices que únicamente pueden ser causadas por los cuernos o pezuñas de un toro. Nuestros toreros parecen complacerse en mostrar su piel, prácticamente están posando, como si fuera para *El otro lado*, la vistosa revista gay de la ciudad de México. Ricardo, el veterano, es quien tiene más cicatrices. Una de tres pulgadas sobre el pecho derecho, con la herida por donde salió el cuerno a través de su omoplato. Un peligroso desgarre a lo largo de su cadera izquierda. También hay cicatrices pequeñas en la calvicie de su cabeza. Y nos cuenta de la ocasión en que un toro casi lo mató: una vez, en algún olvidado pueblo indígena fue cornado por el toro, atravesando su trasero hasta llegar a sus intestinos. "Es un milagro que todavía pueda cagar", dice riéndose.

Los cuerpos de los toreros más jóvenes están más o menos intactos. Esto es principalmente, según me entero, debido a que son conservadores en el ruedo. Ricardo, por su parte, es un verdadero loco. "Yo me paro de manos frente al animal", dice, "esto es algo que ningún torero antes de mí ha hecho jamás, y no creo que nadie lo haga en el futuro". Promete efectuar esta proeza en honor de su nuevo amigo de Estados Unidos. *You take picture*, dice en inglés, presionando con su dedo el obturador de una cámara imaginaria. *¿Yes?*

Cerillo, Juan Carlos y Ricardo haraganean mientras pasan por diversas etapas para desvestirse, fumando un poco más, bebiendo un poco más, como si quisieran posponer lo más posible su cita con los toros.

Ricardo continúa con su historia. Explica que un torero no sólo hace girar el capote delante de un toro que está resoplando: "Es una forma de vida". Para ser torero, no puedes jugar con la muerte, juegas con la vida. Se espera de ti que seas un personaje, desafiando todas las reglas, viviendo la vida al máximo porque tal vez mañana ese violento toro podría cornarte nuevamente y esta vez la peritonitis te podría matar de verdad.

Ricardo contó de aquella vez en que descendió del autobús en Guadalajara, después de otra agotadora gira, y llovía a cántaros. Ahí estaba parado, escurriendo, esperando a un autobús que lo llevara hasta Los Altos, cuando le llamó a atención un elegante Mustang 82 negro, con relucientes rines, que, con el motor encendido, estaba junto a la acera. Metió la mano en su bolsillo y sintió el fajo de billetes, resultado de una docena de corridas que acababa de presentar. "¿Cuánto quieres por él?", le preguntó al tipo que estaba al volante. El conductor le mencionó un precio exorbitante. Con el desplante de un "don" italiano, Ricardo desprendió la cantidad exacta, y el asombrado conductor se fue caminando, más rico pero mojado. "Un torero no debe sufrir el oprobio de ser empapado por una tormenta de Guadalajara", dice Ricardo, "cuando tiene la posibilidad de viajar a casa en un Mustang 82 negro".

También cuenta de aquella vez en que estaba caminando por una calle, no recuerda en qué pueblo, y llegó hasta una casa que tenía las puertas y las ventanas abiertas de par en par; escuchó los sollozos y las risas de un velorio mexicano. Sin conocer a nadie, entró y se dirigió directamente hacia la viuda para ofrecer sus condolencias, y su considerable atractivo masculino. La sollozante viuda pasó de las lágrimas a la risa en unos cuantos minutos, y le suplicó que se quedara. "Un torero siempre cuida a aquellos que sufren, porque él mismo sabe mucho del dolor", dice, guiñando el ojo.

Cuenta de aquella larga caminata por la que Ricardo quedará por siempre en los anales de la historia de la tauromaquia. Verás, a pesar de sus heroicos actos de pararse de manos, Ricardo nunca logró llegar a presentarse en "el espectáculo" en la ciudad de México, donde se encuentra la mayor plaza de toros del país. Una y otra vez fue pasado por alto, mientras que sus colegas, los cuales, según él, tenían menos cojones, recibían la aprobación para pararse en el centro del ruedo bajo una lluvia de rosas rojas. Él estaba convencido de que la corrupción oficial era la culpable del boicot contra él; sin duda se trataba de toreros que contaban con patrocinadores ricos que engrasaban las ruedas. Por lo tanto decidió hacer que el mundo se enterara de su situación. Se vistió con su traje de luces, el brillante uniforme cubierto de lentejuelas del torero, y partió caminando desde Guadalajara hasta la ciudad de México (un trecho de cuatrocientos ochenta kilómetros), repartiendo volantes que condenaban la sucia política del deporte. Su peregrinación fue publicada en los encabezados de todos los periódicos de los lugares por donde pasó durante su recorrido. De vez en cuando un amistoso conductor lo llevaba parte del camino, y personas completamente desconocidas le permitían pernoctar en sus casas, le daban de comer, y a la mañana siguiente lo animaban para continuar. Un mes después de su partida llegó a la ciudad de México, sus pies estaban llenos de ampollas y sangrando, sufría un dolor intenso en sus rodillas y su traje era un guiñapo. Y ni así los poderes que gobiernan la tauromaquia le dieron la oportunidad de presentarse en la plaza de toros de la ciudad de México.

"Pero ese no es el detalle", dice Ricardo. El detalle está en que peleó. Después de todo, los toreros más famosos son los que perdieron sus batallas más importantes, los mártires del ruedo, como Manolito y Juan Belmonde. A sus treinta y nueve años, Ricardo ya no tendrá la oportunidad de presentarse en la ciudad de México. Seguirá de gira por los destartalados ruedos de los pueblos, presentándose durante la fiesta, ante indígenas borrachos, hasta que llegue el día en que se enfrente a un toro que lo enviará al cielo de los toreros. Ama a estos pueblos, realmente los ama, los pueblos donde vive la mayoría de los mexicanos, pueblos llenos de personas iguales a él, quienes nunca tuvieron la oportunidad de hacer algo importante, quienes están eternamente condenados a empacar sus maletas e irse al pueblo contiguo, al estado contiguo, al país contiguo, en busca de algo mejor.

Podemos escuchar a la discordante banda de instrumentos de metal que acompañará a los toreros a lo largo de su procesión, cruzando el pueblo, hasta llegar a la plaza de toros.

Los toreros se quedan silenciosos. Con la misma lentitud con la que se quitaron la ropa, ahora comienzan a ponerse sus trajes de luces. Primero las calcetas, apretadas pantimedias con las que cubren sus peludas piernas. A continuación la camisa blanca, bueno, no tan blanca; los cuellos están indeleblemente manchados con hollín y la tela de la camisa de Ricardo está tan desgastada que se puede ver claramente su bronceado torso. A continuación las delgadas corbatas negras. Juan Carlos tiene un pequeño crucifijo de plata que hace las veces de alfiler de corbata. Ahora son los pantalones cubiertos de lentejuela y los tirantes que pasan sobre los hombros. Y los brillantes chalecos, tal vez no tan brillantes como alguna vez lo fueron; varias docenas de lentejuelas se han caído y la seda se está deshilachando.

Y finalmente, la *piéce de résistance*: los anteojos para el sol. Ray Ban Wayfarers para Juan Carlos y Cerillo, lentes de aviador para Ricardo.

Y así salen pavoneándose, bajo la tarde gris, drogados y flotando, sus ojos muy brillantes detrás de sus anteojos oscuros. La banda toca una estridente tonada. El mayor Salvador Campanur estrecha efusivamente las manos de los huéspedes de honor. Según la procesión va aumentando su ímpetu, se le unen cada vez más habitantes de Cherán. Las muchachas adolescentes ocultan a medias, con sus manos, sus sonrisas coquetas. Los chicos que pertenecen a las pandillas locales, con sus cortes de pelo al ras y sus anchos pantalones de mezclilla. Los borrachos del pueblo. Los mojados que acaban de regresar de Estados Unidos, vestidos con sus mejores ropas marca Guess.

Es una magnifica plaza de toros para un pueblo tan pequeño; obviamente, los dólares migrantes han contribuido para construir las gradas de concreto con capacidad para dos mil espectadores. Una banda sinaloense completa, una versión electrónica de la banda de vientos, con un sistema de sonido masivo más apropiado para una banda de *heavy metal*, comienza a tocar el himno de Michoacán, "Caminos de Michoacán", una canción cuya letra cuenta una historia clásica acerca de un muchacho que perdió a su amor y ahora está encadenado al camino, buscándola de pueblo en pueblo:

Camino de Michoacán
y pueblos que voy pasando
si saben en dónde está,
porqué me la están negando
díganle que ando en Sahuayo
y voy pa' ciudad Hidalgo.

El camino (y esos pueblos sin porvenir que se vislumbran en el horizonte y desaparecen por el espejo retrovisor) está impidiendo que el desdichado muchacho encuentre a su amada. El camino muy a menudo es un personaje real en las baladas mexicanas; siempre está impidiendo o cumpliendo sueños, llevando hacia un final ardiente o hacia el exitoso cruce de la frontera.

Son la cinco de la tarde. Desde las gradas, las jóvenes más hermosas de Cherán, vestidas con sus atuendos indígenas, con un arco iris de listones entrelazado entre su cabello, ondean pañoletas blancas al ritmo frenético de la banda. La banda tocará sin parar durante toda la corrida; las muchachas no dejarán de ondear sus pañoletas.

Está comenzando a lloviznar, pero la corrida nunca se para a causa de la lluvia. El ruedo se convierte en un fangoso pantano de tierra michoacana, color café obscuro, casi negro. Juan Carlos y Cerillo se quejan de que bajo estas condiciones se hace más difícil evitar que un cuerno se encaje en el trasero.

En el ruedo reina el caos. Puesto que este es un evento del pueblo, comprado y pagado con pesos de Cherán (en realidad con dólares cambiados a pesos en la casa de cambio), los habitantes locales sienten que tienen tanto derecho sobre los toros como los toreros mismos. Por lo que las festividades de calentamiento incluyen una "carrera de toros" amateur en la que participan los habitantes del lugar. Según se va soltando a los animales dentro del ruedo, uno por uno, chicos adolescentes corren alegremente de un lado a otro, brincando detrás de las

barreras cuando las amenazantes bestias se acercan demasiado, jalándolos por la cola, después de que los hombres a caballo los han atrapado con sus lazos. Me llama la atención un
muchacho en particular; lleva alrededor de la cabeza un pañuelo
con las estrellas y las barras y una arracada de oro cuelga de su
oreja izquierda, es un pirata totalmente binacional.

Finalmente, los muchachos regresan corriendo a las gradas para presenciar el espectáculo principal. La banda toca el
himno taurino ibérico, y Juan Carlos, Cerillo y Ricardo entran al ruedo, saludando a la muchedumbre con sus sombreros de fieltro negro. Aparecen los toros, cada uno parece más
cruel que el anterior. Juan Carlos y Cerillo se mantienen a
una prudente distancia de ellos, dejando que Ricardo haga la
mayor parte del trabajo. Sus movimientos no tienen mucha
gracia; en vez de los movimientos parecidos a los de un bailarín
de ballet, que recuerdo de cuando veía corridas de toros por
la televisión en compañía de mi abuelo, los movimientos de
Ricardo son tiesos, un poco torpes. Pero cumple con su tarea,
haciendo girar el capote de un lado para el otro, mareando al
toro hasta que éste se queda parado y ganándose una ovación
del público, el cual está siendo animado por un locutor que
grita para estimularlos, tratando de hacerse escuchar sobre el
incesante estruendo de la banda. La llovizna se convierte en
una pertinaz lluvia. Pero todos permanecen en sus lugares;
abren sus paraguas o compran lienzos de plástico que les ofrecen los vendedores, esos genios empresariales que siempre
están pensando en todo.

Ahora sale al ruedo una enorme bestia rubia, la más cruel
de la tarde. Juan Carlos y Cerillo parecen estar realmente nerviosos; Ricardo corre a meterse tras una de las barreras y
toma de la botella un gran trago de brandy Don Presidente,
por lo que recibe otra ovación por parte del público. La muchedumbre presiente que un encuentro trascendental está por
ocurrir y comprende la necesidad de Ricardo por tomar un
trago para tranquilizar sus nervios. Ricardo vuelve su mirada
hacia mí. ¡Este es! Hará la suerte que ningún otro torero ha
intentado jamás: pararse de manos frente al toro.

Hace un gran teatro aparentando domar al animal, una deslumbrante demostración mientras hace girar el capote, quedándose parado con arrogancia poniendo la mano sobre su cadera, luego se hinca sobre una rodilla, una y otra vez hasta que el toro se queda quieto, desorientado. Se vuelve hacia mí, hace un movimiento con la mano como si estuviera disparando una cámara, se voltea hacia el toro. Se inclina hacia abajo, sus manos se hunden en la húmeda tierra café, levanta los pies completamente juntos, haciendo una perfecta ejecución gimnástica de un farol. Es el acto de un loco, un insulto terrible para el toro: un insulto arrojado a la cara misma de la muerte. Ricardo se para, sus manos están escurriendo lodo, las coloca sobre sus caderas mientras inclina la cabeza, sacando la barbilla, el tiro de despedida del torero arrogante ante el derrotado toro. Otra ovación.

Ricardo regresa a la barrera, a los apretones de manos y golpes en el trasero y el ofrecimiento de más alcohol, el cual acepta de inmediato. Sobre el ruedo los hombres a caballo echan sus lazos y los chiquillos corren de un lado a otro, imitando modestamente a Ricardo, intentando pararse de manos frente al animal maniatado.

Unos cuantos minutos después, un toro negro se precipita al ruedo y Ricardo, visiblemente borracho, se le enfrenta nuevamente, y de nuevo marea al toro hasta hacerlo pararse en seco. Ante mi mirada horrorizada, se inclina para pararse nuevamente de manos, esta vez está únicamente a noventa centímetros de la bestia. "¡Contemplen el valor del mexicano!", grita el locutor, pronunciando la última vocal con un clamor tremendo, casi operístico. Ricardo permanece parado de manos, la lluvia cae sobre las suelas de sus enlodadas zapatillas negras. La cara de Juan Carlos se contorsiona, frunciendo nerviosamente el ceño. Las pañoletas de las jóvenes indígenas llegan hasta el punto mas alto del arco izquierdo.

"¡Ooohh!" Ricardo se levanta, le da la espalda a la bestia, levanta los brazos en forma de Y, saludando a sus admiradores, y al siguiente instante está volando por el aire, mientras un "¡ay!" colectivo se levanta del público. Cuando un animal que pesa cerca de mil kilos golpea a un hombre que mide un metro con sesenta y pesa cerca de setenta kilos, el impacto es parecido al de un humano que patea un ramita. Ricardo gira en el aire, haciendo finalmente un salto mortal completo. Cerillo y Juan Carlos se quedan inmóviles, anonadados, durante uno o dos segundos; durante ese intervalo, el toro corre desbocadamente hacia la figura inmóvil de Ricardo, dándole vuelta primero con un ligero roce de su inmensa trompa, y pisando después todo su cuerpo al pasar corriendo sobre él, las pezuñas pisan aquí sobre la tierra, allá sobre la piel y los huesos.

Es necesaria toda la energía combinada de los alternantes de Ricardo, junto con el payaso y los hombres a caballo para distraer finalmente al toro. Todas las miradas se dirigen hacia el cuerpo inmóvil de Ricardo. Lentamente, mueve una mano y se empuja para levantar el resto de su cuerpo del lodo. Cuando se pone de pie parece un cervatillo tembloroso que se para por primera vez. Saluda a la muchedumbre moviendo lentamente la mano y esbozando una sonrisa débil y extraña. Pero nadie más está sonriendo. Estamos observando la cara de Ricardo, la cual parece haber sido desgarrada por la mitad. Nos damos cuenta de un extraño punto blanco, como del tamaño de una moneda de cincuenta centavos de dólar, sobre su frente. Da un paso hacia las barreras y se desploma.

Cuando se lo llevan cargando, no se puede ver el hueso del cráneo, únicamente la sangre que brota a borbotones de la herida. Se escucha la sirena de la ambulancia. La función ha terminado; las gradas se están vaciando rápida y silenciosamente. Juan Carlos y Cerillo recogen las capas y las muletas, y puesto que nadie puede decirnos a dónde han llevado a Ricardo, nos dirigimos de regreso a la casa de Pancho Villa, para esperar hasta saber algo del maestro caído. "Este es el peor momento, tal vez sea el último", dice Juan Carlos. Encienden cigarrillos de mariguana. Beben. Esperan, intercambiando historias acerca de las aventuras de Ricardo con los toros y con las mujeres, acerca del respeto que le tiene la ley, a pesar de sus excesos; ese Ricardo tiene amigos que ocupan puestos importantes. Pero nuestra risa es forzada y la solemnidad comienza a parecerse al inicio de un funeral.

Cae la noche y la lluvia es implacable.

Es seguro que la cogida de Ricardo será de lo único que se hable en Cherán durante los próximos meses. Cada fiesta tiene cuando menos un momento inolvidable, muchas veces relacionado con una herida grave o hasta con la muerte. Vimos como se representó el día de hoy, en el ruedo, la pasión de Cherán. Algunos gritaban para alentar a los toreros, otros para alentar a los toros. Convocando a la vida, orando en silencio por la muerte, una oportunidad simbólica para ajustar cuentas subconscientes y, muchas veces, muy conscientes; la oportunidad que ofrece todo gran deporte. Y hay muchas cuentas que ajustar en este pueblo. Cherán, un pueblo de mojados, ¿a quién le importa un carajo Cherán, quién sabe siquiera que existe a excepción de las cincuenta mil personas que habitan los altiplanos de Michoacán? Una vez al año los cheranes se reúnen en la plaza de toros, bebiendo, riendo, llorando ante las múltiples ironías de la vida (una plaza de toros herencia de los conquistadores españoles). Muchachos purépechas vistiendo el uniforme *hip-hop* de los muchachos negros afroamericanos, quienes hace apenas unas generaciones eran esclavos, los indígenas se convierten en vaqueros en su rudo entusiasmo por "gringolandia"). Riendo y llorando porque sus sueños son tan grandes y sus pasados tan dolorosos y este limbo que se llama el presente es un lugar espantosamente tenso para vivir.

¿Cuál es la razón por la que Cherán ama la plaza de toros, además del hecho que representa una tradición de la fiesta que se remonta por siglos? Porque Cherán está corriendo con los toros todos los días del año.

Un par de horas más tarde, se escucha que tocan a la puerta. Ricardo entra, su cabeza está completamente vendada de blanco. Camina con debilidad, apoyándose en Nora, la chica indígena rebelde, y en un aficionado local. No dice ni una palabra; tampoco lo hace nadie más, nadie está seguro si ha sobrevivido o necesita de los santos óleos. Nora lo desviste, colgando el traje rasgado, lleno de sangre y lodo, sobre una silla. Permanece acostado ahí, mecido por ella, desnudo, únicamente hay una pequeña toalla que le cubre la cadera; el estudio de un mexicano pobre, realizado por Miguel Ángel.

En ese momento Ricardo mira a su alrededor, y una sonrisa comienza a asomarse a sus labios. Y grita: "Y bien, dónde es la fiesta?"

El domingo en la mañana comienza con el alocado tañer de las campanas. Un hombre viejo está parado solo en el centro de la plaza, prendiendo cohetes con su cigarrillo, dejando que los palos de bambú resbalen a través de sus dedos. Si no te despiertan las campanas y los cohetes, lo harán docenas de bandas de instrumentos de viento que tocan "Las Mañanitas", el tradicional himno de cumpleaños latinoamericano, para San Francisco.

A pesar de la cruda colectiva, Cherán abre los ojos al amanecer del último día de la fiesta. Los fieles bajan de los cerros llevando ramos de flores, el billete de veinte dólares que estaban indecisos en si debían dárselo a San Francisco o ahorrarlo para la depresión de después de la fiesta, y canastos llenos de plátanos, cerezas y naranjas verdosas. La iglesia se ha convertido en un imponente altar, lleno del acre olor a incienso, mil veladoras, ramas de pino, rosas, gladiolas y fruta que se está pudriendo. Las mujeres con sus rebozos puestos rezan fervientemente. Los hombres están parados sobre sus tambaleantes piernas borrachas, sus sombreros en las manos, haciendo una y otra vez la señal de la cruz.

Están dando gracias por haber regresado a salvo a casa. Están dando gracias por haber encontrado, a su regreso, a sus familias gozando de buena salud. Están rezando por una abundante cosecha de maíz, ahora que las plantas están de color amarillo seco y secándose, esperando únicamente a las manos que recogerán las mazorcas. Están rezando por que durante el viaje al norte del próximo año todo resulte bien, que todos los cheranes lleguen a sus destinos.

Aun cuando éste es únicamente el comienzo del invierno en Cherán, el final de la fiesta trae consigo el presentimiento de la primavera y una nueva ola de partidas. La gran rueda de la migración nunca deja de girar.

En la casa de la familia Chávez, todos se están vistiendo para dar una última vuelta por la plaza, los puestos de la fiesta, y los juegos para los niños. Las nietas llevan angelicales vestidos color blanco iguales, los nietos, camisas blancas y pantalones negros. Doña María Elena ha hecho una curiosa elección de modas: sobre su vestido típico con dibujo de flores, lleva una camiseta larga, blanca, en la que se lee sencillamente (en inglés) *Life*.

Pero la frivolidad de la fiesta está finalmente dando paso a una renovada sensación de tristeza entre la familia. Todos los hijos e hijas de Cherán han regresado con la excepción de Jaime, Benjamín y Salvador. La familia pasa la mañana recordando. Rosa dice que durante los días que precedieron la partida de los hermanos, habían habido varios "malavisos", malos augurios. Yolanda, la viuda de Benjamín, vio a un búho parado de manera extraña en un árbol detrás de su casa, y un coyote hambriento entró a la cocina. Benjamín lo atrapó y lo enjauló en el patio, pero cuando regresaron después de hacer algunas diligencias, el animal había desaparecido. La mañana en que los hermanos partieron, el cielo estaba asombrosamente blanco, alargadas nubes en forma de cirros cruzaban el azul del cielo.

Cuando Benjamín, Jaime y Salvador se despidieron de sus seres queridos, más tarde, ese mismo día, en la estación de autobús, no había ninguna señal de que algo estuviese fuera de lugar. Salvador estaba nervioso, pero de emoción; este era únicamente su segundo viaje al norte. Benjamín hablaba de regresar a Cherán para la Pascua. Hubo abrazos y besos y lágrimas en las caras de las mujeres, pero no hubo preocupaciones desagradables. Nadie en Cherán se podría haber imaginado la posibilidad de una pérdida tan grande.

Acompaño a la familia Chávez hasta el centro. Los chiquillos están llenos de sonrisas y algarabía, pero los adultos, incluyendo a Rosa, están taciturnos. Reciben el saludo de muchos de sus vecinos, pero son la clase de saludos llenos de lástima que se reservan para los que han perdido a un ser querido. Es difícil imaginar que la familia alguna vez gozará realmente de la fiesta sin una resaca de dolor.

Todos los habitantes de Cherán se han congregado en el centro, arremolinándose frente a los puestos, mirando más que comprando, la mercancía que ofrecen. Montones de pantalones de mezclilla Levi's Silver Tab, pequeñas bolsas en los colores del arco iris, animales de granja hechos de plástico, muñecas Barbie negras, golosinas cubiertas de miel, platones pintados a mano, mil rebozos. La familia Chávez sí compra algo, un juego de pequeñas tasas de cerámica y una cursi alcancía en forma de cochinito; un regalo de despedida para mí. El ademán casi me hace llorar porque me recuerda que yo, también, estoy a punto de partir.

El domingo por la noche, Wense y yo nos dirigimos hacia la plaza. Él compra una botella de Bacardí, dos litros de Coca y una pila de vasos de plástico azul. Toma de las botellas e invita a todo el que encuentra en su camino (un familiar perdido hace tiempo, personas completamente desconocidas) a brindar con él, ahí mismo, sobre la calle. Esto, también, es una tradición de la fiesta. Cientos de hombres caminan tambaleantes por la plaza, lo mismo que Wense (aquí también hay mujeres, pero están mucho más sobrias; la tradición del macho dictamina que una mujer borracha es igual a una prostituta).

Se han colocado dos escenarios, grupos de bandas tocan alternándose con los imprescindibles juegos de luces que giran y neblina que se eleva desde el escenario. Sobre la pista de baile, entre los escenarios, hay un mar de sombreros vaqueros que se mueven, subiendo y bajando. Wense me arrastra hasta el centro de la algarabía, pero no es para bailar; aparentemente sólo quiere sentirse apiñado entre la muchedumbre, en el justo medio de la fiesta. En comparación con los bailarines, Wense no está bien vestido esta noche. Generalmente hace todo lo posible por copiar la moda norteña, con sus camisas descoloridas y pantalones manchados. Pero hoy lleva puesta una sucia sudadera gris que está húmeda, no sólo a causa de la llovizna nocturna, sino también de mocos y escupitajos.

De pronto Wense siente la necesidad de orinar. Atraviesa la muchedumbre corriendo a gran velocidad, dirigiéndose hacia una tienda de abarrotes que se encuentra sobre el lado sur de la plaza y orina detrás de un montón de sacos llenos de fertilizante. Me da gusto que nadie se haya dado cuenta. De regreso en la plaza, Wense está llegando a esa etapa inevitable de borrachera en la que cualquier cosa puede suceder: podría desmayarse, empezar una pelea, ser arrestado por los policías, ser abofeteado por alguna muchacha.

Corre hacia la pista de baile, directamente hacia un norteño bien vestido, un hombre enorme como un toro, con pequeños ojos de insecto. Tiene una larga melena de cabello parecida a la del Músico. Wense insiste en presentarme con el norteño, aparentemente para hacerle sentir que él también tiene contactos en el norte. Pero el norteño está igual de borracho y agresivo como Wense y comienza a hablar rudo... conmigo.

"Tu no eres un norteño", dice el fulano, tomándome la medida. "Tú eres de Jalisco, yo sé quien eres, y permíteme informarte, yo trabajo para el FBI, así es que no andes por allí fingiendo ser un gringo, porque tendré que arrestarte." Yo comienzo a reírme de esta afirmación tan extravagante, pero el norteño no se ríe. Piensa que me estoy riendo de él. Ahora Wense comienza a responderle. Bajo la vista y veo las puntiagudas botas de piel de víbora que lleva puestas ese hombre, y tiemblo al imaginarme a Wense tirado sobre la plaza, recibiendo patadas en el estómago. Presintiendo que los golpes son inminentes, tiro fuertemente de él en el instante en que el norteño se abalanza hacia adelante, atravesando el espacio vacío, y cae de cara sobre el pavimento. Jalo a Wense a través de la multitud, separando parejas que bailan la quebradita y haciendo a un lado a cholos que nos lanzan miradas furiosas. Volteó para ver la pista y veo un remolino de puños; la quebradita se ha convertido en un *slam dance*.

"Tú no comprendes, Rubén, no lo comprendes", repite Wense una y otra vez arrastrando las palabras, mientras lo jalo hasta una calle lateral, que corre a lo largo de la iglesia, pero también aquí nos encontramos con la violencia, bandas de cholitos que se están peleando a puñetazos y patadas, gritando: "Vete al carajo y chinga a tu madre".

Todo Cherán está girando a mi alrededor mientras yo intento quedarme quieto. Estoy tan borracho como la fiesta misma. Pero Wense insiste en jalarme más y más hacia adentro y ahora únicamente puedo captar fragmentos de imágenes. Salvador Romero, el único hombre en la plaza que está sobrio, está repartiendo pollos grasientos desde una carreta... Nena, la hija de Pancho Villa, está sola, parada en una entrada que está a punto de derrumbarse, llevándose el rebozo hasta los ojos para limpiarse las lágrimas... El sitio de taxis está abandonado, porque esta noche, hasta los taxistas festejan hasta el amanecer... Un bailarín de quebradita se quita el cinturón de piel con una gran hebilla de plata, haciéndolo girar sobre su cabeza, la hebilla sale volando repentinamente para caer entre la multitud... ¡Que viva México, cabrones!... Un par de muchachos, a quienes tomo por cholos debido a sus cabezas recién rapadas, hasta que me doy cuenta de que únicamente son adolescentes cheranes pobres, con piojos... El padre Melesio, riendo con voz ronca, parado en la reja de su iglesia, observando el espectáculo... Automóviles que zigzaguean alrededor de un borracho tirado sobre la carretera en un charco de su propio vómito... Rebanadas de papas friéndose dentro de una olla llena de aceite dorado, sobre un amenazador fuego de carbón... El gritón de la lotería exclamando: "¡La muerte! ¡La muerte!..." y en el centro de la plaza, el castillo de fuegos artificiales que muy pronto iluminará la noche con un remolino de chispas y cohetes chifladores, anunciando que la fiesta ha llegado a su fin.

De pronto, todo queda en silencio. De alguna manera, Wense y yo hemos caminado unas cuantas cuadras por la carretera, alejándonos de los juerguistas. Nos sentamos sobre la banqueta, a un lado de un solitario puesto de tacos, atendido por una matrona purépecha que no está de humor para fiestas. Wense pone la cabeza entre las rodillas, las manos sobre su cabeza, como un prisionero de guerra. Hace mucho que se terminó la botella de Bacardí. Me parece que ha llegado el momento en que va a vomitar, pero en vez de eso, levanta la cabeza y comienza a sollozar y a hablar al mismo tiempo.

"Rubén tú no entiendes, es que no entiendes. Yo quería que conocieras a mi familia, ¿te das cuenta? ¿No te ha llamado la atención que durante los siete meses en que has estado viniendo aquí, nunca te he llevado a conocer a mi familia?

Quiero decir que vienes a visitar a la familia de mi esposa, y eso es bueno, son buenas personas, pero nunca te he llevado a conocer a mi familia, y ¿sabes cual es la razón, Rubén, sabes cual es la razón?"

No me esta viendo. Está mirando fijamente hacia la carretera mientas gesticula, como si estuviera participando en la conversación una tercera persona.

"¿Quieres saber la razón, Rubén? Porque estoy avergonzado..."

Las lágrimas ahora realmente comienzan a rodar por la cara regordeta de Wense.

"Porque estoy avergonzado, porque... mi familia es más pobre de lo que pudieras imaginarte, yo soy pobre, mi familia es pobre. Tú crees que la familia de mi esposa es pobre, ¡ha! Hoy vi a mi hermano, sus zapatos estaban atados con unas cintas para que no se cayeran a pedazos. ¡Tiene catorce años, tan sólo catorce años, y míralo! A su edad yo ya había cruzado la frontera. Y hoy lo vi y le di hasta el último centavo que me quedaba. Me iba a comprar unos pantalones de mezclilla, pero le di todo mi dinero para que se pudiera comprar unos zapatos. Así es mi familia, Rubén. ¿Comprendes, me comprendes ahora? ¿Entiendes porqué estoy tan enojado con los norteños, con la migra, con los cholos; bueno, no con todos los cholos, los respeto, hay que respetar a esos cholos. Pero me enojo tanto, y cuando tomo me enojo todavía más, y aunque sea chaparro, puedo pelear Rubén, y puedo defenderme cuando esos pendejos me miran con desprecio. Ellos creen que son mejores que yo porque saben que mi familia vive del lado occidental de la carretera, más abajo que el cementerio, donde viven los más pobres de los pobres, y ahora todos estamos aquí para la fiesta, los ricos, los pobres, los norteños, pero mis cuñados están muertos, y no te digo esto para que me tengas lástima o me des dinero, pero si me das dinero, te lo reembolsaré, verás lo responsable que soy." (Casi un año más tarde me pidió quinientos dólares para ayudar a sus hermanos a cruzar la frontera. Me reembolsó el dinero un mes después.)

"Te estoy contando esto porque es la verdad, mi verdad, y voy a regresar allá arriba, al carajo con la migra. Esa es mi verdad, voy a cruzar esa línea sin importar lo que digan, y probablemente algunas veces tomaré demasiado, pero trabajaré mas duro cuando lo haga, puedo trabajar teniendo una cruda, ninguna cruda me impidió jamás que desempeñara un día de trabajo honrado, y también me llevaré al norte a Rosa y a mi hijita. Estaremos juntos en St. Louis una vez más, y mi suegra, y las viudas, y todos mis hermanos y mi padre, hasta el viejo, todos estaremos juntos allá arriba... Tienes que venir a visitarnos, Rubén, a mi casa que es tu casa, y verás como es mi vida ahí, lo verás todo, y nos verás trabajando y viviendo en un apartamento, rodeados por todas esas personas negras que viven a nuestro alrededor, y muchos mexicanos, muchos, muchos mexicanos. Algún día habrá más mexicanos en Missouri que negros, te lo juro."

Y ahora me mira a los ojos. "Tendrás que venir a visitarnos, Rubén, tendrás que venir de visita algún día, a St. Louis, Missouri."

Wense se ha ido. No sé a donde está. Se secó las lágrimas con la sudadera, se levantó, comenzó a caminar de regreso hacia la plaza, y sencillamente desapareció. Lo estoy buscando, quiero decirle que entiendo, que lo visitaré en St. Louis. Estoy a la orilla de la muchedumbre que abarrota la plaza, esperando que el castillo explote, y me encuentro ni más ni menos que con Pedro Huaroco. Pedro, el sobreviviente del mortal choque, de quien los Chávez sospechan que fue sobornado por la migra.

Lleva puesta su ropa de migrante humilde, una camiseta con el logo de Pepsi y una gorra que conmemora "Peanut Festival Road Race, Silvester, Georgia. 1998". Muy pronto me rodea los hombros con su brazo (durante la fiesta, los grandes amigos son tan comunes como los grandes enemigos) y me ofrece su botella, que está casi vacía. Es tiempo de comprar una nueva. Caminamos hacia la cantina, a unas cuantas cuadras de la plaza, dejando momentáneamente atrás, el alboroto de la fiesta. Los parroquianos que están frente al mostrador son, en su mayoría, viejos bebedores de mezcal. Se dan cuenta de que soy extranjero, y todo el mundo me estrecha la mano y me golpea la espalda, felicitándome por haber estado presente para participar en la gran fiesta de Cherán.

A continuación, don Raúl, el propietario de la cantina, le dice a Pedro: "¿Tú eres el que estuvo en el accidente, verdad?" A Pedro siempre se le conocerá como "el que estuvo en el accidente" y, debido a los rumores que circulan en relación con el papel que desempeñó durante la tragedia, lo miran con recelo. Los pueblos pequeños tienen memorias largas.

Pedro titubea y ordena una ronda de mezcal. Pero los viejos no lo dejan en paz.

"¿Qué es lo que sucedió allá arriba?", pregunta uno de ellos.

"Fue cosa del destino", dice Pedro. "Y si realmente quieres saber lo que sucedió, entonces yo soy la persona a quien debe preguntar, porque, es cierto, yo estuve allí."

Para mi sorpresa, comienza a contar la historia, con mucho más detalle que cuando yo lo entrevisté. Comienza a contar como si únicamente fuese una exagerada historia más de la frontera, con una voz fuerte y jactanciosa. Pero su humor cambia rápidamente. Comienza a quedarse sin aliento. Se moja los labios.

El grupo de migrantes a los que se unieron los hermanos Chávez y él, dormían juntos bajo los matorrales, justamente al norte de la línea, al este de San Diego, esperando que los recogiera la camioneta del coyote. El terreno ahí era agreste, muy poca tierra, cubierto de rocas, y tú sabes lo frías que se vuelven las rocas durante la noche. Pedro durmió a un lado de Benjamín, el mayor de los hermanos Chávez, con quien Pedro se sentía mas cercano. Se despertaron sobresaltados cuando alguien gritó: "¡La migra!" Pero se trataba únicamente de una serpiente de cascabel que se deslizaba entre los matorrales. Algunos de los migrantes trataron de atraparla para preparar una comida rápida, pero no se dejó capturar. Alguien comentó que la presencia de la serpiente era de mal agüero. Si hubiese sido un espíritu bueno, argumentaban, hubiese permitido que la atraparan, ofreciéndose como alimento. Pedro nunca vio a la serpiente. Únicamente la vieron los hermanos

Chávez y otros cuantos más, quienes también perecieron en el accidente.

"Fue una de esas cosas del destino", dice nuevamente Pedro.

En el interior de la camioneta GMC, Pedro estaba apretujado entre Benjamín y otro paisano. Sabía que algo estaba sucediendo cuando se dio cuenta de que el coyote comenzó a acelerar repentinamente. Apenas si podía distinguir, a través del cristal polarizado de la ventanilla trasera, los faros delanteros de la camioneta de la patrulla fronteriza. Pedro comenzó a rezarle a la virgen de Guadalupe. Benjamín Chávez maldijo al conductor, gritando con toda la fuerza de sus pulmones, jurando que lo patearía en el trasero cuando fuesen deportados de regreso a México. Pedro escuchó el rechinido de las llantas al tomar las curvas. Alguien pateó el vidrio de la ventanilla trasera, rompiéndolo. Los migrantes que se encontraban más cercanos a la ventanilla gritaban, agitando sus brazos en dirección de la camioneta de la patrulla fronteriza. Sabían que el coyote no se iba a parar: el destino. La única oportunidad que tenían era la de convencer a la migra para que se parara. En su desesperación, alguien tiró el gato del vehículo por la ventana. Cayó inofensivamente a un lado de la carretera. El chofer tomaba las curvas a una velocidad cada vez mayor. Los cuerpos se aplastaban unos contra otros dentro de la camioneta. La cabeza de Pedro chocó contra la de alguna otra persona (cree que fue contra la cabeza de Salvador Chávez) muy fuerte, como en un juego de fútbol soccer, cuando dos jugadores tratan de pegarle al mismo tiempo a la pelota y chocan con sus cabezas.

Con un dedo tembloroso, Pedro traza un mapa del sinuoso camino, avenida Del Oro, sobre el mostrador de madera, el viejo, carcomido, resquebrajado mostrador hecho con tablones disparejos, manchados por años de sufrir el embate de Cocas y cigarrillos y comida y codos sudorosos. A continuación traza la intersección del camino, calle Capistrano. Regresa a la avenida Del Oro, su dedo representa la camioneta GMC que se acerca a la intersección. El dedo se dobla, y los nudillos del resto de su mano tocan la madera. Los viejos asienten silenciosamente con la cabeza.

Salió arrastrándose de debajo de la camioneta, se salvó gracias a un espacio de sesenta centímetros de altura que se encontraba debajo del chasis. Se levantó y volvió a caerse cuando su tobillo no lo pudo sostener. Recuerda la nube de polvo y que estaba amaneciendo por el este. La camioneta se había volcado, sus llantas delanteras todavía estaban girando, el armazón del remolque estaba hecho pedazos. Debajo del chasis se asomaban piernas y brazos: Benjamín... Jaime... Salvador. Jaló la pierna de Salvador. Jaló con todas sus fuerzas. Se quedó con el zapato en la mano y se cayó de espaldas. La pierna se contorsionó, volvió a contorsionarse y se quedó inmóvil.

Los hombres que se encuentran alrededor del bar miran hacia todos lados, menos hacia Pedro. Don Raúl limpia el mostrador. En la pantalla de televisión que se encuentra sobre nuestras cabezas, Cantinflas está aturdiendo a un policía, convenciéndolo para que no lo lleve a la cárcel. Uno tras otro, los hombres se van sin despedirse, y eso después del efusivo saludo con que nos habían recibido. Les habían contado más de lo que querían saber.

Cosa del destino. ¿De qué otra forma podría explicarlo Pedro o nadie más?

Para Pedro, este pedacito de fe no es un gran consuelo. Tendrá que vivir toda su vida con el recuerdo del accidente, con la culpa de haber sobrevivido, una culpa exacerbada por el dolor de la familia Chávez. Duda un poco cuando le pregunto si regresará al norte alguna vez. Tiene que pensar en su hijo, dice, un gracioso niño de cinco años con una cola de caballo trenzada que le cuelga por la espalda, igualita a la de su padre. ¿Qué sucederá el día en que el niño, convertido en un adolescente, se vaya por el camino? ¿Intentará evitarlo Pedro? ¿Qué será lo que el chico encontrará por el camino?

Salimos de la cantina y caminamos por las oscuras calles empedradas, portales cerrados y ventanas oscuras, que se parecen a las cuencas vacías de las calaveras, y recuerdo las descripciones de mi padre acerca del México antiguo, los pueblos pequeños de las provincias del norte que después de la caída de la noche parecían estar perseguidos por los fantasmas de los espíritus más amargados.

Esta es la segunda vez durante esta noche en que está a mi lado un hombre mexicano que llora. Pedro no está llorando por los hermanos Chávez; esto es, no identifica su tristeza con sus nombres. Ayer murió su buey. Al principio yo, el gringo, pienso que esto es algún tipo de chiste, pero no lo es. Desde hace ocho años que el animalito subía penosamente hacia los cerros y ayudaba a Pedro a acarrear la madera de pino y roble desde los últimos trechos con árboles que hay en la región. Amaba a ese animal. Representaba su medio de ganarse la vida en Cherán, porque entregaba cada gramo de su energía para proveer el sustento de su familia.

"¡Cómo trabajó para nosotros ese buey! ¡Únicamente pensaba en nosotros! De seguro lo habitaba un espíritu brillante y benévolo; cuando se extraviaba en las montañas, él solo encontraba su camino de regreso, conocía el camino a casa." Cuando el trabajo era bueno, Pedro y su buey ganaban hasta cuarenta pesos al día, siete días a la semana, y tenían que trabajar esos siete días porque su familia necesitaba por lo menos trescientos pesos a la semana tan sólo para cubrir sus necesidades básicas. Pero ahora el buey se había muerto. Uno nuevo costará seiscientos pesos, y si Pedro no puede trabajar con su buey, ¿cómo podrá obtener ese dinero?

Vemos un repentino relámpago de luz, seguido por un estruendo que reverbera a lo largo de todos los cerros. Han encendido el castillo. Pedro corre hacia la plaza, y yo corro tras él. Llegamos a tiempo para ver cómo la plaza de Cherán hace erupción con una intensa luz azul-plateada, con toda la maravillosa furia de su fiesta número trescientos treinta y uno. Se eleva una bandada de cohetes, algunos se dirigen directamente hacia el cielo, explotando como cohetes antiaéreos, otros van dejando estelas rojas, como cohetes trazadores, otros más se dividen en varios proyectiles más pequeños. La plaza está bañada por docenas de rehiletes que caen sobre ella con chispas del color del arco iris, mientras una gran nube de humo brillante se eleva hacia la noche. El torito (el valeroso hombre quien se ata un carro con cohetes y rehiletes sobre la espalda) corre alocadamente frente al castillo, dispersando a la muchedumbre de mil caras: chiquillos espantados, con la boca abierta, viejos que aprietan los labios, recordando tal vez las fiestas y el Cherán de hace mucho tiempo, norteños borrachos aturdidos, o burlones, o abucheando; pero hay muy pocas sonrisas. Después de todo, la culminación de esta fiesta es una belleza violenta, la liberación de una inmensa y terrible energía que representa la suma de todos los viajes de un año más.

la cosecha

WENSE LO LOGRÓ. CUMPLIENDO SU PALABRA, PARTIÓ UN PAR DE semanas después de la fiesta, y esta vez el río no estaba profundo, la temperatura era templada y la migra aparentemente estaba de vacaciones. Únicamente tuvo que caminar durante tres horas a través del desierto antes de que una camioneta recogiera a su grupo. Durante todo el recorrido, primero hacia el este y luego al norte, hasta llegar a Missouri, no hubo contratiempos. Trabajaría durante todo el invierno en un invernadero en St. Louis, haciendo caso omiso del brutal invierno del medio oeste. La temperatura puede estar bajo cero en el exterior, pero en ese invernadero la temperatura siempre está a ochenta grados Fahrenheit, el aire está cargado de humedad y el aroma de miles de plantas en flor.

En esta época hace frío y hay sequía en los altiplanos de Michoacán; la tierra ha adoptado los tonos amarillos y cafés del invierno. Diciembre en Michoacán es la época de la cosecha, la recolección de la única cosecha del pueblo, el maíz. Ahora, todo el mundo está obsesionado con el susurrante mar de tallos secos donde se ocultan las mazorcas de maíz que le proporcionarán a Cherán sus tortillas y demás alimentos y bebidas a base de maíz que consumirá durante el próximo año.

En la casa de la familia Chávez, el ambiente está lleno de algo más que la cosecha. Florentino ha regresado finalmente de California. Después del accidente, permaneció en Watsonville, una vez que hubo identificado los cuerpos en Temecula. Como Rosa había regresado de St. Louis para el funeral y Fernando había estado en casa enfermo, Florentino sintió que era su responsabilidad quedarse en el trabajo y proveer a la familia con su salario.

La tarea resultó ser mas difícil de lo que se había imaginado. Cuando se iba a dormir al trailer que había compartido con sus hermanos, estaba terriblemente solo. Todo lo que lo rodeaba despertaba sus recuerdos. La pequeña televisión blanco y negro con su antena torcida, que veían todos juntos por las noches. Las literas vacías. Se levantaba y salía a caminar en el aire frío y lleno de neblina de las madrugadas de Watsonville (tan parecido al de Cherán) y ahí, esperándolo en la cochera, estaba únicamente un par de botas de trabajo cubiertas de lodo en lugar de cinco de ellas.

Pero ahora que ha regresado a casa, Florentino se comporta de manera muy sensata, haciendo todo lo posible por levantar el ánimo de su madre. Toca a todo volumen la música del radio, como lo solían hacer sus hermanos. No había habido música en la casa desde el accidente, una señal de duelo, al igual que el moño negro que está clavado en la pared, en la parte de abajo, sobre la entrada de la tienda. Pero Florentino dijo que los muertos ya no querían que hubiese más duelo, querían que la familia gozara de la vida.

Mientras tanto, Rosa está dando los últimos toques a los planes para su propio viaje. No se han mencionado las inquietudes que su madre y sus hermanos pudieran tener acerca de su decisión de partir. Rosa cumple con su rutina diaria sin asomo de preocupación. Está esperando recibir noticias de "Mr. Charlie", un coyote local que proporciona servicio de "puerta-a-puerta" a cambio de una cuota de mil dólares. Se irá en cuánto reciba noticias, tan pronto como el coyote complete su lista con dos docenas de pasajeros; se dice que el grupo partirá a finales de este mes. El único indicio de este inminente viaje es que Rosa ha empacado un maletín.

La otra gran noticia es que las lápidas para los hermanos muertos por fin han llegado desde Morelia. Por lo menos, una parte de ellas. Los monumentos, miniaturas de brillantes catedrales blancas con cúpulas gemelas, consisten de una base y una corona. Únicamente llegaron las bases, pero el cantero les aseguró que las tumbas estarían terminadas para año nuevo, enviándoles al mismo tiempo sus sinceras disculpas por la tardanza en terminar el trabajo. Un año y medio más tarde, una exasperada María Elena y sus hijos juntarán su dinero, pagándole al albañil local para que termine el trabajo.

En la casa de Pancho Villa me levanto temprano. Es imposible no levantarse temprano, entre el reloj cucú que toca las doce a las cinco y media de la mañana, el bebé que llora, y Pancho y su esposa que susurran y hacen crujir la cama, sonidos que escucho como si estuviesen en mi propio cuarto, ya que el portal que conecta las habitaciones no tiene puerta; únicamente una cobija. La esposa de Pancho enciende el fuego con madera en la cocina, llenando el patio con el humo dulce que calentará el café más dulce que hay sobre la tierra, café de olla; los granos de café molido son hervidos con toneladas de azúcar y canela en una gran olla de barro. Nena se prepara para ir a trabajar en la caseta, otro día más en que recibirá llamadas de los pueblos y ciudades en las que sueña vivir, y donde quisiera enamorarse, algún día.

Pancho vierte un poco de licor de caña en su café y lleva la taza hasta sus labios con manos temblorosas. Los niños más pequeños corren por el patio de atrás espantando a los pollitos. Hoy no habrá baño; no hay agua suficiente. A los niños les dan un magro desayuno de tiras de tortilla fritas. A mí no me ofrecen nada. No hay comida suficiente para que los adultos puedan comer hoy.

Finalmente, el padre de Pancho, Francisco, abre la puerta de su propia casa, una casa llamada "troje", construida en el tradicional estilo purépecha, paredes de tablas de madera de pino y un techo cubierto con tallos de maíz. Cuando Pancho construyó la moderna casa donde habita el resto de la familia, el viejo se rehusó a mudarse; él prefiere las costumbres antiguas. Lleva puesto su sombrero blanco, una chamarra de lana igual a la del "hombre Marlboro" de los anuncios, guantes de piel, para protegerse del frío. Tiene casi noventa años, le gusta platicar conmigo, contándome de sus viajes al norte como bracero, allá en la década de los cuarenta.

Todos se ríen cuando les informo que hoy me uniré a la cosecha. La idea de ver un gringo entre las hileras de tallos de maíz es el colmo.

Pero muy pronto, este gringo está sentado en el fondo de una destartalada camioneta pickup Ford que pertenece a una familia de Cherán cuyo apellido es Olivares. Nos agarramos fuertemente mientras la camioneta da saltos a lo largo del camino de tierra que sale del pueblo, entrando a un interminable mar de plantas de maíz. Sentado a mi lado están nada menos que Güiro y su banda de cholos. De hecho, Güiro fue quien me invitó a esta cosecha en lo particular. Es amigo de uno de los muchachos Olivares, un excholo que se ha convertido en un muchacho recto, quien actualmente va y viene con regularidad entre granjas donde se cultivan setas en Pennsylvania y Cherán.

Me han contado que una invitación para participar en la cosecha de una familia se considera como un gran honor, una señal de respeto y amistad. Hoy, Güiro no tiene el ceño fruncido del cholo. Todavía lleva puesto su *walkman*, pero es todo sonrisas mientras se recarga sobre un montón de canastos.

Según me han dicho el padre Melesio, el doctor Tito, y Dante Cerano, la cosecha es para los purépechas mucho más que una empresa comercial. Las tierras que circundan Cherán son tierras comunales, no pertenecen al estado sino a los purépechas mismos; la mayor parte de las familias del pueblo tienen su propia parcela. Es durante la época de la cosecha cuando realmente se pone de manifiesto la vida comunal. Cada familia toma su turno para recoger su cosecha con la ayuda de las demás familias. De manera que la mayoría de los cheranes están en los campos durante la estación de la cosecha, yendo de una parcela a otra.

La camioneta pickup se estaciona a un lado del camino, en medio de los campos de maíz que se encuentran al este del pueblo y se extienden a lo largo de un extenso y apacible valle, donde cada pulgada de tierra ha sido sembrada. El viento susurra a través de los tallos de maíz, se escucha el sonido de un arroyo que se precipita suavemente sobre las piedras. Ahora comprendo la razón por la cual los purépechas eligieron, hace cientos de años, esa tierra elevada e insegura para construir su aldea: está rodeada por todos lados por una tierra ideal para la agricultura, irrigada naturalmente por arroyos que fluyen, bajando de los cerros.

Cada quien recibe un canasto grande de mimbre que mide aproximadamente noventa centímetros de diámetro y poco más de un metro de profundidad, con una banda de piel que colocas sobre tu frente. El único equipo adicional es la herramienta para cosechar, una cuchilla de metal pequeña, en forma de gancho, con un mango de madera. Nos sumergimos en las hileras de tallos de maíz. Agarra una mazorca, quiebra el tallo, desváinala con la cuchilla, avienta la mazorca sobre tu cabeza, dentro del canasto, dirígete hacia la siguiente mazorca, y continúa hacia el próximo tallo... y así sigues haciendo lo mismo una y otra vez, a través de las interminables hileras de tallos de maíz.

Mis compañeros están cosechando a mi lado, aún cuando ellos van mucho más rápido que yo, ya que soy un novato, muy pronto ya no puedo ver a mis amigos, únicamente los vislumbro momentáneamente flotando entre los tallos, los cuales son más altos que cualquier purépecha. Los escucho allá adelante, contando chistes como si estuvieran en casa, pateando la pelota, o en la cantina, Güiro y sus muchachos rapean lentamente acerca de Chevrolets y Tupac, de los arrestos por la migra y los narcotraficantes famosos, del calor del sol de medio día, de cómo los condones impiden las erecciones, de aventuras furtivas aquí mismo, entre los maizales, de peleas durante la fiesta, de lo sabrosa que estará esa cerveza bien fría en el almuerzo. Pasan las horas y seguimos atravesando las hileras que no tienen principio ni final, bajo un cielo un poco lechoso y nebuloso, nuestros zapatos se ponen del color de la tierra color canela que ha visto crecer a estos tallos verdes, que después se secan, hasta ponerse amarillentos, desde mucho antes de la conquista, desde siempre.

Las abuelas y los niños pequeños forman la retaguardia, buscando mazorcas perdidas. El trabajo se lleva a cabo con una gran alegría; es como si ni siquiera fuese trabajo, porque realmente no lo es. Los migrantes, quienes han recogido cosechas y cumplido encargos de los norteamericanos durante todo el año, lo están haciendo ahora para ellos mismos: comerán lo que cosechen en forma de tortillas y atole, y elote cocido y asado cubierto de mayonesa, queso rallado, limón y chile. No se desperdiciará parte alguna del maíz, usarán las largas y fibrosas hojas para tejer canastos, techar sus casas, y hasta para fabricar impermeables para usarlos, igual como lo hicieran los purépechas antes de la conquista.

Trabajamos desde las nueve de la mañana hasta la una de la tarde e interrumpimos para tomar el almuerzo. Las mujeres de la familia Olivares sacan una gran olla de barro llena de estofado, grandes trozos de suave carne de res flotando en una sopa de chile color rojo sangre, la cual nos hace sudar aún mas, pero finalmente nos refresca. A través del valle puedo ver a otras familias compartiendo el mismo almuerzo tradicional purépecha.

Después regresamos para continuar cosechando durante cuatro horas más. Mi cuello, mis hombros y espalda están tan adoloridos que parece increíble, mis tersas manos de escritor están dolorosamente arañadas. Cada vez que creo que mi canasto se ha llenado de maíz, regreso a la camioneta, la cual ya está muy cargada de mazorcas, para darme cuenta de que únicamente lo he llenado hasta la mitad, o hasta menos que la mitad, lo cual ocasiona la hilaridad acompañada de carcajadas de los indígenas.

Bajo la dorada luz de sol al atardecer, que ilumina oblicuamente los campos, cargamos las últimas mazorcas del día dentro de la vieja camioneta Ford, y todos nosotros, los quince, nos metemos dentro de la cabina y encima de la tonelada de maíz que está en la parte de atrás. La camioneta está tan sobrecargada que sus llantas rozan contra la defensa. Pero la camioneta no protesta, avanza con estruendo, lenta pero alegremente, regresando por el polvoriento camino hasta el camino de terracería, a una velocidad de dieciséis kilómetros por hora, siguiendo la carretera que nos llevará hasta el pueblo.

~

Mr. Charlie no es un tipo confiado. En el negocio de los coyotes hay que tener cuidado a quien le estrechas la mano, y él no está estrechando la mía, a pesar de que Rosa, Wense y Florentino se han esforzado en presentarme efusivamente. Mr. Charlie es de estatura baja, moreno obscuro, barrigón, con la cara aceitosa y el cabello despeinado; ha tenido un largo día haciendo "algo". Vive en la calle Galeana a tres cuadras de la casa de la familia Chávez. Cuando le informan que el reportero está dispuesto a pagar la misma cuota que cualquier otro migrante por ir al norte, la conversación se vuelve más cordial.

Llegamos a un acuerdo tentativo. Nada de cámaras de fotografía, ni cámaras de video, ni grabadoras. Tarifa completa de un adulto, la mitad a pagar inmediatamente, la otra mitad contra entrega. Únicamente se acepta efectivo, por favor. Él alquilará en Zamora un autobús con chofer (ambos de la mejor calidad, me asegura) para el viaje hasta la frontera.

Me recuerda que no todos los coyotes trabajan de esta forma; hay algunos en su profesión que te pondrán en un autobús de tercera clase con escalas en desolados pueblos mexicanos del norte. En la línea, en Nogales, el coyote número dos se hará cargo del "corto" viaje par cruzar la línea hasta llegar a Phoenix, Arizona, después de una "corta" estancia en una casa de seguridad en el lado mexicano. A continuación, Mr. Charlie te entregará personalmente a una segunda casa de seguridad en Cobden, Illinois. En ese punto, te recogerán tus familiares de St. Louis.

Mr. Charlie dice que la lista de pasajeros va creciendo día con día, pero probablemente no partiremos hasta después de Navidad. Reflexiono sobre esta información. ¿Esperaré otros diez días en Cherán o me dirigiré a Los Ángeles a pasar la Navidad con mi familia? En toda mi vida únicamente he pasado una Navidad lejos de mi familia; esta no es una decisión fácil. La familia gana.

"Estaré de regreso un par de días después de Navidad", le digo.

"No hay problema", responde. Estrecha mi mano.

Es así como parto de Cherán, a pesar de la protestas de la familia Chávez. Te perderás de las tradiciones navideñas, me dicen. Las posadas, los panes de huevo, la misa de medianoche y los hermosos colores y aromas en la iglesia, las fiestas de baile que se llevan a cabo en la calle, frente a las casas de los habitantes, el enorme nacimiento sobre la plaza.

Al anochecer tomo un autobús que se dirige a Zamora, los tenues faros delanteros apenas si iluminan la carretera. Sin embargo, a través de los vidrios polarizados, puedo ver la maravillosa luz de mil estrellas que cuelgan del cielo austral color negro como la tinta.

Cuándo alcanzamos la cima del cerro que está al norte del pueblo, volteo para mirar hacia atrás. Hay más luz que la que jamás vi emanando del pueblo. Una tradición purépecha más: las familias norteñas con sus grandes casas de dos y tres pisos adornan sus antenas parabólicas con luces navideñas multicolores que se encienden y apagan. Así es como recuerdo a Cherán ahora: docenas de parabólicas de luz prendiéndose y apagándose en la extensa oscuridad del altiplano, luces que le hacen guiños a los cielos, agradeciendo a todo el panteón de dioses purépechas por el nacimiento de un bebé, regalo de una nueva vida en el año nuevo.

❧

En la mortecina luz del crepúsculo, mi avión cruza el mar de Cortés, un lago color ámbar en medio de desierto de Sonora color azul grisáceo de crepúsculo. Después de haber atravesado una turbulencia sobre tierras mexicanas, el vuelo se torna sorprendentemente tranquilo. Estoy dejando muy atrás a la crisis y, a esta altura, el drama de la frontera es invisible. No hay una línea, existe únicamente este momento de paz, muy por encima de todo.

el viaje de rosa

MR. CHARLIE SE PRESENTÓ FRENTE A LA CASA DE ROSA EL 27 DE diciembre, alrededor de las diez de la mañana. "Hoy es el gran día", anunció, "prepárense". Tal y como lo había advertido, su grupo de migrantes partiría de Cherán recibiendo un aviso de muy corto plazo, Rosa contaba con tal sólo un par de horas para despedirse. El 28 de diciembre, cuando llamé por teléfono a la familia Chávez desde Los Ángeles para informarles de mi regreso, María Elena me dijo que Rosa ya había partido.

Todos se deberían encontrar en Zamora esa noche a las siete, en la estación de autobús. Al notar el temor de Rosa, Mr. Charlie intentó tranquilizarla. Le aseguró que lograrían su objetivo ya que iban a cruzar en la noche de año nuevo.

Hace pocos años, los zapatistas iniciaron su revolución en la noche de año nuevo. Los rebeldes sabían que el ejército mexicano estaría pisteando, bebiendo, de juerga con prostitutas, y no estarían en sus puestos. Fue así como los aapatistas tomaron casi una tercera parte de Chiapas, durante unos cuantos días, por lo menos. Los coyotes suponían que podrían montar el mismo ataque sorpresivo contra la migra. Los gringos pueden ser unos cabrones engreídos, reprimidos, razonaban los coyotes, pero seguramente también festejaban el treinta y uno de diciembre.

Rosa tomó el microbús, una destartalada van vw con desgastados amortiguadores, hasta la plaza. Dentro de la iglesia, encendió una vela para San Francisco y le rezó a él, a la Virgen y a sus hermanos. Al igual que la fe del resto de su familia, la suya había sufrido una terrible sacudida a raíz del accidente, pero este no era un momento para dudar. Si existía un Dios o unos ángeles que cuidaban de aquellos que se enfrentaban a los peligros del camino, ella necesitaba de su ayuda. "Mis hermanos que están en el cielo", recuerda haber susurrado, mirando a San Francisco cuya cara brillaba bajo su halo de luces neón, color verde. "Ayúdenos a Yeni y a mí a cruzar a salvo. No nos abandonen."

María Elena y Florentino acompañaron a Rosa y Yeni hasta la estación en Zamora, igual como lo habían hecho con Benjamín, Jaime y Salvador. Partieron de Cherán en un autobús conducido por un adolescente con lentes obscuros de aviador. La familia conversó muy poco. La mayor parte del tiempo miraban por las ventanas, viendo cómo desaparecía el ocaso y la oscuridad envolvía el altiplano.

La estación de autobús de Zamora se encontraba en su típico estado caótico. Los pasajeros que llegaban chocaban en las puertas con los que partían, y la voz que se escuchaba por el altoparlante entonaba monótonamente los nombres de los lugares de destino: ciudad de México y Morelia; Tijuana y Nogales, Tuxtla Gutiérrez y Oaxaca y Guadalajara. La familia Chávez esperaba sentada sobre sillas de plástico, frente a la inmensa máquina de Coca-Cola que se encuentra en el centro del edificio. María Elena lloraba en silencio durante la espera. Rosa no le soltó la mano hasta que Mr. Charlie los llamó a todos, reuniéndolos para abordar el autobús que se dirigía hacia Nogales. Rosa le pidió a su madre que no se preocupara, sintiéndose como una tonta, pero ¿qué otra cosa podía decir? Abordó el autobús y sintió cómo las lágrimas rodaban por sus propias mejillas. Hacía un año que se había despedido de sus hermanos, aquí, en esta misma estación.

La noche era fría y transparente y el aire estaba perfumado con el aroma de tierra recién labrada. El autobús se dirigió hacia el norte por la carretera 35, siguiendo por la ruta del

Pacífico hacia Arizona, pasando señales luminosas de la noche mexicana, las docenas de vulcanizadoras que se extendían a lo largo del camino, cada una anunciando sus servicios por medio de una grande y vieja llanta de autobús y la tenue luz de un foco colgado en el centro de la llanta.

Rosa miró por la ventana y vio a los indigentes acurrucados en los portales, el grasiento humo que se elevaba de puestos de tacos abiertos toda la noche, y los polvorientos trechos planos de tierras de cultivo en esta temporada invernal, iluminadas tenuemente por la opaca luz de los faros delanteros. Lentamente, muy lentamente, los colores verdes subtropicales del sur daban paso a la inmensidad color amarillo seco del norte. Del otro lado de la línea, el desierto cedería su lugar nuevamente a montañas y valles y ríos. Lo que uno tenía que hacer era lograr sobrevivir al desierto.

El viaje hasta Nogales duró treinta y ocho horas. Mr. Charlie le dijo a los migrantes que tomaría otros tres días el llegar a sus destinos en el otro lado. Para Rosa y los demás cheranes, este era el comienzo de un viaje de dos semanas que pondría a prueba sus límites tanto físicos como emocionales, pero, por supuesto, ellos todavía no lo sabían. Lo único que Rosa sabía era que su esposo la estaba esperando en St. Louis, que su madre estaba triste y preocupada, allá en su casa, que el camino hasta la frontera era interminable. Sus hermanos vieron estas mismas cosas con sus propios ojos, pensó para sus adentros. Habían sentido cada bache del camino, igual como los estaba sintiendo ella. Rosa evocó las imágenes de Jaime, Salvador y Benjamín, las colocó en los lugares vacíos hacia la parte trasera del autobús.

Yeni estaba profundamente dormida en sus brazos, pero Rosa no podía cerrar los ojos más que unos cuántos segundos a la vez. No se dio cuenta de que estaba llorando nuevamente hasta que la mujer que estaba sentada a su lado le preguntó si estaba bien. "¿No tienes miedo?", le preguntó la mujer. Ella había escuchado hablar del accidente. Todo el mundo sabía acerca del accidente.

En el autobús había dieciocho mujeres, dos hombres y cinco niños de Cherán. Se trataban de distraer viendo un video tras otro en los monitores que colgaban del techo (en su mayoría eran historias de peleas de *ninjas*, el género de película preferido por los conductores mexicanos de autobús) durante las treinta y ocho horas que tardaron hasta llegar a la línea. Llegaron a Nogales en la madrugada del veintinueve de diciembre. Durmieron un poco en un hotel barato pero limpio y al día siguiente fueron conducidos en una camioneta hasta una sórdida casa de seguridad que olía a cuerpos sudorosos, sin bañar. No había muebles. Se sentaron sobre el suelo y comieron un alimento insípido a base de carne, papas y tortillas.

Los coyotes iban y venían en sus camionetas, recibiendo y haciendo llamadas telefónicas en sus tintineantes teléfonos celulares. El 30 de diciembre, a las cinco de la tarde, el grupo fue amontonado rápidamente dentro de una camioneta a la que le habían quitado los asientos de en medio y de atrás. Les dieron instrucciones de acostarse extendidos, y como eran veinticinco, casi todos tuvieron que acostarse encima o por debajo de alguien más, contorsionándose para encontrar una manera de no aplastar o ser aplastado.

Los condujeron durante unos cuarenta y cinco minutos, probablemente hacia el este, hasta un lugar de la frontera donde la masiva muralla de acero que separa el centro de Nogales, México, del centro de Nogales, Arizona, se convierte en una risible cerca de alambre de púas de cuatro pies de altura. Cruzaron la línea sin obstáculos. "Fue tan sencillo", pensó Rosa. Un solo paso y estás en Estados Unidos. Los migrantes marcharon hacia el ocaso, escalando cerros y descendiendo por cañadas. Cuando cayó la noche, únicamente contaban con la luz de la luna en cuarto creciente y de las estrellas para iluminar su camino, y la temperatura descendía rápidamente.

Caminaron a un paso rápido y constante durante cuatro y media horas. Durante todo el tiempo, Rosa cargó a Yeni envuelta en su rebozo, su cuello y espalda estaban cada vez más tirantes. Llegaron hasta un camino desierto de dos vías, donde les ordenaron esperar entre los matorrales la llegada de la siguiente camioneta de coyotes. No pasó mucho tiempo hasta que aparecieron a la distancia los faros delanteros. La camioneta se paró a un lado del camino, la puerta corrediza se abrió y todos corrieron hasta ella, deslizándose bajo la barda de alambre de púas a un lado del camino y arrojándose dentro de la camioneta, uno encima del otro.

La camioneta no había recorrido más de quince minutos cuando un automóvil de la policía los hizo detenerse. Se quedaron sentados a la orilla del camino hasta que varias unidades de la patrulla fronteriza los condujeron hasta el cuartel general. Rosa estaban asustada; esta era la primera vez que había sido detenida por la migra y no sabía lo que podría ocurrir. El interrogatorio se prolongó durante un largo minuto. Nombre, fecha de nacimiento, dirección de su hogar en México. Tomaron sus huellas digitales en una almohadilla digital. Cada vez que hablaba un agente norteamericano, lo único que Rosa escuchaba era el extraño acento con el que pronunciaba las palabras en español. Pronto se estaba riendo a la mitad de sus respuestas, relajada y hasta un poco mareada. Todo lo que la rodeaba estaba repleto de productos de alta tecnología, lo que constituía un salto surrealista comparado con el terreno montañoso por el que acababa de escalar; y además, dentro del cuartel general de la patrulla fronteriza se sentía un agradable calor.

Los agentes no revisaron la mochila de Rosa, donde hubieran encontrado sus papeles mexicanos de identificación, dándose cuenta entonces de que les había dado información falsa. Hoy era María. Más tarde, se convertiría en Julia, Rita, Iris y Alejandra. Nombres que recordaba haber leído en revistas: artistas de cine, cantantes de rock. Nombres de personas que había imaginado ser. Nombres de personas, en las que, de alguna manera, se estaba convirtiendo.

⌒

El grupo no intentó cruzar nuevamente el treinta de diciembre, estaban demasiado exhaustos por la penosa experiencia que habían tenido. En cuanto al grandioso plan de Mr. Charlie de un ataque sorpresivo de año nuevo, quedó frustrado. Los coyotes, al igual que los otros hombres del grupo de Cherán, comenzaron a beber muy temprano por la tarde y para la media noche esta dando tumbos por el pueblo. Por supuesto, dejaron atrás a las mujeres, en la casa de seguridad, propiciando una larga discusión acerca de la irresponsabilidad machista. El machismo mismo fue una de las razones principales por las que tantas mujeres se dirigían hacia el norte en estos días. La antigua tradición migrante en los pueblos pequeños como Cherán permitía únicamente a los hombres a convertirse en aventureros-proveedores, viajando hacia el norte solos para conquistar la frontera. Después de unos cuantos años, muchos de ellos podían llevar a sus familias, para que se reunieran con ellos en Estados Unidos. Pero la separación era muy difícil para las mujeres. Por supuesto estaban muy solas, pero también había rumores constantes de que sus hombres habían construido, allá arriba, en el norte, casas chicas, nidos de amor con otras mujeres mexicanas (o, peor aún, con gringas). Ocurrieron casos realmente tristes cuando el hombre se fue y nunca se volvió a escuchar algo de él, ni siquiera en forma de un giro de cincuenta dólares para ayudar a vestir a los niños durante el invierno.

Este problema únicamente tenía tres soluciones, y una de ellas no era una solución; aceptar la infidelidad del hombre mientras estaba lejos de casa y esperar pacientemente la llegada del dinero y las visitas ocasionales. La respuesta radical hubiese sido que las mujeres crearan sus propias casas chicas, pero Cherán era, después de todo, un pueblo provinciano y hacer esto hubiese ocasionado que la mujer fuese señalada como una prostituta por los mayores, tanto hombres como mujeres. La estrategia elegida por muchas mujeres fue la de reunirse con sus esposos en el norte, estuviesen de acuerdo o no sus parejas. Por estos días se contaban historias nuevas entre los cheranes, historias de mujeres que contaban que habían viajado al norte para sorprender a sus esposos con sus amantes y de cómo habían obligado a las prostitutas a alejarse y los hombres habían tenido que sufrir la ira de mujeres purépechas traicionadas.

Y así, durante esta noche de año nuevo, las mujeres hablaban de los hombres y sus borracheras y sus putas en Estados Unidos, de estos hombres a quienes pronto las mujeres se podrían enfrentar. Sí, en el fondo de sus corazones también sintieron un poco de compasión por los hombres, ya que solamente eran unos muchachos realmente, y no todas sus historias de lo duro que trabajaban o acerca de los abusivos patrones y los policías gringos eran imaginarias.

Los niños estaban cada vez mas alborotados, según se incrementaba el sonido de los cohetes (y municiones de verdad) afuera de la casa de seguridad en Nogales. Era el primero de enero de 1997.

~

El próximo intento de cruzar la frontera, al atardecer del día de año nuevo, resultó ser una cruel farsa. Los cheranes habían caminado únicamente un trecho del largo de un campo de fútbol soccer dentro de territorio norteamericano cuando fueron detenidos. La pinche migra no festejaba ni siquiera durante el año nuevo, se quejó amargamente Mr. Charlie. Unas cuantas horas más tarde, se agruparon nuevamente en la casa de seguridad.

Esa noche durmieron lo mejor que pudieron. Acurrucados sobre el suelo. Pasaron el día siguiente comiendo papas fritas, tomando coca e intercambiando sueños de cómo iban a ahorrar el dinero suficiente para comprar una casa en Michoacán o, más modestamente, comprar un aparato de televisión nuevo o pagar las cuentas de los gastos médicos de su madre. Rosa dijo que ella soñaba con llevar a su madre a Estados Unidos, al igual que a sus cuñadas, las viudas, y sus hijos. Vivirían todos juntos en St. Louis, en una de esas grandes y viejas casas de ladrillos rojos como la sangre, con grandes ventanales con marcos de madera y una vista del Gateway Arch y del río Mississippi.

El 2 de enero, más o menos a la misma hora que el intento anterior, cruzaron la línea nuevamente a pie. La migra parecía estar esperándolos. Mientras corrían para cruzar la carretera de dos carriles, escucharon la voz de un hombre que gritaba en español con un acento muy marcado "¡Párense, cabrones!" Esta vez el grupo se dividió, dispersándose en media docena de direcciones. Rosa permaneció cerca de dos de los coyotes locales que habían sido contratados por Mr. Charlie como guías para el cruce. Se ocultaron entre los matorrales durante aproximadamente tres horas, esperando que la migra se fuera. La luz de las linternas casi descubrió su escondite varias veces. Cuando pensaron que la costa estaba libre, comenzaron a buscar un camino para rodear el retén, pero hasta los coyotes parecían haber perdido su sentido de orientación. Era de madrugada y el frío comenzaba a entumecer sus manos y pies. La luna en cuarto creciente todavía iluminaba la noche haciendo que el paisaje brillara bajo su luz fantasmal. Una mujer del grupo se quejaba de que sus piernas estaban cubiertas de espinas de cactus. Después de una hora, más o menos, se encontraron nuevamente sobre la carretera desierta; aparentemente habían caminado en un círculo. Fue entonces cuando vieron varias camionetas de la patrulla fronteriza, con los faros delanteros apagados, esperando.

Uno de los coyotes dijo que deberían intentar utilizar otra ruta, una donde no tuvieran que caminar muy lejos, idea que les pareció maravillosa a todos. Esta vez cruzaron por debajo de la barda de acero de cuatro metros de altura que separa los lados mexicano y norteamericano de Nogales. Enormes lámparas de luz color ámbar en el lado norteamericano atraían grandes nubes de mariposas nocturnas. El lugar elegido por los cheranes para efectuar el cruce estaba lo suficientemente cercano al pueblo para que pudieran ver el brillo de las luces de la ciudad.

La nueva ruta no cambió en nada su suerte. Los migrantes caminaron aproximadamente quince minutos después de haber cruzado la línea y abordaron una camioneta. La migra los alcanzó unos minutos después. En el cuartel general, repitieron el mismo ritual: interrogatorio, huellas digitales. A cada paso intentaban interrumpir los procedimientos de la migra. La computadora para las huellas digitales era su favorita. La única manera en que apareciera una imagen nítida era cuando se presionaba el dedo completamente plano y firmemente sobre la almohadilla digital. Rosa ponía sus dedos de lado, o presionaba muy suavemente, de manera que la imagen no se registraba, ocasionando la ira del agente, quien maldecía y empujaba su mano sobre la almohadilla con su propia mano. Quien sabe si el truco tuvo éxito o si la tecnología de la migra no era tan sofisticada como parecía, el caso era que la computadora aparentemente no encontró otra huella similar.

De regreso en la casa de seguridad, se animaban unos a otros contando chistes e inventando apodos para cada uno, de la misma manera en que lo hacían los coyotes. El apodo de el Cantinflas fue para un tipo chaparro, larguirucho, que tenía facilidad de palabra y hablaba en doble sentido. El Washington fue para el hombre que no hablaba de otra cosa que no fueran los detalles más minuciosos de las variedades de manzanas que iba a cosechar durante toda la primavera y el verano en el estado de Washington. El apodo de el Apagaluz fue con el que se bautizó a uno de los hombres que regresó a la casa completamente borracho en la madrugada del año nuevo y apagó la luz en el cuarto donde dormían las mujeres, diciendo que ya deberían de estar dormidas. La Novia del Pueblo era el patético apodo de una mujer, cuyo hombre la había abandonado hacía varios años. Y Lucero, el nombre de la estrella *pop* despampanante, de piernas largas y rubia, que domina las pantallas de Televisa, fue el apodo que eligieron para Yeni, la hija de Rosa, cuya tez es de un color moreno casi chocolate y cuyas facciones son completamente indígenas.

Ahora, los hombres del grupo comenzaron a quejarse porque los bebés lloraban demasiado y delataban su escondite por lo que los descubriría la migra. Los coyotes estuvieron de acuerdo y decidieron dividir a los hombres, separándolos del grupo principal. Una vez más intentaron utilizar la ruta de la barda, los hombres caminando un poco más adelante que las mujeres. La migra los estaba esperando igual que la vez anterior, pero los hombres pudieron eludir a sus persecutores y llegaron sanos y salvos a Phoenix, esa misma noche. Las mujeres y sus hijos fueron detenidas nuevamente y deportadas de regreso a Nogales.

Los coyotes les preguntaron a las mujeres si querían intentarlo una vez más, ya que todavía era temprano por la noche. Asintieron, cruzando por tercera vez por el mismo lugar. Unos cuantos minutos después fueron detenidas una vez más. Llegaron a la casa de seguridad a las cuatro de la mañana. Ya comenzaban a sentirse exhaustas y deprimidas.

La próxima noche llegaron a la casa un par de huéspedes nuevos, incluyendo un travestido procedente de la ciudad de México, completamente ataviado. Llevaba una gruesa capa de maquillaje, falda, zapatos de tacón. Ella se hizo amiga, por supuesto, de las mujeres, quienes estaban encantadas con su compañía. Inmediatamente le pusieron un apodo, la Loca.

Llevaron a las mujeres nuevamente hacia el lado este del pueblo, conduciendo el vehículo durante una hora. Caminaron por terrenos abruptos, en una región similar a la del primer intento; arena suave, una que otra roca, matorrales del desierto. Pero esta caminata fue la más difícil de todas. Arrastrándose por debajo de la barda de alambre de púas, el rebozo de Rosa se atoró en el metal oxidado y la pierna de Yeni quedó muy rasguñada. Aún así, la pequeña de dos años no lloró.

Esta vez caminaron durante seis horas, la luna les iluminaba el camino con su luz azul plateada. Era una noche transparente y brutalmente fría. Cruzaron por ranchos de ganado, donde dormían vacas y caballos, parados, completamente inmóviles. De vez en cuando, un coyote de verdad aullaba en la distancia. Cruzaron un camino desierto de dos carriles y dos venados, elegantes y tímidos, aparecieron delante de ellas, desapareciendo unos segundos después entre los matorrales.

La aparición causó un gran entusiasmo entre el grupo; era la señal que estaban esperando. Para la mayoría de los indígenas que habitan en el continente americano, los venados son un buen augurio. "Ahora sí vamos a cruzar", se dijo Rosa, buscando en lo más profundo de su alma para encontrar su último residuo de esperanza y energía.

Pero el terreno cada vez se tornaba más abrupto. Rosa resbaló cuando pisó una roca que estaba floja en la arena, y su rodilla cayó sobre otra roca, rasgando tanto sus pantalones de mezclilla como su piel. Milagrosamente pudo abrazar a Yeni de tal manera que la niña no se lastimó. Rosa sintió como la sangre escurría por su pantorrilla, extrañamente fría. Se forzó para dar un paso tras otro, su cuerpo se sentía terriblemente pesado y lento. Se tropezó una vez más. El resto del camino se detuvo del abrigo del coyote, utilizándolo como bastón.

Muy pronto su sed se convirtió en algo insoportable y le pidió a la mujer que había visto cargar una botella de agua, que le diera un sorbo. Pero la mujer había tirado la botella horas antes. De hecho, las mujeres ya habían desechado todo lo que llevaban, incluyendo mochilas y bolsas de comida, en un intento desesperado por aligerar sus cargas y poderse mover con mayor rapidez. La boca de Rosa estaba fría y seca, su cara estaba hirviendo y empapada de sudor.

La camioneta las recogió en el lugar señalado. No se veía a la migra por ningún lado. Pronto se encontraron sobre la carretera con rumbo a Phoenix, donde se reunirían con los hombres en otra casa de seguridad.

Así que la aparición de los venados realmente había sido un buen augurio: estaban en Norteamérica. Lo que no sabían era que la peor ventisca de ese invierno comenzaba a soplar a través de las planicies.

⌒

La casa de seguridad en Phoenix, donde las mujeres se unieron a varios otros migrantes que habían cruzado antes que ellas, era regenteada por una matrona malhumorada, quien cobraba cinco dólares por cada comida que consistía únicamente de sobras recalentadas. La mujer veía televisión en la sala de estar, el único lugar de la casa donde había mobiliario.

Los migrantes estaban encerrados dentro de las recámaras vacías.

Entre tanto, Mr. Charlie se ocupó por adquirir la camioneta que transportaría a los migrantes hasta diversas casas de seguridad en Illinois, Kentucky, y Carolina del Norte, donde los recogerían sus familiares.

Rosa sólo pagó por una comida; era todo lo que podía gastar, y se la dio a Yeni. Durante el segundo día que pasaron en la casa, la matrona cerró con llave los baños, afirmando que los "pollos" estaban causando demasiado desorden. Cuando Mr. Charle llegó, ya entrada la tarde, el grupo se amotinó, exigiendo que los llevara a otra casa o a un hotel; él aceptó de mala gana. La mujer que estaba a cargo de la segunda casa era tan generosa y hospitalaria como cruel había sido la primera. Sus comidas calientes tenían el sabor de comidas caseras y no cobraba nada. Mr. Charlie compró una camioneta Astro color azul celeste y la arregló en la cochera, preparando al vehículo para el viaje. Quitó los asientos de en medio y de atrás, ajustó los amortiguadores a manera que la camioneta no pareciese estar rozando el camino a causa del peso de los veinticinco cuerpos que irían en su interior.

El trabajo estuvo terminado a las cuatro de la madrugada del jueves 9 de enero. Trece días después de haber partido de Cherán, Rosa no había llamado por teléfono ni a su madre allá en la casa, ni a su esposo en St. Louis. Supuso que estaban sumamente preocupados, pero no había nada que ella pudiese hacer para evitarlo: se le había agotado el dinero y, de cualquier manera, no había ningún teléfono en la casa de seguridad que pudiese haber sido utilizado por los migrantes.

Faltan por recorrer otros mil seiscientos kilómetros. Rosa no vio gran cosa del paisaje, ya que la mayor parte del tiempo estuvo sentada sobre el piso de la camioneta, con las piernas cruzadas. Después de varias horas, comenzó a sentir calambres en sus piernas. Le preguntó a una mujer que estaba sentada a su lado si le permitía estirar sus piernas por encima de las de ella, y muy pronto todas las piernas estaban entrelazadas.

En algún punto, probablemente en Colorado, el grupo fue alcanzado por un remolino, un tornado de nieve y granizo. Una terrible ráfaga de viento casi sacó a la camioneta de la carretera y una de las ventanillas laterales salió volando. El viento helado penetró a su interior.

Al principio, el frío les caló a los migrantes hasta los huesos, pero después de algún tiempo únicamente estaban entumecidos. Rosa tan sólo llevaba puesto un delgado suéter para protegerse del frío, su suéter gris, el que tenía un hoyo en el codo izquierdo. Lo mismo sucedía con Yeni, no tenía nada para protegerla del frío. Pero una vez más, Yeni no se quejaba, no lloraba, ni siquiera un gemido. Cuando hablaba con su madre, lo hacía en un susurro apenas audible. Era como si supiera lo que estaban haciendo, hacia dónde se dirigían.

⌒

Según el radio del automóvil, la temperatura está a cinco grados bajo cero, treinta si se toma en cuenta el factor del viento. Estoy en St. Louis, hacia donde me dirigí cuando me enteré de que era demasiado tarde para alcanzar a Rosa antes de su partida de Cherán. Mi bigote cruje cuando abro la boca, me duelen las manos y los pies, a pesar de mis botas y mis guantes y uno de esos gorros negros con orejeras peludas.

Nos dirigimos hacia el este, fuera de la ciudad, cruzando el puente que se extiende sobre el Mississippi, formado esta noche en partes iguales de agua y hielo, un millón de pedazos de hielo que corren hacia el sur, por debajo de nosotros, llevados por la vertiginosa corriente.

Pasamos el famoso Gateway Arch, un monumento a la expansión norteamericana hacia el oeste del Mississippi. Pero esta noche nos dirigimos hacia el este y estoy con un grupo de pioneros mexicanos, en vez de pioneros norteamericanos. En la actualidad, para los mexicanos, la tierra prometida está en dirección al Atlántico. Impulsados por la fiebre antiinmigrante y un mercado de trabajo completamente saturado en el oeste y atraídos por la escasez de mano de obra en los sectores agrícola y de servicio a través del medio oeste y el sur, los mexicanos han llegado hasta la región decisiva.

Baltasar Cortés está al volante, en el asiento de atrás está su hermano, Wense; yo, el visitante, tengo el honor de ocupar el asiento del pasajero. Esta noche, nuestra misión, además de tratar de evitar salir patinando de los caminos helados y morir de hipotermia, es la de recoger a Rosa en la casa de seguridad en Cobden, Illinois. Nuestro carromato es un Pontiac Grand Am 1989 dorado cuyo podómetro señala que ya lleva doscientos cuarenta mil kilómetros recorridas, pero cuya carrocería está en perfecto estado y tiene llantas y amortiguadores nuevos.

Estuve al lado de Wense mientras esperaba ansiosamente recibir noticias de Mr. Charlie. Finalmente, Mr. Charlie, llamó desde Phoenix para anunciar que habían logrado cruzar la frontera en Nogales y estaban listos para dirigirse hacia el medio oeste. Pero antes de que pudieran partir, dijo que necesitaba otros quinientos dólares de anticipo, esa cantidad era adicional a los quinientos que ya habían sido pagados, diciendo que la niña, Yeni, de dos años, tenía que pagar la mitad de la cuota de un adulto. Wense protestó: el acuerdo había sido que Rosa y Yeni viajarían juntas por una sola tarifa. "Hemos tenido algunos gastos inesperados Wense", dijo Mr. Charlie, explicando que únicamente les había sido posible cruzar después de siete intentos, un récord para el coyote.

En su acostumbrado tono cordial, Mr. Charlie le explicó que si Wense no pagaba la tarifa, Rosa y la bebé se quedarían atrás en Phoenix, sin comida ni dinero. Gracias a la ayuda de amigos y familiares, Wense logró reunir el dinero en un día y lo giró a Phoenix.

Wense tuvo que esperar cuarenta y ocho horas más hasta que recibió la siguiente llamada telefónica. El teléfono inalámbrico en el apartamento de Baltasar en Berkeley, un suburbio de West St. Louis, finalmente sonó esta tarde alrededor de las cuatro y media, era Mr. Charlie anunciando su llegada a Illinois y pidiendo aún mas dinero, dinero que, por supuesto, Wense no tiene. "¿Cómo cree que puedo obtenerlo?", farfulló Wense. "Tendremos que explicarle que yo no cuento con esa cantidad."

Yo no tenía muchas esperanzas de recibir la compasión de un coyote; existen incontables historias de horror de migrantes que son mantenidos como rehenes en casas de seguridad, durante semanas, hasta meses, hasta que se haya pagado la deuda, pero Wense está obstinado, convencido de que Mr. Charlie le permitirá traer a su esposa e hija a casa a St. Louis esta noche. "Lo conozco", me dice Wense, juntando sus manos y soplándoles en el asiento trasero. "No habrá ningún problema."

La inminente llegada de Rosa es un bloque más en la pirámide que las familias Cortés y Chávez han estado construyendo en Missouri durante los últimos años. El pionero fue Baltasar, quien llegó a St. Louis en 1991, recomendado con un ranchero local por su amigo Alfredo Román, quien había emigrado desde Michoacán varios años antes. Aquí, Baltasar conoció y se casó con Victoria, una mujer de Uruápan cuya familia había migrado a St. Louis en 1992; la pareja tuvo a su primera hija, Stefani, el único miembro de la familia que era ciudadano norteamericano, dos años más tarde. Wense comenzó a hacer visitas estacionales a St. Louis, poco tiempo después de la llegada de su hermano, trabajando para el mismo ranchero. Después Wense se casó con Rosa, y a finales de 1995 la llevó al norte por primera vez; ella, también, trabajó para el ranchero.

La familia Cortés no es de ninguna manera la única familia mexicana en la zona. La familia Román (un clan que consiste de tres generaciones que viven en St. Louis) trazan su árbol genealógico de pioneros hasta un primo distante que fue siguiendo las cosechas hacia el este, desde California en 1951, terminando primero en los plantíos de maíz de Illinois y más tarde en una hortaliza de tomates en Missouri.

Continuamos hacia el este por la carretera interestatal 64, hacia las tierras de cultivo del sur de Illinois, nuestros faros delanteros atraviesan la nieve que cae oblicuamente, los automóviles que van delante de nosotros echan vapor como si fueran dragones, sus llantas levantan hielo sucio y salitroso; por el espejo retrovisor puedo ver la nube fantasmagórica que produce nuestro propio vehículo.

Hay pocos pueblos a lo largo de la ruta hasta Cobden. En su gran mayoría son maizales helados, elevadores de grano, torres para agua, y la ocasional estación de gasolina y el restaurante que la acompaña: Hardee's, Dairy Queen o McDonald's, de sus aleros penden carámbanos de hielo, que semejan dagas transparentes. Algunos mini tornados de nieve crean una extraña danza sobre la carretera, frente a nosotros.

Dentro del automóvil, hay únicamente una sola fuente de calor y no proviene del calefactor, cuyas lastimosas emisiones son superadas por el frío que se filtra a través del parabrisas cubierto de hielo y de las ventanillas laterales. El calor proviene de la única y omnipresente virgen de Guadalupe, mirándonos desde el cielo, o sea desde le techo del Grand Am, donde Baltasar fijó hace un par de semanas una toalla de playa con su imagen. "Ahora viaja conmigo dondequiera que voy", dice con una sonrisa traviesa, apagando un cigarrillo Marlboro en el cenicero y encendiendo las luces altas para poder ver a través de la tormenta.

Somos el único vehículo que transita por la carretera de la ruta 127 a las ocho de la noche. Para pasar el tiempo, Baltasar cuenta de su viaje a través de México y a través de Estados Unidos, un viaje que comenzó hace nueve años cuando él tenía diecisiete y trabajó durante unos cuantos meses como trabajador por día en El Rancho, California, no lejos de Temecula, el lugar donde ocurrió la tragedia de los hermanos Chávez. Dormía en las huertas de cítricos, duchándose cuando al amanecer se encendían los aspersores para la irrigación. Él y sus compañeros mexicanos cocinaban y comían de la misma olla, calentando las tortillas sobre el fuego directo.

Durante bastante tiempo, siempre fue lo mismo, dice Balta, y recuerda haber pensado que cuando tienes mala suerte la gente te empuja aún más hacia abajo, y en el momento en que te va bien, la gente te tiene envidia y habla mal de ti. En ese entonces, no se podía haber imaginado que algún día vendría a St. Louis, tendría un microondas, estaría conduciendo un Grand Am dorado con una toalla con la imagen de la virgen de Guadalupe prendida del techo.

Wense tercia en la conversación, con sus propias historias de mala suerte, recordando al policía que lo detuvo porque las calcomanías de su placa estaban vencidas, y repentinamente lo amenazó con deportarlo, gritando en contra de esos "pinches mexicanos". A continuación cuenta extasiado de la ocasión en que su héroe, Alfredo Román, el inteligente y elegante cholo veterano, capataz de un invernadero, y padre de familia, fue abordado en un club por una güera algo borracha, una rubia norteamericana, tan sólo para que unos minutos más tarde su novio, un mastodonte nórdico, se presentara sobre la pista de baile para retarlo. Alfredo logró romper una botella de cerveza sobre la cabeza del gringo antes de que los guardias de seguridad lo sacaran a empellones.

Hemos llegado. Sabemos que estamos en Cobden (mil 900 habitantes) porque hay tres banderas que ondean en el centro del pueblo: Old Glory (la bandera norteamericana), la bandera del estado de la pradera, y una bandera que muestra a un águila con una serpiente en su pico, sobre un campo color rojo, verde y blanco; la bandera nacional mexicana.

"Aquí casi ya no vive ningún blanco", dice Balta. Hay solamente un problema. No sabemos qué casa es la casa de seguridad de Mr. Charlie. Paramos en la casa de unos familiares de Alfredo, el amigo de Wense. En el transcurso de los diez segundos que nos toma el llegar hasta la puerta, el viento helado penetra hasta el fondo de mis huesos. Se abre la puerta con una ráfaga de vapor. Nos dicen que subamos por el camino y busquemos una casa trailer con una camioneta con placas de Arizona estacionada al frente. Volvemos al coche y conducimos por las calles de Cobden; el único automóvil del pueblo que está en movimiento, buscando unas placas color verde pino. Baltasar señala hacia una cancha de basquetbol, que ahora está cubierta por tres pies de nieve, donde los muchachos de Michoacán y Zacatecas se enfrentan en un duelo a muerte. Y ahí está la casa de una venerable bruja de Cherán quien se dio cuenta de que podía ganar más dinero desempeñando su profesión aquí en Estados Unidos, que allá en casa.

Finalmente vemos la casa trailer, de cuyas ventanas heladas surge una agradable luz amarilla. La camioneta Astro está estacionada a un lado, sumergida dentro de la nieve que le llega hasta la defensa. El trailer es la cosa más brillante que he visto en toda la noche en este mundo color gris y blanco. Aún antes de que lleguemos a la puerta, se abre desde adentro y sale Mr. Charlie en persona, su cara redonda está radiante bajo una gorra Caterpillar. Estrecha las manos de Baltasar y Wense, luego sus ojos se posan sobre mí. Me lanza una mirada inquisitiva, como si tratara de ubicar el rostro, y entonces cae en la cuenta. Vuelve su mirada preocupada hacia los hermanos.

"No te preocupes", dice Wense, "él está con nosotros". Mr. Charlie ahora está aparentemente convencido de que pertenezco a la migra, pero qué demonios, si lo soy, ¿qué puede él hacer ahora? Caminamos con dificultad a través de la nieve y subimos por las escaleras del trailer.

Toda la noche había estado pensando en este momento. Acerca de lo que debe de haber sido un viaje inquietante, dos semanas de estar luchando contra la migra y los helados caminos desde Arizona hasta Illinois. Dos semanas de comer poco mas que papas fritas y beber un poco de Coca-Cola, pero no demasiada, ya que no podrás ir al baño durante otras doce horas. Dos semanas de marchar a paso doble por las escabrosas laderas de los cerros en el desierto, arrastrándose debajo de bardas de alambres de púas, permaneciendo sentado con las piernas dobladas contra el pecho, en camionetas, aspirando el aroma de piel y cabello sudoroso y sin lavar, los nervios de punta todo el tiempo, sintiendo cada bache del interminable camino.

Supongo que esperaba encontrarme con dos docenas de caras demacradas y acongojadas. Supongo que esperaba ver muecas de dolor, niños con las mejillas bañadas de lágrimas y bebés sollozando.

Pero una vez que mis ojos logran enfocarse, no veo nada de eso. Veo caras rebosantes de alegría. Bebés que son arrullados en los brazos de sus madres y adolescentes amontonados frente al aparato de televisión, embelesados ante el espectáculo de los vaqueros sobre sus caballos galopando sobre la tierra roja de Monument Valley. Hasta se puede escuchar una cumbia mexicana que procede de una vieja casetera. Otras de las mujeres están en la cocina charlando con una abuela que revuelve un humeando guisado que se encuentra sobre la estufa; es la matriarca a quien le pertenece este trailer convertido en casa de seguridad. Ella y su familia emigraron desde Michoacán hace décadas, pero el lugar está decorado con calendarios procedentes de tiendas de abarrotes de Michoacán, pósters de indígenas purépechas vestidos con sus trajes regionales.

Y allí está Rosa Chávez, sentada sobre el piso, con las piernas cruzadas, en la parte de atrás de la habitación, con Yeni en sus brazos. Rosa se levanta emitiendo un quejido; su rodilla llena de costras asoma entre el rasgón de su pantalón. Mientras Rosa se va acercando, Wense no se mueve de la puerta. Rosa se queda parada. La pareja se encuentra a una yarda de distancia, uno del otro. Sonríen tímidamente.

Y entonces Wense dice: "Hola".

Y Rosa responde: "Hola".

Eso es todo. Pero son las dos personas más felices que he visto en toda mi vida.

Porque Rosa lo ha logrado. Ha llegado a casa. Finalmente, está en casa.

☞

El día antes de mi partida de St. Louis, Balta ofrece mostrarme los lugares de interés turístico. La temperatura todavía está cerca de los cero grados, hay sesenta centímetros de nieve sobre el suelo, y los caminos están cubiertos de hielo. Es un domingo y la mayoría de los habitantes de St. Louis están acurrucados detrás de ventanas con vidrios cubiertos de hielo, pero todos nos ponemos varias capas de camisas y suéteres y chamarras y nos apilamos dentro del Grand Am, mientras la virgen de Guadalupe nos sonríe desde le techo.

Como el orgullo mexicano es muy particular, nuestra primera parada es en la tienda mexicana que ofrece el surtido acostumbrado de especies y cortes de carne del viejo mundo, tortillas y salsas, videos de películas mexicanas de clasificación

B, y veladoras adornadas con las imágenes de los santos ante quienes se susurran los rezos de muchos migrantes. Los dueños, los dependientes y los clientes nos reciben con gran algarabía, todos están resueltos a mostrarnos el México que han traído con ellos hasta este helado lugar de medio oeste norteamericano (la tradición que ha frustrado a la asimilación y el crisol de razas) y tratando de demostrar cómo se han burlado de los gringos... aun cuando los hijos e hijas de esta primera generación de migrantes comienzan a enunciar las consonantes y vocales de un futuro en el idioma inglés, aun cuando los chicos escuchan música *hip-hop* y canciones antiguas y portan el uniforme de los guerreros urbanos norteamericanos, comulgando culturalmente con los "morenitos" (el nombre con el que los mexicanos muchas veces se refieren a los afroamericanos), quienes son tan incomprendidos y despreciados por los mayores. Al final, la burla será tanto para los guardianes gringos como los guardianes mexicanos de las exaltadas nociones culturales. Los chicos no serán ni mexicanos ni gringos, sino las dos cosas; de hecho, serán más que las dos cosas, serán nuevos norteamericanos, absorbiendo culturas procedentes de todo el globo terráqueo.

Ningún viaje a St. Louis estaría completo sin visitar adecuadamente al Gateway Arch, y después de navegar a través de las calles desiertas del centro de la ciudad, nos encontramos parados a la orilla del río, contemplando a ese gigantesco y deslumbrante objeto, una maravilla de la ingeniería moderna, un monumento del siglo veinte al idealismo del siglo diecinueve. Cuando los pioneros llegaron a St. Louis y miraron hacia el oeste, más allá del río, del otro lado no había más que praderas, atravesadas por abruptos caminos para carromatos, que prometían conducirlos hasta otra costa, otro mundo. Todavía había que cruzar más de mil seiscientos kilómetros, a través de hostiles territorios indios, a través del rigor del desierto, pero ese era el plan trazado por Dios, que los norteamericanos cruzaran este río, adueñándose de la gran expansión de tierra de la mejor manera posible, y por supuesto, eso fue lo que hicieron.

Durante la mayor parte del año hay, debajo del arco, una vasta pradera cubierta de pasto, pero a la mitad de este brutal invierno, se extiende una alfombra sin fin de nieve fresca en polvo que no está marcada por una sola huella. Somos los únicos turistas que nos aventuramos en la tormenta. El espectáculo severo y minimalista inspira a un amigo fotógrafo que nos acompaña durante el paseo, para componer una fotografía. La familia (Baltasar, Wense, Rosa y Yeni, acurrucada en los brazos de su madre) caminamos por el campo de nieve hacia el arco. Ahí están todos, pisando fuerte y echando bocanadas de aire vaporoso, y Balta, en lo particular, no parece estar muy emocionado con la estrafalaria idea. Yo soy un huésped, y la hospitalidad mexicana es tan famosa como la del sur norteamericano, por lo tanto todos caminan penosamente a través de ventiscas de sesenta centímetros de profundidad. Después de haber recorrido unos ocho metros, se dan la vuelta para posar. Les hacemos señas para que continúen avanzando. Quince metros. Treinta. Cada vez les pedimos que caminen un poco más, más hacia fuera. Están ya a una distancia de una cancha de fútbol. Ahora sólo son pequeñas manchas negras, perdidas en la gran inmensidad blanca, sus futuros son un juego de azahar, un riesgo enorme para los ideales y realidades formadas por cientos de años de explotación y oportunidad, de sufrimiento y triunfo migrante. Es el suyo un gran ritual de transición, suyo es el símbolo de Norteamérica. Y sin embargo, para la mayoría de los habitantes de Norteamérica, ellos son invisibles, insignificantes puntos color café sobre un campo blanco.

dos
otro país

la línea

Hace varios años, escribí una serie de reportajes desde la frontera en Tijuana, la cual es, por mucho, el lugar de cruce más famoso a lo largo de los tres mil doscientos kilómetros que mide la frontera. En muchas ocasiones, pasé el tiempo cerca de la cancha, un campo de fútbol soccer que se encuentra a lo largo de la frontera, únicamente a kilómetro y medio del centro de la ciudad. Todo lo que había en aquel entonces era una cerca delgada, agujereada en tantos lugares que se perdía la cuenta. Los jeeps de la patrulla fronteriza estaban encaramados, día y noche, sobre un risco, a noventa metros al norte.

Durante el polvoriento calor del día, la cancha estaba vacía. Pero tan pronto como se ponía el sol, se convertía en una verdadera fiesta migrante. A un lado de la cerca se reunía una gran muchedumbre para organizar las expediciones de esa noche. Los migrantes provenían de todo México y América central y de lugares tan lejanos como China, Irán, Pakistán. Hordas de hombres solos, sin rasurar, con polvo en el cabello, llevando únicamente la ropa que tenían puesta o pequeños y corrientes maletines de vinil que contenían únicamente unas cuantas pertenencias. Y familias, familias completas, desde abuelas con la cara arrugada y el blanco cabello trenzado, hasta bebés de brazos.

La presencia de esta muchedumbre hizo surgir una mini economía de vendedores ambulantes, los cuales explotaban las necesidades de compras de última hora de los migrantes. Los ambulantes vendían de todo, desde bebidas alcohólicas y zapatos para correr, hasta revistas pornográficas y pedazos de plástico para protegerse de la tormenta inesperada. Venerables matronas se inclinaban sobre anafres de carbón, meneando grandes y humeantes ollas llenas de pozole, o chisporroteante carne asada. Las prostitutas ofrecían citas de despedida.

La música emanaba estrepitosamente de los aparatos de sonido, conectados a través de media docena de extensiones eléctricas que terminaban en un enchufe dentro de la sala de estar de alguièn que se encontraba a unos pocos metros de distancia, o conectadas directamente a la corriente eléctrica a través de alambres, colgando sobre nuestras cabezas, completamente deshilachados y echando chispas. Se jugaban partidos de fútbol soccer, batallas intensas entre regiones rivales procedentes de toda la república: Zacatecas contra San Luis Potosí, Michoacán contra Saltillo, Durango contra Tamaulipas.

¡Gooooooolllll!

En aquellos tiempos esto era una fiesta, parecida a una parrillada al aire libre, en un cuatro de julio, aniversario de la independencia de Estados Unidos; todos estaban celebrando, anticipando el cruce. En aquel entonces, las probabilidades eran mayores que cincuenta-cincuenta a que lograrías cruzar al primer intento. Y aún si fueses capturado por la migra, seguramente lo lograrías en tu segundo intento, muy probablemente esa misma noche.

Más tarde, después de que la gente había comido, anotado varios goles o un "rapidín" en los matorrales cercanos, los coyotes reunían grupos de veinticinco o más migrantes, algunas veces bastantes más. Los coyotes se reunían para echar pajas y decidir la ruta que tomaría cada grupo. En los cerros que circundan Tijuana se pueden ver cientos de antiguos senderos y profundos surcos trillados durante el transcurso de muchas décadas por un millón de pasos de migrantes.

Repentinamente, los grupos se ponen en movimiento, cientos de hombres, mujeres y niños se arremolinan cruzando los cerros salpicados de matorrales. La patrulla fronteriza entraría en acción, pero los gringos se verían rápidamente arrollados por la imponente marea.

¡Goooooooolllll!

Por supuesto, algunas veces era peligroso, particularmente a lo largo de la línea en Texas, donde los migrantes tenían que vadear las traicioneras corrientes del turbio Río Bravo. Pero en aquellos tiempo era más factible que los migrantes fueran asaltados o golpeados por bandidos fronterizos, a que murieran por exposición a los elementos en medio del desierto.

La frontera no era una frontera. La línea estaba rota. Era únicamente una idea, no era algo tangible.

Y luego, la idea se convirtió en una realidad. A principio de la década de los noventa, California se encontraba en una profunda recesión. Las plantas manufactureras de llantas Firestone y Goodyear cerraron, al igual que la última de las fábricas de hierro y acero, las compañías fabricantes de productos aeroespaciales habían despedido a decenas de miles trabajadores. La gente estaba enojada, y el entonces gobernador, Pete Wilson, volvió los ojos hacia el pasado en busca de alguna inspiración. Recordó la época de la gran depresión y la "repatriación" de cientos de miles de trabajadores mexicanos. Recordó la época de la recesión que siguió a la posguerra y la "operación espalda mojada", mediante la cual se deportaron cientos de miles más. Y después la crisis envió hacia el norte una nueva oleada de refugiados. De pronto, Wilson, un republicano que siempre se había presentado como amigo de México y los mexicanos, un hombre que de hecho alguna vez contrató a una mujer indocumentada para hacer la limpieza de su casa, señaló con el dedo hacia el sur.

"¡Siguen viniendo!", declaró.

Ahora odiaba a los migrantes. Las hordas narcosatánicas estaban frente a la reja. Juró que pintaría una raya sobre la arena, la cual no sería cruzada jamás por ningún espalda mojada.

Los políticos norteamericanos han aparentado estar de acuerdo con la idea de "defender a la línea" en la frontera sur durante la mayor parte del siglo vente, comenzando por la época de la imponente migración engendrada por la revolución mexicana de 1910 a 1917. Pero en 1994, la retórica se convirtió en construcciones de concreto, acero, lámparas de arco, cámaras de luz infrarroja y gogles, detectores sísmicos y de rayo láser, y hasta soldados norteamericanos con M-16 que proporcionaban "apoyo táctico" a una patrulla fronteriza que había sido incrementada en grandes números. La operación Guardián intentó detener los cruces ilegales que se efectuaban desde hacía décadas en la frontera entre Tijuana y San Diego, construyendo para este propósito un muro de acero de cuatro metros de altura que corre tierra adentro, a veinte kilómetros de la costa. De noche está iluminado por una intensa luz color ámbar. El resplandor que emiten las gigantescas torres de lùz, encuadra a la línea a lo largo de varios metros en cada dirección, lo que significa que la luz gringa de hecho está cayendo sobre territorio mexicano; se le podría denominar luz ilegal, sin embargo el gobierno mexicano nunca ha presentado una denuncia a causa de ella, ni por la contaminación ocasionada por el ruido constante que producen los helicópteros que patrullan la frontera.

Los migrantes, sin embargo, sí se han quejado. Han apodado al gobernador "Pito" Wilson, pito por silbato, pero también por "pene". Durante la copa mundial de fútbol de 1994, Wilson estuvo presente para inaugurar un partido que se jugó en el Rose Bowl en Los Ángeles. Entre los cien mil espectadores que se encontraban en las gradas, estaban por lo menos sesenta mil mexicanos, salvadoreños, guatemaltecos, nicaragüenses, hondureños, colombianos, chilenos, uruguayos y brasileños; cada uno de ellos era un migrante. Wilson se acercó al micrófono. Pero no se pudo escuchar una sola palabra de lo que dijo, debido a los abucheos, los chiflidos y las voces que coreaban "¡Pito! ¡Pito!" formando grandes oleadas rítmicas.

¡Gooooooolllll!

Pete Wison se ha ido, pero una cosa ha perdurado de su legado nacionalista.

Después de años de ser blanco de cabildeos para que ayudara al "estado dorado" a rechazar a los ilegales, el gobierno federal los complació, construyendo un nuevo muro en Tijuana. Hoy en día, para cruzar hacia California, tienes que irte hacia el lado este del muro. Tienes que caminar a través de una oscuridad total, escalando montañas que te impiden ver las luces de la ciudad de San Diego. Efectúas una larga caminata al amparo de esa oscuridad.

≈

Al este de Nogales, Arizona, mi automóvil Blazer traquetea por el camino llamado Duquense Road, el cual está cubierto de baches. En este punto, la línea consiste de poco más que unos cuantos filamentos de alambre de púas de una altura de como un metro. Por algún lugar cerca de aquí, Rosa Chávez cruzó hacia el otro lado en compañía de Mr. Charlie.

El cielo color azul intenso de Arizona está salpicado con cúmulos de nubes color blanco brillante. En California, la pálida luz tiende a minimizar los contrastes; aquí, las sombras resaltan en un severo relieve. Me encuentro en el Coronado National Monument, llamado así en honor de Francisco Vázquez de Coronado, un explorador español del siglo dieciséis quien buscó en vano las legendarias calles pavimentadas con oro, las siete ciudades de Cibola. Su fuerza expedicionaria, formada por trescientos treinta y nueve soldados, cuatro sacerdotes franciscanos, mil cien indígenas y mil quinientas cabezas de ganado, partió de Compostela, mil doscientos kilómetros al sur. A lo largo de toda la ruta, los indígenas confirmaban la existencia de Cibola. Una y otra vez les decían a los expedicionarios: está más al norte. Hay quien conjetura que los indígenas mintieron con la esperanza de empujar a los hombres blancos y sus caballos hacia terrenos desconocidos y peligrosos de donde nunca pudieran regresar.

Vázquez murió sin haber encontrado Cibola, pero sí exploró estas despiadadas tierras de calor intolerable y mortífero frío, trazando una ruta comercial decisiva hacia los territorios de la corona española que se encontraban más al norte.

Actualmente, los migrantes mexicanos siguen los pasos de un conquistador y explorador español, en busca de su propia versión de las siete ciudades. Este es un país grandioso y traicionero, un paisaje de una belleza misteriosa, casi lunar, el perfecto telón de fondo para una nueva película del viejo oeste de cine negro. Aquí los bandidos de la frontera acechan a la espera de los migrantes vulnerables y, por supuesto, está la patrulla fronteriza, una policía mexicana corrupta, traficantes de droga, y agentes de la DEA.

La añadidura más reciente a este cuadro son los vigilantes. Docenas de rancheros de la región, cuyas tierras son transgredidas con regularidad por aquellos que cruzan la frontera, han tomado las armas, literalmente. Al igual que la migra, a quienes consideran como unos ineficientes por decir poco, se han proveído de tecnología moderna tal como gogles de visión nocturna, pero también cuentan con armamento mas pesado; algunos tienen rifles de asalto. El presidente de los ciudadanos preocupados del condado de Cochise construyó una estación de vigilancia de siete metros de altura para poder patrullar mejor su propiedad.

Hacia cualquier lugar donde volteo hay evidencia de viajes de migrantes. Entre los matorrales encuentro botellas desechadas de agua purificada mexicana. Trozos de periódico embarrados de mierda. Una revista mexicana de muñequitos hecha pedazos. Un tubo apachurrado de pasta dental Colgate, mexicana. A todo lo largo de la barda de alambre de púas, cuelgan pequeñas banderas de ropa desgarrada que ondean en la brisa. El Coronado National Monument se ha convertido en un santuario al migrante. Los guarda bosques bien podrían colocar letreros como se hace en una exposición.

Aquí no hay turistas. Hasta donde puedo adivinar, yo soy lo único que se mueve, el Blazer levantando una nube de polvo amarillo a lo largo de un camino que va aún más hacia arriba por las montañas Huachuca. Miro hacia abajo, hacia la frontera: un millón de arbustos salpican el valle a lo largo de docenas y docenas de millas hacia el sur. La barda está allí abajo, en alguna parte, pero es demasiado pequeña para que se pueda ver a kilómetro y medio de distancia.

Rodeo una curva y piso fuertemente los frenos: una camioneta está detenida a un lado del camino, un Dodge Sportsman de los años setenta. Miro fijamente al vehículo, como su fuera un muerto tirado sobre la carrera que pudiese volver a la vida. Únicamente se escucha el ruido de mi motor; la nube de polvo levantada por el Blazer ahora fluye hacia delante, pasando sobre mí.

La camioneta está descompuesta, no tiene la llanta posterior del lado izquierdo, el disco del freno está medio enterrado en la arena. Puedo ver que, allá adelante, a dieciséis kilómetros de distancia, se encuentra la llanta. Hay un profundo surco de más de cuarenta y cinco metros, a través de la tierra, hasta el lugar donde se quedó parada la camioneta; es posible que le haya tomado al conductor toda esa distancia hasta poder parar su vehículo, o trató de seguir avanzando. Probablemente fue esto último; todas las ventanas de la camioneta han sido destrozadas con rocas del tamaño de pelotas de fútbol.

Me vuelvo paranoico, preguntándome si los que perpetraron esta violencia todavía se encuentran cerca de aquí. Parece como si el incidente hubiese ocurrido únicamente hace algunas horas o quizás, hace apenas algunos minutos, todavía no hay trazas de polvo sobre la camioneta.

El interior de la camioneta está salpicado con mil fragmentos de vidrio mezclados entre las rocas que se estrellaron contra las ventanas. Un bikini de hombre color azul marino. Una cinta indígena bordada. Un volante que anuncia la presentación de una función ofrecida por la banda La Judicial, con la fotografía de un grupo de tercera categoría, vistiendo tajes rojos con borlas blancas, botas de piel de víbora, y sombreros Stetson color blanco. Una botella vacía de agua Santa María. Una caja de Alka-Seltzer sin abrir. Una mochila corriente de vinil, el clásico equipaje del migrante, con un mal dibujado mapa del mundo como logotipo. Un rebozo purépecha, extendido sobre el suelo, con una roca del tamaño de una sandía encima de él.

Placas del estado de Arizona. Falta el tapón del tanque de gasolina; el conductor pegado a un trapo rojo. Sobre el panel exterior derecho, hay una mancha seca de color café oscuro. Parece ser sangre.

Los paneles del interior han sido rasgados, al igual que la mayor parte del tapete que cubre el piso de la camioneta. Los bandidos buscaban algo, probablemente drogas. Es imposible adivinar si encontraron lo que buscaban.

Llego a la cima del Coronado Pass, dejando atrás la escena del crimen. Hacia el sur está el imponente y escarpado pico San José; hacia el este la belleza parecida a la de una sabana, del valle del río San Joaquín, prometiendo un alivio templado después de las tierras baldías de Arizona. En algún lugar, entre las montañas y las planicies, se encuentra la frontera, invisible e implacable.

⁀

Laura Privette, agente del INS (servicio de inmigración y naturalización) es una mujer pequeña pero vigorosa, con grueso cabello indígena que lleva corto, muy a la moda. Es de piel morena, descendiente de inmigrantes. Es una indígena que ha asumido el papel de vaquero: esta noche, es una supervisora de campo para las operaciones de la patrulla fronteriza en la región de Nogales. Ha dejado su automóvil convertible BMW z3 plateado en el estacionamiento del cuartel y abordado un Ford Explorer BP para mostrarme como defiende Estados Unidos la línea.

El radio cruje. El despachador habla en clave: "Cinco-setenta actividad". Marihuana. Cada dos minutos nos informan de *hits* de los detectores de movimiento que se encuentran enterrados en el desierto a lo largo de la línea.

Privett me cae bien. Ninguna mujer asciende a través de los rangos de una agencia paramilitar (el más machista de los ambientes) sin haber probado su temple. Creció como mexicana en el sur de Arizona, donde hay muchísimos mexicanos pero muy poco espacio para ellos dentro de la clase media. Cuando era niña, vio en los noticieros nocturnos, al igual que en las calles, cómo trabajaba la patrulla fronteriza. El trabajo que desempeñaban le pareció algo heroico; al igual que cualquier chiquillo en los suburbios que sueña con ser bombero o astronauta, ella soñaba con trabajar en la línea, aplicando toda la fuerza de la ley en contra de los contrabandistas sin escrúpulos que lucraban con su cargamento humano y de drogas. Al igual que muchos otros agentes de la patrulla fronteriza, particularmente los hispanos, Privette siente empatía por los migrantes. Ella está convencida de que hay formas legales e ilegales para entrar a este país, salvoconductos y cruces peligrosos. Es inútil discutir con ella.

"Por el momento, las cosas van bastante bien", dice Privette. Contando con un presupuesto que se ha triplicado durante los últimos cinco años, la fuerza inhibidora INS ha visto cómo sus rangos se incrementaron con miles de agentes. Su equipo logístico es de lo más moderno que existe.

Privette conduce hacia la línea en una camioneta Explorer equipada con aire acondicionado, que tiene olor a nueva. La línea en Nogales está representada por una réplica exacta del muro de acero de cuatro metros de altura que impedía el paso de los migrantes por Tijuana. Después de haber proclamado el éxito de la operación Guardián en California, el INS procedió a crear la operación Salvaguardia en 1995, a lo largo de la frontera con Arizona, duplicando el número de agentes de la patrulla fronteriza, mejorando la calidad de su tecnología de vigilancia, y construyendo el muro.

Es el final de la tarde de un ardiente día a finales de la primavera. Todavía no hay mucho que ver; la actividad comienza después del anochecer. Conducimos por la avenida que llega hasta el puerto de entrada, parándonos a un lado de un canal recubierto de concreto. Muy cerca está un restaurante Church's Chicken, junto con un McDonald's, un Jack in the Box, y una camioneta que vende tacos, denominada "Paricutín", un negocio familiar mexicano con el nombre del volcán mas reciente de México, el cual representa un gran orgullo para los michoacanos.

Hace tiempo, antes del gran incremento de la patrulla fronteriza, cuando unos cuantos agentes luchaban contra el vigoroso flujo de migrantes, quienes cortaban con gran facilidad la barda de alambrado, el restaurante Church's era una especie de lugar de paso para los migrantes. Mientras la patrulla fronteriza estaba ocupada cuidando la cerca, los contrabandistas llevaban a los migrantes a través de los túneles de drenaje que atraviesan la línea, saltaban hacia la calle, tomaban un refrigerio, y llamaban por teléfono a sus contactos para que recogieran el cargamento. Actualmente, únicamente unos cuantos migrantes llegan por vía de los túneles. Sin embargo, sigue siendo una ruta popular para los migrantes que regresan a México, una forma por medio de la cual pueden evitar a los corruptos agentes aduanales mexicanos.

Las paredes del túnel están pintarrajeadas con generaciones de *graffiti*, la mayor parte fue pintada por Barrio Libre, una banda de chicos ilegales indigentes que han convertido a estos túneles fronterizos en su hogar. Mientras Privette hace un amplio gesto con su mano para explicar la escena, vemos a un grupo de dieciocho hombres corriendo rápidamente a través del deslave, en dirección al sur. Cuando nos descubren, la mayoría de ellos se levantan las camisas para cubrirse los rostros, pero no hay necesidad de preocuparse. La patrulla fronteriza rara vez se molesta en capturar a los migrantes que se dirigen de regreso a México.

A pesar de las leyes y la tecnología y los peligros del camino, la frontera aún puede ser violada en una docena de diversas maneras. Los contrabandistas emprendedores han fraguado un plan que le permite a un migrante ilegal cruzar la frontera bajo las mismas narices de la migra. En el puerto de entrada de San Diego-Tijuana, un número considerable de cruces se hacen a pie a través de un simple torniquete giratorio pasando frente a un solitario agente, el cual muchas veces no exige ni una identificación a personas que tienen tipo de "norteamericanos". "¿Nacionalidad?", pregunta el guardia. Si respondes "americano" en buen inglés norteamericano, puedes entrar como por tu casa.

A cambio de dos mil dólares el contrabandista hace las veces de maestro de actuación más que las de un coyote. Para empezar, el atuendo. Se deshace de los invariables harapos de poliéster de tu hogar en la provincia, cambiándolos por prendas de algodón cien por ciento norteamericano. Luego se pone a trabajar en cambiar tu acento y tu historia, la cual incluye la ciudad, el vecindario, las calles, la secundaria, los equipos deportivos, y todos los detalles que pertenecen a tu supuesto pueblo natal en Estados Unidos. Si el agente de inmigración sospecha algo, simplemente te llevan de regreso a través de la línea, para intentarlo una vez más. Y volverlo a intentar. Las probabilidades están a tu favor, a largo plazo.

También existen otros caminos. Cada vez es más difícil y caro falsificar la así llamada *green card* (la cual en realidad ya no ha sido de color verde desde hace mucho tiempo) que prueba que eres un residente legal en Estados Unidos. Actualmente, el modelo "holográfico", "a prueba de falsificación" se parece más a una tarjeta de crédito que a un comprobante de residencia. Por lo tanto existe un activo negocio de compra y venta de otros documentos auténticos, incluyendo pasaportes, certificados de nacimiento, y tarjetas del seguro social, las cuales pueden "perderse" convenientemente, proporcionándole a los contrabandistas una ventana de oportunidad de semanas o meses para poderlos utilizar antes de que el dueño los reporte como perdidos.

Algún día probablemente sí existirá algún método a prueba de falsificaciones para permitir la entrada de los extranjeros al país, tal vez el escenario producto de la ciencia ficción de un escáner que identifique a partir de la singularidad de el iris de la pupila humana. Esta clase de propuestas se están considerando seriamente en la actualidad. Pero por el momento ha habido una respuesta por parte de los contrabandistas para cada medida introducida por el INS.

La camioneta Explorer serpentea por el camino que conduce hacia los cerros que se encuentran al este de Nogales. La frontera evoluciona, el elevado muro de acero se convierte en una barda de alambre y, un poco más adelante, en una bardita de alambre de púas que apenas si llega hasta la cintura de una persona, cuyos filamentos han sido cortados en muchos lugares. Nos bajamos de la camioneta y la agente Privette pone una rodilla sobre el suelo, examinando las huellas de cascos y marcas de llantas que atraviesan la línea en todas direcciones. Este examen se denomina "cortadura de señales".

"Caballos, drogas", dice Privette en la manera minimalista de hablar de los oficiales que hacen cumplir con la ley. "Automóvil. Probablemente un grande y viejo Buick o Impala. Ilégales, tal vez diez o quince."

Se pone el sol. Los dedos largos y delgados de los arbustos de ocotillo se extienden hacia el naranja-dorado, tratando de alcanzar los jirones de zarcillos que parecen plumas doradas en el cielo que está obscureciendo. Allá abajo podemos ver el muro que divide en línea recta a los dos Nogales. Calles que comienzan en un lado de la línea y continúan por el otro. Parecería ser un inmenso barrio, dividido artificialmente.

No está sucediendo nada importante en los cerros, por lo que nos dirigimos de regreso hacia el pueblo.

Repentinamente, el radio despierta: "Ataques en el sector I-5". Aceleramos, cruzando a través de los barrios en las afueras de Nogales, pasando frente a hogares humildes con las puertas de entrada entreabiertas para permitir la entrada de la suave brisa del atardecer, los viejos meciéndose en sillas mecedoras y los niños corriendo por la calle. Nadie se sorprende ante la presencia de nuestra camioneta de la patrulla fronteriza. En este paisaje, las camionetas Explorer son tan omnipresentes como los ocotillos.

Nos detenemos a un lado de un túnel de desagüe a unos cuantos metros de la frontera, en donde ya se encuentra otra camioneta de la patrulla fronteriza, al mando de otro agente indígena. Su rostro color bronce brilla de sudor bajo la luz color ámbar de la lámpara de la calle. "Los perdí de vista. Creo que llegaron a través de aquí. Eran como veinte."

Privette le ordena a su subalterno: "Yo iré por arriba de la tierra, tu irás por abajo". El agente, vestido de verde, con un transmisor-receptor portátil adherido a su hombro, sale corriendo, la luz de su linterna negra rebotando alocadamente en la oscuridad.

Corro tras él. Yo también he comprado una linterna (un modelo de uso rudo, cubierto de hule y resistente a los impactos) para estar preparado para una ocasión como ésta. Pero, por supuesto, la he olvidado en la camioneta Explorer. El agente de la patrulla fronteriza ya está dentro del túnel, como a cuarenta y cinco metros delante de mí, corriendo hacia el este. Únicamente puedo ver el distante y parpadeante haz de luz de su linterna. Todo a mi alrededor está completamente oscuro. Mis pasos reverberan extrañamente, expandiéndose en círculos concéntricos de sonido con un tono metálico. Pateo la basura invisible bajo mis pies. Ahora piso charcos de agua putrefacta. Charcos profundos.

La linterna que va delante de mí desacelera su frenética danza. En unos cuantos segundos llego hasta donde está el agente, frente a una abertura en el túnel. Arriba de nosotros se puede escuchar el tránsito, tránsito norteamericano. "Los perdimos", dice, hablando a través del radio transmisor portátil. "Quédate donde estás", responde la voz de Privette. Escuchamos pasos que corren, acercándose por arriba de nosotros. Privette voltea mirando hacia abajo, desde el nivel de la calle. Durante varios momentos únicamente se escucha el sonido de la jadeante respiración de todos.

Los dos agentes intentan localizar más "cortaduras de señales".

"No parece que hayan venido por este camino", dice el agente de sexo masculino. "Pueden haber brincado hacia la calle. Tal vez retrocedieron por la misma ruta."

Privette contesta: "No, definitivamente llegaron por este camino. Veo huellas de zapatos tenis que pasan por aquí. Marca Adidas".

Los migrantes han desaparecido en la noche. Ha fallado, por lo menos en esta ocasión, el arsenal de alta tecnología de la patrulla fronteriza, cuyo valor es de más de un billón de dólares.

La frontera no es una zona de guerra, de eso no hay duda. Pero la batalla que se desenvuelve a lo largo de la línea tiene todos los aspectos de un conflicto de baja intensidad entre dos adversarios, uno armado con equipo de reconocimiento de la más alta tecnología y el otro armado con la clase de ingenio que puede ser inspirado únicamente por la pobreza y el deseo.

Es un tributo al furor político contra las drogas y los inmigrantes, el que los dos Nogales, entre ambos, alberguen a uno de los despliegues más impresionantes de infraestructura de seguridad pública de todo el hemisferio norte. Hay que tomar en cuenta la batería de fuerzas que se han acumulado aquí para vigilar unos pueblos cuya población acumulada no alcanza los doscientos mil habitantes: la patrulla fronteriza norteamericana y la policía aduanal, la guardia nacional del estado de Arizona (que ayuda a la patrulla fronteriza a desempeñar su trabajo de "recopilación de inteligencia militar"), el departamento del alguacil de policía del condado de Santa Cruz y el departamento de policía local de Nogales, cuya réplica en el lado mexicano es la policía del estado de Sonora (los judiciales), la policía federal mexicana, el grupo Beta (un comando especial, controlado por la federación, que se encarga del crimen en la frontera), la policía local, y finalmente, los miembros del Talón de Aquiles, nombre quijotesco que se le da a aquellos que se encargan básicamente de mantener las calles de Nogales libres de personajes indeseables para conservar la tan importante industria turística (la cual incluye atracciones fronterizas como carreras de galgos, antros de apuestas, innumerables tiendas de curiosidades, y una gran cantidad de bares que no revisan los documentos de los adolescentes para impedir la entrada a menores de edad).

Algunas veces, la patrulla fronteriza casi te puede convencer de que está ganando la guerra. Por la noche, ya tarde, Privette me lleva al centro donde, según le han informado, ha sido detenido un gran grupo de ilegales. Cuando llegamos a bordo de nuestra camioneta, ellos están sentados sobre las bancas que están bajo la sombra de los árboles de la plaza. Un contrabandista descarado los condujo directamente por arriba del muro, tal vez con la ayuda de una escalera, convenciéndolos de que lograrían hacerlo, precisamente porque la patrulla fronteriza no estaría esperando que se efectuara un cruce directamente bajo sus propias narices.

Varios agentes interrogan a los ilegales en su español chapurreado, anotando la información en sus libretas.

"¿Nombre? ¿Edad? ¿Domicilio? Firme aquí, por favor."

"Yo no sé escribir", dice un anciano que lleva puesto un sombrero de vaquero.

"Entonces sólo pon una X".

Dieciocho hombres, dos mujeres. Ningún niño. Procedentes de Michoacán, de Guanajuato, de Sinaloa, de Zacatecas y Puebla. Tienen miradas de espanto, de silenciosa resignación, de aburrimiento indiferente. Un adolescente de bigote ralo me guiña un ojo. Regresaremos.

Privette, se ha percatado de que no me ha mostrado esta noche lo mejor de su departamento, me lleva hasta la estación, donde se están registrando unos enervantes, después de un golpe. El agente que está de guardia es una mujer afroamericana joven y alegre llamada Eealey. En la habitación donde se ha acumulado la evidencia, Eealey vacía dos sacos de lona, que contienen, cada uno, varios paquetes de mariguana envueltos en plástico. Pesan dieciocho kilos cuando los pone sobre la báscula, pero ella no pudo arrestar a las "mulas", los que acarrean la droga.

"Fue un espectáculo impresionante allá afuera", dice Eealey. Ella, conjuntamente con otro agente, llegaron después de haber recibido la noticia de un oficial que utilizaba una cámara de video, de que se iba a producir un probable cruce de enervantes. Alcanzaron a ver a dos muchachos que, sin tener hacia donde correr, volvieron apresuradamente sobre sus pasos, regresando hacia la línea, deshaciéndose precipitadamente de su cargamento sobre terrenos norteamericanos. (Del otro lado tendrán que enfrentar una pena severa). Eealey alcanzó a uno de ellos en el momento en que se echaba un clavado para arrastrase bajo la barda. Lo cogió de una pierna, y el chico literalmente la arrastró parcialmente hasta territorio mexicano antes de que ella se diera cuenta de que esto se iba a convertir en un incidente internacional y prefirió soltarlo.

Esa noche, en Nogales, Sonora, visito un antro de mala reputación llamado Palas (español mexicano para la palabra *palace*). Sobre el escenario, se contorsionan mujeres procedentes de todos los rincones de México, mujeres que llegaron a la frontera pensando que podían ir a Estados Unidos, pero que de alguna manera se quedaron en el limbo. Muchas personas se quedaron frente a la línea, posponiendo sus sueños americanos, porque hay toda clase de negocios subterráneos en los que los chicos de provincia quedan atrapados. Muchas personas se dieron cuenta de que podían ganar más dinero jugando en el mercado negro del lado mexicano que cosechando fruta del lado norteamericano. Pero después surgió el muro.

Isis, de Puerto Vallarta, de piel dorada y ojos asiáticos (con aire de egipcia, ahora que lo pienso) me dice que el negocio iba bien hasta que el maldito muro fue construido hace algunos meses. Los coyotes y los narcotraficantes acostumbraban hacer fiestas aquí en el Palas que duraban toda la noche, aún cuando eran tipos que daban miedo, con grandes bigotes, grandes panzas, grandes pistolas y, a menudo, grandes gafetes, siguiendo la tradición mexicana de la corrupción.

"Pero ahora, con eso del muro, todo está muerto", dice Iris. "¿No se dan cuenta los norteamericanos que esto es malo para el negocio?"

⌒

Por la noche, cuando uno mira hacia México desde las alturas del lado norteamericano, el muro es tan sólo una mancha borrosa iluminada de color ámbar en una franja de luces de un pueblo pequeño que se extienden a través del valle en dirección al sur. Como Nogales, Arizona no es precisamente un modelo de prosperidad norteamericana y Nogales, Sonora (fortalecida en años recientes por la industria maquiladora patrocinada por gigantes como Sony y General Electric) no es la más pobre de las ciudades fronterizas mexicanas, el lado mexicano no parece necesariamente pertenecer al tercer mundo.

Los dos Nogales son uno sólo, por lo menos geográficamente, pero también lo son en términos de infraestructura urbana fundamental tales como los canales de drenaje y los túneles que atraviesan las ciudades del norte y del sur. Si no existiera ese sistema de drenaje compartido, las repentinas tormentas eléctricas veraniegas que arrojan unos cinco centímetros de lluvia en el transcurso de una hora, causarían inundaciones en ambos lado. Si es que existen dos ciudades en este cruce fronterizo, estas son la Nogales que está sobre la tierra y la Nogales subterránea.

La ciudad que se encuentra debajo de la ciudad también está prosperando. Los túneles de drenaje son el hogar de todos los personajes que esperarías encontrar en un punto de cruce tan disputado como éste: contrabandistas de extranjeros y narcotraficantes, drogadictos arruinados, así como toda clase de facinerosos. Allá abajo, todos estos individuos, junto con los coyotes y los ilegales, se enfrentan contra los representantes de la ley de ambos lados de la línea.

El otro jugador que participa en este drama de la frontera es Barrio Libre, la edad de cuyos miembros fluctúa entre los cinco y veinte años. Barrio Libre es como si fuera la familia para una muchacha embarazada de dieciséis años, un niño de nueve que ha vivido en la calle desde que tenía cuatro años, y varias docenas de jóvenes que pasan el tiempo gorreando las comidas y asaltando ocasionalmente a ilegales vulnerables cuando están cruzando a través del túnel.

Para los muchachos del túnel, como se le ha llamado, la batalla por la frontera es sencillamente una lucha por la supervivencia.

Algunos de ellos son fugitivos que huyen de situaciones familiares donde abusan de ellos. Otros fueron separados de sus padres durante el caos ocasionado por un arresto por la patrulla fronteriza. Otros más son sencillamente adolescentes indigentes, inquietos y rebeldes. Imposibilitados para ganarse la vida en el exterior (a causa de la migra y la policía mexicana que los persigue) han descendido hasta las entrañas de la tierra, a unos cuantos metros bajo los pasos de los turistas gringos, los altos ejecutivos mexicanos de la frontera, y muchachos inmaculados, de su misma edad, vestidos con sus uniformes escolares color azul y blanco.

El único otro lugar al que estos muchachos pueden llamar su hogar es un centro de paso ubicado sobre el lado mexicano que se llama Mi Nueva Casa, y fue aquí donde conocí por primera vez a algunos miembros de Barrio Libre. Mi Nueva Casa, patrocinada en gran parte por fundaciones norteamericanas, es una humilde casa de estuco que se encuentra a tan sólo noventa metros del muro de la frontera.

Un día típico comienza alrededor de las nueve de la mañana. Pero Ramona Encinas, la benévola matriarca del centro, comienza mucho más temprano a preparar el café y poner a hervir cazuelas llenas de frijoles y arroz. Los muchachos van entrando uno por uno o en grupos de dos y tres, sus caras están pálidas e hinchadas; un indicio evidente de que han dormido en el túnel. Son recibidos con un efusivo "¡buenos días!" por parte de Ramona, una consejera llamada Loida Molina y su hijo de veintitantos años, Isaac, (a quien se le conoce de manera coloquial en el centro como el "típico hermano mayor"), y Cecilia Guzmán, una maestra. Hay abrazos y besos para las muchachas, saludos de mano para los muchachos, aún cuando un par de ellos están de pésimo humor y se dejan caer sobre uno de los gastados sofás de la sala de estar, sin dirigirle la palabra a nadie.

Mi Nueva Casa es digna de su apelativo de casa: además de la sala de estar con su aparato de televisión y sofás, también hay un comedor con mesas plegadizas y alrededor de una docena de sillas, el cual también hace las veces de cuarto de computación (tres terminales que ofrecen carreras de coches y antiguos juegos tipo Pac-Man), un baño donde los muchachos pueden tomar una ducha si lo desean (o son obligados a hacerlo por el personal del centro); la pequeña cocina donde Ramona recibe a todos; un patio exterior en la parte de atrás donde las lavadoras están funcionando constantemente para limpiar la ropa de los muchachos. El espacio restante está ocupado por un centro de fútbol, un vestidor (donde cuelgan docenas de camisas pantalones, suéteres y chamarras que son producto de donativos), y un salón de clases.

Después de tomar un ligero desayuno consistente en jugo o leche con galletas, algunos de los muchachos acompañan a Cecilia para tomar la clase escolar del día de hoy. A través de la puerta de alambre de mosquitero del salón de clases, se puede ver directamente hasta el otro lado de la calle, hasta donde está ubicada la escuela primaria pública local y escuchar los gritos de los chicos "comunes y corrientes".

En esta mañana en lo particular, varios de los muchachos llegan tarde, después de las diez de la mañana. Fueron detenidos por la migra en el lado norteamericano del túnel, el lugar que actualmente llaman hogar. Entra Pablo, un chico de trece años que lleva puesta una camiseta con la imagen del Chupacabras, y su amigo, Jesús, de unos diez años, que lleva puesta una camisa talla extra grande de los Raiders. Ambos tienen cortes de pelo rasurado a la moda de los cholos con colas de caballo trenzadas, que cuelgan por la parte de atrás de sus cuellos. Sus zapatos están incrustados de lodo. Unos segundos después de su entrada, la habitación comienza a oler a muchacho sudoroso que no se ha bañado.

"Los 'chiles verdes' nos pescaron", dice Jesús, utilizando el apodo que los muchachos le han puesto a los agentes de la migra, que visten uniformes verdes. Cuenta cómo los agentes de la patrulla fronteriza confiscaron sus únicas pertenencias: su linterna y la loción para después de afeitar; todavía no tiene vello facial, pero es útil para disimular el olor corporal. En este momento entra Toño, el más joven del grupo, con tan sólo nueve años, e inmediatamente levanta su camisa para mostrar con presunción unas cicatrices rosadas sobre un lado y sobre el abdomen, que son producto, según dice, de las mordidas propinadas por un perro pastor alemán perteneciente a la migra.

Los agentes en ambos lados de la frontera están de acuerdo en que los incidentes de crímenes perpetrados por los chicos del túnel han disminuido desde que se abrió Mi Nueva Casa. Lo que no dicen es que las agencias protectoras de la ley en ambos lados de la frontera han atacado rudamente a los muchachos propinándoles lecciones que no se olvidan pronto. Son perseguidos con regularidad, como lo fueron esta mañana, por agentes de la patrulla fronteriza armados, y conduciendo potentes vehículos. Son perseguidos por policías que pertenecen al grupo Beta, cuyos gritos y amenazas reverberan de forma aterrorizante a lo largo de las paredes de concreto del túnel; varios chicos dicen que son golpeados regularmente por los miembros del Beta. También está el reporte, no confirmado, de un muchacho que fue violado por un agente mexicano.

Pero en Mi Nueva Casa los horrores del túnel están muy lejanos, aún cuando una entrada muy popular del subterráneo queda a sólo una cuadra y media, bajando por la calle. También existen incentivos para comportarse bien. Si los muchachos no dicen malas palabras, ni fuman, ni consumen drogas, o llevan consigo localizadores mientras están aquí, y si asisten regularmente a las clases impartidas por Cecilia, pueden ganar "beneficios", todos ellos anotados en un anuncio que está colgado en el comedor, arriba de las computadoras: amor y ternura, alimento, ropa, respeto, baño, juegos de computadora, televisión, videos, guitarras, y ¡mucho, mucho más!

Cecilia está completamente ocupada, aún cuando únicamente hay seis muchachos en clase hoy. Disipa un poco de su propia energía nerviosa mascando chicle mientras intenta lograr que Jesús se concentre en las tablas de multiplicar. Por supuesto, mi presencia distrae a los muchachos, pero también están obviamente nerviosos después de su enfrentamiento de esta mañana con la migra. Hacen girar una y otra vez sus lápices sobre el escritorio, suben y bajan sus rodillas.

Entra Gilberto, el más moderno del grupo, vestido todo de negro, su cabello perfectamente estilizado. Sobre su pecho cuelga un medallón de cerámica con la efigie de un niño Jesús clásicamente europeo, que está flotando entre querubines. Adoptando una pose muy agresiva, se mofa de Cecilia cuando ella le pregunta si quiere leche y galletas. Dice que quiere café.

En respuesta a una pregunta acerca de drogas en el túnel, responde: "Puedes obtener *crack* cada vez que los desees". Y mota y pastillas, y si no hay nada más, bueno, pues siempre hay el viaje de los chicos pobres; thiner para ser inhalado directamente de la lata o pintura en aerosol aspirada desde un pañuelo empapado en ella.

"Si perteneces al Barrio Libre, puedes conseguir cualquier cosa, en cualquier lugar", dice Gilberto. Barrio Libre cuenta con pandillas en Phoenix, Chicago, Las Vegas, Los Ángeles y Nogales, presume Gilberto.

Jesús habla acerca de la guerra entre los coyotes y los muchachos pertenecientes a Barrio Libre. "Ellos piensan que nosotros interferimos con su negocio", dice. "Y lo estamos haciendo". Cuando los chicos asaltan a los migrantes, se corre rápidamente la voz hasta llegar al otro lado, ocasionando que presuntos ilegales eviten los túneles y busquen grupos de coyotes que crucen la línea por otro lugar. Jesús cuenta un incidente reciente en el cual un coyote le disparó con lo que él dice era una pistola de 9 milímetros.

Gilberto justifica los asaltos: él únicamente está siguiendo el ejemplo de los adultos. "Únicamente estamos pidiendo nuestra mordida, una pequeñez para poder comprarnos un refresco", dice. Pero existe suficiente evidencia de que cuando algunos muchachos miembros de Barrio Libre no obtienen lo que desean de los "chúntaros" ("semillas de paja", un apodo que se le da a los ilegales), son capaces de golpear con saña a sus víctimas.

Ya casi es mediodía, Cecilia ha hecho su mejor esfuerzo durante la mañana. Según se acerca la hora del almuerzo, los chicos comienzan a entrar y salir del salón de clases. Algunos se dirigen hacia afuera para jugar un partido de fútbol, otros lavan su ropa. Gilberto está frente al pizarrón, rotulándolo con las palabras Barrio Libre. Jesús se rasca los brazos, que están cubiertos de pequeñas protuberancias rojas, un salpullido que ha pescado allá abajo, en el túnel. Ahora Gilberto está girando alrededor de la habitación, inflando una bolsa de papel que recogió de la basura, representando una pantomima como si estuviese inhalando algo.

Pero hay un estudiante que todavía está decidido a continuar trabajando en clase, practicando su escritura en su cuaderno. Cecilia me cuenta que hasta hace unos meses, José era uno de los alumnos más callados del grupo, era prácticamente analfabeta, pero ahora su escritura es meticulosa. Dibuja muy cuidadosamente las curvas de las letras "os" y "as", copiando un ejercicio de aliteración y asonancia: "Dolor, dulce dolor. Mi mamá me ama". Repite cada línea una y otra vez, hasta llenar toda la página.

≈

La juventud indigente casi parecería ser una contradicción en México, en donde virtualmente cada madre o abuela es considerada como una santa y donde la unidad familiar es unas veces cariñosa, otras claustrofóbica y otras dictatorial, todo poderosa. Los hijos no casados generalmente siguen viviendo en casa aún cuando han dejado de ser adolescentes; muchos de ellos se quedan en casa aún después de haberse casado. Pero algo está sucediendo con la familia mexicana, y no es únicamente a causa de la crisis económica que se está desmoronando la institución; la migración también tiene mucho que ver con esta situación. Cientos de miles de hogares, tal vez hasta millones (nadie sabe cuántos) son ahora encabezados por uno de los dos padres o no cuentan con ninguno de los dos; mami y papi están trabajando en los campos del valle de San Joaquín o limpiando habitaciones de hotel en Dallas, y los chicos se quedan en México hasta que haya dinero suficiente para traerlos al otro lado.

Alguna vez los mismos chicos se van también para probar su suerte en el norte. Ocasionalmente huyen de sus casas; la mayoría de las veces son los mismos padres los que los animan. (Wense Cortéz realizó su primer viaje a Estados Unidos a los trece años; sus padres no hicieron nada por impedirlo.) Las separaciones familiares siempre son consideradas como algo temporal, pero cada vez más (y en proporción a la creciente dificultad para cruzar de ida y de regreso cuando así lo desea) son separaciones que duran años.

O pueden ser para siempre. El papi, que se ha ido desde hace dos años, de pronto tiene una nueva novia en Illinois o hasta una nueva familia en Illinois. O tal vez mami ya no regresará porque está cansada de la sofocante moralidad de su pequeño pueblo. En medio de todo el ajetreo y bullicio y el agobiante esfuerzo por abastecer a la familia, y entre los cambios culturales que acompañan los viajes de los migrantes, los chicos se pierden. Los valores de la familia mexicana, irónicamente se están perdiendo con cada esfuerzo que se hace por apoyar a la familia en México, trabajando en Estados Unidos.

⌒

Mi Nueva Casa no ofrece un refugio completo de veinticuatro horas. No puede hacerlo; los fondos asignados al programa son bastante anémicos. Mientras que hasta veintidós jóvenes pueden frecuentar el centro durante el día, las puertas se cierran a las cinco de la tarde, de lunes a sábado y el personal se va a casa a estar con sus familias. Entretanto, los muchachos regresan a su propia "familia" en los túneles.

A pesar de la obvia naturaleza binacional de los chicos indigentes que se están acumulando en la frontera, las políticas binacionales, tratado de libre comercio o no, esto no ha facilitado la recaudación de fondos y ni siquiera se pueden obtener donativos materiales. Recientemente le fue otorgada a Mi Nueva Casa un a subvención de la fundación Kellogg, pero el dinero fue entregado con la condición de que sería utilizado únicamente para la investigación y el entrenamiento del personal en el lado norteamericano de la frontera. En más de una ocasión, los miembros del personal han tenido que introducir a México a hurtadillas, dentro de la cajuela de un automóvil, ropa donada en Estados Unidos, ya que, si estos artículos fuesen declarados ante la aduana mexicana, el papeleo sería interminable. (Una mesa de ping-pong que fue donada a Mi Nueva Casa por un benefactor norteamericano, permaneció arrumbada durante mas de un año en una bodega de la aduana mexicana.)

"Siempre han habido problemas en la frontera", dice un miembro del consejo de administración de Mi Nueva Casa. "El problema es que el número de personas que llegan hasta la frontera, incluyendo los muchachos, continúa aumentando. Las autoridades mexicanas se encuentran abrumadas."

Pero según dicen las autoridades norteamericanas encargadas de hacer cumplir la ley, el problema ha sido resuelto, gracias a Mi Nueva Casa. El centro de readaptación juvenil Santa Cruz dice que han observado una dramática disminución de arrestos de delincuentes juveniles en la frontera. Lo mismo opina la patrulla fronteriza. "Todavía en 1994, teníamos muchísimo trabajo", dice un vocero de la patrulla fronteriza. "Pero Mi Nueva Casa ha hecho tremenda diferencia. Además, ahora tenemos los túneles perfectamente vigilados."

Esto no quiere decir que los túneles hayan sido cerrados o que no haya muchachos que estén viviendo en ellos. No hay forma de cerrar los túneles. Después de todo, están ahí para el drenaje. "Perfectamente vigilados" significa que la patrulla fronteriza envía a un grupo de agentes dos o tres veces a la semana para entrar al túnel y soldar la reja de acero que hace las veces de barrera entre el lado norteamericano y el mexicano. Según afirman los agentes de la patrulla fronteriza, la soldadura puede resistir una presión de cuatrocientas libras por pulgada cuadrada, lo que significa que una docena de muchachos la pueden romper con facilidad. Y, de hecho, la reja es forzada por los muchachos dos o tres veces a la semana, así como también por cualquier otra persona que quiera cruzar.

⌒

Romel es uno de los veteranos de Barrio Libre. A sus diecisiete años, ya es un anciano. Ha golpeado a otras personas y ha sido golpeado, ha asaltado y ha sido asaltado, ha conocido la vida dentro del túnel durante casi cuatro años. Ahora está dividido entre esa forma de vida y un deseo cada vez más intenso por encontrar un trabajo honrado. Por el momento, se está inclinando hacia el trabajo.

Romel está sentado en la sala de estar de Mi Nueva Casa, viendo la versión original de Batman y Robin doblada al español. Su padre fue un traficante de drogas que fue capturado por el FBI; Romel vivió durante unos años con su madrastra en el estado de Washington, pero a la larga su familia política lo envió de regreso a la frontera como si fuera una pieza de equipaje no reclamada. En la frontera cayó dentro del túnel, dentro de Barrio Libre. Admite francamente haber estado "tumbando", asaltando personas dentro del túnel para despojarlos de su dinero. Pero hay algo en lo más profundo de su cerebro que lo ha estado molestando últimamente.

"Estoy cansado de eso y…", busca las palabras, "después de todo son mi propia gente".

Después llega Iram, el amigo de Romel, un adolescente alto, esbelto, bien parecido, quien todavía vive "allá abajo". Fastidia a Romel acerca de su nueva vida. Finalmente, lo incita a bajar para visitar el túnel.

280

Caminamos por las zigzagueantes calles turísticas del centro de Nogales, cuidándonos de los agentes del grupo Beta, quienes, según dice Romel, lo están buscando por la violación de una muchacha en el túnel con la que él jura no ha tenido nada que ver. Nos dirigimos hacia el sur, a lo largo de la avenida Obregón, la calle principal de Nogales. Un antro de *strip* anuncia "chicas sexis". Un ciego que toca el acordeón está sentado sobre la acera, tocando a cambio de unas monedas. Un turista gringo de edad madura, que lleva puestos shorts, calcetines blancos y huaraches, observa con admiración un diseño en hierro forjado.

A una distancia de aproximadamente kilómetro y medio de la frontera dejamos la avenida Obregón, dando una vuelta hacia la izquierda y bajamos hasta un lote baldío lleno de hierbas. Los chicos dan nuevamente una vuelta a la izquierda, rodeando la esquina de un edificio de apartamentos, mirando todo el tiempo hacia atrás sobre sus hombros. Ahora estamos debajo del edificio, en un espacio de poco más de un metro por donde únicamente se puede avanzar gateando. Nuestras rodillas y espaldas se doblan incómodamente, caminamos a lo largo de un hilo de agua de un río que corre por el centro del túnel. "Esto no está tan mal", me digo a mí mismo.

Pero el verdadero túnel comienza unos ciento ochenta metros más adelante, y ahí el espacio que hay es de apenas un metro de altura. Como si alguien hubiese bajado el interruptor, de pronto ha desaparecido todo rastro de luz. Romel enciende la única linterna que tenemos que está equipada con pilas que se están descargando rápidamente. La luz apenas si atraviesa la oscuridad. Caminando de lado, a tropezones, apenas si puedo ir al mismo paso que los muchachos.

El hedor me asalta: no se supone que esta es una línea de aguas negras, pero obviamente hay fugas de los hogares y negocios que están arriba. El río se ensancha. Lo que a primera vista parecen ser charcos, son en realidad lagos en miniatura con una profundidad de sesenta centímetros, formados por mierda y orina. Escuchamos el goteo de más aguas negras que bajan. El aire es al mismo tiempo demasiado denso y demasiado enrarecido. Respiro trabajosamente y sudo profusamente, aún cuando aquí abajo hace más frío que en el exterior.

Logro preguntar tartamudeando y preocupado acerca de la duración de la pila. "No te preocupes", dice Romel. "Aún cuando se apague la linterna, yo te puedo decir exactamente dónde nos encontramos y cómo salir de aquí. Puedo entrar y salir de aquí sin necesidad de alumbrarme con una linterna."

Me pregunto si está alardeando o si habla en serio, se extienden frente a nosotros cientos de metros de túnel oscuro como la noche, antes de llegar a la línea. "Cuidado con el cable de energía eléctrica, podría estar cargado o podría ser que no, no quieres averiguarlo. Cuidado con esta viga. ¡Ouch!"

Los distribuidores de concreto tienen incrustaciones que parecen colecciones surrealistas de substancias pegajosa y basura (gorras de béisbol y contenedores para huevos, ropa interior y cepillos para el pelo) los cuales son arrastrados por el agua cuando llueve. Mi pierna izquierda se dobla y caigo dentro de un lago de mierda inclinándome hacia adelante, golpeando mi rodilla sobre algo puntiagudo. El agua hedionda salpica mi rostro. Risitas burlonas de Iram y Romel. Mis pantalones de mezclilla se han rasgado y mi rodilla me duele tanto como si un cuchillo estuviese enterrado en la rótula.

Aquí abajo reina un silencio sepulcral, no hay brisa alguna, no hay nada que ver, únicamente la sensación de que existen una docena de cosas contra las que te podrías estrellar.

Nos acercamos a una fuente de luz que apenas si se distingue. Es la tapa de un registro. A través de los dos agujeros del tamaño de una moneda de medio dólar, penetra la luz formando dos tubos perfectos color gris-blanco, dos pequeños reflectores que chocan contra la arena y lodo que forman el piso del túnel. Más allá, nuevamente la obscuridad. Estoy parado bajo la tapa de hierro. Puedo ver y escuchar a los peatones que caminan por la avenida Obregón, directamente arriba de nuestras cabezas. Un vendedor ambulante mexicano está intentando convencer a un turista para que se ponga un sombrero y pose junto con su esposa al lado de un burro.

Un poco después, nos detenemos frente a otro túnel, que corre en forma perpendicular al primero. La línea internacional. Nos encaramamos sobre un tubo negro de desagüe de un grosor de tres pies. Iram señala con la linterna en dirección al este. A una distancia de veinticinco yardas está la boca del túnel que va de norte a sur y te lleva hasta el restaurante Church's Chicken, en donde alguna vez vivió Romel y donde Iram y muchos otros chicos de Barrio Libre viven en la actualidad.

De pronto vemos unas luces brillantes destellar frente a nosotros. A través del aire inmóvil flotan murmullos ininteligibles, reverberando contra las paredes de concreto. Iram se pone nervioso. "¡Romel, alguien está allá arriba!", dice. Las luces desaparecen. Unos poco segundos después se escucha un terrible impacto metálico, tan fuerte que lo puedes sentir en la boca del estómago. De nuevo el silencio.

"Ese fue el sonido del túnel cuando se abre", dice Romel. ¿Pero quien lo ha abierto? ¿Otro miembro de Barrio Libre? ¿Algunos "polleros" que quieren darle una lección a los muchachos? ¿O se trata de la patrulla fronteriza en una de sus visitas al túnel, ansiosos por recolectar su cuota diaria de ilegales?

Romel e Iram esperan en silencio. Hacia el oeste, a una distancia de noventa metros, un velo de luz grisácea, una abertura hacia el nivel de la calle que forma parte de un proyecto de construcción del lado mexicano, tan sólo a cuadra y media de distancia de Mi Nueva Casa.

¿Nos sumergimos en la obscuridad o nos dirigimos hacia la luz?

Los muchachos salen corriendo, muertos de susto...

Un minuto después, sólo, estoy trepando a través de trozos de concreto y varillas de hierro reforzado.

Me ciega la luz del sol que se refleja en las defensas de los automóviles y en las ventanas de las casas. En las alturas, el cielo sonorense de color azul intenso. Inmediatamente después un hombre con una boina roja y lentes obscuros de aviador me está preguntando a donde voy. Romel e Iram son empujados contra la pared, con las piernas abiertas. Tengo la serenidad de mostrar mi credencial de reportero y el agente del grupo Beta nos pone en libertad.

"Si no hubieses estado aquí", dice Romel un poco más tarde, "nos habrían golpeado hasta el cansancio".

El siguiente día efectuamos otro viaje por el túnel, está vez guiados por Toño, el niño de nueve años que conocí en Mi Nueva Casa, el que tiene las cicatrices ocasionadas por mordidas de perro. Seguimos la misma ruta que el día anterior, y esta vez no hay personas extrañas con luces deslumbrantes.

Nos dirigimos hacia la reja de acero que es soldada varias veces a la semana por la patrulla fronteriza. Al acercarnos escuchamos susurros del otro lado. Toño camina más lentamente, alumbra directamente hacia la puerta con su linterna. Ésta se abre rechinando; la patrulla fronteriza no la ha soldado todavía. Con los ojos entrecerrados a causa de la luz, vemos frente a nosotros los ojos vidriosos de un muchacho de doce años.

"¿De dónde son ustedes?", pregunta el chico.

"¡Barrio Libre!", responde rápidamente Toño. La puerta se abre por completo, revelando media docena de muchachos más. Todos se estrechan la mano.

Los muchachos me muestran la soldadura (parecería ser un mal trabajo de soldadura efectuado por Radio Shack): ésa es la reja que violan cada vez que se les ocurre. Me llevan a hacer un recorrido por los lugares cercanos, las paredes cubiertas de *grafitti*, ¡Barrio Libro! por un lado, ¡Beta! Por el otro; los agentes fronterizos mexicanos, para no ser menos que los muchachos, pintan sus propios garabatos.

Los miembros de Barrio Libre de mayor edad nos advierten que no nos internemos más por el túnel; algo está sucediendo en la profundidad del mismo. Cierran la puerta y corren de regreso al lado mexicano, maniobrando con rapidez con la ayuda de la tenue luz de sus linternas.

La última vez que visité el túnel, se armó un zafarrancho. Estaba parado en el lado norteamericano, junto con los muchachos, en la entrada del túnel, exactamente debajo de Church's Chicken. Estaban allí varios chicos a quienes yo no conocía. Y aquellos que sí conocía estaban drogados, muy drogados.

Se pasaban unos a otros una lata de aerosol con un trapo. Había pintura dorada por todas partes, sobre las narices y bocas de los muchachos, sobre sus manos y sobre mi grabadora. Los chicos se tropezaban, giraban, pateaban en los charcos de agua, gritaban hasta enronquecer.

Me sorprendió ver a Romel entre el grupo, aún cuando tal vez no debería haberme sorprendido. Una vez que has vivido subterráneamente, es difícil mantenerte alejado. Trato de imaginarme a Romel como un hombre maduro de treinta años. No puedo hacerlo.

Algo estaba a punto de suceder; la combinación de pintura y el gran número de muchachos, alrededor de veinte en total, era algo sumamente volátil. Únicamente hacía falta una chispa.

Intercambiaban palabras burlonas al calor de las drogas. Romel nos informó que tenía la intención de robar un aparato de televisión de la casa de alguna persona del lado norteamericano.

"Órale, podríamos tener cablevisión, y camas y una estufa...", dijo Jesús muy entusiasmado. Romel pensaba que también debería haber una biblioteca con revistas de cómics, y juegos de Nintendo.

La fantasía fue interrumpida bruscamente por la repentina aparición de un hombre de aproximadamente treinta años, que salía del túnel. Llevaba puesta una camisa blanca desabrochada sobre el pecho, pantalones blancos, botas modernas. Definitivamente no pertenecía a la migra, pero tampoco era el típico "chúntaro". Los muchachos lo rodearon de inmediato. Era un espectáculo extraño: un hombre maduro y fornido, atacado por chiquillos enclenques y adolescentes desnutridos, algo un similar a un oso que es atacado por coyotes. Uno de los muchachos se dio cuenta que estaba metiéndose algo a la boca en el momento en que salía del túnel.

"¡Escúpelo!", gritó. Uno de los muchachos lo obligó a abrir las mandíbulas y sacó un billete de diez dólares, enrollado.

"¡Pertenece a los Beta, lo reconozco!", gritó alguien más. El hombre permaneció callado, sorprendentemente tranquilo tomando en cuenta las circunstancias. Lo muchachos lo registraron de pies a cabeza, pero no encontraron nada más. ¿Era un narcotraficante? ¿Un ilegal? ¿Un coyote?

"¿Estás solo?", preguntó uno de los muchachos.

"No, hay otros que vienen detrás de mí", respondió, sin mostrar emoción alguna en la voz.

Comenzaba a creer que estaba mintiendo, tratando de ganar tiempo, pero de pronto, escuchamos ruidos que provenían de la profundidad del túnel y vimos el centellear de luces. Los muchachos corrieron hacia la oscuridad, y el hombre vestido de blanco se alejó, caminando lentamente, brincando hacia el nivel de la calle sin mirar hacia atrás. No había agentes de la patrulla fronteriza ni policías de Nogales por ningún lado. Los muchachos podían hacer lo que quisieran. Escuché como gritaban desde el túnel, "¡Barrio Libre!", y los sonidos de un forcejeo. Unos minutos después, los muchachos volvieron a aparecer, riendo, mostrando su botín: un collar de oro, un crucifijo de plata, aretes de brillantes en forma de conejitos, todo era genuino. Desafortunados chúntaros. Romel me llevó a un lado, respirando agitadamente. Dijo que las víctimas habían sido una docena de mujeres. Él sospechaba que el hombre vestido de blanco era su coyote. Probablemente les había ordenado esperar dentro del túnel mientras él inspeccionaba los alrededores de la boca del túnel. En la oscuridad, las mujeres no sabían hacia dónde correr. Permanecieron sentadas, acurrucadas una contra la otra, tan vulnerables como borreguitos, y los chicos se arrojaron sobre ellas. "No pude hacer nada para impedirlo", dijo Romel.

Mientras yo me alejaba, los muchachos seguían inhalando y hablaban de una gran fiesta que se llevaría a cabo esa noche en el túnel. Cuando trepé hasta el nivel de la calle, vi que una camioneta Explorer de la patrulla fronteriza se estaba metiendo al estacionamiento de Church's. Volví la mirada hacia el túnel. Los muchachos corrían nuevamente para adentrarse en el túnel, desapareciendo en la oscuridad.

Naco, Arizona es un puerto de entrada de poca importancia que se encuentra a ochenta kilómetros al este de Nogales. Mi padre estuvo estacionado en una cercana base del ejercito, allá en los años cincuenta. "No había mucho que hacer en Naco", me contó. Sin embargo, me lo puedo imaginar tomándose varias cervezas bien frías en alguna cantina del otro lado en compañía de sus compañeros del ejercito; él, el mexicano vestido del color verde del soldado norteamericano, un mexicano con documentos, un mexicano con pasaporte norteamericano. Finalmente, únicamente era mexicano por su piel morena y el recuerdo de la lucha de sus padres por lograr el éxito en Norteamérica.

Yo soy norteamericano de segunda generación por parte de mi padre y de primera generación por parte de mi madre, he regresado a la línea, nadando contra la corriente, atraído por los recuerdos, atraído por el presente y por el futuro. Veo como los mexicanos fluyen hacia Los Ángeles, los veo en las orillas del río Mississippi, en St. Louis. Veo su color moreno, veo mi propio color de piel. Supongo que mi simpatía puede resumirse sencillamente de la siguiente manera: cuando a ellos la política migratoria de los Estados Unidos les niega su "americanidad", siento como si mi propia identidad también hubiese sido negada. Ellos están haciendo exactamente lo mismo que hicieron los padres de mi padre, lo mismo que hizo mi madre. Ellos están haciendo exactamente lo mismo que hicieron todos los antepasados de los norteamericanos.

Aquí, en Naco, la frontera consiste únicamente de unos cuantos hilos rotos de alambre de púas. Hay un obelisco que señala el lugar donde se estableció la frontera en 1848, está inscrito en inglés por el lado norte y en español por el lado sur. Me siento mareado. ¡No hay muro alguno! Únicamente una vasta pradera, y esto es exactamente lo que es, una vasta pradera donde pasta el ganado transfronterizo. Al oeste de aquí, en la reservación O'odham, tampoco hay ni un muro ni una barda. Los nativos de O'odham han quedado atrapados en medio de una querella transnacional que nada tiene que

ver con ellos. No son ni mexicanos, ni norteamericanos, son
O'odham. Durante la mayor parte del siglo pasado y mitad
del siglo dieciocho, la tribu ha transitado libremente a través
de la línea, conjuntamente con su ganado. La patrulla fronteriza nunca los molesta; el territorio se encuentra tan alejado
de las principales carreteras que los contrabandistas pocas
veces piensan en cruzar por allí.

Los O'odham tienen hogares en ambos lados de la línea.
"Aquí no existen dos lados", me explica un anciano. Sin embargo, desde hace unos años, la marea de migrantes mexicanos
ha comenzado a cruzar por tierras de los O'odham debido al
nuevo muro de Nogales. Y por lo tanto, también ha llegado
hasta la reservación la patrulla fronteriza con sus camionetas
Explorer y sus helicópteros. Los O'odham han encontrado en
medio de su desierto, los cuerpos disecados de migrantes. Salto
hacia un lado; ¡soy mexicano! Salto de nuevo hacia el otro
lado; ¡soy norteamericano!

Bailoteo, cruzando una y otra vez la línea, riéndome de
ella, maldiciéndola, y reconociendo la poderosa influencia
de la idea misma de una línea que no puede existir, que no
existe en la naturaleza, pero que sin embargo existe en términos políticos, o lo que es lo mismo, en términos humanos.

Justamente cuando me maravillo ante lo absurdo de está
idea, se detiene una camioneta Explorer y dos agentes de la
patrulla fronteriza, uno asiático y uno caucásico, caminan
lentamente hacia mí.

El agente asiático me pregunta, en un español bastante
bueno: "¿Qué hace usted aquí?"

Yo le respondo en inglés, por supuesto.

Me informan que estoy violando el código de inmigración
de Estados Unidos. Les muestro mis credenciales, y después de
un breve intercambio de palabras entre los agentes y sus supervisores a través del radio, todo queda arreglado. Puedo
seguir caminando a lo largo de la línea durante el tiempo que
quiera, siempre y cuando permanezca de este lado; sucede
que estas tierras son tierras públicas, por lo que soy libre de
llevar a cabo cualquier actividad que me plazca, siempre y
cuando sea legal. Pero también me informan que podría tener

muchos otros encuentros iguales con agentes de la patrulla fronteriza ya que estaré activando detectores sísmicos a lo largo de todo el camino, razón por la cual fui interceptado por la patrulla fronteriza en primer lugar.

"Encontramos a muchos de ellos que pasan por aquí", dice uno de los agentes. "La mayoría de ellos son de Mitch-oh-ah-cahn."

Y es así como me subo al Blazer, lo enfilo en dirección al este, y conduzco hacia Douglas, Arizona, otro asediado pueblo fronterizo ubicado en la desolada frontera. Cientos de coyotes y decenas de miles de migrantes esperan en Agua Prieta, en el otro lado, y una patrulla fronteriza reforzada espera de este lado. Esto es sin mencionar a los furiosos rancheros gringos cuyas tierras son pisoteadas por la desbandada de migrantes.

En Douglas y Naco y Sonorita y El Paso y Laredo, a todo lo largo de los tres mil doscientos kilómetros de línea, sucede lo mismo todos los días. Los helicópteros arrojan listones de luz, y la migra hace funcionar sus gogles de visión nocturna y haces de rayos láser y detectores sísmicos y cámaras de video. Los adolescentes mexicanos, armados con resorteras, atacan tan a menudo a las camionetas de la patrulla fronteriza, que las Explorers actualmente tienen rejillas de metal para proteger todas sus ventanillas. Los vigilantes patrullan sus propiedades, con el dedo puesto en el gatillo de sus rifles de asalto. Unos cuantos activistas protestan en contra de los abusos a los derechos humanos que se cometen en ambos lados de la línea, y algunos predicadores compasivos comparan el cruce con el vado a través del río Jordán para llegar a Canaan.

Lo mismo sucede a lo largo de toda la frontera; es un asunto político, de dinero, de ideas, de deseo, de muerte, de vida.

warren, arkansas

UNA TERRIBLE TORMENTA SE DESATA CUANDO CRUZO HACIA TEXAS durante las primeras horas de la madrugada, ocasionando que una gran cantidad de arena y matorrales secos se esparzan sobre la carretera. Estoy experimentando el legendario "viento salvaje de Texas", lo que me hace recordar una antigua melodía. Comienzo a tararear "El Paso", la balada clásica de Marty Robbins acerca del amor que no conoce fronteras:

> Allá en la ciudad tejana de El Paso
> me enamoré de una joven mexicana
> el anochecer me alcanzaba en la cantina de Rosa
> la música tocaba, y Felina bailaba...

Nativo de Arizona y trovador de la frontera, Marty Robbins, al igual que sus compañeros Willie Nelson, Waylon Jenings, Joe Ely y Terry Allen, por mencionar unos cuantos, fue un vaquero que se crió entre los indígenas. Robbins no sólo aceptaba su influencia musical (los ritmos de vals del norte de México modulados con los matices efímeros que brotan de la guitarra) sino que se atrevió a cantar acerca de romances entre vaqueros e indígenas. La canción llegó a ocupar el primer lugar de popularidad de la música *pop* y *country* en 1960, un año antes de que se casaran mis padres. A mi padre le encantaba esta tonada. Había nacido en Los Ángeles y había crecido en California del Sur y México, por lo que se convirtió en un camaleón cultural. En México hablaba un perfecto español, adoptando la etiqueta del viejo mundo. En Norteamérica, representaba el papel de adolescente moderno, con todos los atavíos, incluyendo un peinado con Brylcreem y un automóvil convertible MG verde metálico; parecía un James Dean moreno. Su mejor amigo de la secundaria era judío, lo mismo que su primer amor. Regresó a sus "raíces" al cortejar a mi madre, una expatriada salvadoreña que estaba tratando de vivir su propia versión de "americana"; una mujer independiente que se había liberado de las garras sexistas del viejo mundo. Su noviazgo se llevó a cabo casi totalmente en español, pero estaba muy claro que, al menos al principio, lo que cada uno buscaba en el otro eran corrientes culturales opuestas. Mi padre quería una mujer del viejo mundo, mi madre en cambio, buscaba un hombre norteamericano. Mi padre buscaba la tradición, mi madre, un matrimonio liberal que le permitiese seguir una carrera. Mis padres pasaron por épocas muy difíciles, pero continuaron unidos. Supongo que cada uno obtuvo lo suficiente de lo que él o ella necesitaba, creando así un frágil pacto.

Mi padre se había criado con el México antiguo, al mismo tiempo que con las tradiciones de los vaqueros y los indios, lo que aún seguía siendo importante durante su juventud, particularmente en Hollywood. Comía palomitas de maíz, mientras John Wayne liberaba al viejo oeste de los indios. En casa, escuchaba al llanero solitario en la radio. No se preocupaba por la ironía que suponía el estar del lado de los soldados de la caballería en contra de los indios; nunca se ha considerado como un indio, y no lo es, en términos puramente genéticos. Pero cuando veo nuestras manos color de tierra o me veo en el espejo de su cara morena, sé que nuestra sangre es más indígena que ibérica. El mestizaje es, finalmente, la historia de cómo los indígenas fueron asimilados por los españoles y no al revés.

De cualquier manera, a pesar de sus inclinaciones traidoras, mi padre se ha enfrentado una que otra vez a la dificultad de tener que reconciliar su lealtad con un lado de la frontera o el otro; de hecho, aún hoy en día se le dificulta. Por ejemplo, nunca le gustó ver a John Wayne en la clásica película de John Ford, *The Searchers*, en la que Wayne hace el papel de un personaje lleno de odio contra el hombre rojo. "Un tipo detestable", dice mi padre refiriéndose a este *cowboy* tan típico de Hollywood. Él prefería los personajes más humanos representados por Jimmy Stewart en las películas psicológicas sobre el antiguo oeste, dirigidas por Anthony Mann: hombres destrozados por el sentimiento de culpa, y con profundas emociones contradictorias en relación con la experiencia norteamericana frente la frontera.

Hijo de inmigrantes, mi padre asimiló la ambivalencia de sus padres en cuanto a la vida en un lugar que alguna vez había formado parte de México, que recibe un cúmulo de mercancía y migrantes de México, pero que odia a los mexicanos. Él mismo se lamenta de la pobreza de muchos de los migrantes mexicanos que llegan a Norteamérica (él los llama "chusma", igual como lo hacía su padre hace mucho tiempo), pero era inconcebible que hubiese votado alguna vez por Pete Wilson. Wayne y Wilson insultaban el espíritu mexicano de mi padre.

Siempre pensé en la balada "El paso" como la perfecta música de fondo para la vida de mi padre, y aún para la mía propia. Somos mexicanos en Norteamérica, y norteamericanos en México: no somos ni una cosa ni la otra, somos ambas. En nuestro interior los espíritus se funden y pelean: una desdichada historia de amor por excelencia; por lo tanto, dolorosa y estimulante. No podemos querernos a nosotros mismos sin odiarnos, no podemos vivir en un territorio sin abandonar el otro; no podemos ser uno sólo, siempre tenemos que ser dos y más que dos: la suma de nuestras partes siempre será mayor que el todo.

Al final, "El paso" es una tragedia, tal y como lo debe ser toda buena balada. El *cowboy* se enamora de la doncella mexicana, el *cowboy*, enloquecido por los celos, mata a otro *cowboy*, el *cowboy* huye hacia los pantanos de Nuevo México donde, solitario, gime de dolor, el *cowboy* decide regresar a El

Paso porque necesita ver nuevamente a su amada mexicana (al diablo con las leyes contra la mezcla de razas). Una cuadrilla de hombres armados intercepta al enamorado y le dispara en el momento justo en que éste cae en los brazos de Felina.

> Arrullado por los amorosos brazos por los que moriré, un breve beso, y después, Felina, adiós...

Esto es lo que sucede en las tierras fronterizas. Al igual que mi padre y yo sufrimos y gozamos esta historia de amor imposible, las versiones nacionales de ella aseguran que el beso continúa siendo sangriento.

~

Estoy ansioso por llegar a Arkansas, pero Texas siempre hace todo lo posible por evitar que llegues a cualquier destino que se encuentre más allá de sus fronteras. En El Paso, bajo un cielo gris pizarra, sobre el revuelto lodo del Río Grande, el puente fronterizo está saturado de trafico: automóviles se-dan, camionetas, pickups, vans y camionetas de carga, mu-chas camionetas de carga, ligeras, de doble eje, de dieciocho llantas. Se dirigen hacia el norte, se dirigen hacia el sur. Según todas las apariencias, la frontera está abierta, por lo menos de acuerdo con el Tratado de Libre Comercio. El comercio fluye libremente entre ambos lados: todo lo que tienes que hacer es llenar el papeleo. Las materias primas estadunidenses llegan a México, son transformadas en las maquiladoras por la mano de obra mexicana y regresan, cruzando la línea, empacadas y listas para ser vendidas. Llegan al norte artículos baratos con el sello "Hecho en México". Es difícil imaginar que la línea realmente existe.

Después de recorrer cientos de kilómetros, abandono la carretera I-10 para tomar la I-20, la cual me conduce hacia el noroeste, atravesando la inmensa planicie manchada de petróleo. La única manera de calcular el tiempo y el espacio es enfocarse en las elevadas torres para la transmisión de on-das de radio, con sus soñolientos e indolentes ojos rojos que brillan en la distancia, a través del polvo que flota en el ambiente. En mi radio compiten las transmisiones mexicanas con sus contrapartes norteamericanas. En esta competencia, los mexicanos son muy hábiles; es muy común encontrarse con señales con cien mil watts de potencia transmitiendo a través de la línea. De esta manera, los sonidos de casa llegan por la radio hasta lo más profundo del espacio de las ondas radiofónicas norteamericanas. Muchas veces es difícil detectar el país desde el cual proviene la señal. Un predicador que profiere amenazas acerca de los horrores del infierno en inglés, puede ser fácilmente identificado como un ministro de identidad cristiana que envía su mensaje desde alguna comunidad rodeada de alambre de púas, ubicada en Texas o Arkansas. También hay estaciones cuyo sonido crece y se desvanece gradualmente, tocando rock, tecno, *hip-hop*, melodías antiguas, y las versiones de la frontera mexicana: norteño y cumbia. Una canción norteña puede ser seguida por un DJ procedente de Crystal City que te da la bienvenida en inglés con acento tejano. El rítmico retumbar de una melodía tecno puede proceder desde Nuevo Laredo, en el lado mexicano y la cumbia, en cambio, desde San Antonio. Ocasionalmente se cruzan las señales. Johnny Cash lucha enardecidamente para robar espacio aéreo a las vibrantes melodías mexicanas de Pedro Infante. La voz sensual de Vicky Carr flota como una armonía fantasmagórica por arriba de las canciones románticas de Elvis Presley. La radio de la frontera (cuyo sonido llega hasta más allá de la parte central de Texas) está llena de canciones de artistas, tanto vivos como muertos, de este lado de la línea, así como del otro, en todos los ritmos del siglo veinte y el próximo: la pista sonora de un vasto espacio y de toda una época.

━

A unos ciento treinta kilómetros al sur-sureste de Little Rock, Arkansas, se encuentra el pueblo de Warren, donde ha formado su hogar la familia Tapia de Cherán. Warren consiste de unas cuantas casas que rodean una sencilla plaza pueblerina. Lo cruza la vía del tren, y a un lado de ésta habitan casi exclusivamente los afroamericanos.

El camino que condujo a la familia Tapia hasta Warren fue largo y sinuoso. En 1968, Raúl Tapia emprendió solo su primer viaje hacia Estados Unidos, pero la historia de su migración se remonta a muchos años atrás; la familia ha emigrado a lo largo de cuatro generaciones. El abuelo de Raúl trabajó en Estados Unidos durante casi un cuarto de siglo y su padre también realizó varios viajes al norte. Uno de los primos de su madre fue soldado durante la segunda guerra mundial, y dos tíos de su esposa pelearon en Vietnam. Yolanda, la esposa de Raúl, nació en San Benito, Texas, donde sus padres y parientes han vivido a intervalos durante tres generaciones, pero creció en Cherán y regresó a Estados Unidos junto con su esposo.

Durante su primer viaje, Raúl llegó a Fresno, California, cuando la campaña de César Chávez en pro de los campesinos llegaba a su punto culminante. Fue ese mismo año cuando el legendario líder campesino llevó a cabo su primera huelga de hambre. Ese momento fue inmortalizado por una de las fotografías más famosas de esa época, la de Bobby Kennedy sentado junto Chávez en los campos de cultivo del valle de San Joaquín; el hombre patricio de Nueva Inglaterra junto al humilde campesino. No se ha visto otro acontecimiento igual desde que ocurrió ese encuentro.

"Nos invitaron a una reunión y él estaba allí", me contó Raúl, saboreando evidentemente su cita con la historia. "En esos tiempos los patrones pagaban salarios muy bajos. Y si eras mexicano, todo lo que tenías que hacer era salir a caminar por la calle para tener problemas con la policía."

El joven Raúl pasó meses enteros yendo solo por el camino. Después de cosechar uvas en California, buscó trabajo en otros estados. Por casualidad, durante el transcurso de un verano, escuchó un rumor que lo llevó hasta una hortaliza de tomates ubicada en Arkansas, cerca de Warren. El lugar le gustó mucho más que California. El patrón era un hombre justo; el arduo trabajo de Raúl fue recompensado con un salario razonable y muestras de respeto. Los cerros cubiertos de pinos le recordaban su hogar. Llegó a la conclusión de que

Arkansas era el lugar perfecto para criar una familia, pero al paso del tiempo, esta idea se fue desvaneciendo. Regresó a Cherán junto a su esposa e hijo primogénito, Jordán. Allí nació Andrés (ahora llamado sencillamente Andy) y poco después la familia cruzó nuevamente hacia Estados Unidos, trabajando durante nueve años en los plantíos de fresas de Watsonville, California; allí nacieron Raúl hijo (Rudy) y Adán (Adam).

Pero Raúl padre estaba inquieto y lleno de ambición. Las relaciones entre los agricultores y la Unión federal de trabajadores de California eran cada vez mas tensas, y Raúl sintió que la presencia de tantos mexicanos en ese estado estaba ocasionando demasiada competencia; tal vez hasta era culpable de que los sueldos estuvieran disminuyendo. Él quería sacar a su familia de aquellos plantíos, pero la idea de irse a vivir a una ciudad (a cualquier ciudad grande y turbulenta del estado de California) constituía un anatema para él; no quería que sus hijos siguieran el mismo camino que los cholos. Cuando se enteró de que había trabajo en el ferrocarril de la Union Pacific en North Platte, Nebraska, la familia empacó sus pertenencias y migró hacia las planicies. Raúl padre trabajó junto con el personal de mantenimiento de las vías, ganando mucho más que el salario mínimo que se pagaba en los plantíos. Pero los inviernos del medio oeste norteamericano eran demasiado crudos para un hombre procedente del relativamente templado clima del sur oeste de México; Raúl se había dado cuenta que Nebraska era tan sólo una estación de paso durante un viaje mucho más largo.

Un invierno, Raúl regresó a Cherán para construir la casa de sus sueños. Pasó cuatro meses trabajando en la casa, lo que resultó ser un mes de más. Cuando regresó a North Platte, la Union Pacific le dijo que había perdido su antigüedad porque su ausencia había sido más larga que el límite permitido de noventa días. Lo despidieron, y aún cuando su patrón le dijo que seguramente sería contratado de nuevo, Raúl volvió a estar inquieto. El siguiente objetivo fue Carbondale, Illinois, un lugar de destino muy popular, desde varias décadas atrás, entre los nativos de Cherán. Para ese entonces, los niños ya eran lo suficientemente grandes para trabajar al lado de sus padres, cuando no iban a la escuela. Una vez que la fruta de una hortaliza se había agotado, se dirigían hacia la siguiente cosecha. De esta manera fueron siguiendo las cosechas durante varios años, acumulando decenas de miles de millas en el Silverado de la familia.

Hacia el final de una temporada de cosecha, un amigo de Raúl mencionó que había escuchado acerca de que había trabajo en Arkansas: madera, tomates. Raúl recordaba Warren y nuevamente colocaron sus pertenencias dentro de la camioneta. Al principio, Raúl volvió a cosechar tomates en un pequeño rancho, trabajo por el cual percibió un salario igual que el de cualquier otro rancho en el que había trabajo. Pero presintió que por fin había encontrado un hogar. Warren era un lugar en donde todavía podías dejar tu automóvil y la puerta principal de tu casa sin llave. Igualito que en Cherán.

≈

La familia Tapia vive en un vecindario habitado en su mayoría por blancos, ubicado en las afueras del pueblo, lejos de donde habita la mayoría de los mexicanos de Warren, quienes generalmente viven a un lado de las familias pobres afroamericanas o en grupos de dilapidadas casas trailer cercanas a los plantíos de tomates. Su casa es amplia, típicamente suburbana, con una fachada de estuco y ladrillo. El jardín del frente es grande y frondoso, el patio de atrás es igual de amplio. Las tres recámaras se convertirán en cuatro muy pronto, padre e hijos están remodelando la cochera con espacio para dos automóviles. Después de un cuarto de siglo de estar vagando por los campos de cosecha, la familia Tapia ahora tiene su propia casa, así como cinco automóviles. El orgullo y felicidad de la familia lo constituye el Cutlass Supreme 1987 de Adam, con su elegante pintura color blanco perla, llantas de cara blanca y deslumbrantes rines.

"Los que piensan que los inmigrantes son una carga para la economía están muy confundidos", dice Raúl, descansando en el sofá de la sala. Recuerdo que en Cherán estaba vestido con ropa vaquero-indígena. Aquí usa ropa de estilo norteamericano casual: una playera, pantalones de mezclilla y sandalias con broches de velcro. Todavía se puede distinguir un desteñido tatuaje de una doncella indígena idealizada trazado en la parte interior de su antebrazo derecho, un recuerdo de sus tiempos de muchacho migrante rudo.

"Soy dueño de una casa, pago mis impuestos", dice Raúl, "tengo un trabajo de ciudad y el gobierno también recibe impuestos de mi trabajo. Tenemos los automóviles y pagamos los seguros de los mismos. Compramos aparatos eléctricos, compramos alimentos. ¿Qué más se necesita para ser norteamericano?"

Raúl es un residente permanente a punto de convertirse en ciudadano, y ha ligado firmemente las esperanzas de la familia con un futuro norteamericano. Les habla a sus hijos en español, al igual que lo hace Yolanda, pero no se preocupa demasiado cuando por lo general le responden en inglés. Él únicamente está a una generación de distancia de una vida indígena monolingüe en el altiplano de Cherán (sus padres hablaban purépecha) él no lamenta la pérdida del lenguaje. De la misma manera en que sus padres lo exhortaban a aprender español, él ha exhortado a sus hijos para que aprendan inglés.

"El purépecha es un lenguaje muy hermoso, pero ¿cual es el lugar que ocupa en el mundo?", dice recargando un brazo sobre el sofá y mirando hacia el aparato de televisión, que brilla con las imágenes de breves tomas de un partido de la NBA.

La sala es de estilo completamente norteamericano: alfombrada de pared a pared, un aparato de televisión marca Magnavox de veintinueve pulgadas conectado a cablevisión, muchos trofeos deportivos obtenidos por los muchachos y colocados sobre una repisa, marcos con fotografías de graduaciones, los hijos vestidos con camisas blancas y chamarras sport, pareciendo unos prometedores jóvenes profesionistas. A primera vista, por lo menos, no hay ni una sola huella de la patria, a excepción de la cocina, donde Yolanda todavía sirve comidas purépechas típicas con gran cantidad de carne, chiles y tortillas de maíz. Sin embargo, a pesar de todo esto, la familia Tapia, en particular los jóvenes, están cambiando el sentido de lo que significa ser norteamericano. Este mismo tipo de torbellino cultural está volteando al revés a Cherán.

Mientras siento el soplo de la brisa al lado de los hermanos Tapia, sentado en el jardín de adelante, a la hora en que se pone el sol, durante un caluroso atardecer en Arkansas, el Cultass de Adam estacionado frente a nosotros, a un lado de la acera, cada uno de ellos cuenta cómo se ha reconciliado con las desiguales influencias que han heredado.

Jordán, de veinticinco años, habla un perfecto español (los otros chicos tienen dificultad para formular oraciones completas), aún cuando está empeñado en enseñarle inglés a su nueva esposa, una bonita joven de Paracho, Michoacán. Andy parece ser el que está más entusiasmado con la cultura de Estados Unidos; esto es, cultura norteamericana blanca. Aún cuando se viste con pantalones amplios de tipo urbano, prefiere escuchar música *country*. Pero, al igual que su padre, quien colma de alabanzas el sueño norteamericano mientras se reserva el derecho de señalar sus defectos, Andy relata con amargura sus experiencias en la marina de Estados Unidos. "Te cuentan que en la marina no hay diferencia de razas", me dice. "Pero eso es una mentira."

Le siguen Rudy y Adam, de veintiún y diecinueve años; ellos son los adeptos del *hip-hop* del clan de los Tapia. Rudy se ha depilado las cejas a la última moda del club de baile. Adam habla lleno de entusiasmo de las exhibiciones de automóviles achaparrados que ha presenciado en Dallas. Ambos tienen un dejo de acento tejano al hablar, pero tratan de imitar la forma de hablar de los guerreros urbanos.

Los ojos de Rudy brillan llenos de entusiasmo cuando menciono al difunto, gran Tupac Sahkur. "¿Conoces a Tupak? ¡Eso es una bomba!" Se puede asociar con la influencia de la cultura afroamericana; la familia Tapia vive, después de todo, en un pueblo habitado tanto por negros como por blancos. "Alguna vez vivimos en este complejo multifamiliar", dice Adam, "y la mayoría de mis amigos en ese lugar eran negros. Eran ellos con quienes nos juntábamos, sabes".

Maribel, de dieciséis años, es la hermana más joven, pero ya muestra el entusiasmo, la ambición y la inteligencia de sus mayores. Ha comenzado a leer acerca de la historia de los chicanos, sus héroes en este momento son César Chávez y Emiliano Zapata. Cuando conocí a Maribel por primera vez en Cherán, ella me hizo preguntas acerca de mi trabajo. Quería publicar una historia en Lowrider, la revista chicana. Pero su forma de expresión es una versión actualizada, multicultural del estilo chicano. Cuenta que sus amigos son blancos, negros y mexicanos. En Warren, realmente no tiene otra opción.

La familia Tapia se mueve rápidamente hacia la clase media. Todos los hijos han estudiado en la universidad. Jordan tiene un título en ingeniería biomédica, Andy en contabilidad. Rudy está a punto de comenzar la universidad, mientras Adam se ha tomado un respiro de un par de semestres para trabajar en la fábrica Burlington Carpet, donde es uno de los únicos dos mexicanos, entre un personal de mil cuatrocientos empleados. Es seguro que Maribel entrará a la universidad después de graduarse de la preparatoria. El trayecto de la familia Tapia desde la pobreza en Cherán hasta el confort y la movilidad norteamericana parece haber ocurrido en el transcurso de un corte de vídeo de MTV. Los hijos tienen semblantes llenos de vida y energía, no demacrados como los de los migrantes que he visto en lugares más inhóspitos de la frontera. Rosa Chávez es cuatro años más joven que Jordán y tan sólo cinco años mayor que Maribel, pero la tragedia la ha hecho envejecer.

Sin embargo, han logrado alcanzar una forma de vida de clase media con el sudor de su frente campesina.

"Fue algo difícil, vivíamos en lugares bastante malos", recuerda Rudy, arrancando distraídamente unas hojas de pasto. "Una vez estábamos trabajando, creo que fue en Michigan, y tuvimos que vivir durante un par de semanas en la camioneta. ¡Ajá!, podrías decir que eso fue una experiencia muy poco agradable. Mi padre nos despertaba muy temprano por la mañana y trabajábamos durante todo el día, no había descansos, únicamente para almorzar, y terminábamos de trabajar más o menos a esta hora."

"Esta hora" significa que aquí, en Warren, mientras estamos sentados sobre el pasto, comienza a anochecer. El color del cielo es un profundo azul casi cobalto, por encima de las copas de los pinos que se elevan altos y esbeltos. En el horizonte se ven destellos de rayos, están demasiado lejanos para que se pueda escuchar los truenos. El coro formado por los grillos crece en intensidad.

ᕫ

La familia Tapia no es una típica familia migrante mexicana, y creo que Raúl padre lo sabe. Al mismo tiempo que se enorgullece de lo que ha logrado, no subestima la discriminación a la que se enfrentó a cada paso del camino, la policía racista, los patrones abusivos. Él y su familia lo han logrado a pesar de todo, pero él sabe que no es algo tan sencillo como "tener lo que se necesita para triunfar", ni siquiera es porque haya trabajado muy duro.

La suerte juega un papel muy importante. Raúl y Yolanda tomaron decisiones oportunas a lo largo del camino, acerca de cuándo ponerse en movimiento y cuándo quedarse donde estaban. Nueve años en Watsonville, tres en North Platte, una cuántas semanas en algunos pueblos a las orillas de los vastos y sofocantes campos de cultivo del medio oeste. Sucedió que Raúl se encontraba hace unos treinta años en el lugar adecuado en el momento apropiado y escuchó a un compañero migrante contar acerca de los trabajos que había tenido en Warren, Arkansas.

Y las circunstancias estuvieron a su favor. En 1960 la última generación de afroamericanos y blancos pobres estaba abandonando las cosechas, cambiándolas por trabajos en las ciudades, lo que ocasionó una escasez de mano de obra que Raúl y millones de mexicanos más han mitigado desde entonces. Las metas de Raúl eran muy claras. Cuando pasó por Los Angeles en la década de los setenta, cuando la lucha entre pandillas comenzaba a desgarrar el alma misma de los barrios mexicano-norteamericanos, vio de primera mano el deterioro de la vida de la ciudad y juró que haría todo lo que estuviese a su alcance para impedir que sus hijos vivieran en las calles.

La lista podría continuar así: la crisis económica mexicana, la deforestación de Cherán, la globalización de la cultura.

De la misma manera en que la delicada combinación de suerte y fe e individualismo y materialismo ha sido tan alentadora para migrantes como la familia Tapia, en la misma proporción ha sido terrible lo que puede suceder con la vida de las personas cuando no ocurre la coincidencia perfecta de factores.

≈

Cada año son más los mexicanos que se quedan a vivir permanentemente en Warren; según los cálculos de la familia Tapia, la mayoría de éstos son originarios de Cherán, y están trabajando en los campos y los aserraderos, constituyendo casi el diez por ciento de la población. Además de ellos, hay números cada vez mayores de chinos e hindúes procedentes del subcontinente asiático. Sin embargo, Warren no constituye un paraíso racial. La familia Tapia cuenta muchas historias tal y como te imaginas que podrás escuchar en el sur. Después de todo, hace apenas unos cuarenta años cuando en Little Rock se utilizaron los cañones con agua y perros contra los que se manifestaban a favor de los derechos civiles. También cuenta de la ocasión en que Adam, su primo y su pequeño hijo estaban paseando por una plaza comercial en el cercano poblado de Pine Bluff. A diferencia de los dos muchachos mayores, el niño no tiene apariencia típicamente mexicana; su piel es de color muy claro.

"Entonces, esta señora blanca se nos acerca y dice: '¿De quién es el niño que estás cargando? ¿Está perdido, o qué es lo que le pasa?' Y yo le respondí: 'No, este es mi pequeño sobrino'. " Pero la historia no termina aquí. La mujer blanca llamó por teléfono a la policía, quien llegó empuñando sus pistolas, listos para rescatar al niño blanco de las garras de los secuestradores mexicanos.

Rudy cuenta de la ocasión en que los policías lo obligaron a detenerse mientras conducía la camioneta de su padre. Únicamente tenía diecisiete años, pero su permiso para conducir estaba vigente. "Y me obligaron a detenerme sin ninguna razón", dice. "Me esposaron. Yo les dije: 'Hey, ustedes no pueden arrestarme', pero tan sólo me ordenaron callarme.

'Te levantaremos una multa mayor si no te callas', dijeron."
El arresto fue presenciado por un amigo de la familia, quien llamó por teléfono a Raúl padre; Yolanda y él llegaron hasta el lugar donde se encontraba Rudy en unos cuantos minutos, pero después de las airadas protestas de Raúl, los policías lo esposaron a él también. Cuando Yolanda se unió al coro que clamaba justicia, los policías la trataron con tanta violencia que los moretones que le ocasionaron duraron varios días.

Adam tiene otra historia. Una noche, mientras conducía su Cutlass lentamente a través de las calles de Warren, únicamente para pasar el tiempo, vio acercarse un automóvil repleto de adolescentes. El conductor sacó la cabeza por la ventanilla y grito: " ¡Pinche mexicano!" Ambos automóviles se detuvieron a la mitad del camino y el muchacho continuó insultando a Adam. Éste se bajó del automóvil y, con un movimiento que seguramente aprendió de alguien como Tupac Shakur, levantó bruscamente las manos diciendo: "¡Whassup!" Su adversario huyó rápidamente. Un poco más adelante, los dos automóviles se encontraron nuevamente e intercambiaron insultos. Esta vez ambos muchachos se bajaron de sus vehículos. "Yo lo empujé y él me empujó, pero yo dije: 'No quiero comenzar una pelea'. Verás, él estaba rodeado de un grupo de amigos blancos, y yo dije: 'No quiero pelear con ninguno de ustedes'."

Claramente, Adam había aprendido cuándo ceder. La ironía de la situación es que el pendenciero racista no era blanco. "Es indio", dice Adam, refiriéndose a los nativos norteamericanos. También han habido en la región muchas batallas mútuamente destructivas, según me cuentan los muchachos Tapia. Cuando llegaron por primera vez a Warren en 1985, únicamente vivían en la región otras cuatro familias mexicanas. Los Tapia son retados con regularidad por sus compatriotas purépechas, exactamente por las mismas razones por las que son retados en Cherán: les tienen envidia por su éxito económico, por la manera en que se han asimilado culturalmente. Envidia.

Pero cualquier problema al que se hayan enfrentado, dicen los muchachos Tapia, no es nada comparado a lo que tienen que soportar los migrantes estacionales. Durante los últimos meses de la primavera y del verano, cientos de hombres migrantes trabajan en los plantíos de tomates. Adam recuerda haber sido testigo de cómo un policía blanco obligó a un trabajador migrante a detenerse frente a un semáforo. El policía alegaba que el mexicano no se había parado. Era un ardiente día veraniego. "¡Pon las manos sobre el toldo de automóvil!", ordenó el policía. El migrante hizo lo que le habían pedido, pero después de unos cuantos segundos retiró rápidamente sus manos del metal ardiente. Trató de explicar la razón por la cual había hecho esto, hablando en español. Por supuesto, el policía no hablaba español, y arrestó al migrante por "haberse resistido a ser arrestado".

A pesar de las expresiones de racismo, existen en Warren señales de la clase de futuro multirracial que se está forjando a través del país. Adam y Rudy parecen estar a la vanguardia, *hip-hoppers* morenos que cuentan que han salido con chicas blancas, chicas negras, chicas mexicanas, chicas mexicano-norteamericanas. Esto no significa que los Montesco y los Capuleto estén contentos con esta clase de comportamiento.

"Una vez estaba hablando con esta chica negra", dice Adam. "Tenía una hija, y su exnovio me lanzó una mirada furiosa. Supongo que estaba pensando que no sólo estaba teniendo relaciones con ella, sino también con su hija. Sabes, los negros nos dicen que únicamente nos metamos con personas de nuestra misma raza."

Adam, un purépecha, declama estas palabras en partes iguales de dialecto Ebonics y de Arkansas, lo cual puede o no ser premonitorio. Sin embargo, aun podría estar en ciernes una versión purépecha norteamericana de la película *Guess Who's Coming to Dinner*. Es probable que su padre se enojaría con él si se casara con una chica negra, dice Adam. "No es realmente racista ni nada parecido, mi papá es bastante moderno. Pero, sí, probablemente se enojaría conmigo si lo hiciera."

᷒

Los mexicanos siempre han tenido un instinto sobrenatural para encontrar los puntos más vulnerables de la economía laboral norteamericana. En aquel lugar donde existen trabajos que requieran de poca preparación, en industrias que pagan salarios mínimos, tarde o temprano estarán allí los mexicanos. Hoy en día, la diferencia está en que muchos de ellos se establecen en lugares donde los mexicanos nunca se habían establecido con anterioridad, más allá de los estados fronterizos del suroeste.

Pero el pueblo de Warren no ofrece una amplia variedad de oportunidades de trabajo. Puedes trabajar, ya sea en unos cuantos aserraderos o en una fábrica de alfombras Burlington Carpet en el vecino pueblo de Monticello, o puedes cosechar tomates. Y aún estos trabajos básicos son vulnerables ante los embates de la economía. Los aserraderos han pasado por varias épocas de despidos de personal, a causa de la nueva tecnología y reducción de tamaño. Muchas granjas pequeñas han fracasado, y se me ocurre que Burlington Carpet podría reubicarse en Chihuahua.

Raúl padre es uno de los pocos afortunados del pueblo que tiene un trabajo como empleado de la ciudad, trabajando con una cuadrilla que se dedica al mantenimiento de las calles, formada por tres empleados y un supervisor. Está bastante orgulloso del hecho de que es el primer mexicano que trabaja para el gobierno local. (Recientemente un mexicano fue nombrado para formar parte de la comisión para la planificación de la ciudad, el primer inmigrante que ha ocupado ese puesto.)

Nos reunimos al amanecer en el patio de mantenimiento, que se encuentra a unas cuadras de la plaza del pueblo y frente a una lavandería automática que pertenece a unos migrantes. El anuncio exterior está en *spanglish*, proclamando, *Washeteria*. Harvey Hilton, el supervisor, de casi sesenta años, tiene cabello color plateado y una gran mandíbula. Repasa con lentitud las ordenes de trabajo del día.

"Yo conozco a los mexicanos desde 1948", dice Hilton. "En nuestra granja teníamos a treinta y ocho de ellos pizcando algodón. En esos tiempos casi nunca se veía a un mexicano a menos que fuera durante la temporada de cosecha; durante el invierno no se veía ni uno sólo. Pero en la primavera los teníamos cortando algodón y más adelante, en el otoño, recogiendo algodón."

Cuando Raúl solicitó este trabajo por primera vez, dice Hilton, refiriéndose a su empleado con el apodo de "Rudy", él llevó al novato por todo el pueblo para cerciorarse de que podía leer las señales de las calles. "Bueno, probablemente leyó como el setenta o setenta y cinco por ciento de ellas. Aún ahora, algunas veces, tenemos dificultades para comunicarnos, verás, nosotros... Bueno, el inglés de Rudy está un poco oxidado algunas veces, ves. Yo le digo, 'Rudy, si no entiendes algo, vienes a verme, y aclaramos todo'."

Raúl está parado a un lado de nosotros durante toda esta conversación, y comienzo a arrepentirme de conducir esta entrevista. Parece ser que mi presencia refuerza la jerarquía. De pronto, el hombre que ha retado a los policías y se ha defendido en los pleitos de cantina, se transforma en el ayudante obediente.

"Es mi inglés, yo no lo puedo hablar muy bien", dice Raúl, con un marcado acento. "Pero entiendo casi todo. Sabes, no leo mucho. Nunca he ido a la escuela, y ya es demasiado tarde para mí. Es muy triste, pero el poco inglés que sé me ayuda mucho."

La economía laboral del nuevo sur estadunidense, desde el punto de vista del microcosmos del departamento de mantenimiento de las calles de Warren, es la siguiente: arriba está Hilton, el superintendente, un hombre blanco, ya mayor; debajo de él están Raúl y dos de sus compañeros, James Woodcut y Willy Marks, ambos son afroamericanos ya cuarentones. El primer trabajo del día es desasolvar el drenaje en una calle residencial. Raúl opera la retroxecavadora Caterpillar, mientras que Willy y James utilizan las palas para remover la inmundicia.

"En realidad, Harvey no nos trata mal", dice James. "Únicamente hace algunas cosas de forma tramposa. Decidió que sólo un hombre blanco puede operar algunas de las máquinas, ¡como si yo fuera demasiado estúpido! Hace un par de semanas compró una máquina y dijo que nadie iba a operarla más que él y ese otro muchacho blanco, quien ni siquiera trabaja en nuestro departamento."

El siguiente trabajo, otra zanja de drenaje, se encuentra en la parte sur del pueblo, en un vecindario llamado Goatneck, habitado únicamente por personas de raza negra. Un hombre afroamericano, ya anciano, vestido con overoles, deambula hacia nosotros para observar el trabajo. Predice que los mexicanos vendrán en cantidades cada vez mayores. "Permítame decirle una cosa", dice. "Los blancos, ellos quieren que todo les sea servido en charola de plata, sabe. Por una vez, es necesario que pierdan. Alguien nuevo deberá hacerse cargo."

La cuadrilla tiene derecho a tomarse una hora para el almuerzo. Como el pueblo es tan pequeño, Raúl se dirige a su casa para comer, en lugar de llevar su comida en una bolsa de papel y comer en el patio de mantenimiento. Aún cuando se lleva bastante bien con sus compañeros de trabajo, en realidad no tiene mucho de qué conversar con ellos. James y Willy se pasan todo el día bromeando; Raúl habla únicamente cuando tiene que hacerlo. En casa, él calienta un poco de guisado y unas tortillas. Como siempre, se sienta a la cabecera de la mesa, dando la espalda hacia las ventanas que miran hacia el verde pasto del amplio patio de atrás. Por estos días, come el almuerzo solo. Yolanda ha aceptado un trabajo en una tintorería del pueblo y tan sólo cuenta con media hora para comer, lo cual es demasiado poco tiempo para que pueda ir hasta la casa. Delante de mí, Raúl generalmente asume el papel de padre orgulloso y migrante filósofo. Pero hoy hablamos de nimiedades durante un rato y después Raúl se queda callado, lleno de añoranza.

Tal vez su estado de ánimo refleja las humillaciones sufridas durante el día. Últimamente Raúl también ha estado preocupado a causa de los cambios que están ocurriendo en su familia. Ahora que los hijos se están convirtiendo en adultos, probablemente se irán. Warren no es la clase de lugar donde los jóvenes pueden imaginarse que se quedarán hasta llegar a ser viejos. También en este sentido, es demasiado parecido a Cherán. Jordán se ha casado y se ha mudado a su propia casa. Aún cuando actualmente vive cerca, su título de ingeniería biomédica seguramente lo llevará muy pronto a alejarse aún más. Andy está pensando en irse a vivir a St. Louis. Lo más probable es que los hijos de la familia Tapia queden esparcidos a través de todo el país. Será entonces cuando la familia Tapia por fin habrá llegado a América, un lugar donde los lazos familiares de conservan a través de líneas telefónicas de larga distancia, donde la familia únicamente se reúne alrededor de la mesa durante los días de fiesta. Una nueva sensación de soledad se está apoderando de Raúl Tapia.

Después de los primeros viajes que Raúl emprendió solo, la familia Tapia evitó la pesadilla del migrante: la separación familiar. "Yo siempre le dije a mi esposo que a donde él vaya, iré yo, dónde él se quede, me quedaré yo", me dice Yolanda. "Nunca nos separamos." A través de los años, ella trabajó al lado de Raúl en los campos o desempeñando algún trabajo que estuviera cercano. Pero su éxito económico será la causa de que la familia se disperse.

Recuerdo haber conversado con Raúl en Cherán. Su madre, frágil y anciana, se encontraba en la cocina, a unos pasos de distancia. Él no la había visto en tres años, y sabía que tal vez no la volvería a ver cuando regresara a Estados Unidos. Los intervalos entre las visitas de la familia Tapia a Cherán se habían hecho cada vez más largos al paso de los años, particularmente después de que la familia se hubo asentado en Warren. Era imposible vivir a plenitud en ambos lugares, y aún las visitas ocasionales se habían convertido en algo problemático. Había que ahorrar dinero para la hipoteca de la casa, el pago de las mensualidades de los cinco automóviles y la educación de cinco hijos.

Raúl no era un tipo ostentoso; hacía mucho tiempo que había abandonado la idea de convertir su casa en Cherán en una mansión migrante. Había recorrido demasiado trecho del camino para volverse hacia atrás ahora. Pero, ¿qué es lo que le quedaría aquí cuando los chicos se fueran? Raúl vino solo a Norteamérica para ofrecerle un futuro a sus hijos. Pero nunca pensó que ese futuro se los pudiera tragar.

príncipes de norwalk

Es PRIMAVERA Y NO IMPORTA EN QUÉ LUGAR TE ENCUENTRES EN ESTADOS Unidos, en la ciudad o en el campo, sobre una carretera o un camino vecinal, de día o de noche, siempre hay personas que están en movimiento; sus trailers U-Haul atiborrados de muebles, sus mochilas presionando sobre sus hombros mientras se inclinan sobre el mostrador donde se venden los boletos para los autobuses Greyhound. Hay familias, hombres solos, pandillas de estudiantes que salieron a explorar el mundo. Tomando sorbos de café, en un paradero, observan displicentemente el mapa que se encuentra detrás de una cubierta de plástico. Se reúnen a la medianoche para saborear un hot-dog en la gasolinera de Amocco o en esas surrealistas islas comerciales que brillan con la amarillenta luz de McDonald's en la noche lluviosa. Esto es "América", y los viajeros son blancos y negros y amarillos y cafés y rojos y cualquier tono imaginable de mezcla de razas. Son ricos y pobres y término medio. Las familias de clase media se dirigen hacia Lake Tahoe o las Smoky Mountains, los padres están desvelados y los niños llenos de energía. Y aquellos a quienes nos gusta llamar clase trabajadora, en un tributo neomarxista a largas horas de trabajo, desempeño de tareas monótonas, salarios raquíticos, e hipotecas de interés elevado (o sea la gran mayoría de los viajeros) están regresando a casa para enterrar a la abuela o arrancar sus raíces porque papá se ha enterado de que hay una fábrica de textiles que está contratando en este momento.

En los paraderos y Cicle Ks y Piggly Wigglys a través de todo este país, en cada región, desde el húmedo calor del valle del río Mississippi hasta las herrumbrosas ciudades del noreste, te encuentras con mexicanos. Siempre viajan en grupos de dos, tres o más. Acaban de bajar de un brinco del furgón de carga en la estación de trenes de Davenport, Iowa; se lavan las caras en un lavadero que está a tu lado, en un Denny's en Dallas; acaban de llegar a la estación de autobuses Greyhound o están a punto de partir.

De vez en cuando te cruzas con un "solo", un mexicano que se lanzó por el camino sin estar acompañado. Tal vez fue separado de su familia en la frontera, o una noche, en alguna cantina, se enfrascó en una pelea con sus compañeros. Estará parado solo, separado de la cuadrilla de jornaleros que esperan un aventón, ordenando un café en McDonald's, temprano por la mañana, con la cara hinchada después de haber pasado toda la noche a la intemperie. Irá siguiendo el rumor de que podría haber trabajo en el próximo poblado, en el próximo estado, o en la costa opuesta. Su soledad es inmensa; nunca he conocido a un mexicano que prefiera la soledad a la compañía de otros, y no existe un equivalente mexicano a la tradición norteamericana del vagabundo solitario, pero su determinación es más fuerte que el miedo a la soledad. Hablando únicamente unas cuantas palabras en inglés, muchas veces sin dinero, se sobrepone al miedo y continúa por el camino.

～

Estoy parado en la calle principal de Norwalk, Wisconsin (564 habitantes), un pueblo mucho más pequeño que Cherán, Michoacán. La carretera interestatal se convierte aquí en una ruta estatal y finalmente en un camino rural, que se transforma en la calle principal. Este es un terreno poco empinado con ondulantes cerros cubiertos de vegetación. También es el terreno de Dios, una fortaleza Amish y menonita. Los alemanes y noruegos que emigraron varias generaciones atrás hasta esta región han sido totalmente absorbidos por el paisaje: son norteamericanos. Al igual que los españoles, quienes construyeron catedrales arriba de templos precolombinos, los nuevos norteamericanos cubrieron la tierra indígena con su sencilla estética cristiana. El recuerdo de estos nativos originales ha quedado reducido a simples letreros, colocadas en paraderos a lo largo de la carretera interestatal, que relatan las guerras contra los indios.

Es una tarde de domingo. Son las dos de la tarde. Nadie está en la calle. La única tienda miscelánea y el único restaurante están cerrados. Los bares (hay dos) están tranquilos. El único sonido que se escucha en la calle principal es el del débil golpeteo de unas desteñidas banderas norteamericanas que cuelgan de los postes de alumbrado.

Repentinamente hay señales de vida. Escucho música. Y comienzo a sentir un poco del vértigo cultural que experimenté en Cherán cuando vi pasar las camionetas de la familia Enríquez tocando a todo volumen música *hip-hop* mientras circulaban por la carretera. Sucede que lo que escucho en las alejadas tierras de Wisconsin son los acordes de una banda mexicana tocando a todo volumen, desde las bocinas de un aparato estereofónico de un automóvil. Una camioneta pick-up dobla la curva. Espero encontrarme con un grupo de muchachos migrantes dentro de la cabina y en la parte de atrás de la camioneta. Pero lo que veo es un grupo de mujeres jóvenes blancas. Mientras pasan delante de mí, una de ellas deja escapar un grito; no el "ay-ay-ay" mexicano sino "yee-haw", el inconfundible ulular del vaquero norteamericano. Chicas norteamericanas, en una camioneta pick-up Ford, tocando música de banda a todo volumen. Bienvenido a Norwalk, Wisconsin, una nueva clase de pueblo del medio oeste.

⁀

Santiago Enríquez escuchó un rumor de que había trabajo en una empacadora de carne en Wisconsin. "Wisconsin", se dijo. "¿Estará en Canadá?" Después de años de ir siguiendo las cosechas de frutas, de vivir como los Joads en una camioneta repleta de colchones, ollas y sartenes, la idea de establecerse en algún lugar, de trabajar en un lugar cubierto, de recibir cheques por concepto de salario de manera regular en lugar de efectivo bajo la mesa, parecía algo maravilloso.

En el pórtico de una iglesia abandonada encuentro a un mexicano con una cerveza en la mano y le pregunto acerca del paradero de la familia Enríquez. Sin decir palabra, señala hacia una casa que se encuentra unas cuantas puertas hacia abajo. En Norwalk todo se encuentra a unas cuantas puertas más abajo.

Toco a la puerta de una elegante y antigua casa de madera de dos pisos, y Santiago, en persona, la abre. Está vestido a la moda mexicana casual, con una camiseta sin mangas que pone en relieve sus musculosos antebrazos y protuberante estómago. Tiene en la mano un taco de carnitas a medio comer. Tarda un poco en reconocerme. Una vez que lo hace, se queda bastante sorprendido.

"Ya sé que dijiste que me visitarías algún día, pero no creí que lo hicieras", dice. "¡Debes haber viajado miles de kilómetros!"

Muy pronto toda la familia se encuentra afuera, en la terraza, saludándome como un familiar perdido, esto es en marcado contraste a la gélida recepción que había recibido por parte de los muchachos Enríquez en Cherán. Me hicieron pasar a la casa, la cual, con excepción del papel tapiz y las ventanas con marco de madera, se parece mucho a la mansión que los Enríquez tienen en Michoacán. Un calendario adornado con un guerrero azteca cuelga en el corredor, anunciando una carnicería mexicana en Chicago. El aroma de guisado de cerdo y tortillas recién hechas flota desde la cocina. Un altar con la figura de un enorme niño Jesús blanco, un cuadro enmarcado del sagrado corazón de Jesús y una estatuilla de la virgen María, rodeada de flores frescas y veladoras, dominan la estancia. A un lado del altar está el aparato de televisión, en que se ve, vía satélite, un partido de fútbol soccer que está siendo transmitido desde la ciudad de México.

Aún cuando esta es una casa muy grande de acuerdo con los estándares norteamericanos, las habitaciones están un poco apretujadas para la familia Enríquez. Aquí viven Santiago y María, sus cinco hijos, cuatro nueras y cinco nietos. Pedro, el sobrino de Santiago, quien acaba de llegar de Cherán por primera vez, también está viviendo aquí. Cada una de las parejas jóvenes ocupa, junto con sus hijos, una de las cuatro habitaciones. Santiago y María viven con Marta, su hija menor, en la parte de abajo, en la estancia. Por la noche Pedro desenrolla el colchón que está guardado en la despensa.

Los hombres regresan a la estancia y se acomodan alrededor del aparato de televisión, observando la acción del partido. Un equipo de la ciudad de México le está propinando una paliza a los Tigres, una escuadra de provincia, al son de cinco a cero. Los Enríquez echan porras al equipo más desvalido, Tigres (como lo debe hacer todo mexicano de provincia que se precia de serlo) en contra de los tan odiados representantes de la ciudad de México. Pero en realidad, no importa cuál sea el marcador. Es un domingo por la tarde, el único día libre del que goza la familia Enríquez, y todos están vestidos con camisetas, shorts, y sandalias de hule, recostados sobre las polvorientas curvas del inmenso y viejo sofá.

Han pasado seis días destajando vacas en la planta empacadora de carne, dónde los superintendentes espetan órdenes en inglés, y hoy están gozando de algo así como un regreso a casa a Cherán, lo que ha sido posible gracias a la suscripción a Primestar, la cual les ofrece cuatro canales en idioma español.

La casa de la familia Enríquez en Norwalk es una labor realizada con amor, al igual que su mansión migrante al otro lado de la frontera. Una casa que necesitaba mucha reparación, comprada a una familia norteamericana por dieciséis mil dólares en efectivo (los Enríquez no tienen tarjetas de crédito, ni siquiera una cuenta de cheques), era un adefesio dilapidado.

"Era horrible, estaba prácticamente en ruinas", dice María, quien platica en la cocina con sus nueras, como lo suelen hacer las mujeres mexicanas mientras sus esposos comparten el ritual dominical del fútbol soccer. "Así es que invertimos algo de dinero para arreglarla un poco." María está aparentando modestia. Los Enríquez reunieron todos sus salarios procedentes de la planta empacadora y los utilizaron para instalar un techo nuevo, revestimiento exterior nuevo, pintura nueva en todo el exterior e interior de la casa, muebles nuevos en los baños y la cocina. "Regresábamos a casa del trabajo y continuábamos trabajando. Trabajábamos en la planta durante diez horas y llegábamos a casa a empuñar los martillos."

Me doy cuenta del color rosado que han seleccionado para el interior de la casa. María sonríe. "Coral", dice. "El mismo color con el que pintamos la casa en Cherán."

María me ofrece una tortilla recién hecha, rellena de sabroso guisado de cerdo; el mismo alimento que se come sin tenedores ni cuchillos, que me ofrecerán todos los días durante mi estancia en Norwalk. "No nos gustan las tortillas que venden en la tienda, tienen un sabor horrible", dice María, "Están demasiado saladas." Además de las tortillas que desprecia, la tienda también ofrece diversas variedades de chiles. Hoy en día, aproximadamente la mitad de los habitantes de Norwalk son mexicanos.

Durante mi recorrido por el amplio patio trasero, conozco a la vecina de al lado. Barbara Hansen, una mujer de mediana edad, rubia, delgada, pragmática, quien ha vivido durante toda su vida en el pueblo y por casualidad se encuentra trabajando hoy en su patio. Dice que le encanta tener a la familia Enríquez como vecinos, pero también cuenta que ha escuchado los chismes que cuentan sus colegas en la tienda donde trabaja, ubicada en el vecino pueblo de Sparta.

"Dicen cosas como: 'No me gustaría vivir en Norwalk, ese pequeño México'," dice Barbara, con su manera de hablar un poco cantada y cortada, el acento del medio-oeste, algo parecido al canadiense. "Pero a mí me encanta conocer culturas diferentes", enfatiza Barb Hansen, colocándose firme y entusiastamente en el lado liberal del debate local acerca de los cambios ocurridos a causa de la presencia mexicana. "Es emocionante. Creo que los Enríquez están comenzando a sentirse a gusto en mi compañía porque esta tarde vinieron a pedirme prestada un poco de sal. Siento que éste ha sido el primer paso para ser buenos vecinos."

Otro rompehielos importante, cuenta Barb, fue la gran fiesta que dieron los Enríquez hace un par de meses con motivo del bautizo de su nieta. Los anglosajones y los mexicanos se mezclaron con facilidad, comiendo, hasta la saciedad, de la carne de un cerdo que sacrificaron en el patio para festejar el acontecimiento, cocinándolo en un hoyo lleno de carbón. Mientras que la mayoría de los anglosajones hicieron comentarios favorables acerca de la comida, algunos pensaron que matar un cerdo y prepararlo de esta manera era un poco, bueno, algo primitivo.

Al caer la noche, el aire se enfría rápidamente. La familia come más tacos de cerdo, ve más televisión, los programas mexicanos de variedades del sábado por la noche. Los muchachos Enríquez no saldrán a pasear en sus automóviles tocando música *hip-hop* a todo volumen a lo largo de la calle central; este ritual únicamente se efectúa en Cherán. Las calles de Norwalk están completamente tranquilas. La única señal de vida es el fantasmagórico brillo de los aparatos de televisión que se vislumbra a través de las cortinas cerradas de las antiguas casas.

Para las nueve y media, los nietos ya están dormidos en las habitaciones de arriba; los susurros de sus padres se van acallando poco a poco. María me ofrece un par de cobertores de lana, traídos desde México, iguales a los que utilizaba mi abuela para arroparme, cuando yo era niño y me quedaba a dormir en su casa en Los Ángeles. Mis abuelos convirtieron su casa, una extraña mezcla arquitectónica decó, "misión" y hasta un poco del viejo oeste rústico, en un santuario al recuerdo de México. Cuando hablaban de México, ya avanzados en años, hablaban con amargura del caos, la pobreza y la corrupción, pero, sin embargo, México corría por su sangre, y por lo tanto una gran imagen enmarcada de la virgen de Guadalupe dominaba la estancia y las veladoras encendidas esparcían su luz vacilante en las recámaras.

Me acomodo en el sofá y me siento tan acogedoramente abrigado como si estuviera en el seno de mi madre. María y Santiago se meten a la cama, un colchón tamaño matrimonial colocado sobre el piso, detrás de una sábana colgada de un cordón. Marta ya está dormida sobre un colchón tamaño individual que está sobre el piso a un lado del de sus padres.

La casa está completamente oscura y silenciosa. Sin embargo, puedo sentir la vida (las historias de las vidas) dentro de esta casa, sobre esta antigua repisa de madera obscura de la chimenea, sobre los pandeados escalones de la escalera y del barandal cuyo laqueado ha sido desgastado por generaciones de personas que subieron y bajaron por ella, en los rechinidos y crujidos de los maderos del piso mientras se ajustan al frío de la noche. Desde el sofá, puedo ver por las ventanas, cubiertas de cortinas de encaje. La calle está bordeada por olmos y fresnos que unen sus ramas en arcos, para formar una frondosa catedral. En Norwalk se van apagando las luces. Puedo ver un cielo sereno, cubierto de estrellas. Por este momento me encuentro en México; en Norteamérica.

⌒

El reloj despertador toca una música suave. Santiago se mueve, bosteza ruidosamente, se queja. Son las cuatro de la mañana. Aparece detrás de la sábana, pasándose los dedos por el cabello varias veces, tratando inútilmente de alaciarlo. María se levanta un minuto más tarde, pasa junto a mí caminando silenciosamente en dirección a la cocina y enciende la luz. Unos minutos más tarde, cuando Santiago sale del baño, ya vestido, se pone el casco azul que proclama su puesto en la planta: supervisor de la trituradora de huesos. Debe estar en el trabajo antes que todos los demás empleados que trabajan en la línea de ensamblado.

El aroma de carne de cerdo y tortillas frescas llena nuevamente la casa. Después de comer rápidamente un taco, Santiago camina silenciosamente hacia la puerta delantera y la cierra tras él, con cuidado. A las cuatro y media echa a andar el motor de su adorado Silverado. Es el primer ruido fuerte que se ha escuchado en el vecindario, desde el inicio de la noche anterior. Santiago Enríquez siempre es la primera persona que sale a la calle por la mañana.

Acompaño a María en la cocina. Lleva puesta la misma playera que llevaba ayer, con el emblema de Budweiser Clydesdales. "Ahora la vida es mucho más fácil", dice. Desde que se casó, éste es el primer año en que no ha trabajado al lado de su esposo en la interminable serie de campos de cultivo, seguidos por la planta empacadora de carne. Como tenía tantos nietos que cuidar, así como nueras jóvenes, fuertes y sanas, María, alentada por Santiago, decidió retirarse y cuidar de la siguiente generación.

Contrastando con los hombres, quienes se quejan de que hay demasiadas leyes en Estados Unidos en contra de la diversión, María se siente mucho más libre aquí que en casa. No se tiene que envolver en un rebozo; hoy en día su uniforme del diario son unos pantalones y una playera. En Estados Unidos trabajó y recibió su propio sueldo, y hasta puede opinar en relación con las finanzas colectivas del hogar.

"Al principio, nosotras las mujeres, dijimos: 'Gastaremos el dinero en la forma que mejor nos parezca'." Por supuesto, los hombres protestaron. Llegamos a un acuerdo; cada uno contribuye, formando un fondo único. Se pagan las cuentas básicas, y lo que sobra se divide en partes iguales entre todos. "Algunas veces compro algo bonito para mí, maquillaje o ropa."

Pero cuando regresa a Cherán deja atrás su vestimenta norteamericana. "En casa, la gente nos critica", dice. "Allá, me comporto igual que todas las demás."

Hay algunos rituales del viejo mundo que María no puede abandonar en ningún lado de la frontera. Hace un par de años se enfermó de un malestar misterioso. Estaba desganada y no tenía apetito, bajó quince kilos. "Voy a morir", se dijo. "No morirás", le respondió Santiago. Fueron a la clínica gratuita de La Crosse para que le tomaran radiografías e hicieran estudios. El doctor norteamericano les dijo que era un problema de la tiroides, utilizando los servicios casi incomprensibles de traducción de una joven enfermera blanca con conocimientos de español a nivel secundaria. El doctor recomendaba una intervención quirúrgica. Pero María no podía permitir que un doctor blanco le metiera cuchillo. "Así es que nos fuimos para México", dice María. No para consultar a las brujas, eso no, porque María ya no cree en ellas. Pero su fe en Jesucristo se mantiene firme como una roca, y Santiago y María realizaron un peregrinaje hasta San Juan Nuevo, a la pequeña iglesia estilo colonial donde Cristo hace milagros para los enfermos y los necesitados. (Después de todo la iglesia salió ilesa frente a la pared de lava que brotó del cráter del Parikutín en 1943, destruyendo todo el pueblo a su paso.) Ahí María rezó y dejó sobre el altar unos milagros, pequeñas réplicas en latón de diversas partes de su cuerpo. A su regreso a Estados Unidos los síntomas desaparecieron, y desde entonces no ha tenido malestar alguno.

María habla francamente acerca de los días difíciles de su matrimonio, los primeros años en Cherán y los primeros años en Estados Unidos, en el camino, cuando Santiago tomaba bastante, y su esposa soportaba su comportamiento. Me sorprendo ante la franqueza de María; pocas veces se habla acerca de estos temas en las familias mexicanas. Se puede achacar a la cultura de confesionario norteamericana.

"Allá, en casa, el hombre te pegará, y ¿qué puedes hacer?", dice. Ahora está completamente despierta y ya no habla en susurros, sino con la voz fuerte y algunas veces estridente, de una matrona purépecha. "Pero aquí, los encierran en la cárcel. ¡Tal vez esta es la razón por la cual sienten que no son libres aquí, ha!"

"En México, Santiago quizá hubiera continuado tomando", dice María. Tal vez ella lo habría abandonado, aunque probablemente no lo habría hecho. Pero aquí es diferente. Aquí no hay secretos.

A las cinco de la mañana, Jacinto y Mayela, con sueño toman sus tacos, seguidos por un taciturno Santiago hijo y Lourdes a las cinco y cuarto. Enrique y Aurelina bajan por las escaleras a las cinco y veinte, Roberto y Maribel a las cinco y veinticinco. Uno tras otro, los Silverados arrancan y avanzan por la calle, recorriendo los mil doscientos metros hasta llegar al trabajo. Los muchachos Enríquez no encienden sus aparatos estereofónicos. En Cherán se comportaban como raperos pendencieros, pero aquí parecen desempeñar un papel callado, casi humilde. Esto probablemente hace que el peregrinaje anual a la fiesta de Cherán sea aún más necesario. En Cherán, literalmente se sueltan el cabello (en la planta empacadora de carne se cubren las colitas de caballo con redes) y tocan sus estéreos al volumen que quieran.

Para las siete de la mañana, Marta y los nietos ya se han bañado, vestido y desayunado. Marta corre hasta la esquina para alcanzar el autobús escolar. (No hay escuela en Norwalk; el autobús hace un viaje de veinte minutos para llegar a Sparta.) Poco después, María se sienta en la estancia y enciende la televisión, mientras que los nietos juegan tranquilamente frente a ella. Recorre los canales hasta que encuentra una estación mexicana que transmite una novela temprano por la mañana.

Algunas veces María piensa que su vida actual es un sueño. Recuerda los decrépitos trailers donde vivían durante los años en que cosechaban fruta. Tenía que preparar a mano la masa para las tortillas. En ese espacio tan restringido era imposible que cada cual se diera una ducha diaria. Se sentía poco atractiva. Hoy en día, se da la gran vida. Tiene esponjas nuevas y líquido Fórmula 409 para limpiar la cocina y el baño. En la regadera, tiene champú Pert. Tiene toallas de papel y un horno de microondas. Tiene un rodillo grande para hacer las tortillas. Ahora la vida es mucho más sencilla, en ambos lados de la frontera.

⁓

Cinco Silverados están estacionados, uno al lado del otro, en el terreno de la Valley Pride Meat Plant, los murales pintados en ellos brillan bajo la primera luz del amanecer. Es una flotilla de automóviles tan impresionante que casi creo ver el nombre Enríquez pintado sobre la acera, reservando estos espacios para los príncipes purépechas de Norwalk.

Mi primera tarea del día es obtener permiso para realizar una gira por la planta. La directora de recursos humanos, Rhonda Powell, está sentada frente a un escritorio bastante ordenado, dentro de un trailer, a una orilla del estacionamiento. Una rubia de cabello teñido, llamativa, alta, delgada pero musculosa, de pocas palabras y muy formal, me recuerda a una severa Barbara Stanwyck presidiendo sobre el rancho Ponderosa. Me impresiona el hecho de que Rhonda es el jefe aquí, a pesar de que Tom Powell, su exesposo, tiene el título de administrador de la planta. Él tiene cara de niño, con un enmarañado fleco color café que cae sobre su frente, lo que le da un aire de inocencia que parece decir "nada tiene importancia". Estoy seguro que fue ella quien lo dejó a él y no viceversa.

Tom, Rhonda y yo estamos sentados, para llevar a cabo una entrevista, frente a la mesa de conferencias, la cual más parece ser una mesa de juego. Yo les menciono que conocí a la familia Enríquez en Cherán y quedé muy impresionado por su hogar. Tom asiente con la cabeza. Él también está impresionado por la familia Enríquez.

"Si, hicieron lo mismo aquí, compraron una casa en ruinas y la remodelaron y arreglaron", dice. "No creo que sean una típica familia hispana. Son gente bastante limpia."

Rhonda trata de cubrir los errores cometidos por su exesposo de la mejor manera posible. "Lo que quiere decir al mencionar a 'una típica familia hispana' es, que nos enfrentamos a problemas cuando un hombre solo viene al pueblo y compra una casa, para que más adelante vengan quince de ellos a vivir ahí. Es eso lo que causa enojo entre los vecinos."

"Yo no sé", continúa diciendo, "debe ser algo así como una costumbre el que tantas personas vivan en una sola casa de esa manera..."

Esta "costumbre" es, por supuesto, el resultado de las condiciones económicas, de la misma manera en que la "costumbre" norteamericana de que los chicos abandonan el hogar a los dieciocho años es producto de una economía diferente.

Entonces Rhonda comienza a hablar, deplorando otra costumbre social, esta vez norteamericana, la asistencia social. De la manera en que ella lo cuenta, la razón por la cual un setenta por ciento de sus doscientos cincuenta empleados de tiempo completo son mexicanos es, sencillamente, porque los habitantes locales prefieren vivir de la asistencia que reciben.

"No podemos obtener empleados procedentes del pueblo", dice Rhonda. "No quieren trabajar aquí."

Los Enríquez se presentaron en conjunto, frente al trailer de Rhonda hace tres años. "Querían trabajo y parecían ser una familia bastante sincera, pero era una cuadrilla demasiado grande para que todos comenzaran a trabajar al mismo tiempo, por lo que básicamente iniciamos con unos pocos y más adelante se les unieron los demás miembros de la familia. ¿Tom, cuántos trabajan aquí actualmente, doce?"

Tom asiente con la cabeza. "No son flojos...", dice con su acento sureño.

En ese momento, Rhonda, temiendo la conclusión de la idea de Tom, tamborilea sobre la mesa con sus uñas, toma una cajetilla de Vantage, y lo interrumpe. "Ganan buen dinero", dice. "Una vez calculamos que todos los Enríquez en conjunto ganaban siete mil ochocientos a la semana."

Eso fue durante la "corrida de otoño" como se denomina en la industria de la carne, la temporada cuando los rancheros venden todo el ganado para evitar tener que cuidar de los animales en un establo durante el largo invierno del medio oeste. La cifra récord impuesta por la planta es de unas novecientas cabezas de ganado sacrificadas y destazadas en un día; eso ocurrió en diciembre del año pasado. Los trabajadores de la planta muchas veces laboraron setenta horas a la semana o más durante los meses pico. Llegan temprano por la mañana, cuando todavía está obscuro y se van una vez que ha caído la noche, sin ver la luz del sol durante muchas semanas.

Rhonda Powell presiente que la presencia hispana en la planta continuará en el futuro.

"Les encanta trabajar horas extras", dice. "Los habitantes de la región únicamente quieren trabajar cuarenta horas para ir de pesca por las tardes, esa es la razón por la cual tenemos muchos hispanos trabajando aquí en lugar de habitantes locales. Los locales se quejan si tenen que trabajar, pero a los hispanos, a ellos les encanta."

☞

La primera cosa que te impresiona de inmediato es lo ruidoso de la operación. El área de destazado, el matadero, la trituradora de huesos, bombas que arrojan aire caliente o frío, las ollas de hirviente líquido antibacteriano, las inmensas bombas refrigerantes, los gritos de los supervisores, los altoparlantes cuyo sonido intenta hacerse escuchar por sobre los demás ruidos. Aún después de haber abandonado la planta, continuas escuchando dentro de tus oídos la cacofonía de sonidos.

Tom me conduce hasta la bodega, donde me proporcionan un casco blanco de plástico, una bata blanca y botas altas de hule.

Pasamos por las puertas que se abren hacia una sala grande y helada, y ahí, frente a nosotros, está la trituradora de huesos, el imponente, rechinante, monstruo que es supervisado por Santiago padre, aún cuando en este momento no se le ve por ningún lado. Los trabajadores arrojan montones de huesos dentro de la trituradora, de un lado sale algo parecido a carne molida, mientras que del otro sale harina de hueso.

Seguimos adelante hasta llegar al la sala de destazar. Es un espectáculo extraño, dramático, ver a unos ochenta trabajadores formados a cada lado de dos bandas automáticas, una arriba de la otra, de un largo de unos veintitres metros, moviéndose a una velocidad de ocho kilómetros por hora. Busco caras conocidas, pero no puedo distinguir a nadie en lo individual, con los cascos, los gogles, los tapabocas quirúrgicos, y las batas, son irreconocibles. Lo único que puedo ver son los oscuros ojos indígenas. Ochenta pares de manos empuñan cuchillos, cortando la carne y la grasa con rapidez, separándolas del hueso, arrojando los huesos sobre la banda superior, que los conduce hasta la trituradora. Los cortes de carne quedan sobre la banda inferior, son clasificados, y al final de la banda, son empacados.

Según va continuando la gira por la planta, las condiciones de trabajo se vuelven cada vez más primitivas. En el almacén, donde la temperatura siempre está a treinta y dos grados Fahrenheit (un descenso de temperatura de casi veinte grados en comparación con la sala de destazado) cientos de vacas despellejadas cuelgan de ganchos arriba de nuestras cabezas. Estas provienen directamente del matadero; serán descuartizadas rápidamente, cargadas sobre el hombro de un trabajador (este trabajo no está mecanizado) hasta llegar a la sala de destazado. Un animal descuartizado pesa aproximadamente noventa kilos. Cada uno de los doce hombres que conforman la cuadrilla que trabaja en el almacén, acarrea cerca de cien animales descuartizados por día. No tengo ni idea de cómo pueden estos hombres jóvenes (quisiera decir muchachos; obviamente son los más jóvenes de todos los que trabajan en la planta) llevar a cabo esta hazaña. Todos ellos son mexicanos, ninguno es más alto que yo, y yo mido bastante menos que un metro ochenta. Al igual que hormigas, parecen cargar más que su propio peso.

Sale vapor de los cuerpos de los animales muertos. Presiono mi dedo contra la carne de uno de ellos. Todavía está caliente, y la sangre ha manchado mi dedo. "Esa vaca ha estado muerta durante unos quince minutos", dice Tom, con una sonrisa. "Si la guisaras en este instante, tendrías el filete más fresco que jamás hayas probado."

El suelo está resbaloso bajo nuestros pies. Según pasamos de una sala a otra, metemos nuestros pies en charolas llenas de agua limpia para lavar la sangre adherida a nuestras botas, pero unos cuantos segundos después, estamos cubiertos nuevamente de sangre.

Pasamos por el departamento de lavado, el primer paso después de que los animales han sido sacrificados, donde los mexicanos limpian los cuerpos de los animales muertos utilizando chorros de vapor a una temperatura de doscientos veinte grados Farenheit, calor suficiente para matar todas las bacterias. La temperatura dentro de la sala fácilmente alcanza los ochenta grados Farenheit. Hemos pasado de un frío glacial a un calor tropical en unos cuantos segundos.

En el cuarto de las menudencias, los mexicanos arrojan los bazos, corazones, hígados y lenguas dentro de tinas con agua hirviente. La sala de panzas y "bolsas" es el lugar donde clasifican los intestinos y bolsas de la vaca. "Tu sabes", dice Tom, "las ubres, sus tetas".

El matadero. Los muchachos mexicanos aguijonean a las reticentes vacas (parece que supieran hacia donde van) a través de un tobogán para entrar a un apretado corral que hace la función de rastro. Las vacas son noqueadas con una pistola de impacto, la cual introduce, con un certero golpe, una varilla de hierro dentro del cráneo ocasionando una hemorragia cerebral masiva. El muchacho que empuña la pistola es tan joven todavía que apenas si logra hacer que le crezca un bigote decente. Se limpia la nariz con el dorso de la mano, esperando que otros dos muchachos coloquen la vaca en posición. El aire está denso, cargado de polvo y el penetrante olor a estiércol. No sostienen conversación alguna, no se escucha música que los pueda distraer del trabajo, únicamente la misma tarea, repetida una y otra vez, a excepción de quince minutos de descanso por la mañana y por la tarde y una hora para el almuerzo.

Se escucha la descarga de la pistola y una vaca se desploma como un saco lleno de papas, pero no está muerta. Otro muchacho le encadena las patas traseras, tira del anima, elevándolo con la ayuda de poleas hidráulicas, introduce el freno conductor de corriente eléctrica en su hocico, y observa como se entiesan sus patas a causa de la descarga del alto voltaje. Alguien más se acerca con un cuchillo para degollarla y todos se quedan parados frente al repentino torrente de sangre. La vaca se mueve a lo largo de la línea hasta la sala de destazado, donde el animal es abierto en canal y se le extrae la panza. El cuerpo del animal es despellejado y enviado al almacén. Más adelante, otras cuadrillas descuartizan las vacas y eventualmente clasifican las partes, enviando las diversas piezas a la línea de deshuesado, los huesos llegan hasta la máquina trituradora, las menudencias a la sala de menudencias, las tetas al departamento de tetas. Carne para seres humanos, carne para perros. Los inspectores del departamento de agricultura de Estados Unidos deambulan por todas partes con sus libretas de apuntes, determinando qué carne no tiene grasa, cuál sí tiene grasa y cuál presenta señales de alguna enfermedad. Y por todas partes, en todos lados, hay mexicanos con las manos ensangrentadas, cuchillos ensangrentados, batas, cascos y tapabocas cubiertos de sangre. El lugar donde todos prefieren estar es la línea de destazado: el salario comienza con diez dólares la hora. Si no puedes seguir el paso de la banda transportadora, te enviarán de regreso al área de empacado o, Dios no lo quiera, al almacén, donde tendrás que cargar sobre tu hombro pesados animales descuartizados.

Pareciera como si el peligro acechara a la vuelta de cada esquina, a cada instante puede ocurrir un accidente. El agua y el vapor pueden escaldar. Los cuchillos pueden cortar. Cuerpos de vacas muertas que pesan más de cuatrocientos kilos podrían romper todos los huesos de tu cuerpo en caso de que las cadenas o ganchos o cremalleras fallasen. Los pisos están resbalosos a causa de la sangre. Las maquinas pueden triturar tu brazo, tu pierna, todo tu torso.

Sin embargo, Tom dice que únicamente parece ser peligroso, y, por supuesto, la administración federal de seguridad en trabajos peligrosos está supervisando toda la operación, todo se hace de acuerdo con los reglamentos, no hay razón para que ocurra un accidente.

Sin embargo, en Norwalk pasan toda clase de accidentes.

~

El niño se llama Chance. Un chico precioso, aún cuando es un poco taciturno e inquieto. Por ahora está arañando los senos de su madre, jalándole el cabello. Pero Kerry Van, nativa de Norwalk, de treinta y dos años, tiene la paciencia de toda buena mamá. Estamos sentados en el jardín del frente de una de las mansiones de migrantes de Norwalk, una antigua casona de madera pintada de blanco, con cuatro recámaras, amplia, al estilo del medio oeste. Kerry, Chance y Javier, el novio de Kerry y padre de Chance, así como un grupo de migrantes solitarios descansan durante una tarde de domingo lánguida y calurosa.

Aquí, la temperatura de finales de la primavera es muy agradable; dentro de pocas semanas, será agobiante. Unos cuantos meses después obscurecerá más temprano y se presentará el frío del otoño. Y a continuación vendrá el largo y obscuro invierno. Durante esta época del año, todo el mundo sale a sentarse en sus terrazas, patios traseros o jardines, semejando una pintura de Norman Rckwell. Los niños se columpian en llantas colgadas de las ramas de los árboles y brincan sobre trampolines; los adultos cabecean en sus sillas mecedoras. Las puertas del frente están completamente abiertas. Todo Norwalk puede ver cómo otro largo invierno ha hecho envejecer la madera de los árboles y las casas y las personas.

El grueso pasto del jardín está cubierto de una docena o más de latas de cerveza Bud Lights que los muchachos han bebido, un despliegue de basura que provoca una actitud de "en esto es lo que acaba el buen aspecto del vecindario" por parte de los mayores del pueblo. Hace apenas unos cuantos minutos, un habitante local de cabello canoso pasó caminando, frunciendo el entrecejo. Sin embargo, los mexicanos no se han puesto pendencieros. Los vítores y gritos, los retos machistas y las ocasionales peleas a puñetazos se reservan generalmente para las noches de viernes y sábado en The Palace, uno de los dos bares del pueblo, que los muchachos sin familia llaman hogar.

Hace diez años, vivía en esta casa una típica familia norteamericana. Niños rubios y de ojos azules, adultos rubios que asistían con regularidad a la iglesia y cuyas raíces en estos lugares se remontaban a varias generaciones de antepasados. Cada generación cultivó el campo, igual que la mayoría de los habitantes de este lugar. No hay mucho más que hacer en la parte central de Wisconsin. Actualmente la casa es el hogar de diez hombres mexicanos originarios de Guanajuato. El propietario está ganando mucho dinero: cada hombre paga doscientos dólares, cuando una familia blanca probablemente podría conseguir toda una casa de mismo tamaño por trescientos dólares. Esta es la clase de injusticia que irrita a los mexicanos. Les parece que los habitantes locales se sienten agraviados injustamente por los mexicanos, ya que les molesta que los mexicanos trabajen largas jornadas por cualquier salario disponible. Después de todo, esta es la razón por la cual están aquí. Para trabajar. Para enviar dinero a casa. Para regresar a casa algún día. Por lo menos, eso es lo que dicen. Pero en la mente de los migrantes existen dudas. Regresar... ¿a qué?

En Norwalk hay muchas casas iguales a ésta, habitadas por manadas de hombres solitarios; únicamente unas cuantas están ocupadas por familias como los Enríquez. Pero aquí el gran problema lo constituyen mujeres como Kerry (la enésima generación descendiente de inmigrantes del norte de Europa) que están saliendo con muchachos como Javier y teniendo bebés como Chance. Este tipo de relaciones se ha ido incrementando en todo Estados Unidos; el censo del año 2000 hasta incluía una categoría denominada "personas de raza mixta". Pero aún cuando en las grandes ciudades las parejas mixtas casi no llaman la atención, en un pueblo como Norwalk no pueden pasar desapercibidas.

Kerry es una mujer grande, con una cara redonda cubierta de pecas, ojos azules y, en este momento, una descuidada melena de cabello castaño. Muy pocas veces utiliza maquillaje. Trabaja en la miscelánea que se encuentra en las afueras del pueblo, a un lado de un camino rural que pasa a través de Norwalk. Al igual que la mayoría de los chicos que crecen en un pueblo pequeño, ella soñaba con conocer al mundo que se encontraba más allá de Norwalk. Sin embargo, lo que sucedió fue que el mundo llegó hasta ella, en la figura de un hombre recién llegado de Guanajuato.

Javier es de estatura baja, pero con un cuerpo musculoso, una cara indígena preciosa, color moreno obscuro, una masa de grueso cabello negro y ojos almendrados. A diferencia de sus amigos más jóvenes, él tiene un aspecto serio. Hace un par de años él también era un chico migrante solitario, inquieto, que iba por el camino. Kerry era una muchacha local inquieta y solitaria que vivía en una aldea asilada y aburrida. La pareja se conoció en The Palace cuando Terry trabajaba atendiendo a los parroquianos del bar y Javier iba a cambiar su cheque los viernes por la noche, tomándose unas cervezas frías. Se emborracharon juntos, hicieron el amor, y luego llegó Chance.

Kerry le puso ese nombre al niño con la esperanza de que tendría una oportunidad de mudarse más allá de pueblos sin salida, llegando a lugares como Guanajuato o Wisconsin. Esa clase de oportunidad.

Chance tiene dos años y, por supuesto, desconoce por completo el hecho de que constituye un poderoso símbolo en Norwalk. Es un niño hermoso, pero no de la manera a la que están acostumbrados los habitantes de este lugar. Chance tiene cabello color arena, ojos cafés y piel color canela dorada. Su apariencia es una mezcla perfecta de las características de su mamá y su papá.

La relación entre Kerry y Javier fue la primera relación de este tipo que hubo en Norwalk; al menos la primera que dio como resultado un hijo. Kerry dice que esto "como que ocurrió solo". No estaba pensando en la integración, aún cuando la falta de hombres jóvenes en el pueblo (los graduados de la preparatoria local este año eran únicamente treinta estudiantes) tal vez tuvo algo que ver con esto. La mayoría de los chicos que crecen aquí terminan por tomar la carretera en dirección a Madison, Green Bay, Chicago o lugares más lejanos, una vez que han terminado de estudiar. Norwalk es una ciudad habitada por personas mayores, igual que muchos otros poblados rurales del país. Hay familias cuyos antepasados datan de varias generaciones atrás y las personas que llegan hasta aquí en busca de refugio de las ciudades, son de mediana edad o de la tercera edad. La mayoría de los adultos jóvenes del pueblo son mexicanos, atraídos por la Valley Pride Meat Plant, el único gran productor de empleos de Norwalk.

Esta situación crea tensión entre las generaciones, al igual que entre las étnias. La relación entre Kerry y Javier únicamente exacerbó la tensión. La reacción era predecible.

"Mis amigos, personas que he conocido toda la vida, decían todo tipo de cosas", dice Kerry.

Pero un buen día, Nina, la amiga de Kerry, se unió con José; Jessica se hizo novia de Pedro, Cora comenzó a salir con Pablo. Un muchacho mexicano apodado el Loco cortejó a una chica local de nombre Tarmacey. Luego vinieron Dawn y Tolingo, y Susana y Mario, y Mónica y Alvaro, y Becky y Ramón, con los consecuentes embarazos, repentinos matrimonios, y ocasionales huidas masculinas. Por supuesto, estas uniones (entre hombres barrocos, machos, católicos y mujeres de ideas independientes, sencillas y en su mayoría protestantes) implican una negociación considerable en cuanto al lenguaje, la música, la comida y la observancia religiosa.

"Por estos rumbos hay muchas mujeres a quienes sencillamente no les gustan los 'bolillos'," me dice uno de los mexicanos solitarios, utilizando una palabra de jerga para nombrar al "pan blanco". Agrega que "muchas de ellas prefieren salir únicamente con mexicanos".

"Les gustamos como amantes", dice otro, goteando orgullo masculino. "Y a los patrones les gustamos como trabajadores. El mexicano es mejor tanto trabajando como haciendo el amor."

Esta situación hace maravillas para el ego mexicano. Pero la posición de los mexicanos en Norwalk es, sin embargo, bastante tenue. Fue el viento político del nacionalismo que se presentó en California durante la década de los noventa, aunado a las industrias sedientas de mano de obra ubicadas en el centro de Estados Unidos, lo que inicialmente atrajo a los mexicanos hacia este lugar. ¿Qué sucedería si un decrecimiento en la economía trajera la política del nacionalismo hacia lugares como Wisconsin?

El largo brazo de Washington ya ha alcanzado la industria empacadora de carne del medio oeste. En 1999, el INS, que por años había llevado a cabo incursiones masivas en lugares de trabajo para deportar a los trabajadores ilegales, comenzó a implementar una nueva estrategia. Consciente cada vez más de la posibilidad de un desastre en cuanto a las relaciones públicas (imágenes transmitidas por los noticieros de las cadenas de televisión de agentes arrestando a hombres, mujeres y niños morenos), la agencia comenzó a utilizar métodos de alta tecnología, seleccionando al azahar algunas empresas e industrias que se sabían daban empleo a ilegales, corroborando la *green card* y los números del seguro social con la base de datos nacional, y notificando a los empleadores acerca de los trabajadores que portaban documentos ilegales. De acuerdo con la ley, los empleadores se ven obligados a despedir a los trabajadores. La hipótesis (de bastante peso) es que los trabajadores, al encontrarse sin una posibilidad para ganarse la vida, se deportarían ellos mismo de regreso a México. El INS sencillamente ha transferido la ejecución del trabajo sucio a los empleadores. Rhonda Powell dice que ella revisa obedientemente todos los documentos migratorios de sus trabajadores, siguiendo las instrucciones del gobierno; también admite que no cuenta con un instrumento fidedigno para saber si los documentos son auténticos. De cualquier manera, el programa piloto de la INS ha afectado únicamente a unas cuantas empresas, y Valley Park es tan sólo un punto en el vasto mapa industrial. Norwalk muy probablemente no tiene mucho de que preocuparse, por el momento.

Pero, ¿qué sucedería si los precios de la carne se desplomaran, qué sucedería si Valley Parque redujera a la mitad su fuerza laboral o cerrase por completo? Para la familia Enríquez y los migrantes solitarios, significaría que tendrían que ir hacia el siguiente pueblo, el siguiente condado, el siguiente estado, o quizás hasta Canadá, a donde no pocos inmigrantes latinoamericanos se han dirigido durante las últimas dos décadas, en calidad de refugiados políticos y económicos.

No son pocos los habitantes de Norwalk a quienes les daría gusto ver la partida de los migrantes. Kerry recuerda a Donny, un muchacho originario de Sparta, quien trabajó en Valley Park entre 1994 y 1997, los mismos años en que los migrantes comenzaron a llegar. Él vio como el número de mexicanos se iba incrementando, desde una docena de ellos en el área de matadero hasta constituir la mayoría de la mano de obra. Donny era una pendenciero que siempre trataba de provocar una pelea y por el momento, estaba libre bajo fianza por posesión ilegal de una arma de fuego. Una noche de fin de semana, Donny se presentó en The Palace cuando estaba abarrotado de mexicanos que gastaban su sueldo en cervezas Pabst de barril. Portaba una arma de fuego.

"En realidad, admitió que había ido ahí para matar a alguien, y que ese alguien iba a ser un hispano", dice Kerry.

Pero los hombres estaban preparados para enfrentarse a Donny. Alguien sacó un cuchillo. De alguna manera, durante la trifulca, uno de los mexicanos fue acuchillado. El viejo Cobb, quien atendía en el bar, llamó al alguacil de Sparta (Norwalk es demasiado pequeño para contar con una fuerza policíaca propia) y Donny y cinco de los mexicanos fueron arrestados. La víctima sobrevivió. Pero según la versión de los mexicanos y sus aliados, como lo es Kerry, el caso fue un error judicial. Todos los mexicanos, menos uno que había nacido en Chicago, fueron deportados. ¿Y Donny? A él lo condenaron a diez años de libertad condicional, lo que equivalía únicamente a un manazo. Los reporteros de los noticieros de televisión vinieron desde La Crosse para cubrir la historia de unos bandidos mexicanos borrachos que destruían todo lo que encontraban a su paso en territorio Amish.

Según cuentan Kerry y otros habitantes locales, los disturbios en el pueblo nunca han sido iniciados entre mexicanos y habitantes locales de Norwalk. Siempre han sido causados por alguien que no vive en el pueblo, como Donny.

"Si se presentan dificultades", dice uno de los migrantes solitarios, "es porque están enojados de que salgamos con sus mujeres".

Otro agrega: "Y porque piensan que les estamos quitando el trabajo".

＿

Lehrner's Market está ubicado en la calle principal. Todo mundo va de compras a Lehrner' porque es el único mercado que existe en Norwalk, aparte de la miscelánea que se encuentra a un lado de la carretera. Voy al mercado a mediodía, cuando no hay mexicanos comprando ahí; prácticamente todos los mexicanos del pueblo están en Valley Pride a esa hora. Las únicas personas que me encuentro en el lugar son la dueña, Theresa Lehrner, y su amigo Dennis Hubbard, quien ha venido a intercambiar historias.

Lehrner y Hubbard son ciudadanos modelo; ambos crecieron en la región. Los Lehrner son dueños de una granja, además de la tienda. Los Hubbard también tienen una granja y Dennis forma parte del consejo administrativo del pueblo. Los cambios que se dieron en Valley Park fueron tan rápidos y las ramificaciones sociales tan inmediatas y radicales, que los habitantes locales se sintieron obligados a actuar. Lehrner y Hubbard se encontraban entre los líderes que crearon lo que se conoce informalmente como la Agrupación de fuerzas a favor de los latinos.

"Teníamos que hacer algo", dice Hubbard. "Había una falta de comprensión total de las reglas que rigen nuestra sociedad. La policía tenía que venir hasta aquí varias veces a la semana."

Realmente, si le damos crédito al relato de Lehrner y Hubbard, a mediados de los noventa se desató un bullicio infernal. Hubo música estridente, pleitos, hasta un número de incidentes que Hubbard clasifica como "violaciones", aún cuando muy pocas veces se presentaron denuncias y, de aquellas que se presentaron, todas fueron desechadas con la excepción de una. Parece que los muchachos latinos atrajeron una gran multitud de mujeres, aun cuando estas no eran habitantes locales, me asegura Hubbard. "Las chicas venían de los pueblos cercanos", dice, "y no puedo asegurar si les estaban pagando, pero parecían prostitutas, o chicas que habían huido de sus casas". Lehrner agrega con una mueca de disgusto: "Una bola de putas".

También existían otras cosas. Como, por ejemplo, el sacrificio del cerdo para celebrar el bautizo en la familia Enríquez.

"Por supuesto que esto hizo que muchos se sintieran disgustados", dice Theresa Lehrner.

Hubbard se inclina hacia el lado liberal, haciendo desatinar a Theresa. "Bueno, Theresa, pero recuerda que aquí, en esta región, hace veinte o treinta años, se organizaban cacerías de venados durante el otoño y los habitantes traían a los venados muertos hasta el pueblo. Por todas partes se podían ver venados muertos colgando de los arboles."

"Sí, pero no organizaban matanzas", protesta Theresa, agitándose cada vez más. "La matanza es algo que yo personalmente siento que podría convertirse en un problema aquí en el pueblo. Si les permitimos hacer eso, el siguiente paso será que probablemente traerán pollos y los degollarán. Lo que quiero decir es que esta es una población y tenemos reglas y reglamentos; no es posible que tengas animales vivos, ganado, en el pueblo. Mis vecinos criaron conejos alguna vez y los mataban, y el consejo directivo del pueblo les pidió que dejaran de hacerlo. No considero que la matanza sea algo necesario."

Después de este arranque de ira hay unos segundos de silencio, durante los cuales entra a la tienda un mexicano joven, quien no se ha dado cuenta de la conversación que se está llevando a cabo acerca de él y de su raza sacrificadora de animales. Espera pacientemente frente a la caja registradora hasta que Theresa le presta atención y él intenta, en un inglés champurrado, comunicar lo que desea comprar. Dice una y otra vez "cahhr", palabra que, por supuesto, Theresa no puede descifrar. Ella trata de utilizar su español. "¿Carro, comida?" Toma un diccionario de bolsillo, español-inglés, que se encuentra a un lado de la caja registradora. Lo hojea inútilmente hasta que finalmente exclama: "¡Oh, una tarjeta para el teléfono!"

No parece que a Theresa le haya molestado el juego de acertijos lingüísticos, todo lo contrario. Esboza una amplia sonrisa, genuinamente satisfecha de que la momentánea barrera se haya derrumbado. Ahora se ha convertido en la empleada de una tienda, quien está vendiendo un producto a su cliente. La caja registradora se abre tintineando. El chico sale de la tienda, diciendo tímidamente: "Goo-bigh". Pronto estará hablando por teléfono con sus seres queridos allá en Michoacán o Guanajuato.

Dennis Hubbard es antes que nada un hombre práctico. Ayudó a organizar la primera reunión de la Agrupación de fuerzas a favor de los latinos, a la cual asistieron los líderes locales, incluyendo a casi todos los representantes religiosos del pueblo, los administradores de la planta empacadora de carne, y algunos de los residentes migrantes permanentes, entre los que se encontraba la familia Enríquez. Hubbard inició la reunión preguntándoles a los habitantes nativos de Norwalk, desde dónde y por qué habían emigrado sus antepasados.

"Básicamente", dice Hubbard, "la mayoría de los habitantes de esta población vinieron de Europa a mediados de 1800, a causa de rebeliones políticas y sociales".

A continuación les planteó la misma pregunta a los latinos. "Y nos dimos cuenta que para ellos la causa también fue social y política, y que en algunas partes del mundo había guerra, como en El Salvador."

"Algo quedó muy claro", dice Hubbard. "El flujo de inmigrantes continuará."

"La comunidad tendrá que cambiar", dice, "aún cuando la planta empacadora no estuviese aquí, habría alguna otra industria. No importa si se trata de una industria que sacrifica pollos o fábricas de muebles o esas granjas lecheras que cada vez se expanden mas; antes, una granja familiar ordeñaba treinta o cuarenta vacas y ahora tienen doscientas, cuatrocientas y hasta quinientas. Todos tendrán que contratar mano de obra. En el futuro los inmigrantes también comenzarán a desempeñar esa clase de trabajos."

De esta forma, Dennis Hubbard ha explicado bastante bien cómo es que un pueblo como Norwalk pudo, en el transcurso de cinco años, haberse transformado de una somnolienta aldea del medio oeste norteamericano en un lugar que está irrevocablemente sujeto a las revueltas fuerzas del capitalismo global, la migración y el cambio.

A primera vista, no te darías cuenta al ver The Palace que algo ha cambiado en Norwalk. Puedes obtener pepinillos en salmuera con eneldo, salchicha polaca con especias, huevos sazonados, y menudencias de pavo, junto con cervezas Heileman's Old Style y Busch, Pabst y Scmidt's. También cuentan con los artículos "que no pueden faltar" como cigarrillos, barras de chocolate, bolsas de papas fritas y pequeñas bolsitas con cacahuates que cuestan cuarenta centavos. Hasta se pueden conseguir gusanos rojos para esa excursión para ir de pesca que te acaba de inspirar tu borrachera. Puedes ver qué hora es, mirando el reloj de Elvis Presley con su guitarra, que cuelga de la pared.

Cobb, el cantinero, lleva puestos unos lentes con marcos grandes, pegados con cinta adhesiva y una camisa de poliéster con ocho bolígrafos en el bolsillo. Es muy bueno para escuchar, pero también lo es para hablar, tal como debe de ser cualquier cantinero que se precie de serlo.

"Cuando alguien piensa en los mexicanos, piensa en Pancho Villa con su cartuchera, no piensa en un tipo que trabaja en las plantas para sostener a su familia", dice Cobb. "Supongo que lo que dije no sonó muy bonito", agrega, riéndose de sí mismo. A Cobb le gusta hacer bromas a expensas de él mismo.

En una esquina está un aparato de televisión que en este momento está mostrando el comercial de una industria con la leyenda "hoy hay carne de res para la cena".

"Trabajar en una empacadora de carne es trabajo para un hombre joven", dice Cobb, limpiando distraídamente con un trapo el ya limpio mostrador. Cobb trabajó él mismo en la planta durante algún tiempo. Casi todos los hombres y un gran número de mujeres del pueblo han trabajado en la planta. Pero eso fue en lo viejos tiempos. Antes de que la juventud se volviera inquieta, antes de que los hijos e hijas de Norwalk llevaran a cabo su ritual para pasar de la juventud a la madurez, lo cual no significaba conseguir un trabajo en la planta, sino mudarse a una ciudad, cualquier ciudad. Después de muchas generaciones de estabilidad pueblerina, repentinamente los muchachos no querían saber nada acerca de eso. Partían hacia la universidad. Se iban a Vietnam y, si regresaban, partían nuevamente. Iban en busca de trabajos, en busca de esposas y esposos, en Madison, Chicago y St. Louis y en las costas.

Los habitantes de Norwalk, dice Cobb, se han desparramado por todo el país durante las últimas dos décadas. Los cambios que se han presentado en la cultura se deben un poco a esto, y lo mismo ha sucedido, irónicamente, con la economía, la cual ha sido generosa con los habitantes de la región. Actualmente, el desempleo en esta zona es menor al tres por ciento. Por lo tanto, son muchos los habitantes locales que tienen que trabajar en otro lado, tal como en la fundición en Sparta o en lugares aún más lejanos.

Los mexicanos no fueron los primeros migrantes que llegaron en busca de trabajo en la planta. Antes de ellos llegaron los polacos, los rusos y hasta los afroamericanos que ocupaban los puestos en el matadero y la línea de deshuesado. Los mexicanos únicamente fueron los últimos en llegar.

Pero esta vez está ocurriendo algo diferente, me cuenta Cobb. Antes que nada, los habitantes de Norwalk nunca habían visto a un mexicano. Los grupos de trabajadores que vinieron antes eran trabajadores ambulantes, que cambiaban su lugar de residencia después de unos cuantos meses o, a lo mucho, un par de años. Muy pocos pasaban el resto de sus vidas trabajando en la planta empacadora de carne. "Actualmente", dice Cobb, "las familias se quedan aquí durante todo el año, hasta compran casas. Y los muchachos mexicanos salen con las chicas locales, o sea, con muchachas blancas, nacidas y criadas en Norwalk".

Todo esto tocó un punto vulnerable en Cobb cuando su hija comenzó a salir con un mexicano. "Ni siquiera sé si este muchacho es de los que se casan", dice Cobb, empujando sus lentes sobre la nariz, para colocar después ambas manos sobre el bar. "Pero ha habido algunos matrimonios en este pueblo entre chicas locales y muchachos hispanos, y te puedo asegurar que todos deseamos que estos matrimonios tengan éxito. Realmente quieres que la familia se mantenga unida."

"Creo que lo que realmente estoy tratando de decir es que no hablo mexicano. No sé mucho acerca de Pancho Villa ni nada de eso, pero si sé que trabajan muy duro en esa planta. Y eso es suficiente para mí."

También es suficiente para Frank Ettinger. Frank es un parroquiano habitual de Cobb. Un hombre robusto, de cabello grueso, peinado a la *pompadour* con pistola de aire, y una cara angulosa. Lleva puestos unos lentes obscuros con marcos de metal, pantalones de mezclilla y una playera negra cuyo bolsillo está abultado por una cajetilla de Merits. Ha trabajado en Valley Pride en un par de ocasiones diferentes, desempeñando diversas tareas en el almacén y en la cuadrilla de limpieza. La última vez que trabajó en la planta, Frank estaba desempeñando una tarea que generalmente requería de más de un solo hombre, y ya no pudo más. Según Frank, si existe un problema en Norwalk, éste se llama Rhonda Powell.

Cuando se quejó, Frank cuenta que Rhonda lo despidió, lo cual le convino a Frank, porque de esa manera pudo cobrar el seguro de desempleo. Frank está convencido de que Rhonda en realidad está llegando al límite hasta donde lo permiten los reglamentos y la seguridad. Por ejemplo, en la sala de destazado, donde la banda automática mueve la carne a una velocidad bastante elevada. No debe haber un espacio mayor a un metro entre las personas que trabajan en esa línea y es justamente ahí donde ocurren la mayoría de los accidentes. No es que las personas se corten accidentalmente, más bien son heridas por sus compañeros.

Según Frank, el matadero fue diseñado para una planta en la que se procesen menos de las seiscientas cabezas de ganado que Valley Pride procesa actualmente como promedio. El récord que la planta ha procesado es de novecientas ochenta y cuatro. "¿Sabes lo que Rhonda les dió a los trabajadores después de haber llevado a cabo esa proeza?", pregunta Frank. "Un almuerzo gratuito. Su bono fue un pinche almuerzo gratuito. Es peligrosísimo", dice Frank, exhalando humo en dirección del aparato de televisión. "Arriba de tu cabeza, balanceándose de ganchos, penden los cuerpos de animales muertos que pesan cuatrocientos cincuenta kilos. Muchos de los que trabajan ahí desempeñan tareas que los llevan de un lugar a otro, desde el frío helado hasta el calor lleno de vapor, en el lapso de unos cuantos segundos. El aire, por supuesto, está lleno de bacterias, el piso está resbaloso a causa de la sangre derramada. Todos siempre tienen un resfrío o una gripe."

"No puedes culpar a los mexicanos por todo esto", dice Frank, "pero es de esto de lo que se habla en el pueblo: los mexicanos tienen la culpa de que disminuyan los salarios, haciéndolo más peligroso, los mexicanos esto, los mexicanos aquello. Pura tontería. Es Rhonda quien baja los salarios. Es Rhonda quien es culpable de que sea más peligroso. Los mexicanos, después de todo, no poseen nada. Rhonda es quien tiene intereses económicos en la planta. Con su puesto, Rhonda Powell prácticamente es dueña de este pinche poblado".

La razón por la cual Valley Pride es como es, dice Frank, es porque muchos de los muchachos que trabajan en la planta son ilegales. Ella debe saberlo, todo el mundo lo sabe. La policía lo sabe, el servicio de inmigración lo sabe, Madison y Washington D.C. lo saben. El servicio de inmigración únicamente viene aquí cuando les reportan que los muchachos se han metido en problemas. El resto del tiempo todo el mundo mira hacia el otro lado. Por lo tanto, si alguien se le enfrenta a Rhonda y le dice que se vaya al carajo con todo y su trabajo, bueno, pues no tendrá apoyo alguno por parte de los muchachos mexicanos, no señor. Tienen demasiado miedo. Diablos, si esos muchachos intentaran unirse y decirle a Rhonda lo que se merece, desaparecerían en un abrir y cerrar de ojos. Todo lo que ella tendría que hacer es reportarlos al servicio de inmigración.

"En esa planta no se creará un sindicato en un futuro cercano", dice Frank. "Qué diantre, en Green Bay, puedes ganar catorce, quince dólares la hora desempeñando el mismo trabajo en el matadero. Allá si hay un sindicato, pero Rhonda nunca aceptará algo así. Y no hay nadie en Washington D.C. que se ocupe de lo que sucede en Norwalk, Wisconsin."

"¿Quién nos prestará ayuda?", pregunta Frank Ettinger. "¿La OSHA? ¿Los inspectores de sanidad? El gobierno no le presta ayuda a nadie, eso te lo puedo asegurar."

Hace un mes que Frank ha estado sin trabajo, han pasado un mes y un día desde que le dijo a Rhonda lo que pensaba de ella y su operación. Pero no está preocupado. Ya encontrará algún trabajo, siempre encuentra algo. Hay una planta de Ocean Spray en Tomah, subiendo un trecho por la carretera, así como también una fábrica de alfombras. Mientras haya por lo menos un trabajo allá afuera, que puedas desempeñar con tus manos, ahí es donde encontrarás a Frank Ettinger.

Nuevamente el vértigo cultural. Siempre me ocurre lo mismo con la música. Esta vez son los acordes de violines y el rasgueo de guitarras que me recuerdan un lugar muy lejano de Norwalk, Wisconsin. Se trata de un grupo instrumental purépecha. Al dar la vuelta a la esquina, puedo ver que proviene de un altoparlante colocado en la terraza de la familia Enríquez.

Los largos días de finales de la primavera permiten un poco de descanso y recreación una vez terminada la jornada diurna de trabajo en Valley Pride. A las seis de la tarde toda la familia sale a la terraza, preparándose para ensayar un baile tradicional purépecha denominado "los viejitos", una danza sencilla, llena de júbilo, en la cual los jóvenes actúan como si fueran viejos tratando de actuar como jóvenes. Es un ritual precolombino y, como tal, es siglos más antiguo que la presencia euroamericana en Norwalk. Santiago padre tuvo la idea de representar "los viejitos" para diversión de la comunidad de Norwalk, de acuerdo con la tendencia al intercambio cultural promovida por la Agrupación de fuerzas a favor de los latinos. De hecho, dice Santiago, los muchachos Enríquez presentarán el baile durante la próxima reunión de la agrupación. Me pregunto qué pensará Theresa Lehrner de esto.

Martha, la hermana menor de los Enríquez, está sentada sobre la terraza, preparando su máscara. Está aflojando bolitas de algodón para utilizarlas como cabello blanco y formando las puntas de Q-tips semejando cejas. Mientras tanto, los muchachos mayores de la familia están tallando largos palos de madera que encontraron en el bosque, para darles la forma de los bastones con los que golpearán frenética y rítmicamente la acera. Es un espectáculo curioso, los temibles hermanos Enríquez (los representantes del *hip-hop*, poseedores de impresionantes automóviles, el terror de Cherán) repentinamente convertidos en indígenas.

Santiago preside el ensayo, es el más orgulloso de todos lo padres. "Ellos dicen que tradiciones como ésta no se olvidarán nunca", dice. Aún cuando tal vez sería más preciso decir que nunca serán olvidadas mientras que los mexicanos se encuentren lejos del terruño.

"En México tan sólo veíamos cómo lo hacían otras personas", admite Jacinto. "Esta es la primera vez que lo hacemos nosotros."

Es completamente apropiado que en este salón cultural de espejos, Marta, la menor y más americanizada del clan, esté a punto de disfrazarse para esta antigua ceremonia indígena. Si es que existen contradicciones en esto, ella no las siente.

"Yo nací en Cherán, pero estoy creciendo aquí", dice con sencillez. Sus recuerdos de la vida en el hogar paterno son muy vagos, idílicos. Después de todo, ella únicamente está allá durante la celebración de la fiesta. Habla inglés y español sin acento, y viaja con facilidad entre ambos mundos. De hecho, Marta ya es un eslabón crucial entre el resto de su familia y la comunidad de habla inglesa de Norwalk. Sus padres y hermanos mayores, quienes únicamente hablan el inglés básico del migrante, probablemente nunca serán capaces de expresar la complejidad de sus pensamientos y sentimientos en el nuevo lenguaje.

Marta conoce más de Norteamérica y de los norteamericanos de lo que el resto de la familia jamás podrá conocer. Al mismo tiempo, sabe más acerca de los purépechas de lo que la mayoría de los norteamericanos podrán saber. Esto es, por supuesto, a excepción de los otros niños de la familia Enríquez. Los nietos de la familia probablemente terminarán por hablar mejor el inglés que el español. De esta forma, durante el transcurso de cuatro generaciones, los Enríquez se habrán transformado de indígenas que únicamente hablaban el purépecha (los padres de Santiago y María), en indígenas bilingües que hablan purépecha y español, hasta convertirse en indígenas simbólicamente trilingües que hablan español e inglés con un poco de purépecha, llegando hasta indígenas monolingües y simbólicamente bilingües, que hablan inglés, con un poco de español y tal vez una o dos palabras en purépecha.

Esto es, por supuesto, suponiendo que esta generación migrante se comportará de la misma manera como lo hizo la que la precedió, lo cual continúa siendo una pregunta abierta.

En este momento, sobre la terraza de los Enríquez, bajo un cielo teñido de rosa color durazno por el sol que se está poniendo, con los grillos que comienzan a cantar, un grupo de jóvenes "viejitos" purépechas comienzan a danzar, golpeando el asfalto con sus pies y adornados bastones. El ensayo se vuelve intenso, y el volumen de la música aumenta en proporción. El alboroto comienza a atraer a un reducido público de amigos y vecinos. Tengo la sensación de que estoy presenciando algo parecido a una segunda "presentación en sociedad" de la familia Enríquez. Están haciendo más ruido y se están volviendo más notorios de lo que jamás fueron. Tal vez, al mismo tiempo que representan estas danzas purépechas, los hermanos Enríquez encontrarán muy pronto la seguridad suficiente en ellos mismos para pasear sus automóviles por el pueblo, con el estruendo del *hip-hop* que hará vibrar los vidrios de las ventanas de las viejas casas.

Jenny Schroeder, un pastor metodista local, y la enérgica fuerza liberal que se mueve tras bambalinas de la Agrupación de fuerzas a favor de los latinos, viene de visita. Es una mujer robusta, alegre, de mejillas rosadas. Conversa con María en un español chapurrado, mientras los chicos continúan bailando. Felicita a María por su comida (el famoso cerdo rostizado) que los Enríquez sirvieron durante el bautizo de su nieta. "¡Yum!", dice Schroeder frotándose el estómago.

Schroeder probablemente representa lo más parecido a un radical que existe en el pueblo. Ella solicitó específicamente a sus superiores que la asignaran a una comunidad hispana, después de haber tenido la oportunidad de aprender algo de español durante una visita a Bolivia, donde vive su hija, quien es una misionera. Probablemente imaginó que su ministerio la llevaría a un barrio en Chicago o hasta en Madison: nunca se imaginó que la asignarían a un lugar como Norwalk. Como había llegado recientemente, se perdió los primeros años del conflicto gringo-mexicano. Está abordando su ministerio con algo de precaución y grandes planes. La inmigración mexicana y sus descontentos representan una cuestión de derechos humanos según ella, y ha pensado en alguna forma de protesta sin violencia contra la política de Estados Unidos que ha ayudado a crear la categoría de ilegales.

"Algunas veces pienso en proporcionarle asilo a un ilegal", dice. En Norwalk, darle asilo a los ilegales significaría darle casa y comida a los hombres solos. Le propuso su idea al obispo y éste le dijo que permitiera que su conciencia la guiara, aún cuando también le ordenó específicamente no contratar a alguno. Pareciera que el obispo no está enterado de que tanto contratar como dar asilo a ilegales es considerado como un delito que podría acarrear una sentencia a prisión, pero en el remoto pueblo de Norwalk existe poco riesgo de que uno sea consignado.

Por el otro lado, algunos habitantes locales podrían decir una que otra cosa si ella tomara una actitud pública de desafío a la ley del país. Schroeder se está enfrentando al eterno dilema de los radicales de corazón: ¿debiera su protesta ser un acto de compasión y solidaridad individual, mejorando el mundo al ayudar a una persona a la vez?, o ¿debiera aspirar a encender un debate, retando la moral que sustenta dichas leyes? Durante la década de los ochenta el movimiento de solidaridad desafió a gritos la política de Estados Unidos frente a América central. Algunos de mis héroes preferidos pusieron en jaque su reputación (y libertad) peleando por esa causa. El padre Luis Olivares, un carismático sacerdote católico, cuyo ministerio se encontraba en el centro de Los Ángeles durante la mayor parte de los años ochenta, se contaba entre los miles de miembros del sacerdocio y laicos que ayudaban a pasar de contrabando, daban asilo, y contrataban a refugiados políticos provenientes de Centroamérica y refugiados económicos provenientes de México. Pero fue el conflicto centroamericano el que convirtió la causa en algo *chic*. Si no hubieran existido los escuadrones de la muerte de El Salvador, sin la brutalidad de los regímenes militares de la región y el apoyo del gobierno norteamericano a aquellos gobiernos en el nombre de la guerra fría, no habría existido movimiento alguno.

David Ray y Joe Bailey, dos jóvenes misioneros de una iglesia del cercano poblado de Hilsboro, quienes también se han acercado para observar el ensayo, no comparten las ideas espirituales ni políticas de Schroeder. Pertenecen a una congregación protestante que no pertenece a ninguna secta en lo particular, pero que está muy influenciada por los Amish y los menonitas. Ray y Bailey se interesaron por "llevar el evangelio" hasta los inmigrantes mexicanos cuando se dieron cuenta de su afluencia hacia sus lugares de origen, Ray en Chicago y Bailey en Davenport. Escucharon hablar de Norwalk y un día fueron hasta allá; fue entonces cuando conocieron a la familia Enríquez. Durante varios meses han venido una vez a la semana desde Hilsboro para hablar acerca de la Biblia, pero el proselitismo no parece ser autoritario. María afirma que la familia continúa siendo estrictamente católica, pero considera, sin embargo, que estos jóvenes gringos son buenos amigos de Dios.

Los muchachos llevan a cabo un último ensayo de "los viejitos", Santiago aplaude siguiendo el ritmo que resuena fuertemente desde el alto parlante. Los muchachos danzan en una hilera; desde el mayor hasta el menor, cada uno va tomado de la camisa o cinturón de la persona que se encuentra frente a él. Siguen un camino sinuoso, sus sandalias mexicanas de piel van raspando el asfalto, sus bastones golpean al unísono. Como su vestuario todavía no está listo, su vestimenta únicamente es mitad purépecha. Jacinto lleva una camiseta de los Wisconsin Badgers, el cabello largo de Roberto está suelto, volando de un lado a otro como el de un roquero de *heavy metal*. Martha se ha transformado en un anciano, poniéndose la máscara que acaba de terminar.

Este es un extraño ballet presentado en las calles de Norwalk. La hija de David Ray, Joanne, una adolescente bonita que lleva un sombrerito azul y un vestido que le llega hasta los tobillos, a la clásica forma de vestir de los Amish, mira silenciosamente desde las escaleras que conducen hasta la terraza; tiene entrelazadas las manos. Su padre está sentado a su lado, hojeando su gastada Biblia. María y sus nueras, recargadas sobre uno de los Silverados, hacen las veces de porristas, aplaudiendo alegremente. Algunos de los nietos están jugando en el jardín, perdidos en su propio mundo de *hula-hoops*.

En cierto momento, el ritmo que sale del antiguo alto parlante y los movimientos de los chicos se convierten en uno solo, una coordinación fluida que llenaría de orgullo a Bob Fosse. Santiago padre levanta con fuerza su brazo derecho, agitándolo en el aire, haciendo brillar la pulsera de oro que lleva en la muñeca. "¡Ahora sí lo lograron!", grita en español.

Desde ambos extremos de la calle, los vecinos de la familia Enríquez están observando, atisbando a través de las puertas con tela de mosquitero, parados sobre las terrazas o jardines del frente, algunos de ellos sonríen, algunos miran con curiosidad. Un grupo de migrantes solitarios levantan sus Budweisers brindando por sus hermanos.

La música deja de tocar, los danzantes dejan de bailar, todo perfectamente sincronizado, parecen estar congelados a no ser por su jadeante respiración. Se escuchan aplausos.

Un poco más tarde, cada quien ha regresado a su casa, la luz comienza a brillar en las ventanas, previendo la proximidad de la oscuridad. El silencio de la noche se apodera del poblado.

☞

Miro fijamente hacia la carretera a través del cristal del aparador de 71 Express, la única competencia de Lehrner´s en la venta de toda clase de artículos y la única gasolinera de Norwalk. La carretera está vacía, igual como lo estará durante la mayor parte de la noche. La línea amarilla que divide el asfalto comienza a brillar débilmente bajo la luz de la naciente luna.

Frente a la caja registradora, Nina Edgerton registra otra venta, dirigiéndose a continuación hacia el tocador para arreglarse un poco. Aún cuando nuestra entrevista será grabada únicamente para el audio, quiere verse lo más atractiva posible. Es una bonita rubia, de treinta y tres años, alta y poco femenina, una mujer sociable con marcado acento sureño. Llegó hasta Norwalk desde Texas, huyendo de un matrimonio sin salida e interminables y monótonos horizontes. A lo largo del camino, trabajó en plantas empacadoras de carne en Kansas y Minnesota, donde escuchó hablar de Valley Pride. Los mexicanos no son los únicos que siguen el camino del migrante.

La mayoría de los clientes de Nina son mexicanos. Es cómico que se haya encontrado con mexicanos en la parte norte del país. En casa creció entre ellos y no esperaba encontrarlos aquí en Wisconsin. Pero se encontró con ellos, al mismo tiempo que con el amor. Se casó con un mexicano de Norwalk, un hombre a quien conoció en la planta poco después de su llegada. Le pregunto cuál es el lugar de origen de él.

"Siempre se me olvida el nombre", dice. Trata de adivinar. "Cheh-algo".

"¿Cherán?", pregunto.

"¡Sí. Así es como se llama!"

Pero el matrimonio no resultó duradero. Actualmente ya está divorciada por segunda vez.

"Uno podría suponer que el dueño de este lugar se daría cuenta y comenzará a almacenar mercancía para ellos", dice

Nina, acomodándose en uno de los gabinetes, cerca de la ventana. Nina sabe todo acerca del "mercado hispano", tiene mucha experiencia en ese campo. Ella y su exesposo iniciaron un pequeño negocio en el vecino poblado de Sparta, donde también hay una gran presencia de mexicanos. Era una tienda al estilo del viejo mundo, donde se podían adquirir tortillas relativamente frescas, chiles, videos de películas mexicanas o videos gringos doblados al español; una tienda igual a muchas otras que se encuentran a lo largo del camino del migrante.

Nina está pensando en abrir una en Norwalk. Cualquiera puede ver que aquí se puede ganar dinero. Pero por el momento, 71 Express ofrece cerveza y cigarrillos a los migrantes que trabajan duro y festejan con igual entusiasmo, quienes también rentan algunos videos hablados en inglés, los cuales se anuncian en viejos posters colgados de las paredes: Michael Jordan actuando burlonamente con Bugs Bunny, Depardieu, Denzel y Meg, Simbad, *Courage under Fire*. También puedes adquirir gusanos rojos para ir de pesca, en caso de que se te hayan olvidado en el bar de Cobb.

Nina conoció a su novio actual, José (quien trabaja, dónde más, en Valley Pride), aquí en la tienda. Un día José vino a comprar un refrigerio. José es de Honduras, un país remoto y exótico si se mide por los estándares locales. Es bastante fácil imaginarse cómo es México; todo el mundo ha tomado un trago de tequila y visto a un mariachi, por lo menos a través de la televisión, ¿pero Honduras? José no sabe mucho inglés, pero eso no presenta un problema para Nina.

"He aprendido un poco de español, así es que entre su inglés y mi español, no hay mucha dificultad. Nos enseñamos el uno al otro."

Se nos une Kerry Vian y menciona que su hijo, Chance, crecerá hablando ambos idiomas. La conversación da un giro hacia el creciente número de niños de raza mezclada que hay en el pueblo.

"Me parece que esto es algo bueno", dice Nina. "Estos chicos tendrán menos prejuicios, ya que son mitad hispanos y mitad americanos. Los norteamericanos son los únicos que tienen prejuicios, y creo que más bien es a causa de los celos."

Javier, el novio de Kerry, entra a la tienda y su presencia enfría un poco la conversación burlona. No está de buen humor. Tiene un catarro que parece no quitarse nunca. Kerry cree que es ocasionado por el hecho de que trabaja en la cuadrilla de limpieza de la planta. Su turno comienza a las ocho de la noche y rocía el suelo de la planta con agua caliente hirviendo hasta las tres de la mañana, hora en que sale al frío que cala antes del amanecer.

Esta es la razón por la cual Nina renunció a su trabajo en la planta. Ir corriendo de una sala a otra, del calor tropical al frío congelante. Nunca recibió un aumento durante todo el tiempo que laboró en Valley Plant. Trabajo duro en el congelador y en el lavadero de carne. En realidad quería trabajar en el matadero, pero hasta la fecha no ha habido ni una sola mujer que trabaje ahí. No había ningún futuro para ella en esa planta.

Tal vez, algún día, los mexicanos pensarán lo mismo.

⌒

Estas son mi última tarde y noche en Norwalk. Se escucha el silbato de la planta, y unos minutos después los Silverados están estacionados, formando una hilera frente a la casa de la familia Enríquez. Hoy no habrá ensayo. Santiago padre habla entre dientes, mencionando que hoy será un día libre. Hasta los muchachos mayores y sus esposas, quienes generalmente están desbordantes de energía, parecen estar taciturnos. Los hombres se quitan la ropa, hasta quedar únicamente en shorts, se ponen sus sandalias de hule, y se dejan caer sobre el sofá de la estancia, mientras que sus esposas suben al segundo piso para tomar una siesta. Los nietos juegan tranquilamente sobre la terraza, pareciera que se dan cuenta de la necesidad que tienen sus padres de unos momentos de descanso.

Los hombres ven televisión mucho tiempo, una telenovela de una chica pobre que se enamora de un hombre rico, el ingrediente básico de los melodramas mexicanos.

Me llama la atención una cicatriz en el brazo de Roberto, y esto da paso a una conversación sobre el trabajo. Un día estaba en la línea de destajo, cortando pedazos de carne, cuando se resbaló el cuchillo que tenía en la mano. Al tratar de enderezarlo, la punta del cuchillo lo hirió justamente arriba del protector de plástico. Seis puntos. Previamente un compañero perdió el control de su cuchillo y por poco cercenó el pulgar de Roberto. Tres puntos. El accidente cortó el nervio, por lo que probablemente tendrá el dedo pulgar tieso el resto de su vida.

Jacinto habla acerca de cómo espera con ansiedad el final del verano, la llegada de la fiesta en Cherán y unas cuantas semanas de descanso. Es imposible pensar en el futuro lejano, tanto las posibilidades como los riesgos parecen ser muy vagos ante la enorme energía requerida por el presente. Los nietos recibirán una educación norteamericana y quizá hasta puedan ir a la universidad. Tal vez Santiago podrá lograr su multicitada meta de "jubilarse" en Cherán dentro de unos años, diez a lo mucho, dice. Tal vez sus hijos regresen a Cherán y pongan un negocio, una vez que hayan ahorrado un poco de dinero.

Por ahora no hay nada que hacer más que trabajar y descansar. Los hermanos se absorben nuevamente en la telenovela, lo cual en realidad es una complacencia un poco afeminada para el orgullo machista de Cherán. La heroína, una doncella con ojos de ciervo, cae en los brazos de su patrón, pero un par de ojos indiscretos los observan desde el quicio de una puerta. Ese beso costará muy caro.

st. louis missouri

CONDUZCO POR LA CARRETERA HIGHWAY 61, EN HONOR DE BOB
Dylan, costeando el río Mississippi, el "gran lodoso", pensando
en ideas que se le podrían haber ocurrido a Tom Sawyer,
tratando de adivinar qué tan ancho es el río.

Me detengo en algún poblado de Iowa para comprar cigarrillos y voy caminando de regreso hacia mi automóvil cuando
veo a dos muchachos mexicanos. Me parece que lo que mancha sus rostros es hollín de ferrocarril y tengo razón. Acaban
de bajar de un tren que creían se dirigía directamente hacia St.
Louis, pero que se ha quedado parado desde hace varias horas
sobre una solitaria vía lateral. Les digo que yo también me
dirijo hacia St. Louis y se suben al automóvil de un salto.

Dentro de las mochilas que llevan sobre sus espaldas tin-
tinean varías cervezas Budweiser de un litro. Sí, Budweiser, el
rey de las cervezas, al carajo con la mierda que se produce en
México. Pensándolo bien, únicamente los gringos toman cerveza mexicana en Estados Unidos. ¿Qué caso tiene que un
migrante arriesgue su vida y su persona emprendiendo un viaje
de miles de kilómetros, enfrentándose a coyotes despiadados,
bandoleros fronterizos, la patrulla fronteriza y por último, a
la policía metropolitana o a la oficina del alguacil, únicamente

para tomar cerveza Corona en Norteamérica? Esto no tiene sentido.

Carlos es el más joven de los dos, oriundo de San Luis Potosí, solía limpiar parabrisas, el mejor limpiador de parabrisas de todo San Luis Potosí, según dice. Tiene veintiún años, está delgado como una vara, intenta dejarse crecer un bigote mexicano que lo haga parecer malvado, trata de actuar como un hombre rudo, pero no resulta ser más que un joven inocente. Me recuerda a un chico que se presentó un día en el almacén de la imprenta donde trabajó mi padre durante muchos años (donde yo también trabajaba ocasionalmente). Lo encontré sentado sobre la acera frente al almacén, era un migrante de Jalisco, con el cabello cubierto de polvo, completamente desamparado, sin un solo centavo. Había venido al norte en busca de trabajo y había estado caminando por las calles durante dos semanas sin tener suerte. El capataz del almacén, un rocanrolero con un corazón de oro, le dio trabajo. Eso fue en 1983. Unos años después se había convertido en el aprendiz de mi padre en el departamento litográfico. Actualmente gana un sueldo acorde con lo que marca el sindicato, treinta dólares la hora, separando colores en un cuarto lleno de computadoras Mac. Está casado, tiene hijos, una hipoteca y el detestable hábito de emborracharse. Es norteamericano de todo a todo.

Mi otro pasajero se llama Miguel y es oriundo de Monterrey. Ya lleva diez años vagando por las tierras del norte. Tiene treinta años, una cara regordeta y la nariz colorada por tanto tomar. Tiene un dejo de maldad, el cual no oculta el hecho de que tan sólo hace unos pocos años fue tan inocente como Carlos. Carlos y Miguel han seguido juntos por el camino durante algún tiempo, y en este día en lo particular, comenzaron a beber desde temprano. Fuman un cigarrillo Winston tras otro y hablan sin parar, mostrándose algunas veces vulnerables, otras lúcidos, filosóficos, mezquinos y maliciosos. También discuten como si fuesen amantes. Miguel insiste en hablarme en su inglés marcado por un intenso acento español y esto molesta a Carlos, cuyo conocimiento del inglés es todavía más básico.

"*Eh-speeeek es-paneesh, modder-fucheh*" ("habla en español, cabrón"), dice Carlos, con irritación, desde el asiento de atrás.

Acaban de terminar un trabajo en un poblado en el norte de Iowa (Fort-algo, ninguno de los dos recuerda el nombre), donde una viuda mexicana se apiadó de ellos, dándoles casa y comida a cambio de que trabajaran en arreglar la casa. Antes de eso, ambos habían estado en el "tambo". Miguel por haber asaltado a un oficial policiaco en Memphis, Carlos por haber conducido bajo la influencia del alcohol (y por supuesto, sin tener licencia para conducir), posesión de drogas sin tener la intención de venderlas y haberse resistido a ser arrestado. Después de haber cumplido con su condena en la cárcel, ambos debieran haber sido deportados, pero probablemente hubo algún error burocrático, según dicen. Su buena suerte continuó y conocieron a la viuda. Ella les preparaba tres comidas diarias y el trabajo era sencillo: pintar la cochera, barrera y quemar las hojas del patio.

Miguel se pone cada vez más melancólico y toma tragos más largos de su botella de cerveza, limpiándose la boca con la manga. La mujer acababa de perder a su esposo de treinta años. Había sido su primer hombre y el único, pero su enfermedad fue larga y no habían estado, bueno, tu sabes, juntos durante los últimos nueve años de su vida. "Te sorprenderías", me dice Miguel. Una mujer de casi sesenta años, era una fiera. Se acostaba con él en la cocina tres veces al día, durante el desayuno, la comida y la cena. Dijo que se casaría con él para poner en regla sus documentos. Le dijo que lo amaba.

Esos fueron los buenos tiempos. Los hombres pintaban, barrían y quemaban hojas. Tomaban mucha cerveza Busch y veían muchos programas de televisión que no entendían pero, en realidad, ¿para qué necesitas comprender el diálogo de Baywatch?

Miguel me muestra el terrible tatuaje de la virgen de Guadalupe que tiene sobre la espalda, hecho en la prisión, y Carlos está malhumorado. Me estoy poniendo nervioso, pensando que algún policía de caminos me obligue a detenerme y me envíe a Jolliet por transportar ilegales. Pero las historias comienzan a desgranarse y me relajo.

Miguel domina la conversación. Quiere regresar a Memphis; ahí vive una joven blanca que está enamorada de él. Pero no puede hacerlo, porque fue allí donde le pegó a ese policía, "racista *modderfuckeh*".

"St. Louis es un buen lugar", dice Miguel, aún cuando también ahí existe una orden de aprehensión en su contra, esta vez por asalto. "Ese mexicano cabrón se lo merecía."

Pone una cerveza frente a mi cara.

"¡Qué vivan los mojados!", grita Miguel, sacando su Bud por la ventana. "¡Qué vivan los mojados! ¡Qué la migra se vaya a la chingada! Vamos a ver a esa chica en Memphis, ¿sí? Hey, ¿tienes hambre? Vamos a comprar una pizza..."

Hacemos un alto a un lado de la carretera 61, en un lugar extravagantemente iluminado, donde hay una barra de ensaladas. Miguel y Carlos se comportan como si nunca antes hubiesen visto una barra de ensaladas, enamorándose del lugar, ¡todo lo que puedas comer! Llenan sus platos hasta el tope con tomates pequeñitos, germinado de trigo, lechuga orejona y le piden a la mesera blanca, alta y demacrada, que les traiga más y más galletas saladas hablando fuertemente en inglés chapurrado. La mesera hace una mueca y todos los parroquianos del restaurante se vuelven para observarnos. Veo asomarse sonrisas burlonas en las pálidas caras, como si fuéramos bárbaros, y supongo que encajamos bien en el papel; tres tipos morenos, dos de ellos con el cabello lleno de polvo, hollín de ferrocarril en sus rostros, zapatos tenis gastados, y que están acumulando una gran pila de migajas de galletas saladas y cubitos de pan tostado sobre la mesa. Nos dirigimos de regreso al automóvil con una pizza de jalapeños. Ahora, las lenguas de los muchachos arden y se sienten avergonzados; su valentía para comer chile ha sido retada por una pizza gringa.

Hacia el horizonte, en todas direcciones, se extienden tierras de cultivo; la tarde gris se convierte en un anochecer gris. El humo de los cigarrillos se vuelve sofocante dentro del automóvil. Carlos está cansado de que los Winstons raspen su garganta. Le pide bruscamente a Miguel que le dé un Marlboro Light, y Miguel agita la cajetilla frente a su rostro sin ofrecerle uno. Cuando Carlos pide un encendedor, Miguel hace como si no lo escuchara. Está enojado porque un poco antes Carlos dijo que debería haberse quedado en Fort *Whatthefuck*, donde la viuda se puso a llorar cuando se fueron.

"¡Me estás faltando al respeto!", grita Miguel. "Crees que tomé la decisión equivocada, pues atrévete a decirlo, puto."

Carlos cambia el tema y cuenta de aquella vez en que fue apuñalado. Uno de sus mejores amigos lo atacó dentro de un trailer, en las afueras de Kansas City, con un cuchillo de cocina, después de un pleito de borrachos. Su novia comenzó a gritar, lo meció entre sus brazos, llegó la ambulancia y el doctor dijo que fue un milagro que hubiese sobrevivido. Se sentía bonito morirse, era una sensación cálida y serena. Sí, así es como se siente cuando uno se muere; él ya no le teme a la muerte.

Miguel no se deja impresionar. No puede dejar de pensar en Memphis, donde se emborrachó y armó un alboroto en la calle Beale. Me pregunta si conozco Memphis y le respondo que sí; me pide que le diga el nombre del club que se encuentra cruzando la calle, frente a B.B. King y no puedo hacerlo. Miguel se ríe entre dientes, satisfecho de que me ha caído en la mentira. Esto hace enojar a Carlos.

"¡Chinga tu madre, este hombre nos está llevando en su automóvil y tú le estás tomando el pelo!"

Miguel ignora el arranque de ira de Carlos y regresa a sus cavilaciones. Cuenta que conoció a su primera muchacha blanca en Madison. Apenas si podía hablar inglés, pero eso no tenía importancia porque ella estaba tan borracha que su inglés sonaba como si fuera español. Carlos habla acerca de muchachas blancas y muchachas negras y muchachas indias norteamericanas. Miguel dice que Norteamérica es un lugar muy grande donde puedes coger y trabajar y drogarte.

"No", dice Carlos. "No es únicamente eso, es mucho más que eso..."

"¿No es cierto?", intercala Miguel antes de que captemos toda la imagen.

"¿No es cierto, cabrón?", me grita Carlos, pidiéndome que afirme una idea que todavía no ha sido articulada.

Una patrulla de Missouri se coloca a un costado de nosotros. Los muchachos tienen sus cervezas dentro de bolsas de papel que sostienen entre las piernas. Repentinamente se quedan callados y están obviamente nerviosos. El policía se nos queda viendo, y finalmente, gracias a Dios, nos rebasa rápidamente. Continuamos nuestro camino, cruzando docenas de pequeños poblados con dos bares cada uno, pasamos frente a elevadores de granos y descoloridos graneros y campos recién arados. El sol se está poniendo en el medio oeste y me encuentro a doscientos noventa kilómetros al norte de St. Louis, por la carretera 61. "No sigas a los líderes, observa los parquímetros..."

Me preguntan si creo que es una mala idea el regresar a Memphis a causa de ese policía. Pero no hay manera de llegar a Kentucky, en donde hay trabajo en los plantíos de tabaco, sin antes pasar por Memphis.

Cuentan más historias: el malvado patrón, la hermosa joven blanca, el viaje en ferrocarril al amanecer, la viuda de cincuenta y siete años. ¡Cómo se acuerda Miguel de sus lágrimas! Su voz se llena de emoción al pensar en ella y Carlos prefiere no hacer comentario alguno. "Hay ángeles en el camino", dice Miguel. Ángeles que se aparecen en la forma de una viuda mexicana, obviamente enviada por Jesucristo en persona, para cuidar de los muchachos migrantes extraviados.

Claro que piensa en una familia, en hacer lo correcto. Carlos quiere seguir por el camino recto, realmente lo desea. "¡No más drogas!", jura. Pero nunca dejará de tomar cervezas de un litro. "Pídele a un mexicano que renuncie a su botella de litro y sería igual que si le cortaras los cojones", dice. Por supuesto que quiere enviar dinero a su familia en México, quiere construir una casa para su madrecita, quiere casarse, tener hijos, abandonar este viaje que ha seguido durante tres años.

Después de todo, Miguel, quien está mucho más endurecido que Carlos, también quiere irse a casa. Pero están muy lejos de todo y todos y ahí, en Memphis, está ese policía y un centro de detención de inmigrantes en Louisiana donde sus nombres aparecen en la computadora.

Cinco minutos antes de la media noche, nos detenemos frente a la estación de autobuses Greyhound, en el centro de St. Louis. El Gateway Arch brilla tenuemente sobre las orillas del más antiguo de los viejos ríos. Ellos tienen los ojos hinchados de cansancio y yo estoy más allá del agotamiento, pero ellos tomarán el autobús de medianoche con dirección a Memphis; sí, Memphis es a donde se dirigen después de todo, tal vez encuentren algún trabajo allí, para evitar tener que laborar en los ardientes campos tabacaleros de Kentucky.

"¡A la chingada con la policía!", exclama Miguel. "Necesito ver a Mary una vez más. ¿Te conté que ella tiene mi bebé?"

Nos despedimos en la estación. Ellos tienen frío y yo les doy una sudadera y un suéter. Ellos me dan un abrazo y dicen que nosotros, los mojados, siempre nos mantenemos unidos. Juran que algún día nos volveremos a encontrar en la calle Beale, porque a nosotros, los mexicanos, pues nos encanta el blues.

Rosa y Wense viven en un extenso complejo de edificios de apartamentos en West St. Louis, a una distancia de apenas una milla del aeropuerto internacional de Lambert. La familia ha crecido desde que los vi la última vez hace seis meses. Rafael Cortéz, el padre de Wense, junto con sus dos hijos menores, Melchor y Gaspar (quienes, al igual que Baltazar, fueron bautizados con esos nombres en honor de los reyes magos) han llegado a Missouri después de sufrir otro agotador cruce. Gaspar y Baltazar cruzaron el río por Texas utilizando cámaras de llantas de tractor; la corriente estaba tan acrecentada por las torrenciales lluvias que Gaspar casi se ahogó. Baltazar, quien estaba regresando a St. Louis después de haber visitado Cherán durante unas semanas, lo sujetó fuertemente y ambos lograron llegar hasta el otro lado. Rafael y Gaspar llegaron cojeando a la ciudad, después de haber cruzado la línea por las montañas al este del condado de San Diego.

Todos ellos viven en un apartamento de dos recámaras, junto con Vicki, la esposa de Baltazar, y su hija Stefani, Wense,

Rosa y Yeni. Dentro de unos meses llegarán nuevos migrantes de Cherán (la madre de Wense acompañada por tres hermanos más que todavía están allá) cada uno representa un acto de fe y abundante sudor en los campos e invernaderos de Missouri para poder pagar los varios miles de dólares que le deben a Mr. Charlie.

El vecindario está conformado en su mayoría por afroamericanos, pero en la actualidad los mexicanos representan aproximadamente el diez por ciento de los habitantes del complejo residencial, compuesto por unos doscientos apartamentos, y el enclave continúa expandiéndose. Niños negros y morenos juegan juntos en las áreas comunes durante la tarde y el anochecer, sorteando las barricadas de lenguaje y raza como únicamente lo saben hacer los niños pequeños. Tal vez cuando se conviertan en adolescentes o adultos jóvenes comenzarán a pelear, pero por el momento esto es un paraíso multicultural. A sus dos años y meses, Yeni ya tiene una compañera de juegos negra, una chiquilla de tres años hija de un vecino; juntos están inventando su propio dialecto combinado de español e inglés. Sin importar el desdeño que Wense siente por los "negritos", su hija está creciendo entre afroamericanos y se verá forzosamente influenciada por ellos. "Yo creo que ella piensa que es igual a ellos", dice Wense, un poco turbado. "Únicamente se altera cuando ve a una persona blanca."

Las granjas Thompson, donde trabaja la familia Cortéz, se encuentran tan sólo a doscientos setenta y cinco metros de su apartamento. Es una parcela pequeña, diversificada, con una tienda rural que vende fruta y vegetales frescos a clientes de menudeo quienes son, en su gran mayoría, anglosajones ricos, ya mayores, que viven en los suburbios de la ciudad. Una barda separa al complejo de la granja, pero los hermanos han cortado una abertura en ella de manera que el trecho que tienen que recorrer para llegar al trabajo sea aún más corto. Salen por la puerta de su apartamento, bajan las escaleras (la mayoría de las veces alguien está fumando en el descanso, cualquier cosa que no sea un cigarrillo), al llegar a la planta baja, dan vuelta a la izquierda, rodeando el edificio, pasando frente a botes de basura llenos a reventar, que despiden un olor acre (ocasionalmente los adolescentes locales les prenden fuego para divertirse, o tal vez para protestar el descuido en que el departamento de sanidad tiene al vecindario), y se deslizan a través de los eslabones cortados en la barda.

A unos cuantos pasos de distancia del sucio complejo de apartamentos, la familia Cortéz está caminando a lo largo de hileras de plantas de bayas, maíz, tomates, calabacitas y calabazas. Son transportados desde el barrio pobre norteamericano hasta Cherán en menos de un minuto.

~

Las plantas de tomates casi miden un pie de altura, las hojas color verde opaco despiden un aroma vegetal. El trabajo de los hombres de la familia Cortéz es podarlas, una por una, a lo largo de docenas de hileras, cada una de las cuales mide noventa metros de largo. Las plantas han floreado, y podarlas asegura que los tomates madurarán mas rápidamente. Es una tarea interminable, que demanda de mucho tiempo, para la cual nadie ha inventado todavía una máquina. Dentro de aproximadamente un mes, los mexicanos comenzarán a cosechar en los campos. Tampoco hay máquinas para desempeñar ese trabajo. Los tomates serán lavados y empacados en cajas en el almacén, a continuación serán llevados hasta el distribuidor, para acabar en mercados, restaurantes como Denny's, y cocinas familiares en todo el país.

A un lado de la plantación corre una solitaria vía de tren cubierta de hierba; por el otro, colinda con un camino muy transitado. De vez en cuando, alguien que pasa por el camino le grita algo al grupo de trabajadores. Mientras estoy allí, gritan "¡ándele, ándele!" desde una camioneta pickup que lleva adolescentes blancos imitando a Speedy González. La familia Cortéz está acostumbrada a esto. "Sucede todo el tiempo", dice Baltazar. Escuchan toda clase de cosas: "¡Regresen a México!" y "¡Pinches mojados!" y "¡Porqué no limpias la mierda de mi trasero!" Generalmente los que hacen esto son hombres jóvenes, pero una vez unas chicas blancas pasaron lentamente en su automóvil y una de ellas se asomó por la ventana del lado del pasajero y se levantó la camiseta, mostrando sus pechos. Dijo que quería un poco de "pene mexicano"; las chicas se echaron a reír y aceleraron, perdiéndose en la distancia.

Baltazar dice que el trabajo no es tan malo, comparado con muchas otras plantaciones en donde te pagan según la cantidad que cosechas, como esa granja en Watsonville, donde Fernando y Florentino Chávez están recogiendo fresas. A ellos les pagan por caja. Tienes que moverte tan rápidamente como sea posible: también te aquejan más rápidamente las molestias y los dolores. Las plantaciones como esas generalmente se encuentran en ranchos más grandes y no se escucha ninguna conversación en las hileras, ya que tus compañeros muchas veces se encuentran a varios metros de distancia. Estás perdido dentro de tu propia pequeña sección del plantío, entre las plantas que acabas de cosechar y las que todavía te faltan, y tu mente se desboca pensando en los buenos y malos tiempos, imaginando fantasías relacionadas con el almuerzo o el sexo. El tiempo se convierte en algo extraño en los plantíos, se vuelve completamente fluído. Desde el centro de la hilera hasta el final, la distancia parece increíblemente lejana, pero una vez que has llegado, te quedas sorprendido ante la rapidez con la que has terminado y comienzas a trabajar en la siguiente hilera. Repentinamente, el supervisor (mayordomo, como lo llaman muchas veces los migrantes, utilizando el lenguaje de la España feudal y la conquista) llamará a un descanso y entonces se escucharán conversaciones y se encenderán cigarrillos y siempre, en cada grupo de trabajadores, hay un bromista que contará chistes subidos de tono. La hora de dejar de trabajar parece igual a la terminación de una hilera de frutas o vegetales: un día lento que pasó rápidamente y ahora los espera una cerveza fría en el trailer o en la cantina, y el tiempo nuevamente se hace lento, el anochecer misericordiosamente eterno. Pero cuando te despiertas a las cinco de la mañana, parece como si la fiesta se hubiese terminado demasiado rápidamente.

En la plantación Thompson, sin embargo, no hay un mayordomo; si alguien desempeña el papel de supervisor, es Baltazar, quien habla el mejor inglés y es el mayor de los trabajadores de la cuadrilla. Aún cuando es un hombre joven muy serio y responsable, Baltazar no tiene ningún deseo de utilizar el látigo. Padre e hijos se ponen en cuclillas frente a hileras paralelas de tomates, todos trabajan al mismo ritmo, lento pero deliberado (snip-snip, snip-snip, snip-snip) dejando únicamente dos hojas debajo de la blanca flor en cuyo centro el tomate apenas está comenzando a formarse. Me uno a ellos y destrozo varias plantas hasta que aprendo como hacerlo. Al cabo de unos cuantos minutos me duelen las rodillas y la espalda. Después de haber trabajado únicamente unas pocas tardes en el campo, quedo adolorido durante varios días.

De cuclillas, bajo el pálido cielo de Missouri, la familia se vuelve uno; padre e hijos juntos, trabajando, pero también conversando, intercambiando historias. Rafael Cortéz, un hombre diminuto y enjuto, que tiene cuarenta y tantos años, con cabello entrecano y la cara marcada por profundas arrugas, cuenta nuevamente la historia de cómo cruzó. Los ilegales con quienes se unió intentaron cruzar primero cerca de Tijuana, pero fueron regresados a México dos veces después de escalar, cruzando por escarpadas montañas al este de San Diego. Cuando la migra les cayó durante el segundo intento, él fue separado de su hijo Gaspar cuando los ilegales se dispersaron. Una vez deportado a México, el padre no supo durante varios días nada acerca del la suerte que había corrido su hijo, no supo que Gaspar estaba a salvo, había logrado cruzar y esperaba ansiosamente en Los Ángeles recibir noticias acerca del paradero su padre. Cuando los dos finalmente pudieron hablar (casi una semana después de haber sido separados) Rafael le dijo a su hijo que iba a regresar a casa, que Gaspar debería continuar el resto del viaje solo.

"Estaba pensando en el dinero", dice Rafael. "Mil dólares por cada uno de nosotros. Después de todo el dinero que había gastado intentando cruzar, ya no me quedaba un solo peso."

Pero Gaspar le infundio animo. "Ya estás sobre el camino", le dijo. "Únicamente continúa siguiéndolo y llegarás."

Rafael aceptó intentarlo una vez más y contrató los servicios de un coyote nuevo, el tercero, quien cobraba mil dólares por el viaje hasta Los Ángeles. (Otros le había ofrecido llevarlo hasta St. Louis por el mismo precio.) Después de pasar toda una noche trepando por las montañas, llegó a Los Ángeles. Mientras tanto, Wense y Baltazar en St. Louis le pidieron a Jim Thompson que les diera un adelanto sobre sus sueldos; le pagaron al coyote mediante un giro de Western Union, y compraron dos boletos baratos para un viaje sencillo en Southwest Airlines. Esta era la primera vez que Rafael y su hijo se habían subido a un avión.

"Y ahora tengo el gran placer de estar aquí, con mis hijos, aquí es donde debo estar", dice Rafael. "Mientras estaba en casa no tenía idea de cómo les estaba yendo, cómo vivían. Uno se preocupa debido a las cosas que cuentan, que nuestros hijos andan por ahí emborrachándose y metiéndose en problemas."

Durante el discurso de Rafael, ni Wense ni Baltazar levantan la cabeza de donde están trabajando en lados opuestos de la misma hilera. Es bastante obvio cuál es el hijo que ocasiona la preocupación. Hay un poco de Caín y Abel en estos hermanos. A sus veintires años, Baltazar, el primogénito, es el favorito del padre y el líder *de facto* de los hermanos en ausencia del Rafael. Es inteligente, de piel clara, y apuesto, tiene una atractiva esposa oriunda de Uruapan (lo más parecido a una ciudad que existe en la región purépecha) y una hija muy alegre. Su inglés es bueno y su vocabulario mejora todo el tiempo. Tiene el automóvil más bonito (el Grand Am 89 con el que atravesamos la tempestad de nieve para recoger a Rosa).

¿Y Wense? Su tez es color moreno oscuro, más joven y no tiene facilidad de palabra. Tiene un estómago protuberante y una pierna tiesa. Wense es el segundo hijo, después de Baltazar, pero no ejerce mucha autoridad ni en el apartamento ni en el campo. Contrastando con la secuencia de automóviles usados, pero limpios y en buen estado de Baltazar, los automóviles de Wense siempre están a punto de fallar. Actualmente tiene un Monte Carlo 85 color magenta y plata, con rines de carrera y llamativas calcomanías en la ventanilla posterior.

Cuando está en presencia de su hermano mayor, Wense muchas veces se pone pensativo y malhumorado. Pero cuando Baltazar no se encuentra cerca, Wense cuenta sus anhelos y preocupaciones. Ha hecho un esfuerzo tremendo por enderezar su vida. Ahora, únicamente bebe de manera esporádica, y cuando llega a hacerlo, esto ya no significa que automáticamente será una borrachera que dure toda la noche. Es un trabajador meticuloso. Aún cuando la situación sea difícil, liquida todas sus cuentas, paga los préstamos que ha solicitado, y todavía calcula su presupuesto de tal manera que le queda lo suficiente para enviar a su familia, en casa, hasta trescientos dólares cada mes. Está pensando en el futuro.

Sin embargo, Wense es el que parrandea más que todos. Una mañana, cuando estuvimos solos, mientras comprábamos el desayuno para la familia, Wense me contó acerca de su aventura más reciente. Él y un amigo suyo de nombre Víctor, junto con un tipo oriundo de Guerrero que acababan de conocer, salieron de parranda, tomaron unos tragos en la casa de un cholo local; de hecho, se emborracharon. Durante el trayecto de regreso a casa en la camioneta de Víctor, Wense se quedó dormido en el asiento del pasajero. De forma distante, como entre sueños, Wense sintió los golpes de la volcadura; el automóvil golpeaba contra la valla de contención. Dice que despertó en el hospital escuchando cómo los doctores y las enfermeras se preguntaban, hablando en inglés, si debieran llamar a la migra. Pero una bonita enfermera rubia lo trató muy bien, hablaba un poco de español y le dijo que él era demasiado joven para estar desperdiciando su vida de esa manera.

Probablemente fue un milagro que nadie se hubiera matado, ni en el automóvil de Víctor ni en algún otro automóvil, pero afortunadamente la carretera había estado desierta a las tres de la mañana. Víctor y Wense únicamente sufrieron heridas leves, pero el muchacho de Guerrero se rompió un brazo y sufrió una severa contusión y, según dice Wense, nunca volvió a ser el mismo desde entonces.

Wense lleva puesta todos los días la evidencia del accidente. Su preciada chamarra County J., una pieza de mezclilla talla extra grande que, fiel a la moda del guerrero urbano, imita la prenda que los prisioneros llevan puesta en la cárcel, tiene un gran agujero en la manga, sobre el codo izquierdo.

Wense cree que rozó contra la barda de contención a través de la ventana abierta del automóvil; la impresionante cicatriz todavía no ha acabado de sanar. A pesar de todo el horror de esa noche, los ángeles del camino no abandonaron a Wense por completo. Milagrosamente la policía de caminos no los acusó de haber conducido bajo la influencia del alcohol y nadie llamó a la migra.

Una de las razones de más peso por las que Rafael había emprendido el peligroso viaje hasta St. Louis fue la de reafirmar su autoridad sobre el hijo descarriado. "Uno debiera pensar", me dice a mí, pero claramente se está refiriendo a otra persona, "acerca de cual es la razón por la cual uno viene aquí en primer lugar. De manera que cuando uno regresa a casa y le preguntan qué fue lo que hizo aquí en el norte, uno no responde únicamente, 'solamente bebí mucha cerveza'."

Los hijos permanecen callados por algunos minutos, durante los cuales el único sonido que se escucha es el snip-snip de sus manos al podar las plantas y el repentino rugido de un jet TWA que está despegando.

Si Rafael pudiera tomar la decisión, toda la familia Cortéz estará de regreso en Cherán dentro de unos años, después de haber trabajado honestamente y ahorrado su dinero. Melchor está dispuesto a regresar en cualquier momento, ya que después de unas cuantas semanas en Estados Unidos ya sufría de intensa nostalgia por Cherán. Gaspar, el menor, hará lo que diga su padre. Baltazar muy probablemente decepcionará a su padre y será devorado por un futuro norteamericano.

Y Wense... ¿quién sabe? Finalmente levanta la vista de su hilera de plantas y, al igual que su padre, me habla a mí, cuando en realidad, lo que está haciendo es enviar un mensaje a su familia.

"Hay personas que son más cautivadoras que nosotros, y no es que pretendamos tanto, pero ahora que mi padre y mis hermanos están aquí, podemos hacer algo." dice. "Juntos nos podemos ayudar unos a otros para tener lo suficiente para por lo menos vestirnos adecuadamente... comprar algunos suéteres", continúa diciendo, recordando curiosamente el pasado invierno, aún cuando la primavera se está convirtiendo en el húmedo verano de Missouri. "También vamos a enviar dinero a casa, para que el resto de la familia pueda compartir de lo que nosotros tenemos."

Este es Wense en su personalidad más formal y responsable. Continúa contando acerca del largo camino que ha recorrido. Ahora que ha capturado la atención de su familia (quizás hasta su respeto) va a hacer que lo comprendan.

Recuerda su primer viaje a Estados Unidos. Debido a su edad (apenas tenía trece años) fue el blanco de las burlas de los migrantes. "Eres demasiado joven, no vas a lograrlo, esta clase de vida es únicamente para los hombres," le dijeron, y él se empeñó en demostrarles que estaban equivocados. Pero durante ese primer viaje hacia el norte, recibió una dura lección acerca de la vida del migrante. Al inicio del viaje el coyote, un hombre nativo de Cherán al que llamaban con el apelativo estrambótico de el Chacal, le quitó todo el dinero que tenía, unos doscientos dólares que su familia había logrado juntar. Después, durante el caos del cruce, Wense de alguna manera perdió el arrugado pedazo de papel en donde estaban anotados la dirección y el número telefónico de un familiar que vivía en Los Ángeles. Le suplicó al Chacal que lo llevara hasta St. Louis, donde vivían su tío y su mejor amigo, Alfredo Román. En lugar de eso, se quedó atorado en Long Beach, California, encerrado en una casa de seguridad. El Chacal lo utilizó como si fuera su esclavo, obligándolo a hacer la limpieza y, ocasionalmente, salir a las calles para recolectar latas de aluminio. De esta forma pasó una semana, dos, todo un mes. El Chacal amenazó con "vender" a Wense a un ganadero de ovejas en Colorado si su familia no reunía el dinero suficiente. "Estarás pastoreando borregos el resto de tu vida hasta reunir lo suficiente para pagar tu deuda", le dijo el coyote. Por supuesto, Wense no tenía manera de saber si esto era cierto. Finalmente, el Chacal cedió y accedió llevar a Wense hasta St. Louis, puesto que de todas maneras tenía varios "pollos" más que llevar hasta el medio oeste. Llegaron a Cobden y buscaron al tío de Wense, pero sin tener éxito. Finalmente, una noche, los faros delanteros de un automóvil destellaron, iluminando el interior del trailer que el coyote utilizaba como casa de seguridad. Wense se asomó y vio a su tío y Alfredo que caminaban hacia el trailer. "Tuve ganas de llorar", recuerda Wense. "Tenía tantos sentimientos encontrados, que ya no sabía qué era lo que sentía." Su tío hizo un trato con el Chacal, comprometiéndose a pagarle al día siguiente, pero esa noche, durante el camino de regreso a St. Louis, cuando Wense contó cómo lo había tratado el Chacal, decidieron que la deuda nunca sería pagada.

Como si estuviese predestinado, la familia Cortéz hio un viaje hasta Cobden unas semanas mas tarde, y ahí, en la plaza del pueblo, donde la bandera mexicana ondea sobre la casa de gobierno a un lado de las barras y las estrellas y la bandera del estado de la planicie, la familia se encontró cara a cara con el Chacal. Completamente borracho, se dirigió hasta donde estaban Wense y su tío, exigiendo que le pagaran. Pero el tío de Wense, un hombre orgulloso y justo, pronunció un discurso en voz lo suficientemente alta como para que lo pudieran escuchar en toda la plaza, acerca de lo mal que el coyote había tratado a su sobrino, razón por la cual no se haría ningún pago en esta vida ni en ninguna otra. El Chacal lanzó un golpe ciego, atravesando únicamente el aire. El tío de Wense se le acercó, tirando una ráfaga de puñetazos y, cuando el Chacal cayó al suelo, lo remató con una serie de patadas en el estómago. En su desesperación, el Chacal agarró el zapato del tío y lo mordió. "A nuestro alrededor", dice Wense, "la gente estaba aplaudiendo, porque el Chacal ha tratado a muchas personas de la misma manera, y hasta la fecha su negocio va muy mal, muy poca gente viaja con él. Esta es la razón por la cual la mayoría de los cheranes optan por Mr. Charlie."

Al terminar la historia, el padre de Wense está radiante. Siguiendo el ejemplo de su padre, Baltazar deja escapar una risita ahogada, seguido por risas entrecortadas de Melchor y Gaspar. Ahora, todos están riendo a pierna suelta, a excepción de Wense, quien únicamente sonríe, satisfecho de que ha logrado comunicar aunque sea un poquito de lo que ha sufrido, tan sólo un poquito de la crueldad que existe en el mundo y las oportunidades ocasionales para hacer justicia, o hasta para demostrar el heroísmo. Algún día a Wense le gustaría desempeñar el papel de su tío. Todavía no ha tenido la oportunidad de hacerlo.

El sol cae oblicuamente sobre los campos, se ve de color ámbar a través del polvo levantado por el tractor de Jim Thompson. Es hora de dejar de trabajar. Con la excepción de dos descansos de quince minutos cada uno y de la hora del almuerzo, la familia Cortéz ha estado de cuclillas en el campo durante nueve horas. Pero, después de todo, las horas han pasado rápidamente y los hijos están de buen humor. Baltazar reta a sus hermanos a una carrera entre las hileras de tomates. "Me estoy haciendo viejo", dice, "pero todavía le puedo ganar a todos por un kilómetro". Yo los pongo "en sus marcas y fuera". Se escuchan fuertes risotadas. Baltazar los aventaja por unos pocos pasos y levanta los brazos en señal de victoria, mientras salta sobre el montículo de tierra donde pasan las vías del tren, al final del campo. Melchor llega en segundo lugar, Gaspar en tercero, y Wense, pesado y jadeante, corriendo lo mas rápidamente posible, sin darse por vencido, llega en cuarto lugar. Para mí, Wense es el ganador. Por un kilómetro y medio.

La cocina de la familia Cortéz está equipada con un horno de mircroondas, un procesador de alimentos Osterizer, y un abrelatas eléctrico. Un refrigerador amplio, de la década de los setenta, zumba fuertemente. Sobre la puerta del mismo, detenida por un adorno magnético está una cuenta de MCI de teléfono ($142.11). En la alacena hay varias bolsas grandes llenas de arroz y latas de salsa de tomate Hunt. Sobre la estufa eléctrica, hierve una olla con carne en chile rojo, y dentro de un sartén hay una extraña mezcolanza michoacana consistente en queso agrio que se derrite en consomé de pollo. La mesa está cubierta con un mantel blanco, bordado, y mantelitos individuales de plástico con dibujo a rayas. Una barra de fórmica separa a la cocina de la estancia; formando un pequeño altar en una esquina están las fotografías tamaño cartera de los tres hermanos muertos con una veladora encendida para cada uno de ellos, además de las imágenes de san Judas, el sagrado corazón de Jesús y la última cena.

La estancia está amueblada con una alfombra gruesa color pizza, un sofá de tamaño mediano, tapizado con tela a cuadros, dos sillones que le hacen juego (recibidos del granjero Thompson, de segunda mano) y una mesita de café de múltiples tablas de madera. El aparato de televisión RCA de diecinueve pulgadas recibe, por cable que ha sido conectado por una cuota mínima, por un vecino afro-americano, HBO, Showtime y Cinemax. Al otro lado, frente al aparato televisor, dos bloques de concreto sostienen un pedazo de madera de triplay cubierta por la misma tela bordada que la mesa de la cocina, sobre la cual está un toca cassette Magnavox y algunos CD's esparcido sobre ella, con música de banda y norteña.

Una toalla de playa con la efigie de la virgen de Guadalupe cuelga sobre la pared, con colores vivos en rojo, azul, verde y oro, idéntica a la que está clavada en el techo del Grand Am de Baltazar. La única otra imagen que está sobre la pared es un cuadro de dos niños rubios, un niño y una niña, tomados de la mano y cruzando un viejo puente de madera sobre un turbulento río, de noche, bajo una terrible tormenta, con un ángel con las alas desplegadas, que los está cuidando. El cuadro es un rompecabezas que la familia armó y pegó sobre un cartón. Es el adorno principal de la estancia.

⌒

Bajo la luz que se va apagando, Rosa está regando las flores que plantó en grandes latas de chile jalapeño marca La Costeña, colocadas en su balcón en el segundo piso. Baltazar, recién salido de la ducha, vestido con shorts y sandalias y su perenne gorra de béisbol, está sentado sobre el sofá. En la televisión, los Bulls juegan contra los Jazz. Es una noche típica en el hogar de la familia Cortéz en St. Louis. Cuando no están viendo el basketball, los miembros de la familia pasan las noches mirando las películas más recientes de acción y aventuras, habladas en inglés, poniéndose del lado de los héroes, quienes hablan en un idioma que apenas si pueden

entender, en contra de los villanos, a los cuales, ellos generalmente se parecen.

Ahora es Wense quien está bajo la ducha. Los hermanos
se bañan según el orden de sus edades, (Rafael espera hasta
que todos han tenido su turno; permanece sentado, inmóvil,
en la silla que está a un lado del sofá, con los ojos a punto de
cerrarse.) Melchor y Gaspar están tomando una siesta sobre
las camas individuales en la recámara que comparten al otro
lado del pasillo, frente a la de Baltazar, Vicki y Stefani. Cuando llega la hora de dormir, Rosa, Wense y Yeni duermen sobre el piso de la estancia. Rafael duerme sobre el sofá.

Cuando Wense sale de la regadera, completamente vestido con su vestimenta de gángster, Rosa regresa del balcón. Se
sientan sobre el sofá, a un lado de Baltazar, un poco apretujados, los tres están totalmente hipnotizados por la acción. Rosa
le pregunta a Wense contra quiénes están jugando los Bulls.

"Utah", dice Wense, pronunciando el nombre bastante
bien. "Yew-ka", intenta decir Rosa, y Wense, un poco molesto por haber sido interrumpido, gruñe: "¡Utah!"

Rosa hace caso omiso del arranque de cólera de Wense,
aún cuando ocasionalmente ella también le gruñe. Con el paso
de los meses en St. Louis, Rosa se ha vuelto cada vez más
independiente y se ha ganado el respeto de los hombres del
clan, aún cuando esto no sea cierto de su esposo. Ha soporta-
do más que ningún otro miembro de la familia, ha recibido
los golpes más duros de la vida, y los hombres lo saben ("Ella
es digna de admiración", fue la reticente alabanza de Baltazar). Cada vez más le permitieron ocupar su propio espacio:
hablar en la mesa, hacerse cargo de labores más difíciles en el
trabajo, incluyendo conducir el tractor.

"Yew-tah", Rosa intenta decirlo nuevamente, esta vez un
poco mejor, pero todavía inhalando la última sílaba a la manera purépecha. Lo dice para escucharse ella misma, no necesita
la aprobación de Wense ni de nadie más.

A pesar de su creciente confianza en sí misma, Rosa abriga
pocas ilusiones acerca de sus perspectivas en Estados Unidos.
De vez en cuando habla de tomar clases de inglés, cursos de
computación, tal vez ir a la academia de cosmetología. Pero

ella sabe que es Yeni quien tendrá la mejor oportunidad de lograr un futuro norteamericano, tanto en el lenguaje como en lo económico.

Rosa interrumpe nuevamente el comercial, sin dirigir la palabra a alguien en particular. Rosa quiere que Yeni crezca sin tener que depender de alguien para hacer que la entiendan. "No como yo", dice, "siempre esperando que alguien traduzca lo que me dicen o lo que estoy tratando de decir. Esto es vergonzoso". "Algunas veces", dice Rosa, "tengo muchas ganas de comprar un refresco o papas fritas". En la gasolinera de Amoco que está a la vuelta de complejo habitacional hay una tienda miscelánea, pero Rosa titubea ante la idea de ir. "Temo que no voy a entender lo que están diciendo y no voy a saber qué decir. No quiero que Yeni tenga que sufrir lo mismo."

Rosa se pregunta lo que sentiría su madre si estuviese en St. Louis. Durante algún tiempo, Wense ha estado tratando de convencer a Rosa para que también traiga al norte a María Elena. Pero Rosa no está tan segura. Si ella misma se siente tan aislada, tan perdida cuando se aleja unos cuantos pasos de la puerta de su apartamento, ¿cómo se sentiría María Elena?

En Cherán, la madre de Rosa por lo menos tiene amigos y tiene que hacerse cargo de la tienda, aún cuando haya pocos clientes. Su vida en Estados Unidos consistiría básicamente en cuidar de Yeni y Stefani durante seis días a la semana, encerrada dentro del apartamento. Con tanto tiempo libre, teniendo tan pocas distracciones, María Elena comenzaría a pensar únicamente en la tragedia y nuevamente sufriría dolencias misteriosas, igual que en las semanas y meses que siguieron a la muerte de los hermanos.

"Quiero hacer lo correcto", dice Rosa, "pero no estoy segura que esto lo sea". Sin embargo, las pocas veces al mes en que Rosa habla con su madre (después de llamar a la caseta de larga distancia de Salvador Estrada en Cherán y esperar que un mensajero le lleve a María Elena las buenas noticias de que su hija la está llamando por teléfono desde Estados Unidos) la anciana mujer siempre le dice que quiere ir al norte. Está dispuesta a enfrentarse a los mismos riesgos a los que se han enfrentado sus hijos. No quiere quedarse atrás.

Comienza el segundo cuarto. El ritmo del juego se hace más rápido a la vez que los Bulls comienzan a demostrar su magia. Quebradas rápidas, amarres, robos, canastas. Todos los hermanos Cortéz están ahora en la estancia, observando atentamente la acción. El viejo se ha quedado dormido. A Rosa se le ha desatado la lengua y habla acerca del número de charolas con brotes de plantas que ha movido el día de hoy en el invernadero de Thompson, acerca de la tienda mexicana que se encuentra bajando por la calle; ¿me ha llevado Wense hoy? Detrás de la caja está este tipo, un "jotito", es tan chistoso... Se siente mucho mejor ahora que las pesadillas han disminuido; escenas terribles durante las cuales vuelve a vivir el horrible cruce, las noches pasadas en las montañas, las rocas cediendo bajo sus pies, Yeni como un fardo de ladrillos en sus brazos. Durante las primeras semanas en St. Louis se despertaba aterrorizada, llorando, bañada en sudor.

"Algunas veces todavía no puedo creer que estoy aquí", dice Rosa. "Pero aquí estoy. No me daré por vencida."

☞

En el interior de uno de los invernaderos de la granja Thompson hay noventa y seis grados Fahrenheit y cien por ciento de humedad. El sofocante calor de un día en Missouri es exacerbado por las luces del invernadero que brillan sobre nuestras cabezas. Siempre están encendidas. De noche, el invernadero resplandece como si fuera una aparición extraterrestre que flota sobre los campos. Rosa Chávez trabaja al lado de Pat Zimmermann, una de las pocas empleadas no mexicanas. Siembran retoños de hiedra sueca en charolas llenas de tierra negra. Alrededor de nosotros hay cientos de plantas, desde retoños hasta plantas adultas, una explosión de color: verdes menta, rojos fucsia, rosas tenues, amarillos canario. Caléndulas y girasoles, petunias y geranios, una gran variedad de retoños de vegetales. Yeni corre por todas partes, entre las flores, bajo la mirada vigilante de su madre.

Al cabo de unos cuantos minutos, ya estoy sudando como si estuviera bajo una tormenta de Missouri, y todo lo que estoy haciendo es garabatear unos apuntes. De alguna manera, Rosa y Pat aparentan estar frescas y con la cara seca, sin sudor. No tienen mucho que decirse: ninguna habla el idioma de la otra. Pat lleva puestos unos audífonos. La mayoría de las personas no quieren trabajar tan duro", dice bastante taciturna. "A mí no me importa. El calor no me molesta." Esta es toda la conversación que logro sacarle.

En cambio, Loretta Panhorst, otra ayudante no latina, tiene una gran ansiedad por ser escuchada. Loretta se describe a sí misma como una "clase de chica Heinz 57", moviéndose entre la crianza de plantas en los invernaderos hasta el cuidado de los tomates en el campo. Una mujer corpulenta, con ligeros rizos rojizos, Loretta creció en las granjas del medio oeste norteamericano; cuidar del campo es parte de su vida. Está parada afuera de uno de los invernaderos, con las inmensas aspas de un ventilador de admisión de aire girando sobre su cabeza.

Loretta ha trabajando en las granjas Thompson desde hace once años y ha desarrollado relaciones íntimas con muchos de los mexicanos. "Ni siquiera me gusta llamarlos mexicanos, ellos tienen nombres, ¿sabes?" Ella conoce a la familia Román, los amigos de Wense, desde que comenzó a trabajar aquí, y hasta fue madrina de honor en la boda de Rosa Román. Prácticamente vio crecer a los chicos Román.

Sin embargo, cuando los mexicanos comenzaron a inundar el mercado laboral local, ella comenzó a darse cuenta de que surgían problemas. Estaba el tema del lenguaje, pero eso constituía únicamente una frustración menor, puesto, que según dice Loretta: "Ellos no son estúpidos y aprenden rápidamente lo que estas haciendo". Pero más adelante se dio cuenta de algo mas allá del idioma que realmente la molestó: la forma en que los hombres mexicanos tratan a sus mujeres, la manera en que las mujeres permiten que las traten.

"Yo trabajo mucho con las muchachas, y les digo que esa no es la manera en que nos comportamos por aquí", dice Loretta. "Pero pareciera como si las mujeres siempre se quedaran en casa durante los fines de semana mientras que los hombres salen y hacen cosas."

Hay otro atributo clásico del machismo mexicano que preocupa a Loretta. "Siempre dicen 'joto' esto y 'joto' aquello. Me parece que para ellos el ser homosexual sencillamente no es aceptable, tu sabes, mientras que aquí se acepta cada vez más."

Y es así como Loretta se considera a sí misma como una hermana mayor, dando consejos a las mujeres mexicanas, exhortándolas a defenderse. Ella está viendo como los cambios se van dando frente a sus ojos. Rosa Román era una mujer joven, callada y sumisa, y ahora "nadie se mete con Rosa, se ha vuelto firme. No es que se haya convertido en Miss Liberación ni nada por el estilo, pero está madurando".

A pesar de su obvia simpatía por los mexicanos, Loretta admite su ambivalencia en cuanto a la constante marea de inmigración.

"Odio la situación de empleos", dice. "Yo sé que muchos norteamericanos no desempeñarán este tipo de trabajo, ni siquiera a cambio del salario que recibo. Pero me espanta que los mexicanos estén tomando los empleos que los norteamericanos quieran desempeñar algún día.

"Sencillamente me da miedo", continúa diciendo Loretta, "que alguien pudiera necesitar ese trabajo para mantener a su familia, pero esa persona mexicana también necesita el trabajo para mantener a su propia familia, y eso crea las condiciones necesarias para que ocurra una batalla. Muchas de las personas que vienen desde México ni siquiera tienen un hogar, viven hacinados, ocho, diez en un lugar. Es muy triste. Esa es la razón por la que no quieres quitarles su trabajo. Es difícil atacar por la espalda y decir no, no te queremos aquí, sin embargo, ¿qué puedes hacer?"

Hacía mucho tiempo que no había escuchado a un norteamericano expresar de manera tan honesta el dilema inherente en el debate sobre la inmigración. Loretta está consciente de los cambios en la economía que llevaron a muchos norteamericanos a alejarse de los empleos que los mexicanos desempeñan actualmente. La última generación de afroamericanos que trabajó en los campos los abandonaron durante la década de los sesenta, y una vez que dejas el campo, no hay cómo regresar. La otra fuente productora de mano de obra temporal en los campos del medio oeste norteamericano (muchachos de preparatoria y aún estudiantes universitarios) también se ha secado. Hoy en día estos chicos son atraídos por la industria de la comida rápida y otros empleos, prestando sus servicios en los centros comerciales norteamericanos, durante el auge de las ventas al menudeo. El salario en McDonald's y en Thompson's es casi el mismo, y los chicos saben cuál es el lugar donde el trabajo es más sencillo.

Dicho en otras palabras, no existe oferta de mano de obra manual que no sea la mexicana, y esto es cierto no únicamente en los campos, sino también en otras industrias que ocupan mano de obra intensiva tales como el empacado de carnes, textiles, y los niveles más bajos dentro del sector de servicios: trabajadores en hoteles y restaurantes. La fuerza laboral no latina busca este tipo de trabajos únicamente como un último recurso, únicamente ante la presencia de un cambio económico de características catastróficas. Antes de gran auge económico de finales de la década de los noventa, las fuerzas nacionalistas aprovechaban los temores relacionados con este tipo de cambio. A principios de la década, los norteamericanos de la clase media hacia abajo se sentían inseguros en cuanto a sus empleos, salarios y beneficios, y los políticos atizaban su angustia, enfocando sus ataques contra los mexicanos.

Sin embargo, a un granjero como Jim Thompson no le importa de dónde provienen sus trabajadores. Un hombre práctico, de treinta años de edad, cuyas tierras han pertenecido a su familia durante cinco generaciones, Thompson únicamente desea una fuerza laboral accesible y barata. "Todo el mundo debería dejar de meter las manos en esta situación y permitir que la oferta y demanda regulen su curso", me dice.

En tanto hace aproximadamente veinticinco años la fuerza laboral en esta pequeña granja (durante la temporada de más trabajo, hay únicamente dos docenas de empleados) estaba constituida mayormente por afroamericanos, incluyendo unos pocos anglosajones, hoy en día es mexicana casi en su totalidad. Lo que es más, casi todos provienen de Cherán. La familia Morán fue la primera familia de Cherán que emigró hasta esta región, luego vino la familia Izquierdo y por último la familia Cortéz. Las familias viven a unas cuadras una de la otra, igual como lo hacen en Cherán. Es un clásico barrio migrante.

Las condiciones de trabajo probablemente son mejores de lo que eran a finales del siglo pasado, pero aún no están acordes con los estándares modernos. Los trabajadores dicen que no se pagan horas extras (aún cuando una cuadrilla trabaje el séptimo día, como lo hacen muy a menudo durante la temporada pico). Aún cuando Thompson no lo sabe, el hermano menor de la familia Cortéz, Melchor, únicamente tiene catorce años. Como trabaja tiempo completo y no asiste a la escuela, esto constituye una violación inadvertida de las leyes de trabajo para menores. Rosa, Wense y sus hermanos se levantan a las seis de la mañana, están en el trabajo a las siete y terminan a las cinco de la tarde. Un día laboral de diez horas por el cual dicen que les pagan nueve horas a cinco dólares con setenta y cinco centavos la hora.

Pero no tienen intenciones de quejarse. Todos son ilegales. La mayor parte del tiempo la familia Cortéz parece estar bastante agradecida con su patrón por los préstamos, por la ayuda para encontrar vivienda, por vacaciones casi siempre cuando quieran y durante el tiempo que deseen (por ejemplo, un mes o dos para regresar a casa al final del año).

"Él nos trata bien", dice Wense. "Es una buena persona." Realmente, Jim Thompson es un tipo agradable. Te mira a los ojos, con sus ojos color azul cielo que te observan por debajo de su grueso cabello color rubio arena. Muchas veces está en el campo con sus trabajadores, sus manos generalmente están cubiertas de lodo del valle del río Mississippi. Sería difícil describir a Thompson como un patrón abusivo. Está rodeado por una áurea de paternalismo benevolente.

Visto desde una perspectiva histórica, las circunstancias difíciles de la familia son quizás parecidas al "sacrificio" hecho por todas las primeras generaciones de inmigrantes, al igual que los recién llegados europeos quienes trabajaron en las fábricas que explotaban a los obreros, en los campos y en las calles, empujando sus carretas. Pero las primeras oleadas de inmigrantes fueron instrumentales en el nacimiento del movimiento laboral norteamericano, el cual mejoró de manera dramática las condiciones de los lugares de trabajo, viendo cómo muchos de sus hijos pasaban a formar parte de la clase media. Los sindicatos, sin embargo, han estado a la defensiva durante las últimas dos décadas, y no hay garantías de que el intento de revivirlos, en gran parte mediante la organización de la nueva generación de inmigrantes mexicanos, tendrá éxito. Actualmente, de una manera u otra, los migrantes mexicanos no tienen forma de corregir, ninguna oportunidad para retar, los términos y condiciones de su empleo, aún cuando estén legalmente en Estados Unidos.

Hoy en día, en los campos tabacaleros de Carolina del Norte, por ejemplo, la cosecha es levantada por los mexicanos, muchos de los cuales poseen visas de trabajo H2-A que les permiten desempeñar trabajos agrícolas temporales. Los organizadores laborales mexicano-norteamericanos están muy activos en esta región, sin embargo las condiciones de trabajo muchas veces son malas y las viviendas no son muy diferentes, geográfica y cualitativamente, de como lo eran en la época de las plantaciones. Las granjas frecuentemente están ubicadas en regiones remotas, donde los trabajadores viven en "campos laborales". En un lugar que visité, vi cómo los hombres dormían en construcciones alargadas de un solo piso, con las paredes cubiertas de chapopote, sin aislante y sobre catres parecidos a los de las cárceles. Los retretes exteriores estaban salpicados de materia fecal y cubiertos con enjambres de moscas. Hay cuatro letrinas para cuarenta trabajadores, dos duchas, dos lavabos, una fuente para beber agua. Esta estructura era bastante típica.

Cerca de Benson, Carolina del Norte, un pequeño poblado rodeado de campos tabacaleros, visité una granja donde un trabajador, ya mayor, me llevó a un lado, conduciéndome atrás de las chozas que hacían las veces de vivienda. El hombre era nativo de Tlaxcala, pero no quiso darme su nombre.

"En agosto, cuando comienza la estación de la cosecha, el sol puede matar a un hombre", dijo hablando en un susurro apenas audible. "Pero no es únicamente el calor. Rociaban estas sustancias químicas a nuestro derredor, los pesticidas."

Un día en el campo, se enfermó grave y repentinamente, experimentando mareos y vomitando. Se acercó al patrón, seguro de que lo llevaría a la clínica. En lugar de hacer eso, el patrón de dijo que podía regresarse a México si no podía con el trabajo. Intentó olvidar el incidente, pero volvió a ocurrir varias veces. Algunas noches, después de haber pasado doce horas en los asfixiantes campos entre las hojas color verde pálido con sus inmensas venas amarillas, se despertaba sobre su catre, calenturiento, empapado en sudor, temblando, con un dolor de cabeza espantoso. No estaba solo. Una vez, él y tres trabajadores más se enfermaron al mismo tiempo, vomitando todos en una hilera de plantas de tabaco.

"Si dices algo, el patrón corre la voz de que eres un mal trabajador." dijo. Y aún hay más. En granjas que están aisladas, el patrón muchas veces les vende a sus trabajadores la comida y bebida, igual como en las antiguas tiendas de raya. Una lata de refresco puede costar hasta un dólar, un sándwich, dos. Ha escuchado que hay campos donde los patrones venden cerveza y hasta drogas para obtener una ganancia.

¿Entonces, porqué trabajaba aquí? ¿Porqué no cosechar naranjas en Florida o lechugas en California, donde las condiciones de trabajo han mejorado como resultado de la campaña organizada por la UFW?"

El hombre sonrió. ¿Qué podía hacer? Su trabajo era un empleo legal. No quería arriesgarse a cruzar la frontera ilegalmente, dijo. ¿No me había yo enterado de todos los migrantes que habían muerto durante los últimos años? Él únicamente quería terminar la temporada de cosecha aquí y continuar hacia otra granja, una donde se cultivaran calabacitas o lechugas o sandías, cualquier cosa que no fuese tabaco.

Así, la familia Cortéz acepta bastante contenta las condiciones de trabajo en la granja Thompson (aún cuando Baltazar algunas veces piensa que estaría mejor desempeñando algún otro trabajo, tal como en la industria de la construcción). A su vez, la granja Thompson logra mantenerse a flote en una economía que es hostil para los pequeños granjeros, gracias, principalmente, a la mano de obra barata. Thompson también cuenta con una fuente de distribución; la tienda general que está ubicada a unos metros de distancia de los campos donde labora la familia Cortéz. Un flujo constante de clientes pasa por ella, comprando bayas frescas y mermelada casera. Ocasionalmente, los mexicanos y los blancos se topan unos con otros; los trabajadores tienen que cruzar la tienda para tomar agua de la llave que se encuentra en el cuarto de atrás. En St. Louis, esto es lo más que ambos mundos llegan a acercase.

Durante un descanso para escapar del calor de baño sauna del invernadero, Rosa me dice que ella y Wense últimamente han estado pensando en regresar a Cherán. "¿Para la fiesta?", pregunto. "No", me dice. "Definitivamente."

Al mismo tiempo que Rosa está debatiendo la decisión de traer o no a su madre a través de la frontera ilegalmente, ella y Wense han comenzado a considerar la opción de comprar una parcela de tierra allá en casa y plantar frijoles o maíz, los principales alimentos purépechas. Wense está cansado de trabajar en la grana Thompson. Existen pocas esperanzas de conseguir un mejor trabajo o un mejor lugar donde vivir. Y Rosa está comenzando a dudar del valor de un futuro norteamericano en general. "En casa, por lo menos, Yeni contaría con toda una familia con quien crecer", dice. Y las tradiciones, la manera en que se celebra el día de las madres, con efusivas expresiones de amor y afecto, y el día del niño, y la fiesta del santo patrono, y la maravillosa comunión social que existe durante la cosecha. Seguramente, esto también le ofrece algo importante a una niña. Algo que es menos que la esperanza de un futuro, de una existencia material mejor pero ¿es eso lo único que importa?

Rosa ya no está segura de qué lado de la frontera está su futuro. Me quedo anonadado ante este nuevo vuelco de acontecimientos. Siempre di por sentado que la narrativa de la familia, nacida de la tragedia, encontraría la resurrección en este lado de la frontera. Pero la ambivalencia de Rosa puede reconciliarse con facilidad: ella tiene razón cuando sueña lo mismo con sus sueños mexicanos como con sus sueños norteamericanos.

Mientras voy caminando entre los campos y el invernadero, veo a un mexicano sucio que está sacando de la parte de atrás de una camioneta, una podadora movida por una batería. Lleva puestos unos pantalones caqui manchados de pasto y una camisa roja con manchas de pintura blanca. Su cara indígena, cubierta de sudor, con ojos asiáticos inyectados de sangre, de alguna manera me parece familiar. Caminamos directamente el uno hacia el otro, pero él no da señal alguna de haberme reconocido, por lo que me sigo de largo sin saludarlo.

De pronto lo recuerdo. Me volteo. "¿José?", grito hacia la figura que se aleja. "¿José Izquierdo?" Él se vuelve hacia mí.

La última vez que vi a José Izquierdo fue en Cherán, caminado a tropezones por la carretera, dando alaridos, repitiendo el nombre de su amor no correspondido. José Izquierdo, el cholo que había alardeado que transportaba libras de cocaína, quién supuestamente había sido arrestado en Chicago para después ser liberado por los abogados del cartel de la droga. José Izquierdo, el hombre que cambió tres billetes falsos de cien dólares en la casa de cambio, quién portaba lentes oscuros de espejo, una camisa de mezclilla completamente abotonada, y un pesado crucifijo de oro que le colgaba sobre el pecho. La primera y única vez que lo conocí, había estado dudando si debía o no llevar a cabo otro "trabajo" para su jefe. Hasta el punto en que le creí, siempre me imaginé que sí lo había hecho. Me lo imaginaba viviendo la gran vida el estilo narco en Chicago, en un Jacuzzi, rodeado de prostitutas, encendiendo un grueso puro con un billete de cien dólares. José Izquierdo, el héroe cholo de Wense, está aquí, en una granja de Misouri, su arma no es una Glock de 9 milímetros con una mira laser, sino una podadora de hierbas.

"Sí, soy yo", me dice. Iniciamos una conversación sin importancia. Nunca menciona Chicago, ni los trabajos, ni nada por el estilo, y yo no lo traigo a colación. Nuevamente me pregunto si fabricó toda la historia. Un poco más tarde, cuando le pregunto a Wense, él levanta los hombros. "Eso fue lo que dijo. ¿Quién puede saberlo?"

Le doy la mano a José Izquierdo, y él me la estrecha con un intrincado saludo callejero. Continuamos caminando hacia nuestros diferentes destinos. Vuelvo la cabeza y veo como se dirige caminando lentamente en dirección a la tienda, donde beberá un poco de agua en el cuarto de atrás. Se limpia la frente bajo el asfixiante calor y mete las manos en sus bolsillos. A continuación, muy ligeramente, hecha su cuerpo hacia atrás mientras camina, un humilde recuerdo del "ah-tan-alivianado" contoneo pachuco por el que se le conoce en Cherán.

Es sábado por la noche, la única noche de la semana en que Wense se permite a sí mismo la oportunidad de liberarse, puesto que al día siguiente no hay necesidad de despertarse antes del amanecer. Baltazar está sentado frente al volante de su Grand Am, pero esta noche es Wense quién realmente está a cargo. Él es el pasajero importante. En el asiento de atrás está su compadre Alfredo Román, quien, además de tener un trabajo de nueve a cinco, dos hijos, y una hipoteca, ostenta el título de cholo veterano, uno de los fundadores de un pequeño grupo de gángsters mexicanos que viven en St. Louis, los O.G.s (algo así como los "gánsgsters originales") del corazón de Norteamérica. Conducimos hacia el centro del poblado. Nos dirigimos hacia una cita para reunirnos con un grupo de héroes de Wense y protegidos de Alfredo, los cholos del grupo local de Sur XIII, quienes, según me han dicho, son enemigos mortales, no de los Bloods ni de los Crips negros de St. Louis, sino de los muchachos que forman parte de los Zacatecas-155, una banda mexicana que, si creyera lo que dice Sur XIII, es dueña de todo East St. Louis.

Llegamos hasta un viejo vecindario de construcciones de ladrillo rojo con ventanas con marcos de madera blanca, un lugar habitado mayoritariamente por negros con una incipiente presencia mexicana. Rafael, el líder de la banda Sur XIII, tiene aquí un amplio apartamento, con pisos de madera y elegante trabajo de carpintería. El lugar está decorado con cariño, particularmente si se toma en consideración que Rafael y su compañero de habitación son un par de cholos purépechas solteros. Sobre la repisa de la chimenea, un espacio que cada mexicano que vive en Estados Unidos transforma en un altar pagano-católico, se encuentran tres pequeños cuadros enmarcados de Jesús, la virgen de Guadalupe, y la Virgen con el niño Jesús. Sobre ellos, cuelga la imagen más grande, un poster de un Chevy 57 color verde agua.

Todos los miembros de la banda Sur XIII están sentados sobre el antiguo sofá color azul que se encuentra en la estancia; cinco muchachos, cuyas edades fluctúan entre los dieciséis y los veinte años. Se escucha el tintineo de radio localizadores y teléfonos celulares. Los muchachos están vestidos al máximo. Después de todo, es sábado por la noche. Rafael, el mayor, lleva puesta una camiseta sin mangas y pantalones caqui planchados hasta formar pliegues perfectos, su pañoleta roja ciñe perfectamente su cabeza y le cubre casi hasta los ojos, a la usanza de la vieja escuela. Los cholitos más jóvenes siguen su ejemplo, aún cuando se inclinan más hacia la moda *hip-hop*.

Como han sido informados que Los Angeles, la meca de los gángsters, es mi ciudad natal, el grupo me asedia con preguntas acerca de la mafia mexicana, la temible banda salvadoreña, Mara Salvatrucha y, por supuesto, la muerte de Tupac Shakur. Es virtualmente la misma conversación que sostuve el año pasado en Cherán con Alfredo Román, mientras conducíamos en la oscuridad por la carretera.

Cuando volteo la conversación y les pregunto acerca de las peligrosas calles de St. Louis, Rafael se vuelve un poco tímido. "Somos la única banda de mexicanos al oeste del río", dice. "No hay razón para pelear por el territorio, es todo nuestro."

Según se puede deducir del *graffiti* pintarrajeado en el vecindario, las bandas formadas por negros parecen dominar el espacio que Sur XIII llama hogar. Pero las relaciones entre ellos son pacíficas.

"No tenemos ningún pleito con ellos", dice Rafael, "De hecho, los respetamos. Finalmente, estuvieron aquí primero."

Los muchachos más jóvenes se quedan callados; es obvio que sienten admiración por Rafael. Pero comienzan a tomar parte en la conversación cuando hablamos acerca de la identidad cultural. Ellos son purépechas, dicen. Cien por ciento purépechas. Para probarlo, Rafael se dirige hacia el aparato estereofónico. Recorre una pila de CD's hasta seleccionar uno, sujetando el disco con un extremo de su camisa de mezclilla. Lleva el disco hasta su boca y sopla con delicadeza para quitarle el polvo. Lo introduce en el aparato. Un perturbador dueto purépecha a capella emana de los altoparlantes, la voz misma del altiplano michoacano.

"Esto", asevera Rafael, haciéndose escuchar sobre la melodía indígena, "esto es lo que significa ser purépecha".

Después de unos minutos de silencio, durante los cuales escucha con reverencia, presiona la tecla de *skip* en el aparato. Pasamos de un golpe a una antigua melodía, "Angel Baby".

"Esto también significa ser purépecha", dice Rafael.

Nuevamente presiona la tecla. El dios romántico del México del siglo veinte, Pedro Infante, una figura del tipo de Elvis, quien murió joven y de manera trágica, canta el clásico bolero "Tú, solo tú".

Este CD tan curiosamente ecléctico, es la banda sonora de *My Family*, la descripción que Gregory Nava hace de la vida en el barrio. Rafael ha probado su mensaje. Ser purépecha es formar parte de "el pueblo que viaja", cuyo viaje es interminable, cuya identidad es tan fluída como su viaje.

Para estos chicos, su apariencia de cholos parece ser más bien una imitación del núcleo urbano rudo, del estilo más que de la sustancia violenta. Sin embargo, su rebelión es audaz en un lugar como St. Louis, donde el vestirse como un gángster mexicano asegura que serán acosados por la policía.

En su mayoría, los inmigrantes de primera generación como la familia Cortéz y sus amigos, se comportarán intachablemente. ¿Cómo podrían vivir consigo mismos si les fallaran a sus familias, a sus sagradas madrecitas, allá en casa? Sería un pecado demasiado grande si regresaran a casa sin haber logrado algo, cualquier cosa, en Estados Unidos. Sin embargo, estos muchachos que se comportan como hombres, todavía son muchachos y ya tendrán su oportunidad. Hasta Baltazar, quien se esfuerza tanto por ser el esposo, padre, hermano mayor e hijo primogénito responsable (quien permanece callado durante toda la noche que pasan en casa de Rafael) ostenta un tatuaje sobre su hombro, con su apellido, al estilo cholo. Debajo de esa máscara de responsabilidad él tiene, por supuesto, la misma inseguridad que cualquier otro migrante que viaja por el camino. Él también quiere pertenecer a la mítica hermandad de Sur XIII.

Son los miembros de la segunda generación los que corren el riesgo de perderse en las ilimitadas posibilidades de autodestrucción que existen en los núcleos más pobres del centro de las ciudades norteamericanas. Por ahora, el estilo cholo es principalmente una forma benigna de protesta. Por ejemplo, esta noche, Wense se ha puesto una camiseta con el logo de Van Loco, un diseño de colores chillantes representando a un fulano pendenciero que lleva puesto un sombrero de fieltro de ala ancha y lentes oscuros, empuñando una gruesa pistola. Lleva su frustración sobre su manga, puesto que no dispone de otra manera por medio de la cual la pueda expresar, no hay palabras para describirla. Al vestirse a la usanza del cholo, él se está rebelando contra su intransigente padre y contra su hermano con tintes de Abel. Sin embargo, para el lunes estará de regreso en el campo, desempeñando su trabajo.

⌐

La gran mayoría de los habitantes del complejo habitacional donde vive la familia Cortéz son afroamericanos; la presencia mexicana, aún cuando va en aumento, es aún muy pequeña. No importa cuánto toquen los migrantes su música norteña, no pueden competir con el *hip-hop* y el R&B del St. Louis mayoritariamente negro.

Es un lugar aquejado por problemas: está la pandilla y la actividad relacionada con el tráfico de drogas. Pero en su mayoría, los habitantes son secretarias, mecánicos, empleados del casino, conductores de Federal Express y empleos similares, todos ellos, muy trabajadores. Los niños negros pequeños juegan a brincar la reata y al avioncito en las áreas comunes y se dan chapuzones en la alberca, misma que los mexicanos creen que es zona prohibida para ellos.

Sin importar la cercanía física entre mexicanos y negros, hay muy poco contacto social entre ambos. Una tarde, estando en las áreas comunes, platico con algunos habitantes locales. La presencia mexicana es algo que se ha presentado últimamente; no habían existido habitantes no negros en este lugar desde que se tiene memoria. Leticia Miles arrulla a su hija Kinett, una pequeña de tres años, con quien he visto jugar a Yeni. "Ella preguntó si podía ir a jugar con la pequeña niña mexicana", dice Leticia. "Cuando regresó, me dijo: 'Esa niñita no habla bien'."

La mayoría de los habitantes afroamericanos del complejo habitacional hablan de la misma manera al referirse a los mexicanos: discretos, desconcertantes. Todo esto es demasiado nuevo, a escala demasiado reducida para que realmente sea perturbador. Y, aunque seguramente existe algún prejuicio de algunos negros contra los mexicanos, la actitud de los mexicanos no es menos problemática. Con excepción de los niños, cada miembro de la familia Cortéz me cuenta acerca de los "morenos" en tono de desaprobación. Algunas veces, hasta los llaman "mayates", un desagradable epíteto español que se refiere a un escarabajo color negro brillante que habita en las tierras desérticas del norte de México. La gran ironía de todo esto es que los inmigrantes mexicanos (particularmente los jóvenes) se están integrando a la cultura negra, no únicamente en St. Louis sino a través de todo el país, en los barrios pobres de los centros de las grandes ciudades que cada vez son más negro-moreno. Wense, quien abiertamente expresa su desagrado por los afroamericanos, muchas veces escucha en el estéreo de su automóvil a una estación local de música *hip-hop* negra, esto es cuando no está tocando a todo volumen música de banda. En lo que se refiere a la vestimenta, todos los muchachos, negros y cafés, llevan puesto el mismo uniforme de guerrero urbano.

Por lo menos no ha habido hostilidad abierta. Tal vez la tensión es poca, por lo menos por ahora, ya que no existe mucha competencia directa en el mercado laboral.

Aquí no es como en Los Ángeles, donde hay una enemistad abierta entre las pandillas de jóvenes en las calles de South Central y en regiones como Venice Beach y Hawaiian Gardens, una enemistad que gira alrededor de la economía fuera de la ley: la lucha es, no por cuestiones de raza, sino por el derecho de apropiarse del tráfico de drogas y el control de los mercados subterráneos restantes. Por el otro lado, St. Louis de ninguna manera es Mt. Pleasant, un vecindario en Washington D.C., donde los habitantes salvadoreños, dominicanos y afroamericanos por lo menos han comenzado a colaborar en las calles... y en la cama. St. Louis es una antigua ciudad del medio oeste norteamericano que ha sufrido su propia versión de luchas entre pandillas y de racismo entre los antiguos inmigrantes y los afroamericanos, quienes llegaron junto con la gran migración hacia el norte. La transformación actual apenas comienza. Es demasiado pronto para poder predecir el resultado.

∼

La familia Cortéz insiste en invitarme a cenar en un restaurante para mi despedida; por supuesto a un restaurante mexicano. Se llama Las Palmas. Es un lugar limpio, bien iluminado que atiende por igual a migrantes y a gringos que gustan de la comida mexicana. Nos deleita una serenata ofrecida por un dueto que toca canciones del viejo país, como "Qué lindo es Michoacán", melodía que ha sido solicitada por Wense. Cuando llega mi turno, yo pido que toquen "Volver, volver", el cual es algo así como un himno para los migrantes, no importa si salieron de México hace seis meses o hace tres generaciones.

> Y volver, volver, volver
> a tus brazos otra vez
> llegaré hasta donde estés
> yo sé perder, yo sé perder
> quiero volver, volver, volver...

Para los migrantes esta canción es acerca de su madre, allá en casa, su familia, sus amigos, el paseo por la plaza al atardecer, los maizales susurrando en el viento, las abuelas cubiertas con sus rebozos, y el caos sublime de la fiesta; el objeto del deseo es el hogar mismo. La canción también representa un himno para los México-norteamericanos que ya están a una o dos generaciones de la patria. Tal vez nunca han visitado los hogares de sus familiares distantes, pero la añoranza persiste, alcanza proporciones míticas, metafísicas.

Camino de regreso al apartamento, Wense se pone repentinamente serio, consciente de que no me volverá a ver en mucho tiempo, tal vez nunca.

"Sabes, realmente estoy haciendo algo", me dice, recordando su discurso en el plantío de tomates. Ha dejado de tomar, sus años de desenfreno han quedado atrás. Jura que no terminará igual que tantos otros padres borrachos allá en Cherán, o tantos migrantes solitarios que vagan por Estados Unidos, sin esperanza de un futuro. Está trabajando por cinco dólares setenta y cinco la hora, nueve horas al día, y últimamente, incluyendo también muchos domingos. Dice que se quiere mudar a una apartamento nuevo, donde únicamente vivan él, Rosa y Yeni. (El plan para regresar a Cherán aparentemente ha sido abandonado). Quiere comprarse un automóvil nuevo; Alfredo Román ha ofrecido venderle su viejo Buick, color gris humo con una capota de vinyl blanco que se está volviendo beige óxido, que tiene más de ciento sesenta mil kilómetros recorridos, pero que es un vehículo decoroso. También quiere que Yeni estudie en una escuela de monjas; Alfredo le ha dicho que las escuelas públicas no son lo apropiado. Yeni parecer ser una niña inteligente. Está aprendiendo inglés rápidamente. Ella dice *money* en vez de decir "dinero". El otro día le enseñé a decir *plane* para que pudiera señalar hacia el cielo y gritar esa palabra cada vez que un jet TWA pase estruendosamente sobre el complejo habitacional. Sí, Wense jura que logrará ser alguien importante.

campos de fresas por siempre

ME DIRIJO HACIA EL OESTE SOBRE LA CARRETERA I-70, EXACTAMENTE cuarenta y seis kilómetros al este de Kansas City. Los cúmulos de nubes penden perezosamente sobre la carretera y el aire tiene un tinte bronceado mientras el sol se inclina hacia el atardecer. Mi Blazer pasa rápidamente de la luz del sol a la sombra y de regreso, recorriendo la planicie que se extiende hasta el horizonte. Los rascacielos del centro de Kansas City se elevan desde la planicie como si fuera la ciudad Esmeralda.

Más allá de la ciudad, la tierra despide un olor a césped recién podado; la extensión de césped más grande del mundo. Los campos se extienden en todas direcciones, el ganado está pastando. Paso como un rayo frente a un anuncio espectacular que proclama: "La frontera está más cerca de lo que crees", es un anuncio de Taco Bell, pero en esta región del país es profético. Realmente la frontera se encuentra ahora en todas partes, se ha movido hacia el norte desde el Río Grande, cruzando todo el país.

Paso la noche en Hayes, Kansas. La mañana siguiente, mientras camino hacia mi automóvil, veo un agujero enorme en donde debería estar mi ventana trasera izquierda y cuentas de vidrio esparcidas sobre el asfalto. Nada ha sido robado; probablemente fueron adolescentes que estaban aburridos. Un par de chicos mexicanos en un taller de reparación de parabrisas son muy amables y la reparan con un pedazo de plástico sujeto con cinta adhesiva, no me cobran. Pero si no abro un poco las ventanas delanteras para permitir que la presión del aire tenga por donde escapar, el plástico se reventará. Conduzco los siguientes dos mil cuatrocientos kilómetros con el viento golpeándome la cara. Un paliacate rojo impide que el cabello caiga sobre mis ojos.

Por primera vez la soledad del camino me ha alcanzado, ocasionando un ataque de paranoia. Los vándalos de Hayes, los que dañaron mi automóvil, tal vez eran neonazis. Tal vez se reventará una de las llantas esta noche. Podría quedarse dormido el conductor que va en la cabina del semitrailer que pasa a mi lado, estrellándose contra el Blazer. Quizás yo me quede dormido al volante.

Llego hasta las montañas que forman las cordilleras de la división continental y atravieso por una serie de pequeñas tormentas gris plomo. El pedazo de plástico que hace las veces de ventanilla posterior, se infla a causa del viento que es cada vez más intenso, parece una gigantesca aguamala hinchada. No me detengo en Denver. Tengo que seguir en movimiento; repentinamente siento una necesidad imperiosa de llegar a casa. Asciendo por las colinas. Los pioneros buscaron pasos que los condujeran a través de la gran división continental no siempre con éxito. La carretera I-70 va siguiendo veredas trilladas hace mucho tiempo por los colonizadores, sendas que los migrantes actuales aún siguen: Mr. Charlie condujo por la carretera I-70 a la camioneta en donde iban Rosa y Yeni. Fue en algún lugar cercano donde los alcanzó la tormenta y el tornado de nieve que estrelló una de las ventanas de la camioneta.

De pronto la lluvia comienza a caer tan intensamente como si fuese una catarata. El automóvil que va frente a mí se encuentra únicamente a unos cuantos metros de distancia, pero apenas si puedo verlo a través del aguacero. A todo mi alrededor se escucha el retumbar de los truenos. Todos los semitrailers disminuyen la velocidad y encienden las luces intermitentes de emergencia, pero hay algunos idiotas que todavía pasan conduciendo sus vagonetas a gran velocidad.

CUIDADO: ROCAS QUE SE DESPRENDEN

La lluvia cae tan intensamente que parece rebotar hasta alcanzar la altura de un pie. Conduzco a sesenta y cinco kilómetros por hora, y cada vez que piso el freno, mi vehículo se convierte en un hidroplano. Caen mas trozos de roca, grandes piedras dan tumbos, cayendo sobre la carretera.

TÚNEL AL FRENTE

Atraviesa por el corazón mismo de la montaña, iluminado con un tenue y tranquilizante resplandor color ámbar. La cinta asfáltica se seca a la mitad del túnel. Cuando salgo por el otro lado, las nubes comienzan a abrirse rápidamente dejando entrever trechos de cielo azul. Mi ventana de plástico resistió los embates de la tormenta.

Altitud: tres mil trescientos metros. Picos nevados. Enciendo un cigarrillo, aspiro profundamente varias veces e inmediatamente me siento mareado. Paso a través de Breckenridge, un lugar de recreo para esquiar. Una inmensa masa de rocas se levanta frente a mí, rematada por nieve en la punta, veo pinos que de alguna manera brotan desde lo que aparenta ser granito sólido. Por estos rumbos también hay mexicanos, haciéndose cargo de los *lofts*, aseando habitaciones de hotel. Entre los que están gozando de sus vacaciones se encuentran aristócratas procedentes de la ciudad de México, los cuales han recorrido tres mil doscientos kilómetros para ser atendidos por los mismos hermanos y hermanas morenas que les sirven allá en casa.

Al atardecer, la carretera es un listón plateado interminable que baja serpenteando por el lado opuesto de la gran división continental. El escarpado granito gris da paso a capas estratificadas de tierra, rojos óxido y rosados tenues y amarillos opacos. El río Eagle fluye rápidamente a mi lado izquierdo. El Eagle finalmente se fusiona con el Colorado, río que corre a lo largo de la frontera entre California y Arizona. Este es el río que me conducirá de regreso a casa. El terreno se transforma gradualmente en el desierto que conozco y amo. Ya huele al suroeste: árboles de piñón, dulces y secos, no es un olor penetrante como el de los cedros.

ENTRONQUE CON LA CARRETERA 1-15 A

La carretera I-15 desciende hacia los altiplanos de Nevada y de ahí sigue en dirección del desierto de Mojave. El camino es un hilo luminoso que atraviesa el terreno. Quizás a unos sesenta, ochenta kilómetros más adelante (es imposible calcular las distancias en el desierto) el hilo desciende hasta un valle antes de elevarse frente a mí, y más adelante se divide gradualmente en un hilo de perlas, faros delanteros individuales. Por el espejo retrovisor veo lo opuesto. Las luces de freno de cada automóvil se congelan hasta formar un río ininterrumpido color rojo el cual, en la distancia, se desintegra nuevamente formando nítidos puntos de luz que brillan bajo el cielo que se está obscureciendo, como si fueran rubíes u ópalos de fuego.

La historia está llegando a su fin. California aparece en el horizonte.

~

Conduzco a lo largo del familiar camino que llega hasta mi casa en Los Ángeles. Pero no he llegado a casa para quedarme; Los Ángeles es, por el momento, tan sólo un lugar de paso en mi camino hacia el norte, hasta Watsonville, hacia los campos de fresas en los que trabajaron alguna vez los hermanos Chávez que murieron.

Cuando quieres llegar rápidamente en automóvil hasta San José o San Francisco, generalmente tomas la carretera I-5, cruzando la planicie del valle de San Joaquín y pasando por uno de los mataderos de ganado más grandes del país. Pero si te diriges hacia Santa Barbara, Monterey o Santa Cruz, tomas la carretera 101. Transitas por esa carretera si estás de vacaciones, pero también la tomas si trabajas en las industrias que, de una u otra manera, hacen que la vida sea más confortable para aquellos de nosotros que estamos de vacaciones o vivimos en esta bucólica región donde los pinos llegan hasta el mar, donde los roqueros se jubilan y meditan sobre sus playas privadas.

El viaje desde Los Ángeles hasta Watsonville es de quinientos ochenta kilómetros, unas siete horas. Tal como sucede muy a menudo, el tráfico está completamente congestionado a lo largo de todo el valle de San Fernando, esa gran planicie que no tenía ningún valor hasta que William Mulholland trajo agua a través del desierto y lo convirtió en un paraíso para el cultivo de cítricos, así como en una comunidad norteamericana casera. Aún cuando la región ha sido considerada desde hace mucho tiempo como el territorio de las Valley Girls, es cada vez más difícil encontrar ratas blancas adolescentes adictas a los centros comerciales. Actualmente, grandes trechos del valle son el hogar de inmigrantes mexicanos, centroamericanos y del sureste asiático.

Durante el terremoto de Northdrige en 1994, uno de los desastres naturales más costosos en la historia de Estados Unidos, los migrantes finalmente se hicieron sentir. Los habitantes suburbanos, anglosajones pertenecientes a la vieja guardia, se quejaron amargamente de la lentitud con la que las autoridades respondieron ante la emergencia. En cambio, los migrantes, muy acostumbrados a los terremotos y toda clase de desastres, tanto naturales como causados por el hombre, comenzaron a instalar refugios provisionales en los parques de la ciudad. Llevaron sacos para dormir y colchones, colgaron sábanas entre los árboles, toda la comunidad cocinaba al aire libre. Durante varias semanas vivieron a la intemperie, hasta que todos estuvieron seguros de que no era inminente que ocurriera otro gran terremoto. Un reportero de un noticiero local de televisión, maravillado ante la inventiva del viejo mundo, llamó a los campamentos *tepees*. Mientras que los recios descendientes de la raza norteamericana (antiguos enemigos reaganistas de "el gobierno en gran escala") gimoteaban pidiendo la ayuda oficial, los migrantes, como siempre, utilizaban lo que tenían a su disposición.

Otra batalla reciente que sacó a la luz la desigualdad entre el mundo de los migrantes y el de los habitantes locales, cuyos enclaves se encuentran a unas cuantas cuadras uno del otro, estuvo relacionada con los vendedores ambulantes mexicanos, parte de la misma economía informal que había llegado hasta Nueva York con los migrantes europeos de principios del siglo veinte. Actualmente los vendedores ofrecen de todo, desde ensaladas de frutas, hasta tacos, casetes piratas de música. Cuando apareció en el valle el más reciente tropel de vendedores, al igual que a todo lo largo de valle de Los Ángeles, la asociación de habitantes locales blancos (uno de los grupos de cabildeo más poderosos de la vida política angelina) gritó a coro su desagrado. "¡Códigos sanitarios! ¡Competencia desleal!" Se crearon nuevos reglamentos contra el comercio informal, los cuales fueron debatidos y aprobados. La policía comenzó a allanar los comercios ambulantes instalados sobre las aceras, arrojando papayas a la calle, aplicando elevadas multas.

Los migrantes, sin embargo, no se dejaron apabullar. La población latina de Los Ángeles, según los cálculos del censo de población del año 2000, se ha incrementado hasta casi formar una mayoría. Los vendedores ambulantes se defendieron. Algunos de ellos eran mujeres salvadoreñas que habían sufrido cosas mucho peores que los ataques del consejo de la ciudad y de los más eficaces policías de Los Ángeles, así es que rápidamente organizaron su propio cabildeo. Tomaron por asalto al edificio de gobierno con un activismo que contenía grandes tintes de actuación, conduciendo sus carretas hasta el interior de los salones de consejo y ofreciendo bocadillos a los legisladores. Aún cuando la policía local de Los Ángeles hizo su mejor esfuerzo para hacer pasar a los vendedores como pantallas para las pandillas involucradas en el tráfico de drogas, la imagen que se transmitió a través de los medios, mostrando mujeres pobres que trabajaban para ganarse honradamente la vida, finalmente influyó en el animo de los miembros del consejo. Los vendedores ambulantes obtuvieron una ley replanteada que legalizaba en gran parte su *modus vivendi*.

Más adelante ocurrió la pelea por los sopladores de hojas. Los mexicanos se hicieron cargo de la industria de la jardinería y el diseño ornamental de jardines que desempeñaban los japoneses y anglosajones durante la generación anterior. En la década de los ochenta, el arma principal en el arsenal del jardinero mexicano fue el soplador de hojas, un artefacto bastante primitivo que ahorraba tiempo al liberar a los trabajadores de la centenaria rutina del rastrillo. Pero al comenzar a proliferar los sopladores, el ruido empezó a molestar los oídos de los habitantes locales, y las asociaciones protestaron ante los políticos del centro. Pedían a gritos una proscripción, utilizando para este fin la retórica ambiental, hablando acerca de la "contaminación por medio del ruido" y denunciando las emisiones provenientes de los motores a base de gasolina de los sopladores. Los jardineros, siguiendo el ejemplo de los vendedores, se organizaron y comenzaron a hacer sus propias visitas al edificio de gobierno, en donde les proporcionaron audífonos para escuchar la traducción, como si se encontraran en las Naciones Unidas, y así es como se ve en la actualidad la casa de gobierno de Los Ángeles. No discutieron el punto de que los sopladores eran molestos; sencillamente solicitaron una moratoria con relación a este asunto, durante la cual, seguramente, alguien inventaría un soplador que fuese más favorable para el medio ambiente. El prohibir de tajo estas máquinas disminuirían radicalmente las ganancias ya bastante magras de los jardineros. Los miembros de consejo se inclinaron a favor de los habitantes locales (cuyos impuestos y contribuciones a campañas políticas sobrepasaban a las de los jardineros por millones si no es que por billones de dólares) y aprobaron la prohibición. Pero aquí no termina la historia. Un comité de jardineros colocó una tienda de campaña sobre los escalones de la casa de gobierno y ofrecieron una conferencia de prensa para anunciar una huelga de hambre cuya duración sería determinada por el alcalde: los jardineros compartirían el pan únicamente si éste levantaba la prohibición. Richard Riordan, quien fue el alcalde republicano de Los Ángeles durante la mayor parte de la década de los noventa, se encontraba en un aprieto en diversos frentes. Un firme defensor de la tesis del mercado libre, lo irritaban las leyes que resultaban onerosas para el comercio, grande o pequeño; al mismo tiempo era un católico irlandés, bien conocido por la simpatía que sentía por la creciente población mexicana. Pero el agresivo cabildeo de los habitantes locales también constituía su bastión electoral. El alcalde se reunió con los inmigrantes con la esperanza de disuadirlos de continuar con su misión suicida. La reunión fue un desastre. Era la hora del almuerzo y Dick Riordan tenía hambre. Estaba comiendo una hamburguesa mientras el elevador descendía hasta la planta baja. Se había comido únicamente la mitad cuando extendió su mano, que goteaba mayonesa y cátsup, hacia uno de los trabajadores muerto de hambre. Las huelguistas reforzaron su determinación. La tragedia parecía ser inevitable.

La huelga ya había durado una semana y llegó el milagro. Un compañero inmigrante, un mecánico de reparación de automóviles, salvadoreño, había estado observando cada noche en el noticiero local en español la difícil situación por la que estaban pasando los jardineros. Según cuenta la leyenda migrante, una noche, en sus sueños, llegó hasta él la idea de un soplador que protegía el medio ambiente. En lugar de un motor a base de gasolina, las aspas del ventilador girarían gracias a la energía de un acumulador de automóvil. ¡Una idea tan maravillosamente sencilla! Se despertó en medio de la noche y levantó de la cama a su hijo adolescente. Durante varias horas estuvieron trabajando en la cochera. A la mañana siguiente, casi loco por la emoción, pasión política y falta de sueño, llegó hasta la tienda de campaña de los jardineros, llevando su nuevo soplador. Riordan fue informado inmediatamente y bajó (sin comida) para dar su bendición. Los miembros del consejo emitieron inmediatamente una moratoria a la prohibición, hasta que el prototipo de soplador pudiese ser desarrollado y puesto en manos de los jardineros de Los Ángeles.

Aún cuando las victorias obtenidas por los vendedores ambulantes y los jardineros fueron muy importantes, ambas subrayan un problema mucho mayor: la clase inmigrante sirve a la clase media blanca y no parece que esto vaya a cambiar en algún futuro cercano. Es importante que esta generación de migrantes obtenga dignidad y respeto, pero la verdadera pregunta se basa en la clase de oportunidades que tendrán los niños migrantes como Yeni, la hija de Rosa Chávez, cuando ella esté lista para incorporarse a la fuerza laboral: ¿dónde vivirá?, ¿qué le podrá ofrecer a sus propios hijos? Los mexicanos que formaron las anteriores oleadas de migración han visto cómo sus hijos en su gran mayoría permanecen en el barrio, son educados en escuelas de calidad inferior, son vulnerables ante las pandillas y las drogas, el destino de un pueblo que no tiene futuro, de familias que no tienen movilidad.

El tráfico se despeja, y dejo atrás la última de las comunidades de recámara. Ahora, el panorama que rodea la carretera es el de la antigua California pastoral: robles que brindan su sombra a las colinas que se elevan frente a Ventura, bajo el cielo azul blanquecino del principio del verano. Los campos de fresas en la fértil planicie de Oxnard, a un lado de la costa, pronto ofrecerán su cosecha. Y ahí están ellos, figuras que parecen hormigas en el horizonte: trabajadores migrantes que se inclinan hacia la tierra. Desaparecen un instante después. El automóvil devora más paisaje: los cerros de pastoreo que hace una cuantas semanas estaban cubiertos de un verde brillante y encendidas flores silvestres, ahora se han decolorado hasta adoptar un color café tostado. Cerca de Oak Pass, veo a un mexicano solitario que está vadeando a través de un mar de trigo que le llega hasta las rodillas. Viñedos, plantíos de lechugas, plantíos de ajos, hilera tras hilera hasta llegar al horizonte. Pozos petroleros, tuberías. Acequias de riego, arcos de hilos de agua que brotan de los aspersores, torres de corriente de alta tensión que se elevan a un lado de la carretera y se van haciendo más pequeñas hacia la distancia. Hacia el este, el gran valle no tiene final. Hacia el oeste, las amarillentas colinas se elevan hasta las tierras de la costa, más frías y aún más fértiles. El complejo de la prisión estatal de Soledad, rodeado de filoso alambre de púas. Las barracas fantasmagóricas de Camp Roberts. Anuncios espectaculares en inglés, en español, que anuncian cerveza y moteles y análisis de VIH y un pueblo danés llamado Solvaang.

Según voy descendiendo hacia Pájaro Valley por la carretera 129, la neblina se arremolina sobre las colinas. La tierra amarillenta del sur ha desaparecido. Hay grupos de robles y eucaliptos, y uno que otro sauce cerca de una casa de rancho. Recuerdo la carretera que serpentea hacia Cherán, los autobuses que crujen al ascender por el declive, los rebozos azul negro de las madres y abuelas que se dirigen cansadamente hacia el mercado. También he heredado los recuerdos de otros: veo a Benjamín, Jaime y Salvador Chávez en la terminal de autobuses de Zamora, esperando para partir hacia Tijuana. Los veo conversando y durmiendo y comiendo durante todo el día y medio que necesita el autobús para cruzar el inmenso paisaje mexicano. Los veo abordando el GMC en la oscuridad; veo a la camioneta volcándose hacia la zanja. Estoy llegando al poblado al cual ellos nunca llegaron.

⁀

Watsonville es, lo que un amigo mío, un sacerdote que ya ha fallecido, habría denominado un lugar profético. El primer gran imán migrante fue la fiebre del oro; pero la gran mayoría de los recién llegados no se hicieron ricos encontrando oro. Lo que encontraron fue una tierra fértil que convertiría a California en el cuerno de la abundancia del país. Estos migrantes de primera generación ocuparon su lugar en el primer escalón de la escalera, trabajando en los campos de Pájaro Valley o, como en el caso de los portugueses y otros grupos étnicos europeos, en la industria pesquera y de elaboración de conservas. A partir de entonces, Watsonville ha evolucionado hasta convertirse en un centro de activismo migrante, un constante presagio de la lucha económica, política y cultural, cuyas repercusiones se perciben mucho más allá de Pájaro Valley.

A mediados de la década de los ochenta, este pueblo de treinta mil habitantes (del mismo tamaño que Cherán) fue el anfiteatro de una de las más significativas batallas laborales en la historia de California, una huelga declarada por la fuerza laboral mayoritariamente mexicana en la Watsonville Canning and Frozen Food Company. Los trabajadores (casi todos ellos mujeres) ganaron la huelga que duró dieciocho meses, únicamente para ver cómo la compañía cerraba unos pocos años más tarde, víctima de la economía global. Al final de la década, Watsonvile se convirtió en el lugar donde se libró una batalla política de suma importancia que dio como resultado una realineación de los distritos electorales de la ciudad, por instrucciones del gobierno federal. Los mexicanos, quienes durante mucho tiempo habían constituido la mayoría en la región, contaban con muy poca representación, debido a la tradición política de demarcación arbitraria de distritos electorales. Como resultado de un exitoso litigio contra la ley de derechos electorales, Oscar Ríos, un inmigrante salvadoreño de segunda generación, se convirtió en el primero latino elegido alcalde de Watsonville en más de un siglo.

La presunta aparición de la virgen de Guadalupe en una bella hondonada al lado del lago, ayudó a cimentar la legendaria condición social del pueblo, ya que esto ocurrió precisamente durante los tumultuosos años de lucha política y laboral. No es coincidencia que la Virgen supuestamente fue vista por uno de los dirigentes de la huelga contra la Watsonville Canning Company. Durante los años que han transcurrido desde entonces, cientos de miles de fieles han venido a ver su imagen, que parece haber sido marcada a hierro por la mano divina en la corteza de un gran arce que se encuentra en la hondonada.

Recientemente, la UFW arriesgó su futuro en una batalla tipo David contra Goliat en los campos de fresas de la región de Watsonville, que incluye campos de cultivo que pertenecen a compañías transnacionales tales como Monsanto. Fueron muchos los años que se dedicaron a la organización de esfuerzos a favor de y en contra de la UFW y que finalmente condujeron a una elección representativa en una de las granjas más grandes de la región: la UFW perdió, por un margen muy reducido, y, hasta la fecha, continúa organizándose.

Actualmente, Watsonville cuenta con uno de los menores ingresos *per capita* del país; el desempleo generalmente es el doble que el promedio nacional. La mayoría de las plantas de productos congelados (que alguna vez constituyeron el pilar de la economía local) se alejaron después de la huelga de los trabajadores de la procesadora de alimentos. La ironía más cruel es que reubicaron sus nuevas plantas en México, en los estados de Jalisco, Michoacán y Guanajuato, de donde son originarios la mayoría de los trabajadores migrantes que viven en Estados Unidos.

Dependiendo de tu ubicación, Watsonville puede parecer o muy mexicano o muy norteamericano. Las construcciones de ladrillo que circundan la plaza central recuerdan a la antigua California anglosajona; no había gran cosa en Pájaro Valley hasta que los norteamericanos arribaron y comenzaron a labrar la fértil tierra. Todavía es un pueblo que cuenta con un Dairy Queen y una tienda Winchell's que vende donas y una tienda del Ejército de Salvación, un pueblo a la John Cougar Mellencamp. En el lado norte, hay una colección de casas que parecen cortadas por un molde galletero, que pertenecen en su gran mayoría a habitantes blancos que se trasladan diariamente hasta su trabajo en Santa Cruz, San José y hasta San Francisco. Pero al sur de la plaza, cruzando el río Pájaro, el cual inundó al pueblo de manera catastrófica hace unos cuantos años, se encuentra el antiguo México. Allí están los trailers, y las chozas, las tiendas que ofrecen los mismos productos que vendían allá en Michoacán en 1925, gallos que se pavonean en los patios delanteros. Los blancos y los mexicanos prósperos (hay unos pocos) pasan su tiempo libre en el centro comercial ubicado en el lado norte; los migrantes abarrotan el bar llamado, muy apropiadamente, La Frontera, que se encuentra a unos cuantos metros al sur del edificio de gobierno. La Frontera está abarrotada de hombres cuyas uñas están sucias de tierra, un lugar donde únicamente se habla español, un lugar que representa la ruidosa solidaridad migrante, y tal vez, una que otra fiesta peligrosa.

Durante la primera noche que paso en el pueblo, voy en busca del trailer donde viven Fernando y Florentino Chávez; el mismo en el que los cinco hermanos habían vivido juntos antes del choque. El terreno donde están los trailers, un callejón con casas en ambos lados, el cual no tiene salida por un extremo, se encuentra prácticamente en la ribera del río Pájaro; una tormenta podría arrasar con todo. A las nueve de la noche no se mueve ni un alma en los trailers oscuros. Finalmente encuentro el hogar de Fernando y Florentino; está igual de oscuro que los demás, importuno a una matrona amargada, únicamente para ser informado que los muchachos no están en casa, lo más probable es que estén en alguna parte, emborrachándose con los amigos.

Al día siguiente lo intento de nuevo, alrededor de la hora del almuerzo, creyendo que tal vez los hermanos estarían descansando un poco del trabajo en el campo, pero nadie contesta cuando toco a la puerta.

Sin embargo, empieza a haber señales de vida entre los trailers. Los vecinos de los hermanos Chávez me saludan; son Guadalupe, Isidro y Joel, un trío de migrantes veteranos que más o menos se han acostumbrado a la forma de vida de este lado. Son residentes legales, y han cumplido con el tiempo necesario en los *fiels* (el nombre que los migrantes le dan al campo, españolizando la palabra *fields*) hasta lograr la jubilación o, en el caso de Lupe, pagos por incapacidad (cojea visiblemente) y dedicarse al ardiente hobby de radio aficionados. Su nombre colectivo es Los Guardianes Internacionales. Una elevada antena rasguña el cielo desde la azotea del trailer de Guadalupe. Se ve claramente que él es el que manda en este callejón de trailers. Tiene una barriga protuberante, una descuidada barba canosa y un raído suéter comido por las polillas. Es nativo de Michoacán, al igual que la mayoría de los migrantes de estos rumbos.

En días buenos, dice Lupe, puede ponerse en contacto por medio del radio transmisor con colegas tan lejanos como habitantes de Pátzcuaro, Michoacán. Dice que tiene amigos radio aficionados desde Nueva York hasta las pampas de Argentina.

Isidro, quien es originario de la ciudad de México, tiene un radio CB en su automóvil con el que hace contactos cercanos, más prosaicos. El automóvil mismo es una pieza de museo: un Mustang 65, de color azul metálico intenso, en perfectas condiciones. Joel es oriundo de Jalisco, un hombre callado que se contenta con tomar tragos de cerveza Bud y dejar que los demás continúen divagando. Estamos sentados sobre sillas reclinables colocadas frente al trailer de Lupe, el sol trata de penetrar los bancos de niebla que soplan desde la costa, la cual está hacia el oeste, pasando las colinas.

Los transmisores del radio receptor y del CB resultaron muy útiles durante la inundación de 1995, cuenta Lupe. Él ayudó a coordinar los esfuerzos de rescate, dirigiendo a las cuadrillas de rescate hacia donde se encontraban las víctimas. Hace resaltar, lleno de orgullo, que aún los malencarados policías blancos lo felicitaron por un trabajo bien hecho.

"Parecería que los desastres siempre persiguen a los mexicanos", dice Isidro, poniendo así el tono de una larga conversación acerca del Apocalipsis. La razón por la cual Isidro se fue de México, fue el terrible terremoto de 1985, a causa del que murieron decenas de miles de personas. Ocurrió temprano por la mañana, un poco después de las siete, cuando Isidro todavía estaba en su cama, despertándose medio borracho, en su apartamento ubicado en el quinto piso de un descuidado edificio cercano al centro de la ciudad. De lo que mejor se acuerda es del rugir del terremoto: como si fuera un león que se hubiese escapado del infierno. Corrió por las escaleras, como si alguien lo estuviese persiguiendo con un cuchillo de carnicero. Para cuando llegó a la planta baja y se asomó hacia el exterior, todo había pasado. Al otro lado de la calle se elevaba un hilo de polvo desde una pila de escombros que unos segundos antes habían sido un edificio de apartamentos igualito al suyo. Se unió a las cuadrillas de rescate formadas por ciudadanos que durante dos semanas estuvieron sacando cuerpos de los edificios que se habían derrumbado. El trauma que sufrió lo convenció de que se fuera hacia el norte a empezar una nueva vida. Había escuchado hablar de los campos de fresas de Watsonville (pensó en la canción de los Beatles) y vivió tranquilamente aquí hasta octubre de 1989, cuando el terremoto de Loma Prieta sacudió el trailer y lo hizo salir gritando hasta el callejón.

Ahora Joel se une a la conversación, recordando el gran desastre que ocurrió en Jalisco, las explosiones de Pemex que ocurrieron el 22 de abril de 1990, las cuales sucedieron debido a una fuga de gasolina hacia el sistema de drenaje de la ciudad.

La explosión hizo desaparecer docenas de cuadras de la ciudad, murieron cientos de personas, cientos más resultaron heridas. Muchos de los cuerpos nunca fueron encontrados.

Los Guardianes continúan con su relato: la devaluación del peso en 1994, las batallas del narcotráfico en el norte de México. La violencia callejera de los cholos en Michoacán y aquí mismo, en Watsonville. Me cuenta que hace unos días, a unas pocas cuadras aquí, ocurrió un asesinato con disparos provenientes de un automóvil en movimiento. Hasta el hijo de Lupe fue herido, aunque cuando le pregunto mayores detalles acerca de esto, murmura unas palabras ininteligibles y voltea la cara. Los Guardianes saben, todo el mundo en California sabe que algún día ocurrirá "el grande", el terremoto que arrojará a los plantíos de fresas de Watsonville, la calle Market de San Francisco, y los barrios de Los Ángeles, al océano Pacífico, para convertirlos en una nueva Atlantis.

"Así es que, como puedes ver", dice Lupe, "México se ha ido al carajo, pero también California, y realmente no hay a donde ir. Lo mejor es tomarse otra cerveza." Saca una de su hielera Igloo y la arroja hacia mí.

"Han habido otras señales del día del juicio final que está por venir", dice Lupe. Hace un par de meses, se observó la presencia de un OVNI volando sobre Watsonville, un objeto extraño que destellaba mientras permanecía suspendido sobre los campos de fresas; fue visto por docenas de campesinos. "Tal vez estas señales son únicamente algo similar a las señales que fueron observadas por los aztecas antes de la llegada de los españoles", interviene Isidro.

Cuando menciono el accidente sufrido por los hermanos Chávez, el trío se vuelve taciturno. Lupe mira hacia el suelo, juega con a tapa de su lata de cerveza. La noticia ocasionó una conmoción que recorrió el callejón de los trailers como una oleada, atravesando todo el pueblo, igual como lo hizo en Cherán. Más de la mitad de los migrantes que viven en la región de Watsonville son originarios de Michoacán. Unos cuantos son nativos de Cherán, y todo el mundo proviene de un poblado que es igualito a Cherán.

Los hombres del callejón se reunieron alrededor de Florentino, acompañándolo en su dolor, todos bebieron y brindaron por los muertos. Lupe llevó a Florentino hacia un lado y le dijo: "Quédate. ¿No ves que este constante ir y venir es demasiado peligroso? Quédate, ahorra tu dinero, trae aquí a tu esposa, después trae a tus hijos". Florentino siguió su consejo. Regresó a Cherán para el funeral, pero pronto estaba de regreso en los campos durante el día y bebiendo todas las noches en el callejón.

Los Guardianes cuidan de los hermanos Chávez sobrevivientes; todos los habitantes del parque de trailers lo hacen. Todos han sufrido a causa del agobiador trabajo en los campos, los patrones abusivos, los agentes de la migra. Muchos han experimentado el terrible dolor ocasionado por la pérdida de un ser querido que ha fallecido allá en casa y llevan a cuestas el sentimiento de culpa por no haber estado a su lado. Y casi todos han sentido el terror al cruzar la línea, atravesando las montañas durante el invierno, cruzando el desierto durante el verano, vadeando el río durante una tormenta. Pero el accidente sufrido por los hermanos Chávez fue una tragedia de dimensiones casi incomprensibles: era el temor de todo migrante, una pérdida que nunca se olvidará.

Mientras estamos conversando, veo a Fernando y Florentino Chávez caminar hacia su trailer.

Fernando está muy delgado, casi enjuto, su playera y jeans obscuros cuelgan sobre su cuerpo. Florentino parece un adolescente regordete, aun cuando ya tiene cerca de treinta años. Ambos están sucios después de un día de trabajo en los campos. Fernando pasa por alto el ofrecimiento de una cerveza que le hace Lupe. Florentino acepta. Me invitan a su trailer, un modelo viejo, color verde limón, cuyo exterior de metal está oxidado. El interior del trailer es gris con dos recámaras y una cocina bastante amplia, decorada únicamente con un poster de Budweiser. La recámara delantera pertenece a la casera, quien es originaria de Michoacán, y que pocas veces sale de su cuarto; la recámara de atrás pertenece a los hermanos. Tienen una litera, que más bien es de un tamaño apropiado para niños. Un aparato de televisión pequeño, blanco y negro con una antena rota, está colocado sobre un antiguo vestidor. Atrás, en el exterior, hay un cobertizo para herramientas y un par de sillas reclinables muy oxidadas, colocadas sobre un pedazo de alfombra deshilachada. Algún ocupante anterior fabricó una instalación extraña, utilizando la higuera que se asoma sobre el cobertizo; unió una plataforma con el árbol y apiló sobre ella una impresionante colección de material de deshecho de madera y metal: hay de todo, desde ruedas de bicicleta y cubiertas de metal de los trailers, hasta varillas de hierro.

Aquí, bajo la sombra de la higuera, los cinco hermanos Chávez bebían sus cervezas después de un día de trabajo, durante las largas y calurosas noches californianas, viendo desvanecerse lentamente el crepúsculo, la melodía de las tonadas norteñas flotando desde un aparato de sonido en algún trailer cercano, junto con el sonido de las voces entrecortadas provenientes del radio CB de Isidro o del aparato de radio aficionado de Lupe. Más tarde, alrededor de las nueve o diez de la noche, los muchachos se quitaban las botas de trabajo mientras aún estaban afuera, y las dejaban sobre el tapete, a un lado de las sillas. Benjamín, Fernando y Florentino preparaban sus camas sobre el piso, utilizando sábanas que hacían las veces de colchones, mientras que los hermanos menores ocupaban las literas. Encendían por un rato la televisión, sintonizando Univisión, la cual transmite programas de variedad originados en la ciudad de México. Uno de los hermanos estiraba la mano desde el suelo para apagar el aparato; y para entonces, los chicos que dormían en las literas ya estaban roncando. Dormían bien en el callejón de los trailers, a excepción de cuando habían fiestas durante las que se ingerían bebidas alcohólicas y que duraban hasta las altas horas de la madrugada (casi siempre los viernes y los sábados); en general todo estaba tan silencioso como lo eran las noches en Cherán. Además, la agobiante fatiga que resultaba de los turnos de diez horas de trabajo en los campos, garantizaba un sueño sin pesadillas.

Excepto la noche antes del accidente, cuando Florentino acaba de llegar a Watsonville, habiendo dejado a sus hermanos en Tijuana. Esa noche se revolcaba sobre su cama, soñando que había sido atrapado bajo una terrible tormenta en los altiplanos; corrían torrentes de agua lodosa y habían grandes enjambres de abejas. "No podía caminar a causa de tantas abejas", dice al hablar de su premonición.

Florentino había partido de Cherán junto con Benjamín, Salvador y Jaime (Fernando se quedó atrás en Cherán porque se sentía enfermo) el lunes por la noche y había llegado a Tijuana el miércoles por la mañana. Florentino, con sus documentos de inmigrante legal, cruzó antes que sus hermanos y para el jueves por la tarde ya estaba en Watsonville, muy contento porque había logrado conseguir una casa para los hermanos; por fin podrían mudarse del viejo trailer. Todo estaba listo para una temporada de trabajo y ahorro, de jugar fútbol soccer y beber juntos una o dos cervezas, hacer todo juntos. Fernando se les uniría cuando se sintiera mejor. Y después de unos meses, después de los interminables días de trabajo en los campos, después del verano, habrían cosechado la última fresa. Entonces los hermanos irían de compras a las tiendas de descuento en la calle Front de Watsonville, abasteciéndose de ropa y utensilios eléctricos para la cocina para su madre y sus esposas y juguetes para sus hijos. Comprarían maletas de vinyl en las que llevarían a casa sus adquisiciones. Y justo antes de su partida, el patrón, Miguel Ramos, un hombre correcto quien había cosechado en los campos él mismo, daría una fiesta para sus trabajadores aquí, junto a las hileras de fresas. Se prepararía un festín de carne asada con mucha cerveza Budweiser y todo el mundo estaría hablando de cómo gastarían el resto de su dinero, cómo finalmente podrían hacer el amor, cómo verían a sus hijos, como se sentirían al estar nuevamente de regreso en casa.

Sería un buen año, otro paso hacia delante para una familia que de verdad había visto muchos tiempos muy difíciles. Sería un año de expectativas cada vez mayores, de aprender unas cuantas palabras más en inglés, de acostumbrarse más a la forma de vida en Estados Unidos de Norteamérica. Sería un viaje largo, pero valdría la pena.

Florentino se estaba quedando dormido al comenzar esa noche de sábado, cuando llegó la llamada de Fernando desde la caseta allá en Cherán. Florentino había estado tomando las cosas con calma. Había decidido esperar a sus hermanos antes de regresar a trabajar a los campos; podrían empezar todos juntos. Siempre hacían todo juntos. Así era como habían podido sobrevivir hasta ahora.

Ni Florentino ni Fernando pueden recordar exactamente qué fue lo que se dijo durante esa conversación telefónica. Lo único que recuerda Florentino es el largo viaje por autobús de regreso a Cherán, sentado en la parte posterior, mirando el amarillento paisaje y recordando cada instante terrible y de quehacer diario que había compartido alguna vez con sus hermanos.

Florentino cree que su sueño de lluvia y abejas fue una premonición. Su único deseo es que sus hermanos lo visiten durante sus sueños. Ha pasado un año desde que murieron, y aún no lo han hecho.

"Quisiera que me dijeran algo", dice.

Fernando dice que los muertos sí han hablado con él. Allá en Cherán, durante el tiempo que duró el duelo, con el moño negro colgando sobre la puerta de entrada de la casa sobre la calle Galeana, por respeto a los muertos, la familia no tocaba música. "Pero Jaime vino a verme en mis sueños", dice Fernando, "y me dijo: 'No me gusta verte vivir sin música, es tan triste'." Al día siguiente encendió el radio, sintonizando la XEPUR, "La voz de los purépechas", y los sones *pirekuas* se escucharon nuevamente.

Fernando dice que se comunica de manera regular con su familia durante su sueño. Esta última semana, durante cuatro días continuos, soñó que todos, su madre, su esposa y sus hijos estaban enfermos, tosiendo y con elevadas temperaturas. Cuando los llamó por teléfono ayer, le contaron que su madre había tenido gripe a principios de la semana y que sus hijos ahora estaban contagiados del mismo virus.

Después de haber regresado a Cherán para enterrar a sus hermanos, Florentino tomó la decisión más difícil de su vida: regresar a Estados Unidos a trabajar. Su madre le rogó que se quedara, lo mismo hizo Rosa. Ella estaba particularmente preocupada de que, al regresar solo al trailer y a los campos de fresas, estaría obsesionado por el recuerdo de sus hermanos. Pero Florentino no podía concebir la idea de permanecer en Cherán: seguramente sus hermanos hubiesen querido que continuara cincelando el futuro por el cual ellos habían muerto. Y fue así como abordó nuevamente el autobús, después de haberse despedido de su esposa y sus dos hijos. Su familia nunca había sido muy efusiva, no se besaban cuando se despedían, pero esta vez Florentino abrazó a su esposa y se sorprendió a sí mismo al sentir que sus ojos se llenaban de lágrimas, mismas que secó rápidamente.

Llegó a la estación de autobuses Greyhound de Watsonville y caminó durante cinco minutos, cruzando el pueblo hasta llegar al callejón de trailers. Los recuerdos lo asediaban, tal como lo había profetizado su madre. Muy pronto estaba bebiendo hasta quedarse dormido. Pero los recuerdos lo perseguían, con o sin bebida. "Únicamente puedes olvidar por poco tiempo", dice Florentino. Pero finalmente, Florentino no se arrepiente de haber vuelto al norte. Cumplió con lo que él cree que son los deseos de sus hermanos y está sosteniendo a la familia que se quedó en casa, enviándoles trescientos dólares al mes, más de una tercera parte de lo que gana. Ya no toma tanto, únicamente lo hace durante los fines de semana. Cuando Fernando se unió a él, su tristeza aminoró un poco. Trabajan uno al lado del otro en los campos. Prácticamente siempre están juntos. Es así como podrán sobrevivir su estación de pérdida, como podrán recuperar el futuro.

Esta noche, antes de irse a dormir, Fernando y Florentino se quitan los zapatos afuera a un lado del cobertizo, colocándolos uno junto al otro sobre el pedazo de alfombra vieja.

⌒

La Lupe, de Guerrero, está bailando con el Luis, de Jalisco, en La Frontera. Ella mide un metro sesenta y cinco, por lo que es más alta que él; él apenas mide metro y medio de estatura. El cabello de el Luis está apelmazado con sudor, su cara brilla; su camisa está sucia por trabajar en los campos, sus jeans se están deshilachando en los dobleces, sus botas se están empezando a romper.

En cuánto a la Lupe, una cantinera (parte tabernera y parte fichera) en La Frontera, tiene una presentación inmaculada, por supuesto, una diosa de piel color olivo con una larga nariz; una belleza de labios gruesos, un poco parecida a la virgen de Guadalupe, por quien ha sido nombrada. Si lo pensamos bien, el Luis es bastante parecido al indio Juan Diego, a quien se dice que la Virgen se le apareció hace casi quinientos años, y justo en el momento preciso. Tenochtitlán, la ciudad capital de los aztecas, había caído, acosada por los conquistadores y la enfermedad. Fue entonces, cuando en la hora más oscura de México, ella se apareció y continúa apareciendo hasta la fecha, no sólo en la forma humana de mujeres como la Lupe, sino en su forma celestial, en ambos lados de la frontera, en las provincias y en las ciudades, apareciéndose siempre a los pobres, los que más la necesitan. Fue vista recientemente en una estación del metro, en el centro de la ciudad de México, durante el momento más agudo de la crisis. Y, por supuesto, acompaña a los migrantes durante sus viajes: se dice que aparece sobre la frontera misma, engañando a los agentes de la patrulla fronteriza, conduciéndolos hacia el arroyo equivocado, mientras que los ilegales cruzan a salvo. Desde su hondonada, junto al lago, cuida de los migrantes de Watsonville.

Son las siete de un viernes por la noche, y La Frontera se está llenando rápidamente. Los hombres llegan directamente desde los campos de fresas, sin detenerse para ducharse primero. La Lupe baila con el Luis toda una melodía de una banda tocada por un trío formado por tres instrumentos (sintetizador, bajo y percusiones), el brillo de los anuncios neón de Budweiser, Miller y Coors rodean su cabeza como un halo.

La Frontera, un establecimiento gigantesco que ocupa casi toda una cuadra, cuenta con cinco entradas. La primera, que es por donde yo acabo de pasar, lleva hacia un alargado vestíbulo con unas cuantas mesas y un bar que se extiende a lo largo de unos nueve metros; entre el bar y las mesas está la pista de baile. La segunda entrada es para las mesas de billar, donde corre mucho dinero. La tercera es para el comedor, donde se sirven tacos y menudo, estofado de menudencias de ternera, previendo las crudas de los parroquianos. La cuarta es para otra área de bar; cuenta con gabinetes, y está concurrida por hombres ya mayores, muchos de los cuales se han jubilado de los campos. La quinta es la salida de atrás, la puerta por la cual los hombres pueden salir corriendo en caso de que, y en el momento en que, llegue la policía. A juzgar por la construcción de ladrillo rojo y mortero del edificio, lo que se puede observar a través de su fachada de yeso que se está desintegrando; es una construcción antigua que data de principios de siglo. Todos dicen que siempre ha sido La Frontera. El anuncio que está al frente, pintado en color café directamente sobre el yeso color beige, apenas si es.legible, después de sufrir los embates de décadas de aire marino que llega junto con la neblina.

La Lupe es el alma de la fiesta. Las otras cantineras por lo general son gordas, sus torsos descubiertos tienen estrías causadas por embarazos. La Lupe, la más codiciada de las mujeres, exige cortesía y, por sobre todas las cosas, respeto. Un borracho, quien está sentado a mi lado, le ha estado echando el ojo y de pronto le agarra la mano, que ella ha colocado sobre el mostrador, aproximadamente a treinta centímetros de distancia de la suya. La jala hacia él. Ella se pone rígida, se inclina bruscamente hacia atrás, quita su mano. Le lanza una mirada rápida y desdeñosa y eso es todo: ya no la molestará. Enciende un cigarrillo y observa fijamente su imagen reflejada en el espejo que se encuentra detrás del bar. Trata bien a la Lupe o no podrás conversar jamás con ella ni mucho menos compartir una melodía de banda con duración de tres minutos.

La Lupe tiene planes. Ha estado en Watsonville durante un par de años; abandonó su pueblo sin nombre en las provincias del suroeste mexicano para seguir a su hermana, la cual fue una pionera en la región de Watsonville, abriendo, junto con su esposo, el camino para toda la familia. Tiene otra hermana que vive en las Carolinas; no puede recordar si es Carolina del Norte o del Sur; pero están peleadas. Esa hermana se casó con un macho bastardo que le arruinó la vida y sin prestar atención a las advertencias de la Lupe que le aconsejaba abandonarlo, permaneció junto a él, revolcándose en su propio vómito. La Lupe nunca permitiría que la atraparan en una situación similar, nunca. Nunca se ha casado. No tiene hijos. Se ha ganado el respeto de aquellos hombres ante quienes otros hombres se humillan. Trabaja en La Frontera porque representa dinero fácil y más de lo que podría ganar jamás en los campos. En el trabajo nunca ha tenido que hacer algo que comprometiera su dignidad. "Soy yo quien los controla a ellos, y no al revés", dice.

Jura que regresará a México con un fajo de billetes y pondrá un hotel en su pueblo, no pondrá una tienda miscelánea como lo hacen todos esos migrantes perdedores, que creen que tendrán mucho éxito vendiendo Chiclets y huevos sazonados; en cambio un hotel, un lugar limpio y bonito para los turistas que requieren justamente de un lugar así.

Un poco después, converso con Lucía, una cantinera regordeta, unos cuantos años mayor que la Lupe, cuyo jovial comportamiento es desmentido por las profundas ojeras bajo sus ojos. Ella es de Michoacán donde, según dice, un ranchero rico se apropió de las tierras de su familia. Aún cuando esto sea lo último que haga en su vida, ella recobrará la parcela de su familia. Se la comprará al ranchero, lo matará para recuperarla, hará cualquier cosa que sea necesaria. Construirá una hacienda y en su vejez verá como crecen y se secan las plantas de maíz, de acuerdo con las estaciones, y cualquier mujer que haya sido violada por algún macho será bienvenida allí, una hacienda para mujeres.

La banda está tocando, las bolas de billar chocan entre sí, los ancianos observan serenamente, las cantineras sirven cerveza y coquetean un poco, y los migrantes, los nuevos *cowboys* de Watsonville, están divirtiéndose en grande esta noche, solamente esta noche, solamente una noche a la semana, porque no te puedes dar el lujo de emborracharte todas las noches en La Frontera si cuentas únicamente con el salario de un trabajador agrícola. Además, a pesar de sus flirteos, casi todos son padres de familia; después de todo, la razón por la cual están aquí es para enviar dinero a casa. La sucursal local de Western Union, uno de los establecimientos más bulliciosos de Watsonville, se encuentra a unas pocas cuadras, subiendo por la calle Front, un lugar tan atiborrado como la casa de cambio en el centro de Cherán. De cualquier manera, existe un hilo virtual que conecta a ambos; Western Union ha establecido enlaces por internet con algunos negocios básicos del viejo mundo como Telégrafos de México, Banco Bital, Banca Promex y Elektra.

Sobre la pista de baile de La Frontera, bailan los *cowboys*, los indios, los indígenas *cowboys*: niños que juegan a ser hombres, hombres que juegan a ser niños. La Lupe los cuida, se apiada de ellos, los maldice, los comprende.

☞

Debajo de la vieja mantilla que cubre su cabello ralo, la cara de doña Anita Contreras, pálida, arrugada y con un bigote bastante pronunciado, se llena de emoción; sus ojos brillan. Han pasado muchos años desde que ocurrió la aparición, pero ella se emociona hasta las lágrimas cada vez que llega a la orilla del agua en el lago Pinto, exactamente al este de Watsonville. Aún antes de que la bendita madre se le apareciera, solía sentarse aquí todos los días desde que su nieta se ahogó en las aguas frente al muelle de madera, un poco más allá de la hondonada.

Fue el diecisiete de junio de 1992, exactamente a las once y media de la mañana, cuando vio a la Virgen. Estos días habían sido de desolación para Anita. Veintiséis años trabajando en la banda automática de la Watsonville Canning and Frozen Food Company y dieciocho meses de una huelga heroica no autorizada, en la que ella había sido uno de los líderes, la habían conducido hacia lo inconcebible: se había visto obligada a aceptar una jubilación prematura con una miserable pensión mensual de trescientos ochenta y dos dólares. En la década de los ochenta, unas seis mil personas, muchas de ellas mujeres migrantes mexicanas, habían obtenido empleo en varias de las fábricas locales de conservas. A principios de los años noventa, por lo menos la mitad de esos trabajos habían desaparecido.

Ese día de junio de 1992, temprano por la mañana, Anita había tenido una terrible discusión con su hija. A las once de la mañana había salido furiosa de su casa a las orillas del pueblo y caminó hasta este lugar de soberbia belleza y tranquilidad, donde las ramas de los altísimos arces forman un arco a unos cuantos metros de las aguas que besan suavemente la orilla del lago.

Anita caminó hasta el arce más alto, se hincó frente al tronco y le rezó a su diosa, la virgen de Guadalupe. Escuchó una voz en su interior, la voz de una mujer. Aturdida, volvió la mirada hacia sus pies. Una concha de mar. La recogió. Sobre su superficie vio la imagen de la Virgen misma, vestida igual que una mujer pobre, igual que una "valiente campesina", dice Anita. Creyó que se estaba volviendo loca, que su armadura emocional finalmente se había hecho pedazos después de veintiséis años de arduo trabajo, dieciocho meses de huelga, la muerte de su nieta y los problemas que tenía con su hija rebelde, la cual le causaba un dolor infinito. Sin embargo, la imagen delineada sobre la concha continuaba hablándole. Volvió la mirada hacia el cielo, hacia la luz del sol que brillaba trémulamente entre las hojas del arce y sus ojos volvieron a posarse sobre la Virgen, esta vez sobre la corteza misma del árbol, en lo alto del tronco, justo antes de la primera horquilla. Algún escéptico podría decir que la imagen era, en realidad, el colorido natural de la corteza del árbol, pero para Anita nunca existió la duda.

Su conversación celestial con la Virgen duró tres horas y media. "Lleva mi mensaje hasta la gente", le dijo la Virgen, "para que puedan escuchar mis deseos; que recen en mi honor el rosario completo, que confiesen sus pecados y reciban la sagrada comunión para convertirse en uno solo con Dios".

La Virgen dijo muchas otras cosas ese día, "cosas privadas", según cuenta Anita. Cuando regresó a casa estaba extasiada, temblando, y les contó a su hija y a su hermana lo que había visto. Ambas pensaron que se había vuelto loca. Anita fue a su iglesia, donde buscó al sacerdote de Guadalajara, quien seguramente la escucharía, pero él tampoco le creyó. Se lo dijo a otro sacerdote, en confesión, pero todo fue en vano.

"Por el amor de Dios", le dijo uno de sus primos, "es mejor que te quedes callada. Sabes, podrían terminar por enviarte a un asilo".

Su hermana se compadeció de ella: "Has sufrido tanto en esta vida, que finalmente te has vuelto loca", dijo.

Pero Anita sabía que no estaba loca, más bien era el mundo el que estaba loco por no creer, y ella perseveró. Llevó a amigos y personas completamente desconocidas hasta la hondonada. Les pidió que buscaran la imagen de la Virgen (sin decirles dónde buscar) pero durante muchas semanas nadie vio a la bendita madre mestiza, aquella que siempre ofrece esperanza a los mexicanos, sin importar cuán lejos estén del hogar, sin importar lo difícil que haya sido la estación.

Pero pronto se corrió la voz y la gente comenzó a venir hasta la hondonada, movida por la curiosidad. Anita se escondía cerca de ahí y escuchaba cómo se reían de la locura de aquella vieja. "¡Víboras! ¡Gente de poca fe!"

Finalmente, de pronto, un día creyeron. No sabe quién le dijo a quién, pero la historia corrió como un reguero de pólvora. Vinieron por docenas, cientos, miles para contemplar a nuestra señora de Watsonville. Los pobres, los cojos, los locos, los fieles y los reporteros y camarógrafos de televisión. Anita se autodenominó pastor. Las multitudes llegaban y ella les relataba la historia de la aparición, señalando la imagen marcada sobre la corteza. La gente se arrodillaba y oraba.

Muy pronto se convirtió en una estampida espiritual. Personas a quienes ni conocía la buscaban para consultarla. Una familia cuyo hijo estaba perdido, la llevó hasta su casa; Anita oró junto con ellos en la recámara del chico. Al terminar el rosario, el muchacho llamó por teléfono desde San Francisco para decir que estaba sano y salvo.

Después llegaron los vendedores ambulantes, siguiendo el olor a dinero fácil. Al igual que Jesús en el templo, Anita los corrió de allí gritando: "¡Ella no quiere que esto se convierta en un centro comercial!"

Actualmente una alambrada circunda el arce; en algún momento, a los fieles les dio por trepar al árbol para tocar la sagrada imagen y realmente fue un milagro que nadie se hubiese lastimado. Cientos de oraciones escritas sobre trozos de papel cuelgan de la barda, lo mismo que licencias para conducir, pasaportes, credenciales del seguro social, micas de residentes legales, esquelas recortadas de los periódicos, identificaciones de alguna fábrica de conservas, identificaciones escolares, fotografías instantáneas, cualquier cosa que pudiera identificar a la persona que busca el milagro. Innumerables veladoras y floreros llenos con flores frescas están colocados frente a la base de la barda.

"Madre bendita, te ruego concedas este favor que te solicita una madre, pídele a Dios nuestro señor que le ayude a mi hijo en su audiencia ante la corte, que su fianza sea cancelada y que lo pongan en libertad."

"Amada Virgencita, únicamente te pido que cuides de mis hijos mientras trabajan en el campo, protégelos, madre adorada, de las garras de la migra."

"Virgencita, te pido que te apiades de mi esposo, quien sufrió un infarto: si me abandonase, ¿qué sería de mí, completamente sola en este mundo?"

Día tras día, años tras año, doña Anita viene hasta la sagrada hondonada. De vez en cuando todavía escucha a la Virgen que le habla; dice que las súplicas que la madre bendita hace a sus hijos son cada vez más desesperadas. Le dice a Anita que ellos no le prestan atención. No se han convertido en un ser único con Dios. Ya no queda mucho tiempo.

"Ella quiere que dejemos el alcoholismo, abandonemos las drogas, detengamos la violencia", me dice Anita, meciéndose hacia adelante y hacia atrás, completamente ajena al flujo constante de fieles, algunos de los cuales sacan espejos del bolsillo para proyectar el reflejo del sol sobre la imagen de la Virgen.

Cuando Anita no está hablando acerca de la Virgen, clama contra los patrones de la fábrica de conservas donde trabajaba diez horas diarias y donde ni siquiera podías bostezar sin que los supervisores se abalanzaran sobre ti. "Todos los patrones del mundo no pueden ganar contra todos los trabajadores, cuando estos están unidos", dice Anita, sacando a relucir su antiguo fervor activista. Las mujeres que participaron en la huelga le dieron un sentido católico a su misión, infundiendo sus acciones con un simbolismo religioso. Una noche recorrieron el trecho desde la fábrica hasta la iglesia, una distancia de casi kilómetro y medio, sobre sus rodillas, como una representación física de su sufrimiento.

Anita levanta un dedo y continúa.

"¡Este mundo no es lo suficientemente digno para pararse delante de ella sin culpa!", dice, "¡Deberíamos enterrar la cabeza de vergüenza!". A continuación deja escapar un torrente de dolor casi incomprensible, las palabras brotan tan rápidamente que se enciman unas con otras, casi parecería que habla en diversas lenguas, pero el meollo de lo que dice es: todavía hay tanta injusticia, falta tanto por hacer, tantos pecados que confesar, tantas batallas que librar, tanto cambio que llevar a cabo, tantas lágrimas que aún deben ser vertidas por la mera magnitud de la tragedia de esta desdichada tierra, de estas pobres gentes del campo, de las cuales ella, Anita Contreras, es únicamente una.

☞

La nota estaba pegada a la puerta de la cochera de la nueva casa de Reyna Guzmán: "Desde que llegaron ustedes, los mojados mexicanos, el valor de nuestras propiedades se ha ido al diablo". Después aparecieron los basureros tirados en su entrada, los huevos y vegetales podridos arrojados contra las paredes de su casa.

Es una casa de cinco recámaras, de un piso, lo doble de largo que de ancho, con un techo de tejas de madera. Las paredes están pintadas de un verde apagado, pero eso no disminuye la innegable belleza de la casa; hermosura norteamericana colocada sobre una colina, una suave loma que domina el Pájaro Valley.

La casa era el sueño más grandioso de Reyna Guzman: lo suficientemente grande para que cada uno de sus hijos pudiera tener su propia recámara. Para Ignacio, quien es un ingeniero agrónomo convertido en conductor de camiones de carga porque su título mexicano no tiene validez en Estados Unidos; para Aarón, el hijo que se casó con una mujer Mexiconorteamericana (en lugar de casarse con una chica de Cherán), hecho que desilusionó profundamente a Reyna; para Iván, quien a los catorce años ya estaba flirteando con pandillas y drogas pero se fue tranquilizando desde entonces y actualmente está obsesionado con la espiritualidad norteamericana nativa; para Blanca, quien huyó con un muchacho con quien Reyna no estaba de acuerdo; y para Beatriz, la menor, quien está siguiendo los pasos de Iván, cautivada por las enseñanzas de un anciano indio local.

Nativa de Cherán, Reyna era una agitadora en la Watsonville Canning Company, una activista de hueso colorado, y madre soltera. Ahorró con diligencia, aún cuando tuvo que criar ella sola a cinco hijos. Quería que la familia estuviera junta bajo un solo techo y fue a ver al corredor de propiedades con unos treinta mil dólares en el banco. Recuerda muy bien la mirada escandalizada que se reflejó en el rostro del corredor, de la que ella hizo caso omiso. "Muéstrame algunas casas", exigió. Cuando vio la casa que estaba sobre la colina, Reyna juró que sería suya.

El corredor mencionó un precio de venta de trescientos mil dólares, el precio común en vecindarios como este, con casas grandes que están ocupadas, aunque parezca extraño, por familias pequeñas, mayoritariamente anglosajonas. Los dueños rechazaron la oferta inicial de Reyna. Buscó en otros lugares, pero en ninguna parte encontró la casa de cinco recámaras de sus sueños. La economía estaba de su lado durante la recesión de principios de los noventa; el corredor la llamó nuevamente. ¿Estaría interesada Reyna en presentar nuevamente su oferta, puesto que los dueños no habían tenido éxito en vender la casa a otras personas interesadas? Ella ofreció doscientos mil dólares. Los dueños aceptaron. Dio treinta mil de enganche, obtuvo una hipoteca, y la casa fue suya.

Al principio, Reyna se deprimió a causa de la helada recepción que le dieron los vecinos, hasta tal punto que le suplicó al corredor que rompiera el contrato. Pero después se recordó a sí misma que había trabajado toda su vida para comprar la casa, y juró que serían los vecinos quienes se mudarían. Su deseo se cumplió cinco años más tarde: el vecino quien, según ella creía, era el que incitaba la mayor parte del acoso al que se enfrentaba, un policía blanco, ha colocado un anuncio de "se vende" en su propiedad. Pronto ya se habrá ido.

Reyna Guzmán es muy parecida a otras mujeres purépechas que he conocido. Su piel es color moreno oscuro, cabello muy negro, de estatura baja, pero muy fuerte. Sin embargo, a diferencia del prototipo, esta madre indígena no es sumisa en lo absoluto. Reyna es una luchadora incansable, sin pelos en la lengua y hasta mal hablada cuando siente que es necesario. Habla español, un poco de purépecha, y tiene conocimientos suficientes de Inglés. Una mañana le dijo *fuck you* a la esposa de su vecino, el policía. La mujer había pasado de largo, caminando frente a Reyna, quien estaba trabajando en su precioso jardín del frente a su casa. Reyna la había saludado jovialmente: "Buenos días". Nunca más se volvieron a dirigir la palabra.

El otro orgullo y felicidad de Reyna es su jardín. Es poco común que los mexicanos pobres cultiven jardines allá en casa; la horticultura es practicada por las clases altas. A lo sumo, los habitantes de Cherán llenan unas cuantas latas viejas de chiles jalapeños con tierra y plantas que recogen en el campo. Pero los años de duro trabajo desempeñado por Reyna le han otorgado el derecho de clase media de tener su propio jardín. Tiene un amplio jardín cubierto de pasto cuidadosamente podado e hileras de árboles de durazno con flores y frutas que apenas está brotando. Macizos de geranios color rojo brillante. También hay begonias, azucenas y gladiolas. Los helechos de color verde intenso trepan por un lado de la casa. Entre todas estas plantas tan comunes en los jardines norteamericanos, Reyna ha plantado un pedacito de México: nopales y magueyes, un árbol de guayaba y un árbol de aguacate que todavía es demasiado tierno para dar fruto. Su mayor orgullo es el aguacate. Plantó la semilla en una lata de refresco hace dos años y lo transplantó recientemente.

También tiene las especias que utiliza para cocinar, así como hierbas de remedios caseros, todo lo que forma parte de sus recuerdos de casa: salvia, hierbabuena, romero, comino. Todos los días pasa por lo menos una hora, temprano por la mañana, trabajando en el jardín y despúes otra hora o más al atardecer, "hasta que ya no pueda ver lo que estoy haciendo".

"El jardín me proporciona tanta felicidad", dice Reyna. "El ver cómo brotan los botones para luego abrirse dando lugar a las flores, es tan hermoso".

Reyna Guzmán ha estado casada tres veces e insiste en que fue ella quien corrió a todos sus esposos. La primera vez que vino al norte fue en 1973, prácticamente arrastrada por su primer esposo. Igual que todos los demás, empezó por cosechar fresas en los campos, pero un año más tarde se había liberado de su esposo, había rentado cuatro acres de terreno, contratado treinta y cinco trabajadores y obtenido una ganancia de veinte mil dólares con su primera cosecha.

A pesar de su éxito, Reyna continuaba ambivalente en cuanto a su nueva vida en Estados Unidos. "He estado pensando durante veinticino años si debo regresarme a Cherán o no", dice. Consideraba sus ahorros como su boleto de regreso. Sí volvió una vez, a finales de los setenta, cuando sus hijos todavía eran muy pequeños (Blanca y Beatriz aún no habían nacido), para abrir un restaurante. Aún cuando al principio el negocio iba bastante bien, tuvo que cerrarlo después de tres años a causa de una serie de acontecimientos imprevistos, incluyendo una terrible envidia y obstáculos creados por la burocracia mexicana. Regresó a Watsonville, a desempeñar un trabajo en la línea de empacado de la fábrica de enlatados, enlatando brócoli, coliflor, espinacas y chiles, desde las seis de la noche hasta las tres de la madrugada. Dormía unas tres horas y se levantaba al amanecer para que los chicos estuvieran listos para ir a la escuela. Trabajó sin tomar vacaciones durante cinco años. La huelga comenzó el 9 de septiembre de 1985 a las cinco de la mañana. Los dieciocho meses siguientes serían los momentos más difíciles y más satisfactorios de su vida.

Un recorte del periódico Watsonville Pajaronian muestra a Reyna, enfrentándose a una hilera de policías, tiene el ceño fruncido y está mostrándoles el dedo a los oficiales. Marchó hacia el palacio municipal, marchó en contra de los sindicalistas (cuyos líderes de la vieja guardia estaban en compadrazgo con la administración de la fábrica), marchó en contra de los patrones de la empacadora. Y, aún cuando la empresa cumplió con muy pocas de las demandas originales de los huelguistas, éstos conservaron sus trabajos, hasta que comenzaron los despidos a principios de los noventa. Muchos dirían que habían ganado la batalla únicamente para perder la guerra, pero según Reyna, los trabajadores "ganaron respeto".

Desde entonces, Reyna ha estado involucrada en la política, ayudando a que se eligiera a Oscar Ríos para participar como miembro del consejo de la ciudad, después de que la demanda contra la ley de derechos del votante trazó un nuevo mapa de los límites distritales e hizo posible que un latino fuese elevado al poder. Ella encabezó el boicoteo de un restaurante McDonald's porque la dueña, una mujer mexicana, apoyaba la propuesta 187. Hoy en día, su jardín de enfrente es su plataforma política, sembrado con anuncios que apoyan a candidatos y propuestas durante la temporada de elecciones.

No parece ser probable que Reyna regrese pronto a Cherán; tal vez no lo hará nunca. Por lo tanto, ha hecho todo lo posible por traer a Cherán hasta Watsonville. En su estancia tiene un altar con velas y listones y los santos favoritos de los purépechas, el santo niño de Atocha y la virgen de Guadalupe. Posters que anuncian fiestas y competencias, allá en Cherán, cuelgan de las paredes de toda la casa, al igual que las máscaras que portan los indígenas para los bailes tradicionales. En la cocina, las ollas se desbordan con los ingredientes de la cocina purépecha: cilantro, cebolla, chile pasilla y col.

Hoy, con su hija Blanca a su lado, Reyna está preparando un guisado de churipo sumamente condimentado y picante. "La tradición", dice Reyna (dirigiéndose obviamente a Blanca), "hace las veces de una vacuna contra la contaminación de influencias en este lado de la frontera". Cita a Iván, su hijo, quien parecía dirigirse por el camino de la autodestrucción al unirse a las pandillas. Lo alentó para que visitara Cherán. "Fue allí donde se encontró a sí mismo", dice Reyna. A su regreso a Estados Unidos dejó atrás la vida de pandillero.

Por el otro lado, existen influencias en este lado de la frontera que han ayudado a la familia Guzmán. En casa, habría sido imposible que Reyna se divorciase de su primer esposo, mucho menos haberse casado y divorciado dos veces más. No habría tenido la oportunidad de rentar un campo de fresas, ni ser la patrona de su propia cuadrilla de trabajadores, ni convertirse en líder laboral. Y por supuesto que nunca habría podido comprar una casa con cinco recámaras.

Lo que sucede es que actualmente sólo dos de los hijos de Reyna viven en casa con ella, Iván y Beatriz, por lo que dos recámaras están desocupadas. Como Blanca y Aarón tienen una relación turbulenta con Reyna, las reuniones familiares son poco comunes. La fragmentación de la vida familiar norteamericana ha afectado su propio hogar, pero lo mismo habría sucedido si se hubiera quedado en Cherán; un esposo, hijo o hija eventualmente se hubieran ido hacia el norte.

Esta es la vida de Reyna: físicamente se encuentra en Watsonville, pero evoca a Cherán en sus altares y en sus comidas y en las lecciones que les imparte a sus hijos acerca de la tradición, aún cuando las influencias de su nuevo hogar las van debilitando inexorablemente. Es una clásica historia de inmigrantes: ha perdido algunas cosas muy preciadas y ganado algunas otras. Actualmente sería difícil para Reyna Guzmán responder sin vacilación a la pregunta de si el trato valió la pena. Pero, en realidad, ¿quién podría responder?

☙

A principios del verano, el Pájaro Valley brilla con el color verde de la hierba silvestre y las cosechas que están llegando a su madurez. Las montañas Santa Cruz están pintadas de una docena de colores, con hileras de árboles de eucalipto y pino y abeto y la neblina que se encrespa sobre los bordes, temprano por las mañanas y durante el atardecer. El contraste entre todos los tonos de verde que luchan unos contra otros a través de los valles y colinas, le proporciona a la región una tensa belleza.

Me encuentro parado sobre una gran colina con una curvatura suave como el cielo; abajo veo el campo de fresas en donde trabajan Florentino y Fernando Chávez, donde alguna vez trabajaron los cinco hermanos juntos. Miguel Ramos, el patrón, me cuenta cómo el despiadado invierno destruyó algunos ranchos a causa de las inundaciones, pero esto no le ocurrió al suyo; él había tomado todas las precauciones.

"En realidad, las lluvias ayudaron a arrastrar la sal que se había acumulado en la tierra a causa de los pesticidas y los fertilizantes", dice. "Mi negocio va de maravilla."

Sin embargo, Ramos se está enfrentando a una escasez de trabajadores agrícolas durante esta estación, la cual atribuye a la operación Guardián. Anteriormente, mujeres y hombres jóvenes eran algo común en los campos. Ahora, generalmente son hombres que tienen más de veinticinco años y hasta mayores de treinta. Ramos asegura que únicamente los migrantes más robustos y experimentados son los que cruzan la frontera.

"La patrulla fronteriza lo sabe y está obligando a las personas a poner en peligro sus vidas", dice. "Sabe que arriesgarán sus vidas en tanto haya trabajos y una posibilidad para construir un futuro aquí. No entiendo cómo un país que se considera civilizado puede promover esta clase de política."

Miguel Ramos, al igual que Reyna Guzmán, ha logrado alcanzar su sueño americano, aún cuando, si sus caminos llegaran a cruzarse, seguramente surgiría una disputa. Reyna es una heroína de la izquierda de Watsonville: la UFW ha pintado a Miguel como el prototipo del patrón malvado. Un litigio promovido por la Unión alegaba que Ramos ayudó a organizar y fondear el Comité de trabajadores agrícolas, el cual, según decía la UFW, era un grupo creado para disolver los sindicatos. Ramos negó las acusaciones, y finalmente se desistieron del litigio.

Las acusaciones causan un gran impacto. Las condiciones de trabajo en los campos de Miguel se cuentan entre las mejores que he visto: los retretes están limpios, se cumple religiosamente con los descansos por la mañana, para la comida y por la tarde, los salarios se distribuyen de manera justa, no hay quejas por parte de los trabajadores. El estado de ánimo de los trabajadores también parece ser muy bueno. Florentino y Fernando mencionaron la generosidad de su patrón: frecuentemente ofrecía parrilladas al aire libre para sus trabajadores, para celebrar los días festivos.

A sus cuarenta y dos años, Miguel es un hombre alto e imponente, con una mata de espeso cabello entrecano con una raya por la mitad, que enmarca un apuesto rostro del color del bronce, un rostro indígena con ojos almendrados, nariz chata y labios gruesos. Oriundo de San Luis de la Paz, Guanajuato, Miguel vino a Watsonville a finales de los sesenta y comenzó por el escaño inferior de la escalera, cosechando fresas. Actualmente es el patrón de unas cuantas docenas de acres de plantíos de fresas en los que laboran aproximadamente cincuenta trabajadores agrícolas, la mayoría de ellos procedentes de Michoacán.

En su oficina, Miguel ha colgado un poster de Emiliano Zapata, algunas fotografías de toreros y un mapa de Michoacán. Intento localizar a Cherán. El mapa es lo suficientemente detallado para comprobar su existencia.

Miguel se identifica a sí mismo dentro del ámbito político como alguien que no es ni demócrata y republicano. "Pero si pudiese votar", dice, "no sería un demócrata". (Es residente legal y está en la lista de espera para ser naturalizado ciudadano norteamericano). Más que otra cosa, Miguel se considera norteamericano. Y por supuesto que lo es, viviendo la realidad de la historia de quien salió adelante sin ayuda de nadie. Cuenta acerca de las terribles condiciones con las que se encontró en los campos de Watsonville, cuando llegó por primera vez; la falta de retretes y agua potable, los patrones blancos (el los llama "yanquis") haciendo chasquear el proverbial látigo sobre sus subordinados morenos.

Pero observa a los migrantes de hoy y sacude la cabeza. "Necesitan cambiar su mentalidad", dice. "Yo estoy en este país, mis hijos nacieron aquí, yo contribuí con mi aportación para la comunidad. Estos hombres ahorran su dinero para construir casas en México. Deberían dejar de resistirse ante la idea de sentirse norteamericanos."

Para Miguel, el convertirse en norteamericano se resume en olvidarse un poco de México, echar nuevas raíces en Estados Unidos, hablar inglés, solicitar la ciudadanía y participar en el proceso político. "Ser norteamericano significa estar en esta comunidad y contribuir con ella. Significa asistir a las reuniones del consejo de la ciudad e involucrarse, no basta únicamente con jugar fútbol soccer."

"Comenzamos a vivir en base a nuestros recuerdos", dice Miguel. "Los migrantes regresan a casa y cuentan historias espectaculares. Dicen: '¡Gané ciento veinte dólares en un solo día!' Y cuando estamos aquí, no queremos ser norteamericanos, decimos: 'la raza', decimos: 'chicano'." Pronuncia estos apodos radicales con un marcado disgusto.

La postura de integración que caracteriza a Miguel lo coloca dentro de la derecha en el espectro político, lo mismo que sus ideas antisindicalistas. "La UFW nos presenta a todos como los pobrecitos trabajadores, pero en realidad únicamente buscan el poder para ellos mismos", dice. Sin embargo, en otras ocasiones, Miguel parece bastante, bueno, chicano; por lo menos en el sentido cultural. Con frecuencia vuelve a recordar sus amargas experiencias con los patrones yanquis, con los patrones que siempre fueron blancos. Y ha dado el paso, decididamente nacionalista, de ponerle a su primer hijo un nombre maya, Quitze Balam, cuyo significado es "tigre sonriente". De manera que sus amigos norteamericanos siempre se referirán a él utilizando el idioma ancestral.

Así que claramente hay una división en el alma de Miguel. Ahora se encuentra en el centro de las políticas sindicalistas, del lado de los mismos yanquis que desprecia. No lo admite, pero esta debe de ser una ironía dolorosa. Miguel ha optado por un territorio muy solitario: en desacuerdo con las ideas políticas prevalecientes entre "su gente", aún sigue siendo el hombre extraño entre los agricultores de Pájaro Valley, quienes prácticamente son todos blancos.

Desde la entrada de la oficina de Miguel puedo observar los campos y ver a los trabajadores que se encorvan sobre las interminables hileras en esta tarde fría, gris y lluviosa. Los trabajadores están envueltos en bolsas de basura para no mojarse hasta los huesos. "Estos son nuestros impermeables deshechables", dice Miguel. Cada trabajador utiliza ambas manos para cortar rápidamente unas cuantas bayas, desprendiéndolas de la planta con movimientos rápidos de la muñeca, apilándolas cuidadosamente en el contenedor de cartón. A continuación empuja una pequeña carreta de hierro a unos cuantos metros de distancia a lo largo de la hilera, a través de la tierra que se hace cada vez más viscosa y lodosa.

∽

Un día, al atardecer, cuando los trabajadores aún están en los campos, Miguel y sus hermanos preparan una parrillada en un pequeño desfiladero que hace las veces de estacionamiento. Muy pronto, el aroma de carne asada flota sobre los campos. Miguel también ha comprado unas cajas de cerveza; está ofreciendo una modesta fiesta para su cuadrilla de trabajadores, igual como lo hace varias veces durante la estación de la cosecha. Permite que sus trabajadores terminen de trabajar más temprano.

Durante la parrillada se invierte la jerarquía normal: los hermanos Ramos les sirven a los migrantes las tiras de carne, las tortillas, los chiles y las cervezas. El día es caluroso y todos buscan un poco de sombra debajo de varios robles pequeños, arrodillándose o sentándose sobre un lecho de hojas secas. La escena es totalmente pastoral. Podría ser Cherán. Pero no lo es. Esta no es una comida que se sirva durante la cosecha, en la que participan amigos y familiares. La presencia del patrón amortigua un poco el ánimo, por supuesto, pero la fiesta nunca despega por completo, porque en realidad los trabajadores no se conocen unos a otros. Únicamente son amigos o familiares en grupos de dos o tres, y hay muchos solitarios en la cuadrilla.

Sin embargo, han bebido bastante y algunas lenguas se han aflojado. Miguel Ramos se vuelve optimista, proclamando que les heredará a sus hijos cientos si no es que decenas de cientos de acres: campos de fresas por siempre. Miguel se cuenta entre unos cuantos afortunados dentro de una narración migrante que, habiendo pasado ya cientos de años de historia, aún narra más acerca de la pobreza que acerca del éxito.

Sin duda, el arduo trabajo de Miguel y su imaginación le ayudaron a llegar hasta donde está ahora. Pero se necesitó más que eso. Fue necesario estar en el lugar correcto en el momento adecuado, encontrar el pequeño portal en la vasta muralla que se yergue entre el migrante y la movilidad social.

El sol desaparece por el horizonte y todas las cosas adoptan su brillo dorado. Los migrantes beben las últimas cervezas y se dirigen hacia sus dilapidados automóviles. Fernando Chávez se acerca a mí. Nunca ha sido un tipo sociable, pero hoy está de humor para conversar. Me asedia con preguntas acerca de mis viajes. "Me gustaría poder ir contigo", dice. "Poder moverme continuamente sin parar jamás."

Florentino se acerca corriendo hasta llegar atrás de Fernando y lo agarra juguetonamente del cuello. "Tú no vas a ningún lado sin mí", le dice, y voltea a mirarme. "Así que, ¿qué opinas de Watsonville? ¿No es un lugar maravilloso?" Yo le respondo que sí, sí lo es. "¿Tan hermoso como Cherán?", insiste, y yo vacilo. Los hermanos se ríen.

Fernando me saca del aprieto. "Esta es una pregunta de trampa", dice. "Ambos son hermosos ¿no es cierto?"

Los hermanos regresan al pueblo en el automóvil de uno de sus compañeros. Para cuando me subo a mi automóvil, el campo de Miguel está vacío. Miro hacia las hileras que se van borrando, las hojas color verde menta de las plantas susurran suavemente con la brisa nocturna.

*

Es domingo por la tarde en Watsonville. Para salir del pueblo, paso serpenteando por el barrio mexicano. El vecindario está lleno de bullicio. Los migrantes descansan en sus terrazas y jardines, los niños juegan. La música se escucha a todo volumen. Todos están vestidos con ropa limpia, de colores vivos; este es el único día de la semana en que pueden hacerlo porque no se ensuciarán de tierra o lodo de los campos, no se salpicarán de grasa ni con agua sucia al lavar platos en el restaurante. Un día de descanso. Casi todo el mundo trabaja seis días a la semana, y durante la temporada pico de la cosecha, muchos trabajan siete días. Mañana por la mañana el pueblo quedará nuevamente vacío y los campos de cosecha estarán llenos.

Me dirijo hacia el sur, hacia el desierto, donde me sentaré a escribir. Dicen que el desierto es la tierra de Dios, y encuentro un lugar donde los migrantes lo han encontrado, la iglesia apostólica del indio. Sobre las bancas veo abuelas con mantillas y caras arrugadas como pasas, muchachos chicanos adolescentes con las cabezas rapadas y camisas talla extra grande que transforman sus menudos cuerpos indígenas en moles varoniles, jóvenes doncellas con largos rizos negros con rayos castaño rojizos y vestidos largos, pintados con cientos de flores, un interminable flujo de padres jóvenes que llevan bebés recién nacidos en sillas portátiles y toman de la mano a pequeñitos que empiezan a caminar.

A la izquierda del altar está un pendón con un dibujo amateur de un reloj que rompe sus cadenas. La leyenda escrita proclama: "Jesús salva y cura y libera", y a continuación se puede leer un pasaje de la Biblia: "Un hombre justo caerá siete veces y se levantará nuevamente: pero el malvado se hundirá en el mal".

El pastor, un hombre rechoncho, de estatura baja, con una cara redonda, levanta las manos hacia el cielo para acentuar su inconfundible cadencia bautista negra:

¡Estaba hundido en el valle
de las sombras de la muerte
y fui levantado
alguien me dio un amén!

Pasa del español al inglés sin esfuerzo, con un ligero acento gringo cuando habla español y un ligero acento mexicano cuando habla inglés.

"No estás sobre la lona esperando el conteo; no estas vencido. El diablo todavía no se ha apoderado de ti; todavía

425

no te ha derrotado el enemigo. El tema del cristianismo es de levantarse, levantarse, levantarse, una y otra vez; el tema principal del cristianismo es de levantarse, levantarse, una y otra vez. El invierno se ha terminado, el sol está brillando; ¡cómo brilla el sol!"

Este día, el espíritu también acompaña a los músicos. Primero un trío de chicanas adolescentes portando mantillas blancas y vestidos largos con dibujos de flores, canta una tonada religiosa que parece pertenecer más a la raza negra que a la blanca o morena. Vibratos maravillosos que brotan de lo más profundo, conmoviendo a la congregación hasta que se escucha un aplauso extático y las manos se agitan sobre las cabezas.

Y ahora escucho los diversos lenguajes que brotan de la boca de una de las chicas del coro. El espíritu la ha tocado, haciéndola saltar hacia arriba y hacia abajo como un aficionado en un concierto de rock. Sus labios y dientes y lengua se mueven tan rápidamente como los de un subastador, tan rápido que aún los increíblemente rápidos sonidos que está produciendo no parecen poder alcanzar este movimiento. Su voz atraviesa el ritmo de la banda, elevándose por encima de toda la congregación.

Lentamente los fieles se sientan sobre las bancas, limpiándose lágrimas y sudor con sus pañuelos. La banda se queda callada, los ancianos toman sus lugares la frente.

Es el momento del bautizo, de aceptar la promesa de salvación. En el nicho que está atrás del altar, se abren unas cortinas de terciopelo rojo con cintas doradas, para revelar la fuente bautismal, un tanque grande y redondo lleno de agua. Un anciano y una chica adolescente, ambos vestidos con túnicas blancas, se meten al agua, que les llega hasta la cintura.

"Claudia Ramos", entona el anciano, el nombre resuena a través de toda la catedral, grande y sagrado; su nombre, el que no pertenece a su cuerpo sino a su alma eterna. "Claudia Ramos, yo te bautizo en el nombre del espíritu santo."

El anciano coloca una mano atrás de la espalda de la joven y la otra sobre la mano de ella, con la que se cubre su nariz y boca, y suave y rápidamente la empuja hasta sumergirla en las aguas. Después de unos segundos, ella emerge, su cabello es ahora una manta mojada y su cara refleja la luz.

La banda y el coro irrumpen en un ritmo de *boogie-woogie*, y se escucha el aplauso de mil manos. Otra alma que se ha salvado.

Y lo mismo sucede con los demás que son bautizados este día, con Jonathan González y con Jorge Villarreal, jóvenes peregrinos que han venido a California, que han cruzado el río y llegado a lo que ellos creen es Canaan. Las corrientes que corren bajo la apacible superficie del río podrían hundir a los peregrinos, y muchos de ellos realmente mueren, ya sea ahogados en el Río Grande o aplastados dentro de una camioneta en Temecula. Sin embargo, el cruzar al otro lado, el ser un espalda mojada, es en sí mismo un bautizo que conduce hacia una nueva vida. El río unge al peregrino, y el peregrino entra a la tierra prometida.

Es aquí, en medio del desierto, entre los migrantes que buscan la "vida mejor", donde termina mi viaje. Con la vida, no con la muerte.

⌒

Recientemente mi padre me contó una vez más de aquellos viajes al México antiguo que hacía con sus padres durante la década de los cincuenta, una época en la que mi abuelo, lleno de añoranza por el hogar, estaba pensando quizás en terminar su estancia en Estados Unidos. El abuelo era un hombre delgado pero fuerte, con una potente voz de barítono que brotaba estruendosamente cuando cantaba y cuando se encolerizaba durante una borrachera. Cuando yo era niño, él estuvo mucho tiempo en cama debido a una enfermedad del corazón, por lo que el recuerdo que tengo del él es verlo congelado en un sillón gris, apoltronado, a un lado del gran ventanal de la estancia en la casa de mis abuelos en Los Ángeles, con una gruesa manta mexicana que le cubría las piernas. La ventana daba hacia un frondoso jardín, pero también permitía ver otro lugar y otro tiempo, sobre los páneles centrales estaba pintado un sencillo paisaje del desierto que brillaba maravillosamente al ponerse el sol.

No sonreía mucho; este hombre que trabajaba duro, hacía el amor con intensidad, bebía mucho (un migrante de hueso colorado) y una tensión que anidaba en lo más profundo de su ser hacía que su quijada siempre estuviese apretada en un gesto de enojo. Siempre he creído que esta amargura se debía a que su cuerpo había traicionado su pasión por viajar. Estaba atado a ese sillón junto a la ventana, y esto lo llevaba a la desesperación. Antes de su enfermedad, probablemente imaginó que en su vejez, igual como lo hacen tantos migrantes, finalmente podría gozar los frutos de su trabajo, tanto en Norteamérica como en México, hogares aquí y allá, amigos y familiares aquí y allá, vida aquí y allá. Pero era aquí, en su hogar norteamericano, donde permanecía sentado, inmóvil, viendo cómo el paisaje pintado sobre la ventana, un lugar que se veía cómo el pueblo del norte mexicano que había dejado atrás, quedaba fuera de su alcance.

Yo he heredado la pasión por los viajes de mi abuelo. Durante los últimos años he volado por la ruta de Los Ángeles a la ciudad de México una docena de veces; conozco cada valle, cada volcán nevado, cada abanico aluvial, cada desierto cubierto de dunas, y arrecife bajo el mar azul-verde, he memorizado cada detalle del paisaje desde once mil metros de altura. Y siempre sé cuando el avión cruza la frontera, porque cuando se acerca a la orilla del Mar de Cortés, me pongo los audífonos para escuchar como los controladores de vuelo le ordenan a los pilotos fijar su equipo direccional sobre la guía de radar de Julián, un pequeño pueblo al este de San Diego, que se encuentra exactamente sobre la frontera. Esta es la única manera en la que se puede saber, puesto que no hay señal alguna sobre la tierra que se desliza bajo el avión. No hay una línea trazada sobre la arena, en ese lugar no hay ningún muro, únicamente una tierra semiárida, escasamente poblada, y el principio de un gran desierto que se extiende a lo largo de más de mil seiscientos kilómetros hasta llegar a la costa del golfo. Desde la altura no existe una frontera, la línea únicamente es un concepto.

epílogo

Hace poco, recibí una llamada de Wense desde St. Louis. Habló acerca del calor y la humedad y los campos de cosecha durante el verano. También hacía mucho calor en el desierto, le respondí, pero el calor era seco y más soportable. Me preguntó si habían trabajos en esa región.

Luego dijo que me quería pedir un favor: necesitaba que le prestara un poco de dinero.

"¿Para qué?", le pregunté.

Para pagarle a Mr. Charlie. Rosa y Wense habían decidido traer a María a Estados Unidos desde Cherán. Ya había logrado reunir la mayor parte del dinero, únicamente necesitaba un poco más.

Le envié a Wense un giro con el dinero. Unas semanas después, volvió a llamarme. Todo había resultado de maravilla, dijo. Al fondo se podía escuchar el rugido del aparato de televisión. Me aseguró que me pagaría muy pronto, y le pasó el auricular a María.

Le dije que nunca creí que vendría al norte.

Bueno, me respondió, finalmente decidió que si no cruzaba la línea, sus hijos habrían muerto en vano. Tenía que terminar el viaje por ellos. Esta sería la única manera en la que su muerte tendría algún significado.

Poco antes de abandonar Cherán, María Elena recibió noticias del abogado norteamericano de la familia, informándole que la patrulla fronteriza había ofrecido, sin admitir responsabilidad legal, una liquidación en relación con el litigio que se seguía a causa del accidente ocurrido en Temecula: siete mil dólares por cada uno de sus hijos muertos. Debido a que el antecedente legal en demandas por homicidio culposo que implican persecuciones por parte de entidades encargadas de hacer cumplir la ley, hacían que un juicio con la participación de un jurado fuese un asunto riesgoso, el abogado recomendó que la familia aceptara la oferta y eso hicieron. Pero hasta este momento, la familia Chávez no ha recibido ni una parte del dinero. Se presentó otro litigio a favor de la familia en contra del distrito de servicios comunitarios de Santa Rosa, encargado del mantenimiento de la carretera privada sobre la que fallecieron los hermanos Chávez. Este camino, según el litigio, no fue construido de acuerdo con los estándares de seguridad estipulados por el estado de California, lo que fue un punto clave como causal del accidente. A finales de la primavera del año 2001, un jurado en la suprema corte del condado de Riverside votó a favor de los demandantes y fijó una responsabilidad por daños y perjuicios que se dividía de la siguiente manera: el contrabandista que conducía la camioneta en la que iban los migrantes: noventa y cinco por ciento; los migrantes mismos: tres por ciento, y el distrito de servicios comunitarios: dos por ciento. Según la ley californiana de daño legal, este juicio abre las puertas para que el distrito de servicios comunitarios compense a los demandantes con una cantidad igual al dos por ciento de los daños totales. Al momento de publicación de este libro, el monto aún no ha sido determinado. La familia Chávez recibió la noticia con cierto escepticismo. "Yo ya no creo nada", dice Maria Elena. Hace ya mucho tiempo que aprendió que no existe la bondad en el corazón de personas desconocidas. Dijo que si la familia pudiera tener algún futuro tendrían que ganárselo ellos mismos.

Conversamos un poco más. Antes de despedirnos, me dijo que fuera a visitar nuevamente a la familia, en su hogar; el cual, como dicen los mexicanos, también es el mío, en St. Louis Missouri.

contenido